norma

Diccionario de sinónimos y antónimos

GRUPO
EDITORIAL
norma
REFERENCIA

Barcelona, Buenos Aires, Caracas, Guatemala, México,
Panamá, Quito, San José, San Juan, San Salvador,
Santafé de Bogotá, Santiago

Libros de Referencia
Grupo Editorial Norma

Edición a cargo de:
Julio Paredes C.

Autores:
Bernardo Rengifo Lozano
Catalina Pizano Salazar

Diseño de Cubierta:
Inés Téllez M.

Impreso por Cargraphics S.A. - Imprelibros
Impreso en Colombia - Printed in Colombia

ISBN: 958-04-3050-0
C.C. : 12028728

INTRODUCCIÓN

Frente a la dificultad de localizar o escoger la palabra adecuada para expresar una idea, la memoria puede pasar por dudas que el acervo de lenguaje activo con el que se cuenta a la hora de escribir no alcanza a resolver. Tampoco pueden hacerlo los diccionarios de la lengua, que cumplen con ofrecer las definiciones de las acepciones y no registran el caudal de expresiones genéricas que les corresponden.

Ese tipo de incertidumbres se traducen en posibles equívocos que van desde la vacilación entre el uso de una voz afín pero inadecuada, a un concepto equivalente pero inexacto. Es en este momento cuando el diccionario de sinónimos adquiere su valor como herramienta indispensable para resolver tales problemas. El reunir ordenadamente las voces afines a una idea, no sólo permitirá la solución de las dudas, sino que puede contribuir al replanteamiento de la manera en que tal concepto iba a ser expresado, en cuanto puede ofrecer alternativas más adecuadas para el uso preciso de las palabras.

Esta es la razón principal por la cual un diccionario de sinónimos no debe limitarse a ofrecer simplemente un conjunto de voces semejantes, en desorden, pretendiendo agotar —por medio de procedimientos confusos— el número de palabras propuestas para ser intercambiadas. Es fundamental entender que los sinónimos no son palabras "semejantes" a otras palabras, sino distintas palabras para designar el mismo concepto.

En la elaboración del **Diccionario de sinónimos y antónimos Norma,** se ha tenido muy en cuenta la importancia de presentar una herramienta que no sólo ofrezca un amplio número de alternativas de reemplazo, sino también una minuciosa división y ordenación de ese conjunto de palabras equivalentes, a partir de la numeración analítica de las acepciones —determinadas por las leyes léxicas y el uso—, teniendo en cuenta siempre los criterios de afinidad definidos por la Academia Española de la Lengua.

Esta metodología se observa incluso al interior de una misma acepción, marcada por número, donde los sinónimos han sido ordenados siguiendo criterios de analogía, extensión o reciprocidad.

Estos procedimientos buscan evitar confusiones durante la consulta de los términos propuestos, facilitando la tarea de escoger el más conveniente para ilustrar la idea que se quiere expresar.

Se cumple así con el propósito fundamental de ofrecer un diccionario que puede resolver los problemas de sinonimia en forma práctica y precisa.

INSTRUCCIONES DE USO

-Entradas principales

En letra **negrita** figuran las entradas principales y a continuación sus sinónimos.

- Numeración

Los números indican las acepciones de la entrada, cuya ordenación descendente responde siempre a criterios de afinidad.

- Los *antónimos*

Para los *antónimos* se ha empleado letra cursiva y se encuentran precedidos de un guión largo que los separa de los sinónimos.

Los antónimos se incluyen al final de cada acepción, cuando los tiene; en su defecto, el consultante podrá deducir fácilmente su uso cuando se encuentran al final de la última acepción y pueden o no valer para todas las demás.

-Terminaciones reflexivas

La terminación reflexiva (se), que figura entre paréntesis para la forma enclítica de la entrada, encuentra sus correspondientes sinónimos y antónimos en la acepción que presenta la misma modalidad reflexiva.

- El Plural

La letra (s), también entre paréntesis, señala que el plural de la entrada tiene otros sinónimos y antónimos, que el consultante podrá localizar en la acepción respectiva.

-Voces extranjeras

Cuando la entrada pertenece a una lengua extranjera, se señala entre paréntesis una abreviatura del idoma al que corresponde:

Inglés (ing.)

Francés (fr.)

Alemán (al.)

Italiano (it.)

Latín (lat.)

-Remisiones a otras voces

Cuando se trata de entradas con un alto grado de sinonimia entre sí, la inicial mayúscula V. indica que el consultante debe remitirse a la entrada referida.

-Variaciones de significación

El punto y coma -al interior de una acepción- indica grados o variaciones perceptibles de significación entre los sinónimos, pero que no requieren una clasificación por separado en otra acepción. Esta señal marca una diferencia que puede resultar útil durante la consulta.

A

abacial abadengo, monástico, conventual, monacal. —*Seglar, laico.*

abad prior, superior, rector.

abadía monasterio, priorato, convento, claustro, cenobio, abadiato.

abajo bajo, debajo. —*Arriba, encima.*

abalanzarse acometer, embestir, arremeter, arrojarse, lanzarse, impulsarse, proyectarse.

abalear balear, tirotear, disparar, ametrallar.

abalorio cuenta, cuentecilla. **2** Oropel, quincalla, fantasía.

abanderado alférez, portaestandarte, confaloniero, señalero. **2** Paladín, caudillo, promotor, defensor.

abandonar desamparar, desproteger, descuidar, desatender. —*Cuidar, proteger.* **2** Dejar, renunciar, desistir, ceder. —*Insistir, perseverar.* **3** Partir, marcharse, alejarse, irse, salir. —*Volver, retornar.*

abandono negligencia, descuido, desatención, dejadez, desaseo. —*Esmero, cuidado, aseo.* **2** Huida, defección, deserción.

abanicar airear, ventilar, refrescar.

abaratar rebajar, depreciar, desvalorizar. —*Encarecer, subir el precio.*

abarca V. *alpargata*.

abarcar contener, englobar, incluir, comprender, implicar, incorporar. —*Excluir.* **2** Rodear, abrazar, ceñir.

abarrotar colmar, llenar, atestar, atiborrar. —*Desocupar, vaciar.*

abastecer suministrar, surtir, aprovisionar, dotar, proveer, equipar, avituallar. —*Desproveer, desabastecer.*

abasto provisión, suministro, avituallamiento, dotación, abastecimiento, víveres.

abatimiento desolación, postración, desconsuelo, desánimo, desfallecimiento. —*Animación, vigor, resolución, fuerza, aliento.* **2** Vencimiento, anonadamiento, aniquilamiento.

abatir desanimar, sojuzgar, descorazonar, desalentar, agobiar, postrar. —*Animar.* **2** Derribar, desbaratar, desmantelar, tumbar. —*Levantar, edificar.*

abdicar dimitir, renunciar, ceder, desistir. —*Asumir, entronizarse.*

abdomen vientre, barriga, panza, estómago, tripa.

abecedario alfabeto, silabario, abecé.

abejorro abejón, zángano, abejarrón.

aberración perversión, anomalía, extravío, desviación. **2** Equivocación, yerro, error. —*Acierto.*

abertura agujero, brecha, boca, grieta, boquete, ranura, salida, hueco. —*Oclusión, cierre, obstrucción.*

abierto llano, despejado, raso, dilatado, libre. —*Cerrado, escarpado, obstruido.* **2** Sincero, comunicativo, franco, claro, tolerante. —*Reservado, circunspecto, solapado.* **3** Roto, hendido, cortado, perforado; agrietado, resquebrajado.

abigarrado colorido, multicolor, variopinto, chillón. **2** Heterogéneo, entremezclado, multiforme, confuso, mezclado, enmarañado, embrollado, sobrecargado. —*Homogéneo, uniforme, parejo, sencillo, simple.*

abismal abisal, abismático, profundo, recóndito, insondable, vasto.

abismar(se) hundir, sumergir, sumir. **2** Ensimismarse, abstraerse, enfrascarse, reconcentrarse.

abismo sima, precipicio, despeñadero, barranco. **2** Profundidad, vacío, inmensidad. **3** Infierno, averno, báratro.

abjurar apostatar, renegar, renunciar, retractarse.

ablación amputación, extirpación, mutilación, separación.

ablandar(se) reblandecer, emblandecer, ablandecer, suavizar. —*Endurecer, solidificar.* **2** Aplacar, calmar, domeñar, desenojar, desenfadar. —*Enojar, enfadar, enfurecer.* **3** Enternecerse, emocionarse, conmoverse. —*Ensañarse.*

ablución purificación. **2** Lavatorio, baño, lavado.

abnegación sacrificio, altruismo, renuncia, generosidad, bondad. —*Egoísmo.*

abocado expuesto, comprometido.

abochornar avergonzar, ruborizar, sonrojar, sofocar, correr.

abogado jurista, legista, jurisconsulto, asesor jurídico. **2** Defensor, intercesor, consejero, mediador.

abogar defender, respaldar, interceder, asesorar, proteger.

abolengo alcurnia, prestigio, casta, ascendencia, linaje, abolorio.

abolir derogar, revocar, abrogar, retirar, prohibir. —*Instituir, implantar, aprobar.* **2** Anular, suprimir, quitar, extinguir, eliminar.

abolladura hundimiento, golpe, abollón, deformación.

abombar(se) combar, alabear, curvar, arquear. **2** Aturdir, turbar, ensordecer. **3** Achisparse, embriagarse, emborracharse.

abominar detestar, execrar, aborrecer, condenar, repudiar. —*Amar, apreciar, querer.*

abonar cancelar, pagar, cumplir, satisfacer. **2** Acreditar, responder, afianzar, avalar, bonificar. **3** Inscribir, certificar, suscribir, apuntar. **4** Fertilizar, nutrir, alimentar, restaurar, mejorar.

abono pago, cancelación, cuota. **2** Garantía, fianza, aval. **3** Suscripción, abonamiento, inscripción. **4** Fertilizante, estiércol, bosta, humus. **5** Pase, salvoconducto, boleta.

abordar chocar, asaltar, acometer. **2** Acercarse, aproximarse, unirse. **3** Afrontar, asumir, concentrarse, ir al grano. **4** Atracar, acostar, tomar puerto.

aborigen autóctono, indígena, originario, nativo, natural. —*Extraño, forastero, extranjero, foráneo.*

aborrecer detestar, odiar, abominar, despreciar, execrar. —*Amar, querer, adorar.* **2** Aburrir, cansar, fastidiar, hastiar. —*Entretener, alegrar, divertir.*

abortar malograr, frustrar, fracasar. —*Realizar, cumplir, culminar.* 2 Malparir.

abotagarse hincharse, inflarse, engordarse, redondearse.

abotonar abrochar, sujetar, ceñir. —*Desabotonar, soltar, desabrochar.*

abrasar quemar, incendiar, incinerar, tostar, calcinar. —*Congelar, helar, enfriar.*

abrasión desgaste, fricción, ulceración.

abrazadera sujetador, zuncho, anillo.

abrazar rodear, ceñir, estrechar, apretar. 2 Comprender, abarcar, incluir, contener. 3 Adoptar, aceptar, admitir, seguir, profesar, enrolarse, adherirse.—*Rechazar, negar.*

abreboca aperitivo, bocado, entremés.

abrevadero pilón, aguadero, pila, abrevador.

abreviar resumir, reducir, sintetizar, compendiar, acortar, disminuir, simplificar.—*Ampliar, alargar, extender, aumentar.* 2 Acelerar, apresurar, aligerar.

abrigar cobijar, arropar, cubrir, amantar, tapar, vestir. —*Destapar, descubrir, desabrigar.* 2 Resguardar, amparar, proteger, auxiliar, albergar, esconder. —*Desamparar, desproteger.*

abrigo refugio, amparo, asilo, albergue, protección, cobijo, defensa, resguardo. —*Desabrigo, desamparo.* 2 Hospitalidad, patrocinio, encubrimiento. 3 Cueva, caverna, gruta, madriguera, guarida, parapeto. 4 Sobretodo,

gabán, gabardina, capote, impermeable.

abrillantar lustrar, brillar, pulir, bruñir, enlucir, pulimentar.

abrir destapar, descorrer, destaponar, descubrir, despegar. —*Tapar, taponar.* 2 Hender, romper, horadar, agujerear, partir, agrietar, dividir. 3 Inaugurar, empezar, iniciar, comenzar. —*Concluir, acabar, terminar.* 4 Apartar, separar, despejar. —*Cerrar.*

abrogar derogar, suprimir, anular, revocar, invalidar.

abrumar agobiar, fastidiar, hastiar, cansar, aburrir, molestar, oprimir, incomodar, entristecer.

abrupto escabroso, áspero, escarpado, inaccesible, quebrado, intrincado. —*Llano, suave, accesible.*

absceso tumor, hinchazón, inflamación, apostema, grano, llaga.

absolución indulgencia, perdón, remisión, liberación, exculpación, rehabilitación, gracia.

absolutismo despotismo, tiranía, autocracia, extremismo, dictadura; dominación, arbitrariedad.

absoluto terminante, ilimitado, incondicional, total, categórico, universal. —*Relativo, parcial.* 2 Autoritario, voluntarioso, dominante, imperioso, tiránico. —*Condescendiente.*

absorber sorber, aspirar, chupar, embeber, empapar, impregnar.— *Rezumar, destilar.* 2 Cautivar, atraer, embelesar. —*Repeler.*

absorto abstraído, abismado, ensimismado, pensativo; admirado, atónito, pasmado, maravillado, suspenso, estupefacto, alelado. —*Despreocupado.*

abstemio sobrio, templado, frugal, morigerado, abstinente, enófobo. —*Borracho, bebedor, ebrio.*

abstención privación, inhibición, contención, renuncia.—*Participación.* 2 Dieta, ayuno, abstinencia.

abstracto aislado, ideal, intangible, inmaterial, incorpóreo, inconcreto, etéreo, vago. —*Concreto, material, relacionado.* 2 Complejo, difuso, abstruso, ininteligible. —*Sencillo, comprensible.*

abstraer separar, aislar. 2 Teorizar, especular; fantasear, elucubrar.

abstruso ininteligible, oscuro, incomprensible, difícil.

absurdo irracional, descabellado, incoherente, desatinado. —*Razonable, sensato.* 2 Disparate, necedad, sinrazón, extravagancia, dislate.

abucheo silba, rechifla, protesta, desaprobación. —*Ovación, aplauso.*

abulia apatía, indolencia, indiferencia, desinterés, desidia, desgana. —*Interés, energía, actividad, dinamismo.*

abultar agrandar, aumentar, amplificar, dilatar, ensanchar, acrecentar. —*Disminuir, deshinchar, adelgazar.* 2 Exagerar, recargar, inflar.

abundancia exuberancia, profusión, plétora, cantidad, copia, fecundidad, plenitud, riqueza, exceso, raudal, suficiencia. —*Escasez, carencia, falta, insuficiencia, disminución, pobreza.*

abundar pulular, cundir, colmar, exceder, rebosar, afluir. —*Escasear, faltar.*

aburrir cansar, disgustar, hastiar, fastidiar, hartar, importunar, incomodar, abrumar, molestar. —*Entretener, divertir, distraer.*

abusar propasarse, atropellar, excederse, aprovecharse, engañar, forzar, violar. —*Respetar, considerar.*

abuso exceso, atropello, arbitrariedad, injusticia, extralimitación, violación. —*Respeto, justicia.*

abyecto vil, despreciable, bajo, rastrero, servil, infame, ruin, degenerado. —*Digno, noble, encomiable.*

acabar terminar, concluir, finalizar, consumar, completar, ultimar, perfeccionar, pulir. —*Iniciar, comenzar, principiar, empezar.* 2 Consumir, agotar, gastar. 3 Morir, fallecer, extinguirse. 4 Aniquilar, exterminar, destruir.

acabose colmo, calamidad, desastre.

academia instituto, escuela, colegio, seminario, liceo. 2 Organismo, sociedad, corporación, junta, entidad.

acaecer ocurrir, sobrevenir, suceder, advenir, realizarse, acontecer, producirse.

acaloramiento apasionamiento, exaltación, ardor, entusiasmo, fogosidad, vehemencia, impetuosidad, enardecimiento. —*Frialdad, serenidad.*

acallar enmudecer, silenciar, intimidar, contener; amordaza. —*Incitar.* 2 Calmar, aquietar, tranquilizar, aplacar, sosegar. —*Exasperar, enardecer.*

acampar instalarse, establecerse, estacionarse, refugiarse, acantonarse, vivaquear.

acápite párrafo, apartado, párágrafo, sección.

acantilado despeñadero, precipicio, farallón, barranco, abismo, talud, sima. **2** Abrupto, vertical, escabroso. —*Llano.*

acaparar monopolizar, reservar, acopiar, acumular, amontonar, retener, almacenar. —*Entregar, distribuir.*

acariciar mimar, tocar, sobar, manosear, halagar, arrullar.

acarrear transportar, trasladar, mudar, llevar, mover, conducir, transferir. **2** Producir, ocasionar, causar, implicar. —*Impedir.*

acarreo transporte, traslado, conducción.

acartonado apergaminado, reseco, momificado, marchito, avellanado, amojamado. —*Fresco, tierno.*

acaso azar, casualidad, suerte, ventura, eventualidad.

acatamiento obediencia, sumisión, acato, reverencia, asentimiento, sujeción, observancia. —*Desacato, desobediencia.*

acaudalado adinerado, rico, próspero, millonario, opulento, potentado, pudiente. —*Pobre, menesteroso, indigente.*

acaudillar capitanear, comandar, dirigir, abanderar, guiar, encabezar, conducir, mandar. —*Seguir, obedecer, acatar.*

acceder consentir, aceptar, transigir, convenir, ceder, conformarse, condescender, admitir. —*Rehusar, oponerse, denegar, rechazar.* **2** Penetrar, entrar, introducirse, ingresar. —*Salir.*

acceso entrada, ingreso, paso, senda. —*Salida.* **2** Indisposición, trastorno, crisis, ataque, síncope, paroxismo.

accesorio secundario, prescindible, circunstancial, episódico, accidental, complementario, conexo. —*Importante, fundamental, principal.* **2** Repuesto, recambio, suplemento, dispositivo, componente.

accidentado escabroso, abrupto, escarpado, montañoso, irregular. —*Raso, liso, plano.* **2** Agitado, borrascoso, difícil, turbulento. —*Apacible, tranquilo.* **3** Herido, enfermo, lesionado, desmayado. —*Sano.*

accidental incidental, imprevisto, fortuito, adventicio, casual, eventual, contingente. —*Esencial, previsto.*

accidente desventura, catástrofe, infortunio, desgracia, lesión. —*Ventura.* **2** Percance, contratiempo, incidente, peripecia, eventualidad, alteración. —*Normalidad.*

acción acto, actuación, conducta, obra, maniobra, hecho, intervención, movimiento, gesto. —*Inacción.*

accionista rentista, inversor, bolsista, financiero, socio.

acechar espiar, atisbar, husmear, escudriñar, ojear, vigilar, observar, avizorar; emboscarse, apostarse.

aceitoso oleoso, grasiento, oleaginoso, graso, untoso, viscoso. —*Seco.*

acelerar aligerar, apresurar, precipitar, agilizar, apurar, activar, apremiar. —*Frenar, detener, parar, retardar.*

acendrado depurado, inmaculado, puro, acrisolado, intachable, impoluto. —*Impuro, adulterado, turbio, manchado.*

acento acentuación, tono, entonación, ritmo, dejo, cadencia. **2** Tilde, apóstrofo, vírgula.

acentuar recalcar, resaltar, subrayar, realzar, remarcar, insistir. —*Soslayar, atenuar.*

acepción sentido, designación, significado, significación, extensión.

aceptar consentir, asentir, admitir, acceder, convenir, tolerar, soportar, autorizar, aprobar. —*Rehusar, disentir, denegar.* **2** Recibir, tomar, coger. —*Rechazar.*

acequia cauce, zanja, canal, cequia.

acera andén, orilla.

acerbo acre, agrio, ácido, amargo, acibarado, áspero, desagradable. —*Dulce, suave, exquisito.* **2** Riguroso, cruel, severo, despiadado, implacable, rudo. —*Indulgente, benigno, bondadoso.*

acerca (de) sobre, referente a, con respecto a.

acercar aproximar, allegar, juntar, arrimar, unir. —*Apartar, separar, alejar.*

acérrimo voluntarioso, obcecado, encarnizado, obstinado, sectario, contumaz. —*Transigente, tolerante, moderado.*

acertar atinar, descifrar, adivinar, descubrir, encontrar. —*Equivocarse, engañarse, errar.*

acertijo enigma, problema, adivinanza, rompecabezas, jeroglífico.

acervo masa, cúmulo, montón, acumulación. **2** Patrimonio, haber, base, posesión, pertenencia, tenencia.

achacoso achaquiento, enfermizo, doliente, senil, cascado, enclenque, decrépito, débil, decaído, delicado. —*Vigoroso, robusto, sano.*

achantarse acoquinarse, acobardarse, arredrarse, doblegarse. —*Animarse, afrontar.*

achaque enfermedad, dolencia, indisposición, afección, padecimiento, malestar.

achicar reducir, empequeñecer, acortar, mermar, disminuir, encoger. —*Agrandar, ampliar, aumentar.*

achicharrar chamuscar, incinerar, quemar, tostar, abrasar, asar.

achispado alegre, ebrio, bebido.

acholado mestizo, aindiado, atezado.

aciago nefasto, infausto, fatídico, funesto, adverso, infortunado, malaventurado, desventurado, infeliz, desdichado. —*Afortunado, venturoso, dichoso, feliz.*

acicalar adornar, ataviar, aderezar, atildar, arreglar, componer, engalanar, emperifollar, embellecer. —*Desarreglar, descuidar.* **2** Pulir, limpiar, bruñir.

acicate incentivo, aliciente, incitación, estímulo, aliento, impulso. —*Freno.*

ácido acre, corrosivo, mordiente, agrio, acibarado, acerbo, picante, cáustico. —*Dulce.* **2** Mordaz, sarcástico.

acierto tino, prudencia, cordura, destreza, habilidad. —*Desacierto, error.*

aclamar aplaudir, ovacionar, ensalsar, vitorear, loar, glorificar, homenajear, exaltar. —*Abuchear, desaprobar, denostar, rechiflar.* **2** Proclamar, enaltecer, nombrar. —*Destituir.*

aclarar(se) esclarecer, descifrar, explicar, dilucidar, puntualizar, especificar, justificar. —*Enredar, confundir.* **2** Serenarse, despejarse, abonanzar, escampar. —*Encapotarse, aborrascarse, oscurecerse, nublarse.*

aclimatar familiarizar, acomodar, habituar, acostumbrar, adaptar, arraigar.

acobardar intimidar, desanimar, atemorizar, amedrentar, acoquinar, arredrar, desalentar, amilanar. —*Animar, fortalecer, alentar.*

acoger recibir, cobijar, asilar, admitir, amparar, aceptar, refugiar, favorecer, proteger. —*Rehusar, rechazar, repeler.*

acolchar almohadillar, tapizar.

acometer arremeter, atacar, embestir, lanzarse, asaltar, agredir, hostigar. —*Retroceder.* **2** Emprender, abordar, iniciar, comenzar. —*Abandonar, concluir, cesar.*

acomodado pudiente, acaudalado, adinerado. —*Mísero.* **2** Apropiado, arreglado, conveniente, adecuado, oportuno, apto. —*Inadecuado, impropio.*

acomodar(se) adaptar, componer, adecuar, disponer, arreglar, ordenar, armonizar. —*Desarreglar, desacomodar.* **2** Conformarse, avenirse, habituarse, amoldarse, transigir. **3** Establecerse, emplearse, colocarse, situarse.

acompañar seguir, conducir, escoltar, asistir, preceder, ayudar, guiar, juntarse. —*Abandonar.*

acompasado cadencioso, rítmico, cíclico, regular, armónico, isócrono, medido, pausado, periódico. —*Desigual, irregular, precipitado.*

acomplejar disminuir, empequeñecer, trastornar, perturbar.

acondicionar adecuar, adaptar, acomodar, arreglar, amoldar, preparar, disponer, organizar. —*Desordenar.*

acongojar apenar, apesadumbrar, afligir, contristar, oprimir, entristecer, atribular, amargar, angustiar. —*Alegrar, confortar, consolar, animar.*

aconsejable recomendable, apropiado, adecuado, conveniente, oportuno. —*Impropio, inadecuado, inconveniente.*

aconsejar recomendar, prevenir, indicar, sugerir, asesorar, avisar, guiar, encaminar, advertir. —*Desaconsejar, disuadir.*

acontecer acaecer, suceder, pasar, producirse, ocurrir, advenir, sobrevenir, verificarse.

acontecimiento suceso, acaecimiento, evento, incidente, hecho, ocurrencia, caso.

acopiar reunir, acumular, allegar, amontonar, juntar, recolectar. —*Desperdigar, esparcir.*

acoplar ensamblar, encajar, ajustar, trabar, articular, unir. —*Desacoplar, desunir, separar.*

acorazar blindar, reforzar, revestir, endurecer.

acordar(se) otorgar, dar, conceder, ofrecer. —*Rehusar.* **2** Pactar, convenir, apalabrar, concordar, conciliar. **3** Rememorar, revivir, recordar, memorizar, evocar. —*Olvidar.*

7

acorde conforme, ajustado, entonado, concorde. —*Discrepante.* **2** Armonía, sonido, estrofa, arpegio. —*Desacorde, disonancia.*

acordonar cercar, rodear, encerrar, incomunicar.

acorralar arrinconar, aislar, estrechar, restringir, hostigar. —*Liberar.*

acortar abreviar, aminorar, simplificar, amenguar, achicar, disminuir, mermar. —*Agrandar, alargar.*

acosar hostigar, hostilizar, perseguir, asediar. **2** Importunar, incitar, molestar, apremiar. —*Colaborar, ayudar.*

acostarse echarse, tenderse, yacer, extenderse, tumbarse. —*Levantarse, alzarse, incorporarse.*

acostumbrar habituar, usar, estilar, frecuentar, soler; familiarizar, instruir, educar, inclinar. —*Desacostumbrar, desusar.*

acre V. acerbo.

acrecentar incrementar, ensanchar, aumentar, multiplicar, extender, agrandar, desarrollar. —*Aminorar, disminuir, reducir, menguar.*

acreditado reputado, prestigioso, afamado, renombrado, célebre, conocido. —*Desprestigiado, desacreditado, desconocido.* **2** Garantizado, probado.

acreedor digno, merecedor, estimable, recomendable. —*Indigno, desmerecedor.* **2** Pretendiente, demandante, reclamante, solicitante. —*Deudor.*

acribillar agujerear, acribar, herir, picar, molestar.

acrisolar depurar, purificar, refinar, aquilatar, filtrar, sublimar, perfeccionar. —*Adulterar, impurificar, corromper.*

acritud acrimonia, mordacidad, virulencia, desabrimiento, causticidad, aspereza, brusquedad. —*Dulzura, amabilidad, afabilidad.*

acróbata equilibrista, trapecista, volatinero, saltimbanqui, funámbulo, maromero, gimnasta.

acta certificación, documento, testimonio, relación, expediente, memoria, acuerdo.

actitud postura, posición, disposición, aire, talante, modo, porte.

activar agilizar, apurar, mover, acelerar, apresurar, avivar. —*Frenar, retardar, parar.*

actividad dinamismo, acción, energía, movimiento, diligencia, eficacia, presteza. —*Morosidad, tardanza, lentitud.* **2** Oficio, ocupación, trabajo, profesión, labor.

activo dinámico, eficiente, vivo, rápido, eficaz, diligente, laborioso. —*Inactivo, perezoso, apático, lento.*

acto acción, movimiento, hecho, obra, actuación, operación, maniobra. **2** Ceremonia, gala, función, solemnidad. **3** Episodio, parte.

actor artista, protagonista, intérprete, personaje, figura, ejecutante, representante, comediante, histrión. **2** Impostor, farsante, simulador.

actual presente, vigente, contemporáneo, coexistente, nuevo, moderno. —*Pasado, pretérito; futuro.*

actuar proceder, hacer, obrar, conducirse, portarse, ejecutar, ejercer, realizar, operar. —*Inhibirse, abstenerse.*

acuático acuátil, hidrológico, marítimo, naútico, hídrico, lacustre. —*Terrestre, seco.*

acuciar incitar, excitar, apurar, apremiar, estimular, urgir, apresurar, aguijonear. —*Disuadir, frenar, contener.*

acucioso diligente, activo, solícito, presuroso. —*Lento, inactivo.*

acudir presentarse, comparecer, asistir, llegar, congregarse, arribar. —*Partir, marcharse, ausentarse, faltar.* 2 Apelar, objetar, recurrir.

acuerdo pacto, convenio, conformidad, arreglo, alianza, unión, compromiso, avenencia, negociación, tratado. —*Conflicto, desacuerdo, discrepancia.* 2 Resolución, determinación, dictamen, disposición.

acuitar apenar, afligir, acongojar, apesadumbrar, angustiar, atribular, contristar. —*Consolar, animar, confortar.*

acumular amontonar, acopiar, allegar, reunir, juntar, aglomerar, hacinar, apilar, almacenar. —*Esparcir, repartir, distribuir.*

acusar culpar, inculpar, imputar, denunciar, achacar, incriminar, delatar. —*Disculpar, defender.*

acusón soplón, delator, acusete, acusica, acusetas.

adagio sentencia, aforismo, máxima, proverbio, axioma, refrán, parábola, apotegma, moraleja.

adalid paladín, capitán, cabecilla, jefe, caudillo, guía, dirigente. —*Subalterno.*

adaptar(se) acomodar, ajustar, adecuar, arreglar, amoldar, aco-

plar. —*Desajustar.* 2 Habituarse, acostumbrarse, familiarizarse. —*Desarraigarse, desadaptarse.*

adecuado apropiado, idóneo, conveniente, apto, acomodado, ajustado, propio, proporcionado. —*Inadecuado, impropio, inconveniente.*

adefesio espantajo, esperpento, mamarracho, birria, hazmerreír. —*Belleza, preciosidad, maravilla.* 2 Disparate, extravagancia, despropósito.

adelantar avanzar, sobrepasar, exceder, aumentar, aventajar, anticipar, superar, mejorar. —*Retroceder, retrasarse.*

adelgazar enflaquecer, encanijarse, demacrarse, desmejorar, desnutrirse. —*Engordar.*

ademán gesto, seña, manoteo, mueca, expresión, mohín, mímica, monería, pantomima, señal, aviso.

además así mismo, incluso, también, inclusive, igualmente, al mismo tiempo, por otra parte.

adentrarse entrar, introducirse, ingresar, pasar, internarse, irrumpir, acceder, penetrar, avanzar, ahondar. —*Salir.*

adepto afiliado, devoto, correligionario, adicto, partidario, seguidor, afecto, incondicional. —*Adversario, contrario, enemigo.*

aderezar adornar, ataviar, acicalar, arreglar, componer, preparar. —*Desarreglar.* 2 Guisar, aliñar, adobar, sazonar, condimentar.

adeudar deber, comprometerse, endeudarse, obligarse. —*Pagar, abonar, amortizar.*

9

adherir(se) unir, pegar, juntar, ligar. —*Despegar, desunir.* **2** Asociarse, afiliarse, solidarizarse, unirse. —*Separarse, oponerse.* **3** Aprobar, asentir, ratificar, aceptar. —*Disentir, discrepar.*

adición suma, añadido, anexión, aumento, agregado, incremento, agregación, añadidura. —*Sustracción, disminución, resta.*

adicto V. **adepto**.

adiestrar entrenar, enseñar, aleccionar, instruir, encaminar, educar, ejercitar, dirigir. —*Desviar.*

adinerado V. **acaudalado**.

adiposo graso, obeso, gordo, rollizo, grueso, fofo. —*Flaco, magro, enjuto.*

aditamento adición, apéndice, complemento, añadidura. —*Supresión, sustracción.*

adivinanza enigma, acertijo, rompecabezas.

adivinar descifrar, acertar, atinar, predecir, anunciar, pronosticar, presagiar, vaticinar, profetizar, prever. —*Errar.*

adivino vidente, arúspice, clarividente, adivinador, vaticinador, profeta, augur, vate, oráculo, agorero, brujo, nigromante, astrólogo.

adjudicar conferir, asignar, otorgar, conceder, dar, ceder, entregar. —*Expropiar, quitar.*

adminículo artefacto, accesorio, aparejo, aparato, dispositivo, pieza, pertrecho, utensilio, artilugio.

administrar dirigir, regir, gobernar, regentar, manejar, mandar, conducir, guiar. **2** Suministrar, aplicar, dar, proporcionar, propinar. —*Recibir.*

admirable notable, sorprendente, magnífico, asombroso, pasmoso, espléndido, excelente, extraordinario, deslumbrante. —*Abominable, detestable.*

admirar asombrar, extasiar, encantar, entusiasmar, maravillar, fascinar. **2** Ensalzar, elogiar, aprobar, loar, enaltecer, ponderar. —*Despreciar.*

admitir consentir, aceptar, reconocer, acoger, permitir, conceder, tolerar. —*Negar, rehusar, rechazar.*

admonición exhortación, reconvención, consejo, amonestación, advertencia, reprimenda. —*Elogio, alabanza, encomio.*

adobar condimentar, sazonar, aliñar, aderezar, acecinar.

adocenado ordinario, común, trillado, ramplón, vulgar, chabacano, trivial, manido. —*Original, singular, distinto.*

adoctrinar aleccionar, instruir, ilustrar, educar, adiestrar, entrenar.

adolescencia juventud, mocedad, pubertad, nubilidad, pubescencia. —*Vejez, ancianidad, senectud.*

adonis bello, hermoso, apuesto, atractivo, guapo. —*Feo.*

adoptar ahijar, prohijar, proteger, favorecer. —*Abandonar, repudiar.* **2** Admitir, elegir, abrazar, seguir, acoger, aceptar. —*Descartar, dejar.*

adorar amar, idolatrar, querer, glorificar, venerar, exaltar. —*Detestar, odiar, aborrecer.* **2** Rezar, postrarse, orar. —*Execrar, maldecir, renegar.*

adormecer adormilar, amodorrar,

aletargar, arrullar. —*Despertar, avivar.*

adornar decorar, ornar, ornamentar, acicalar, arreglar, hermosear, embellecer, emperifollar, aderezar, componer. —*Desarreglar, descomponer.*

adosar aproximar, arrimar, acercar, juntar, pegar, unir, apoyar. —*Separar, despegar.*

adquirir obtener, alcanzar, conseguir, adueñarse, ganar, comprar, procurarse, apropiarse. —*Perder, dar, vender.*

adrede intencionalmente, aposta, premeditadamente, deliberadamente, ex profeso, a propósito. —*Involuntariamente, inadvertidamente.*

aducir argumentar, argüir, alegar, manifestar, razonar, añadir.

adueñarse apropiarse, posesionarse, apoderarse, conquistar, tomar, ocupar. —*Entregar, desprenderse, ceder.*

adular lisonjear, alabar, elogiar, mimar, halagar, agasajar, loar. —*Ofender, despreciar, insultar.*

adulterar falsear, falsificar, viciar, corromper, mixtificar, imitar.

adulterio infidelidad, amancebamiento, ilegitimidad. —*Fidelidad.*

adulto maduro, mayor, desarrollado, crecido, experimentado. 2 Asentado, discreto, sensato. —*Inmaduro, impúber.*

adusto serio, rígido, severo, huraño, ceñudo, hosco, esquivo, austero. —*Jovial, amable, simpático.*

advenedizo intruso, sobrevenido, arribista, foráneo, forastero, extranjero.

advenir ocurrir, pasar, surgir, acontecer, suceder, manifestarse.

adventicio accidental, eventual, fortuito, casual.

adversario contrincante, enemigo, antagonista, contrario, rival, contendiente, oponente, competidor. —*Amigo, aliado.*

adversidad infortunio, fatalidad, desgracia, desdicha, desventura, calamidad, contrariedad. —*Fortuna, suerte, felicidad.*

adverso contrario, desfavorable, opuesto, hostil, enemigo. —*Favorable.*

advertir notar, percibir, percatarse, reparar, fijarse, observar, ver, entender. —*Desadvertir, desatender.* 2 Anunciar, prevenir, avisar, informar, aconsejar, amonestar, reprender.

adyacente contiguo, rayano, lindante, inmediato, confinante, próximo, junto, vecino, limítrofe. —*Distante, apartado, lejano.*

aéreo leve, vaporoso, etéreo, sutil, inconsistente. —*Pesado, material, tangible.* 2 Volador, volandero, volátil, volante. —*Terrestre.*

aerodinámico perfilado, alargado, fino, grácil. —*Grueso.*

aerolito meteorito, astrolito, bólido.

aeronáutica aviación, navegación aérea.

aeroplano avión, aeronave.

afable amable, afectuoso, agradable, atento, asequible, cordial, simpático. —*Descortés, áspero, antipático.*

afamado famoso, célebre, reputado, renombrado, prestigioso, conocido, popular, insigne. —*Ignorado, desconocido.*

afán ansia, vehemencia, ambición, avidez, aspiración, deseo. **2** Ahínco, esfuerzo, voluntad, empeño. — *Negligencia, apatía, desaliento.*

afanarse bregar, esforzarse, trabajar, empeñarse, luchar, procurar, fatigarse.

afear desfigurar, deformar, desfavorecer, deslucir, estropear. — *Embellecer, agraciar.*

afección padecimiento, dolencia, enfermedad, decaimiento, indisposición, achaque. —*Salud.* **2** Inclinación, afecto, cariño. —*Desafección, malquerencia.*

afectado rebuscado, fingido, estudiado, forzado, artificioso, cursi, amanerado. —*Espontáneo, sencillo.* **2** Aquejado, dolorido, lesionado. —*Saludable, sano.*

afectar presumir, aparentar, disfrazar, simular, fingir. **2** Perjudicar, lesionar, dañar, afligir, inquietar. —*Favorecer.*

afecto estima, amistad, cariño, aprecio, devoción, ternura, simpatía. —*Antipatía, desafecto.*

afeitar rasurar, rapar, desbarbar, recortar.

afeite maquillaje, cosmético. **2** Adorno, aderezo.

afeminado amanerado, adamado, amujerado, feminoide, amaricado, amariconado, marica. —*Viril, varonil, masculino.*

aferrar asir, agarrar, coger, retener, embrazar, aprisionar. —*Soltar, abandonar.*

affaire (fr.) negocio, asunto, caso, suceso, embrollo.

affiche (fr.) cartel, anuncio, letrero, cartelón, aviso.

afianzar consolidar, fortalecer,

afirmar, reforzar, fijar, asegurar, apuntalar. —*Aflojar, debilitar.*

afición tendencia, inclinación, propensión, afecto, afinidad, apego, devoción.

afiebrado febril, calenturiento, ardiente.

afilar afinar, aguzar, amolar, adelgazar. —*Embotar.*

afiliar inscribir, asociar, adherir, unir, incorporar. —*Separar, excluir.*

afín parecido, similar, parejo, consonante, semejante, análogo. — *Dispar, contrario, distinto.* **2** Próximo, inmediato, contiguo, cercano, adyacente. —*Alejado.*

afinar entonar, templar, ajustar. —*Destemplar.* **2** Pulir, mejorar, perfeccionar.

afincarse establecerse, asentarse, radicarse, instalarse, domiciliarse, residir, fijarse. —*Irse, emigrar.*

afinidad semejanza, parecido, similitud, relación, parentesco. — *Diferencia, disimilitud.*

afirmar testimoniar, atestiguar, asegurar, manifestar, confirmar, declarar, aseverar, sostener, asentir. —*Negar, denegar.* **2** Afianzar, consolidar, fortificar, ajustar.

afligir(se) apenar, entristecer, atribular, apesadumbrar, abatir, angustiar, mortificar, amargar, contristar, desconsolar. —*Alegrar, consolar.* **2** Quejarse, lamentarse, plañir.

aflojar ceder, ablandarse, debilitarse, flaquear. —*Endurecerse, robustecerse.* **2** Soltar, desapretar, distender. —*Apretar, ceñir.*

aflorar aparecer, brotar, asomar,

surgir, emerger, manifestarse, salir.

afluencia muchedumbre, multitud, aglomeración, concurrencia; cantidad, profusión, abundancia. —*Escasez.*

afluir acudir, confluir, desembocar, verter, concurrir, aglomerarse, congregarse. —*Dispersarse.*

aforar valuar, tasar, estimar, medir, calcular, apreciar.

aforismo axioma, adagio, sentencia, fórmula, precepto, máxima, pensamiento.

afortunado venturoso, próspero, feliz, dichoso, favorecido. —*Desafortunado, desventurado, desdichado.*

afrentar ultrajar, injuriar, insultar, abaldonar, ofender, vilipendiar, vejar, zaherir. —*Honrar, alabar.*

afrontar enfrentar, arrostrar, resistir, carear, desafiar, oponerse. —*Eludir, rendirse.*

afueras alrededores, inmediaciones, extramuros, arrabales, suburbios, andurriales.

afuereño forastero, foráneo, extraño, ajeno. —*Autóctono, indígena.*

agacharse agazaparse, encogerse, doblarse, encorvarse, inclinarse, bajarse. —*Enderezarse, levantarse.*

agallas audacia, coraje, valor, valentía, osadía, corazón. —*Cobardía, pusilanimidad.* **2** Branquias.

ágape festín, banquete, convite, agasajo, merienda, comilona, francachela.

agarrar asir, sujetar, aferrar, coger, empuñar. —*Soltar, desasir.*

agarrotar(se) estrangular, ahogar, oprimir, apretar. **2** Acalambrarse, endurecerse, contraerse, encogerse. —*Relajarse.*

agasajar homenajear, regalar, festejar, halagar, obsequiar, lisonjear. —*Desdeñar.*

agazaparse agacharse, inclinarse, acurrucarse; ocultarse, esconderse. —*Levantarse.*

agencia delegación, representación, filial, sucursal, oficina, despacho.

agenda calendario, memorándum, libreta, cuaderno.

agente intermediario, gestor, representante, comisionado, corredor, delegado, funcionario, empleado, negociador, emisario. **2** Investigador, detective, vigilante, policía, espía.

agigantado agrandado, enorme, excesivo, descomunal, crecido, desarrollado. —*Pequeño.*

ágil ligero, veloz, raudo, listo, pronto, activo, rápido. —*Lento, torpe, pesado.*

agiotista agiotador, especulador, acaparador, usurero.

agitar sacudir, zarandear, remover, blandir, mover. **2** Turbar, inquietar, perturbar, alterar, conmover, intranquilizar. —*Aplacar, calmar, tranquilizar.* **3** Sublevar, alborotar, amotinar, levantar, alzar, insubordinar, incitar. —*Pacificar.*

aglomeración amontonamiento, hacinamiento, acopio, acumulación, reunión. —*Dispersión, disgregación.* **2** Muchedumbre, turba, multitud, gentío, masa.

aglutinar juntar, adherir, pegar, unir. —*Despegar, separar.*

agobiar abrumar, oprimir, angustiar, fatigar, molestar, cansar. — *Animar.*

agonía estertor, expiración, trance, muerte, fin, desenlace. **2** Angustia, pena, dolor, aflicción, congoja, pesadumbre. —*Alegría.*

agorero adivino, profeta, augur, pronosticador, mago, vate, astrólogo. **2** Infausto, luctuoso, fatídico, pesimista, triste. —*Alegre.*

agostar abrasar, marchitar, secar, amustiar. —*Reverdecer.*

agotar consumir, apurar, gastar, acabar, absorber. —*Llenar, colmar.* **2** Extenuar, debilitar, cansar, fatigar. —*Vigorizar, fortalecer.*

agraciado apuesto, guapo, gallardo, atractivo, bien parecido. — *Feo, soso.*

agradable encantador, grato, ameno, acogedor, placentero, cordial, amistoso, simpático, alegre, gracioso, atractivo. —*Desagradable, molesto.*

agradar complacer, gustar, encantar, satisfacer, regocijar, deleitar, alegrar, atraer, cautivar. — *Desagradar, disgustar.*

agradecimiento gratitud, reconocimiento, gracias, satisfacción. —*Ingratitud, desagradecimiento.*

agrandar engrandecer, aumentar, dilatar, incrementar, ensanchar, ampliar, acrecentar, extender. —*Disminuir, reducir, empequeñecer.*

agravar(se) empeorar, dificultar, complicar, recrudecer, obstaculizar. —*Favorecer, ayudar.* **2** Debilitarse, desmejorar, agonizar. — *Aliviarse, mejorar.*

agravio injuria, afrenta, oprobio, ofensa, deshonra, ultraje, insulto. —*Halago.*

agredir acometer, atacar, embestir, asaltar, golpear, dañar.

agregar adicionar, anexar, añadir, complementar, sumar, asociar, aumentar. —*Sustraer, restar, segregar.*

agresivo belicoso, violento, ofensivo, provocador, insolente, pendenciero. —*Manso, suave, pacífico.*

agreste silvestre, rústico, salvaje, selvático, abrupto. **2** Tosco, burdo, rudo, áspero, inculto, grosero. —*Culto, fino.*

agriado ácido, acidulado, avinagrado, descompuesto. **2** Irritado, disgustado, amargado.

agricultor labrador, campesino, cultivador, plantador, labriego, hortelano, agrónomo, rústico, paisano, hacendado, terrateniente.

agrietar resquebrajar, rajar, hender, abrir, partir, cuartear, fracturar, quebrar, horadar. —*Unir, cerrar, pegar.*

agro campo, tierra, suelo.

agrupar concentrar, congregar, aglutinar, convocar, conglomerar, asociar, juntar, reunir. —*Dispersar, disgregar, separar.*

aguacero chubasco, lluvia, chaparrón, nubada, borrasca, diluvio, turbión, tormenta.

aguachento aguado, aguanoso, acuoso.

aguafiestas gruñón, cascarrabias, pesimista, rezongón. —*Festivo, optimista.*

aguantar soportar, sobrellevar, tolerar, sufrir, resistir, padecer, resignarse. —*Rebelarse.* 2 Sostener, sujetar, mantener. —*Soltar.*

aguar diluir, desleir, disolver, licuar, rebajar, adulterar. —*Solidificar.* 2 Malograr, interrumpir, frustrar, perturbar, arruinar, estropear, entorpecer. —*Favorecer.*

aguararparse avinagrarse, agriarse, acedarse.

aguardar esperar, permanecer. —*Marcharse, irse.* 2 Creer, confiar, anhelar.

agudeza perspicacia, ingenio, penetración, ingeniosidad, sagacidad, sutileza, viveza, presteza. —*Torpeza.* 2 Ocurrencia, gracia, chiste. —*Majadería, necedad.*

agudo aguzado, afilado, puntiagudo, punzante. —*Romo.* 2 Ingenioso, perspicaz, penetrante, intuitivo, ocurrente, sagaz. —*Necio, majadero.*

agüero augurio, auspicio, predicción, cábala, presagio, vaticinio.

aguerrido experimentado, avezado, ducho, curtido, veterano, fogueado, ejercitado, habituado. —*Novato, bisoño, inexperto.*

aguijonear aguijar, incitar, estimular, acuciar, espolear, hostigar, avivar. —*Refrenar, contener.*

aguileño aquilino, corvo, torcido, encorvado. —*Respingado.*

aguja alfiler, púa, pincho, punzón, horquilla, ganchillo, pasador.

agujero orificio, boquete, hueco, brecha, perforación, grieta, abertura, boca, rendija. —*Obturación, oclusión, taponamiento.*

aguzar afinar, afilar, adelgazar, agudizar. —*Despuntar.* 2 Incitar, avivar, excitar, aguijar, estimular.

aherrojar esposar, encadenar, atar, sujetar. 2 Subyugar, avasallar, esclavizar, oprimir, domeñar. —*Libertar.*

ahínco empeño, vehemencia, insistencia, firmeza, perseverancia, esfuerzo, tesón, ardor. —*Apatía, desgana.*

ahíto saciado, harto, repleto, hastiado, empachado, lleno, atiborrado. —*Hambriento, famélico.* 2 Cansado, fastidiado, enfadado.

ahogar asfixiar, sofocar, estrangular, ahorcar. 2 Urgir, oprimir, apremiar, apurar, abrumar, fatigar. —*Tranquilizar.* 3 Extinguir, apagar.

ahondar cavar, excavar, profundizar, horadar, penetrar, sondear, adentrarse. —*Tapar, rellenar.*

ahorcar colgar, estrangular, ajusticiar, ejecutar.

ahorrar economizar, guardar, acumular, escatimar, atesorar, reservar. —*Despilfarrar, prodigar, gastar.* 2 Evitar, librar, excusar.

ahuecar V. **ahondar**.

ahuyentar espantar, asustar, repeler, expulsar, alejar, atemorizar, rechazar. —*Atraer.*

airado iracundo, furioso, encolerizado, indignado, irritado, rabioso, violento, enfurecido, agitado, colérico. —*Sereno, apacible, tranquilo.*

aire atmósfera, espacio, ambiente, cielo, éter. 2 Viento, ráfaga, soplo, corriente, céfiro. 3 Porte, apariencia, expresión, figura, apostura, aspecto, talante. 4 Canción, melodía, tonada.

airear ventilar, purificar, oxigenar, orear, refrescar. —*Encerrar, enrarecer.* 2 Propalar, difundir, divulgar, revelar, esparcir. —*Guardar, callar.*

airoso apuesto, esbelto, gallardo, galán, garboso, donoso; arrogante, triunfante. —*Desgarbado, feo.*

aislar incomunicar, recluir, encerrar, retirar, separar, apartar, excluir, alejar, relegar, confinar. — *Comunicar, relacionar.*

ajar deslucir, desmejorar, desaliñar, deteriorar, manosear, maltratar, marchitar, estropear, arrugar. —*Mejorar, renovar, planchar.*

ajeno extraño, impropio, exótico, foráneo, lejano, distinto, diferente. —*Propio.*

ajetreado movido, zarandeado, agitado; curtido, acostumbrado.

ajiaco guiso, caldo, sopa.

ajuar indumentaria, ropa, vestimenta. **2** Bienes, menaje, equipo, enseres, pertenencias, mobiliario.

ajustar(se) acomodar, acoplar, adaptar, arreglar, encajar, apretar. —*Desarreglar, desacoplar.* **2** Amoldarse, avenirse, convenir, conformarse, concertar. —*Discrepar, resistirse.*

ajusticiar ejecutar, liquidar, matar. —*Indultar.*

ala aleta, alón, élitro, extremidad, alerón. **2** Costado, flanco, sector, lado.

alabar(se) ensalzar, elogiar, enaltecer, aclamar, encumbrar, encomiar, honrar, loar, lisonjear, adular. —*Criticar, censurar, insultar.* **2** Jactarse, alardear, envanecerse, vanagloriarse. —*Reprobarse.*

alacena armario, despensa, aparador, estante.

alambique destilador, retorta, alquitara.

alambrada valla, cercado, estacada, empalizada, cerco.

alardear pavonearse, vanagloriarse, jactarse, gloriarse, ufanarse, presumir, alabarse. —*Reprocharse.*

alargar prolongar, aumentar, ampliar, diferir, dilatar, prorrogar, extender, agrandar. —*Disminuir, acortar, reducir.*

alarido grito, aullido, chillido, quejido.

alarma inquietud, intranquilidad, zozobra, aprensión, sobresalto, miedo, temor, susto. —*Calma, sosiego.* **2** Llamada, aviso, señal.

alba amanecer, madrugada, aurora, alborada, maitinada. —*Anochecer, crepúsculo.*

albacea testamentario, custodio, representante, tutor.

albedrío arbitrio, potestad, voluntad, deseo. —*Obligación.*

alberca pila, pileta, estanque, cisterna, pozo.

albergar hospedar, aposentar, alojar, asilar, acoger, amparar, cobijar. —*Desalojar, expulsar, echar.*

albo blanco, claro, níveo, diáfano. —*Negro, oscuro.*

alboroto escándalo, desorden, bullicio, trifulca, estrépito, tumulto, barahúnda, confusión, desorden, vocerío, estruendo. —*Silencio, calma.*

alborozo gozo, alegría, júbilo, entusiasmo, contento, regocijo. — *Pesadumbre, aflicción, tristeza.*

albur azar, contingencia, eventualidad, suerte, riesgo. —*Seguridad, certidumbre.*

alcahuete encubridor, cómplice, compinche, mediador, enredador, proxeneta.

alcance efecto, consecuencia, resultado, importancia, peso, trascendencia.

alcantarilla colector, desagüe, desaguadero, imbornal, caño, cloaca, vertedero, sumidero.

alcanzar conseguir, adquirir, obtener, lograr, llegar. —*Perder.* **2** Sujetar, tomar, coger, atrapar, aferrar. —*Soltar.*

alcázar fortificación, fuerte, fortín, fortaleza, reducto, palacio, ciudadela, castillo.

alcoba aposento, habitación, dormitorio, cuarto, pieza, recinto.

alcohólico alcoholizado, beodo, ebrio, dipsómano, borracho, embriagado, borrachín. —*Abstemio, sobrio.*

alcurnia ascendencia, origen, estirpe, linaje, abolengo, prosapia.

aldaba picaporte, llamador, argolla, aldabón.

aldea población, poblado, pueblo, villa, villorrio, lugar, caserío. —*Metrópoli.*

aldeano lugareño, pueblerino, provinciano, campesino, labriego.

alear amalgamar, mezclar, fundir, fusionar. —*Separar, desunir.*

aleatorio azaroso, fortuito, casual, impreciso, aventurado, incierto, contingente. —*Seguro.*

aleccionar instruir, adoctrinar, adiestrar, enseñar, aconsejar. —*Disuadir.*

aledaño contiguo, anexo, vecino, confinante, limítrofe, próximo, lindante, adyacente, colindante. —*Apartado, separado, lejano.*

alegar aducir, exponer, declarar, razonar, testimoniar, manifestar. —*Callar.*

alegoría emblema, representación, imagen, alusión, símbolo, signo, metáfora, insignia, iconografía. —*Realidad.*

alegre jovial, regocijado, divertido, contento, risueño, gozoso, animado, festivo, chistoso, jubiloso, gracioso, alborozado. —*Afligido, triste, apenado.*

alejar apartar, distanciar, separar, desviar, retirar, ahuyentar, rechazar. —*Acercar, aproximar.*

alelado lelo, desconcertado, aturdido, pasmado, estupefacto, confuso, embobado, atontado. —*Despierto, avispado.*

alemán germano, teutón, tudesco.

alentar animar, estimular, apoyar, exhortar, incitar, reanimar, excitar, aguijonear.

alerta alarma, señal, aviso. **2** Atento, preparado, dispuesto, vigilante, listo, avizor. —*Despreocupado, desprevenido.*

alertar prevenir, avisar, alarmar, advertir.

aletargado amodorrado, somnoliento, adormecido, entumecido, adormilado. —*Animado, despabilado, despierto.*

alevosía perfidia, felonía, traición, vileza, insidia, deslealtad, ruindad. —*Nobleza, fidelidad, lealtad.*

alfabeto abecedario, abecé.

alférez V. **abanderado**.

alfombra tapiz, tapete, estera, felpudo, moqueta.

alforja zurrón, bolsa, talego, saco.

algarabía bullicio, alboroto, vocerío, estrépito, algazara, barahúnda, bulla, confusión. —*Silencio, paz, orden.*

algarada revuelta, sublevación, asonada, levantamiento, motín, sedición, disturbio, desorden. — *Tranquilidad.*

álgido helado, glacial, frío. — *Caliente.* 2 Crucial, crítico, trascendental, agudo, culminante, supremo, grave. —*Secundario, intrascendente.*

alhaja joya, presea, dije, gema, aderezo.

alharaca V. **algarabía**.

aliado asociado, coligado, mancomunado, adepto, seguidor, confederado, cómplice, asociado, amigo, confabulado, socio. —*Enemigo, adversario.*

alianza coalición, liga, pacto, tratado, amistad, compromiso, convenio, unión, acuerdo, asociación, confederación. —*Rivalidad, hostilidad, enemistad.* 2 Lazo, conexión, matrimonio.

alias sobrenombre, apodo, apelativo, mote, remoquete, calificativo, seudónimo.

alicaído V. **deprimido**.

alicates tenazas, pinzas.

aliciente estímulo, impulso, ánimo, acicate, incitación, atractivo, incentivo, inspiración. —*Freno, coerción, impedimento.*

alienado enajenado, demente, orate, trastornado, maníaco, loco,

enfermo mental, tocado, chiflado. —*Cuerdo.*

alienar vender, ceder, transferir, traspasar, donar.

aliento hálito, respiración, resuello, vaho, huelgo. 2 Ánimo, denuedo, valor, audacia, esfuerzo. —*Desaliento, flaqueza.*

aligerar apresurar, acelerar, abreviar, activar, apurar. —*Tardar, diferir, retardar.* 2 Aliviar, descargar, suavizar, atenuar, calmar, aminorar, disminuir, quitar.

alimaña bicho, sabandija, bestia.

alimentar nutrir, sustentar, sostener, mantener, engordar, criar, cebar.

alimenticio nutritivo, sustancioso, suculento, alible, nutricio, vigorizante.

alimento comida, comestible, sustento, alimentación, manutención, nutriente, sostén.

alinear enfilar, rectificar, ordenar. —*Desordenar.*

aliñar sazonar, adobar, condimentar, aderezar. 2 Adornar, componer, acicalar, arreglar. — *Descomponer, desaliñar.*

alisar igualar, aplanar, enrasar. 2 Bruñir, pulir, suavizar, pulimentar, lijar. 3 Desarrugar, planchar. —*Arrugar.*

alistar aprontar, preparar, prevenir, disponer, aparejar. 2 Enrolar, reclutar, inscribir, matricular, afiliar.

aliviar(se) calmar, aplacar, mitigar, tranquilizar. 2 Mejorarse, sanar, reponerse, recobrarse, curar, restablecerse. —*Empeorar, agravarse.*

allanar inspeccionar, registrar,

investigar, penetrar, irrumpir, forzar. **2** Aplanar, igualar, nivelar, alisar. —*Desnivelar.*

allegado pariente, consanguíneo, familiar, emparentado, deudo, próximo, cercano. —*Extraño.*

allegar acumular, reunir, acopiar, juntar, recoger. —*Dispersar.* **2** Acercar, aproximar, arrimar. **3** Agregar, añadir. —*Separar.*

alma ánima, espíritu. **2** Entrañas, corazón, interior, pecho, conciencia. —*Cuerpo, materia.* **3** Habitante, individuo, persona, ser.

almacén depósito, despensa, bodega. **2** Tienda, local, negocio, establecimiento.

almacenar guardar, depositar, juntar, reunir, acopiar, reservar, acumular, amontonar. —*Distribuir, sacar, repartir.*

almanaque calendario, anuario, agenda, memorando.

almibarado dulzón, empalagoso, meloso, dulce, melifluo. —*Amargo.*

almuerzo comida, alimento, refrigerio.

alocado atolondrado, precipitado, impetuoso, irreflexivo, aturdido, disparatado, atronado. —*Sereno, prudente.*

alocución discurso, arenga, sermón, prédica, perorata.

alojar hospedar, albergar, aposentar, acoger, cobijar. —*Desalojar, expulsar.*

alpargata abarca, chanclo, chancleta, babucha, sandalia, pantufla.

alpinista escalador, montañero, trepador, excursionista.

alquería cortijo, quinta, hacienda, finca, granja, caserío.

alquiler arriendo, arrendamiento, locación, renta.

alquimia crisopeya, taumaturgia, química mágica.

alquitrán brea, pez, resina.

altanería altivez, petulancia, arrogancia, desdén, vanidad, soberbia, engreimiento, presunción, desprecio. —*Sencillez, modestia.*

altar ara.

alterar(se) modificar, transformar, mudar, variar, cambiar. —*Permanecer, conservar.* **2** Mixtificar, adulterar, falsificar, corromper. **3** Irritarse, excitarse, trastornarse, enfurecerse, turbarse. —*Calmarse, tranquilizarse.*

altercado discusión, polémica, disputa, cuestión, debate, controversia. —*Acuerdo, conciliación.* **2** Bronca, riña, pendencia, reyerta, querella. —*Armonía.*

alternar turnar, sucederse, reemplazar, relevarse, variar. —*Mantener.* **2** Relacionarse, frecuentar, rodearse, tratar, codearse, comunicarse. —*Aislarse.*

alternativa opción, dilema, disyuntiva, elección, duda, problema. —*Certidumbre, seguridad.*

altibajo desigualdad, salto, fluctuación. —*Regularidad.* **2** Eventualidad, contingencia, problema.

altiplanicie altiplano, meseta, planicie, explanada.

altisonante rimbombante, ampuloso, grandilocuente, pedante, pomposo, redundante, solemne, hinchado. —*Natural, sencillo.*

alto elevado, desarrollado, espigado, prominente, descollante, superior. —*Bajo, pequeño.* **2** Altura, elevación, cúspide, eminencia, altitud, pico, cumbre, loma. —*Depresión, llano.* **3** Detención, parada, descanso, escala.

altoparlante altavoz, megáfono, amplificador.

altruismo generosidad, humanidad, piedad, caridad, benevolencia, abnegación, filantropía. —*Egoísmo.*

altura V. **alto**.

alucinación espejismo, desvarío, engaño, ilusión, fantasía, ofuscamiento, confusión, visión. —*Realidad.*

alud derrumbamiento, avalancha, hundimiento, desmoronamiento, desprendimiento.

aludir citar, mencionar, señalar, referirse, insinuar. —*Reservarse, callar, omitir.*

alumbrar iluminar, destellar, relucir, brillar, refulgir, irradiar, aclarar. —*Oscurecer.* **2** Parir, engendrar, dar a luz.

alumno estudiante, discípulo, escolar, colegial, educando, aprendiz. —*Profesor, maestro.*

alusión referencia, indicación, cita, mención, insinuación, indirecta.

aluvión desbordamiento, crecida, inundación. **2** Sedimentación, depósito, acumulación.

alza aumento, elevación, subida, incremento, carestía, encarecimiento. —*Rebaja, abaratamiento.*

alzamiento insurgencia, insurrección, sublevación, levantamiento, rebelión, insubordinación, revuelta, sedición, motín, disturbio. —*Paz.*

alzar levantar, elevar, subir, izar, erigir, encaramar, encumbrar. —*Bajar, descender.*

ama patrona, señora, jefa, dueña, casera. **2** Aya, acompañante, niñera, nodriza, doncella.

amable atento, cordial, gentil, cortés, educado, afable, afectuoso, amistoso, agradable, benévolo, simpático, encantador. —*Descortés, desagradable, antipático.*

amaestrar domesticar, domar, amansar, adiestrar, educar, entrenar.

amago ademán, finta, gesto, intimidación, amenaza, conminación. **2** Síntoma, indicio, señal, comienzo, inicio, principio.

amainar escampar, serenar, moderar, despejar, ceder, calmarse. —*Arreciar, empeorar.*

amalgama mezcla, mixtura, mescolanza, composición, conglomerado, combinación, amasijo, unión, conjunto, masa. —*Separación, disgregación.*

amamantar lactar, alimentar, nutrir, criar. —*Destetar.*

amancebamiento cohabitación, concubinato, convivencia. —*Separación.*

amanecer alborada, alba, aurora. **2** Clarear, alborear, aclarar. —*Anochecer.*

amanerado afectado, estudiado, teatral, rebuscado, artificial, afeminado. —*Espontáneo, natural, varonil.*

amansar domesticar, domar, amaestrar. **2** Sosegar, calmar, apaciguar, aplacar. —*Enfurecer, embravecer, excitar.*

amante enamorado, querido, amador, pretendiente, adorador, cortejador. **2** Afectuoso, amoro-

so, galante, cariñoso. —*Odioso.*
3 Concubina, querida.

amanuense secretario, escribiente, copista.

amaño ardid, astucia, artificio, trampa, triquiñuela, intriga, estratagema, treta, componenda.

amar querer, estimar, adorar, apreciar, idolatrar, venerar. —*Odiar.*

amapola ababol, ababa.

amargo acre, acerbo, acibarado, áspero, agrio. —*Dulce.* 2 Mortificante, triste, penoso, doloroso, angustioso, aflictivo. —*Alegre, dichoso.*

amarillo dorado, gualdo, rubio, áureo, azafranado, pajizo, ambarino.

amarrar atar, anudar, ligar, sujetar, asegurar, enlazar. —*Soltar, desatar.*

amasar heñir, apretar, masajear, manosear, sobar, mezclar, amalgamar.

amasijo revoltijo, mezcla, mixtura, masa, confusión, enredo.

amateur (fr.) aficionado, entusiasta, admirador.

ambages circunloquios, rodeos, ambigüedad, sutilezas, perífrasis.

ambición codicia, apetito, apetencia, gana, ansia, pretensión, avidez, anhelo, interés, deseo. —*Desinterés, indiferencia.*

ambiente ámbito, condición, medio, atmósfera, entorno, estado, espacio, círculo.

ambiguo impreciso, equívoco, dudoso, incierto, indeterminado, confuso, vago, oscuro, incoherente. —*Claro, simple, preciso.*

ámbito V. **ambiente**.

ambulante itinerante, movedizo, errante, móvil, vagabundo, nómada, callejero. —*Estable, sedentario, fijo.*

amedrentar acobardar, intimidar, aterrar, atemorizar, asustar, espantar, amilanar, apocar. —*Animar, fortalecer, alentar.*

amenazar desafiar, provocar, retar, advertir, conminar, intimidar, atemorizar.

ameno agradable, grato, entretenido, divertido, placentero, animado, deleitable. —*Aburrido.*

ametrallar acribillar, disparar, tirotear, abatir.

amigo compañero, adicto, camarada, devoto, apegado, aficionado. —*Adversario, enemigo, rival.*

aminorar disminuir, atenuar, mermar, reducir, achicar, rebajar, mitigar, acortar. —*Ampliar, aumentar, agrandar.*

amistad lealtad, devoción, afecto, aprecio, confraternidad, compañerismo, confianza, hermandad, amor, intimidad. —*Enemistad, odio.*

amistoso amigable, fraterno, afectuoso, entrañable, cariñoso, afable. —*Hostil, antipático.*

amnistía indulto, absolución, perdón, clemencia, remisión, indulgencia.

amo dominador, autócrata, déspota. —*Vasallo, esclavo.*

amodorrarse dormitar, adormilarse, adormecerse, aletargarse. —*Despabilarse, animarse.*

amohinarse V. **disgustarse**.

amolar afilar, aguzar. —*Embotar.*

amoldar(se) habituar, acostumbrar, adaptar, acomodar. 2 Avenirse, conformarse, someterse, ajustarse. —*Resistirse, rebelarse.*

amonestar regañar, reconvenir, reprochar, reprender, avisar, advertir. —*Felicitar, elogiar.*

amontonar apilar, agrupar, hacinar, acopiar, acumular, juntar, reunir, aglomerar. —*Desparramar, esparcir.*

amor afecto, devoción, estima, ternura, pasión, cariño, adoración, amistad. —*Odio, aversión, desamor.*

amorfo informe, deforme, desproporcionado, irregular. —*Regular, proporcionado.*

amorío idilio, devaneo, flirteo, coqueteo, aventura, galanteo, conquista.

amoroso afectuoso, cariñoso, tierno, adorable. —*Odioso.*

amortiguar suavizar, aminorar, moderar, atemperar, disminuir, reducir. —*Acrecentar, recrudecer, aumentar.*

amortizar abonar, pagar, cancelar, saldar, satisfacer, liquidar. —*Adeudar.*

amotinar sublevar, revolucionar, agitar, insurreccionar, levantar, insubordinar, alzar, incitar. —*Calmar, pacificar.*

amparar proteger, salvaguardar, defender, auxiliar, ayudar, favorecer, apoyar, resguardar, preservar, abrigar. —*Abandonar, desamparar.*

ampliar aumentar, ensanchar, incrementar, dilatar, agrandar, extender, desarrollar, alargar, acrecentar, añadir. —*Reducir, estrechar, disminuir.*

amplio espacioso, ancho, grande, extenso, dilatado, expandido, vasto, holgado. —*Estrecho, angosto, reducido.*

ampuloso fatuo, altisonante, pomposo, hinchado, pretencioso, afectado, redundante, rimbombante, grandilocuente. —*Sobrio, natural, sencillo.*

amputar cercenar, mutilar, separar, cortar, seccionar, truncar.

amueblar equipar, decorar, adornar, dotar, pertrechar. —*Desamueblar.*

amuleto talismán, reliquia, filacteria, fetiche, ídolo.

anacoreta asceta, ermitaño, cenobita, eremita, penitente, solitario.

anacrónico anticuado, extemporáneo, desusado, inoportuno, inadecuado, erróneo. —*Adecuado, actual, oportuno.*

ánade oca, ganso, pato.

anales crónicas, relatos, narraciones, comentarios, memorias, fastos.

analfabeto iletrado, inculto, ignorante. —*Instruido, ilustrado.*

análisis examen, descomposición, investigación, observación, estudio. —*Síntesis.*

analogía semejanza, similitud, conformidad, parecido, afinidad, equivalencia, conveniencia, relación, correlación. —*Disparidad, diferencia.*

anaquel aparador, repisa, armario, estante, alacena.

anarquía caos, desgobierno, acracia, desorden, confusión. —*Totalitarismo, absolutismo; orden.*

anatema maldición, execración, condena, imprecación, censura. —*Aprobación, elogio.*

anatomía somatología, organografía.

anca grupa, flanco, cadera, pernil.

ancestral familiar, consanguíneo, tradicional, hereditario, antiguo, atávico. —*Actual.*

anciano viejo, antiguo, senil, vetusto, añoso, provecto, decrépito.—*Joven, nuevo.*

ancla áncora, rezón.

ancho amplio, extenso, abierto, extendido, dilatado, vasto, espacioso. —*Angosto, estrecho.*

andamio armazón, andamiaje, tablado, plataforma, maderamen.

andanada descarga, ráfaga, fuego, disparos, cañoneo, salva. **2** Reprimenda, represión, reconvención. —*Elogio, alabanza.*

andanza correría, viaje, peripecia, aventura, suerte, suceso.

andar caminar, marchar, transitar, circular, deambular, recorrer, pasear, avanzar. —*Parar, detenerse.*

andariego andarín, caminante, errante.

andén acera, apeadero.

andrajo harapo, guiñapo, pingajo, calandrajo, piltrafa, colgajo, jirón, trapo, desgarrón, remiendo.

andrajoso harapiento, haraposo, desaliñado, desharrapado, zarrapastroso, descosido, sucio, desaseado. —*Pulcro, limpio.*

andurrial paraje, arrabal, sitio remoto.

anécdota lance, acontecimiento, relación, aventura, historia, suceso, hecho, relato, cuento.

anegar inundar, sumergir, empapar, encharcar, mojar. —*Secar.*

anemia debilidad, extenuación, decaimiento. —*Vigor, fuerza, fortaleza.*

anestesiar narcotizar, insensibilizar, sedar, adormecer, aletargar, amodorrar. —*Estimular.*

anexar anexionar, vincular, unir, adherir, agregar, incorporar, añadir, ampliar. —*Separar, desagregar, segregar.*

anfiteatro teatro, gradería, hemiciclo.

ángel querubín, serafín, querube, arcángel. —*Diablo, demonio.*

angelical inocente, inmaculado, espiritual, candoroso. —*Infernal, demoniaco.*

angosto estrecho, reducido, apretado, ajustado. —*Amplio, ancho.*

ángulo arista, rincón, esquina, punta, recodo, canto, codo, intersección.

angustia zozobra, intranquilidad, aflicción, congoja, mortificación, tristeza, pena, sufrimiento, malestar. —*Euforia, tranquilidad, alegría.*

anhelar ansiar, desear, ambicionar, querer, codiciar, pretender. —*Despreciar.*

anillo sortija, argolla, aro, alianza.

ánima alma, espíritu, conciencia. —*Cuerpo.*

animación movimiento, actividad, vivacidad, alegría, excitación, agitación, bullicio. —*Calma, quietud, inactividad.*

animadversión antipatía, hostilidad, prevención, inquina, animosidad, ojeriza, enemistad. —*Simpatía, amistad.*

animal criatura, ser vivo. **2** Bestia, fiera, bruto, irracional.

animar

animar alentar, confortar, respaldar, exhortar, reanimar, incitar, aguijonear. —*Desanimar, desalentar.*

ánimo aliento, arrojo, acometividad, vigor, ardor, esfuerzo, energía, resolución, brío, denuedo. —*Desaliento, apatía.* **2** Propósito, intención, designio.

animosidad animadversión, inquina, aversión, mala voluntad.

aniquilar exterminar, destruir, eliminar, devastar, anonadar, suprimir, arrasar, abatir. —*Conservar, salvar.*

anochecer crepúsculo, atardecer, ocaso, oscurecer. —*Amanecer.*

anodino trivial, insustancial, insignificante, baladí, pueril, fútil. —*Esencial, sustancial, importante.*

anomalía anormalidad, irregularidad, rareza, particularidad, singularidad, absurdo, desproporción. —*Normalidad.*

anonadar exterminar, abatir, arruinar, destruir, desolar. **2** Abrumar, desalentar, descorazonar, apabullar. —*Alentar, animar.*

anónimo incógnito, secreto, ignorado, desconocido, misterioso. —*Conocido.*

anormal anómalo, raro, inaudito, prodigioso, inverosímil, quimérico, irregular, sobrenatural. **2** Deforme, defectuoso, contrahecho, degenerado. —*Normal, común.*

anotar escribir, apuntar, relacionar, consignar, inscribir, registrar.

anquilosar inmovilizar, estancar, paralizar, impedir, atrofiar, lisiar.

ansia ansiedad, preocupación, inquietud, agitación, impaciencia,

desazón, desasosiego, zozobra, angustia. —*Serenidad, tranquilidad.* **2** Anhelo, apetencia, deseo, apetito, afán, ambición, codicia. —*Desinterés, indiferencia.*

antagonismo rivalidad, contraposición, competencia, incompatibilidad, oposición, conflicto, discrepancia, disparidad, enemistad, pugna. —*Amistad, concordia.*

antaño antes, antiguamente, anteriormente. —*Actualmente, hoy.*

antártico meridional, austral, sur. —*Ártico, septentrional, boreal.*

antecedente precedente, preexistente, anterior, precursor. —*Consiguiente, siguiente.* **2** Referencia, dato, historial, informe.

antecesor antepasado, predecesor, progenitor, procreador, precursor, padre. —*Sucesor, descendiente.*

antedicho citado, dicho, aludido, nombrado, mencionado, referido, precitado.

antediluviano antiquísimo, primitivo, remoto, prehistórico, arcaico, inmemorial, antiguo. —*Actual, contemporáneo, presente.*

antelación anticipación, precedencia, anterioridad. —*Posterioridad, demora.*

antemano (de) anticipadamente, antes, previamente, por adelantado, con antelación. —*Posteriormente, luego, después.*

anteojo(s) catalejo, telescopio, binóculo. **2** Lentes, gafas, antiparras, quevedos.

antepasado V. antecesor.

anteponer distinguir, resaltar, señalar. —*Posponer.*

anteproyecto bosquejo, plan, planteamiento, esbozo, avance.

anterior previo, precedente, preliminar, antecedente, pasado. — *Posterior.*

antes anteriormente, antiguamente, antaño. —*Después, posteriormente.*

antesala antecámara, estancia, recibidor, vestíbulo.

anticipar anunciar, avanzar, adelantar; adivinar, predecir, presagiar, pronosticar. —*Retrasar, diferir.*

anticuado obsoleto, caduco, vetusto, desusado, arcaico, antiguo, viejo.—*Actual, moderno, nuevo.*

antídoto contraveneno, antitóxico, revulsivo. —*Veneno.*

antifaz máscara, careta, mascarilla.

antifebril antipirético, febrífugo.

antigüedad vejez, vetustez, ancianidad. **2** Prehistoria, pasado, tiempos primitivos, tiempos inmemoriales. —*Actualidad.* **3** Reliquia. **4** Tiempo de servicio.

antiguo viejo, arcaico, añejo, remoto, pretérito, vetusto.—*Nuevo, moderno , actual, reciente.*

antihigiénico desaseado, sucio, insalubre, malsano. —*Aseado, limpio, higiénico.*

antipatía animadversión, animosidad, aversión, inquina, malquerencia, ojeriza. —*Simpatía, afecto, cariño.*

antiséptico higiénico, desinfectante, esterilizante, aséptico. —*Séptico, contaminado, infectado.*

antítesis antinomia, oposición, contradicción, antagonismo, incompatibilidad, paradoja. — *Concordancia, similitud.*

antojo capricho, deseo, veleidad, anhelo.

antología selección, compendio, recopilación, compilación, florilegio.

antónimo contrario, opuesto, antitético. —*Sinónimo.*

antorcha tea, hacha, vela.

antro caverna, cueva, gruta, hueco; covacha, cuchitril, tugurio, guarida.

antropófago caníbal, salvaje, sanguinario, carnicero.

anual anuo.

anudar atar, ligar, unir. —*Desanudar, desatar, desamarrar, separar.*

anuencia beneplácito, aquiescencia, consentimiento, autorización, aprobación, permiso.—*Desaprobación, denegación.*

anular cancelar, suprimir, revocar, abolir, derogar; borrar, tachar, eliminar. —*Validar, aprobar.* **2** Humillar, opacar, amilanar. —*Ensalzar.*

anunciar comunicar, avisar, proclamar, informar, notificar, hacer saber. —*Callar.* **2** Predecir, pronosticar, presagiar.

anuncio aviso, letrero, cartel, notificación. **2** Pronóstico, presagio, augurio, predicción.

anverso faz, cara. —*Reverso, envés, revés.*

añadir agregar, adicionar, sumar, anexionar, aumentar.—*Deducir, restar, sustraer, quitar.*

añagaza señuelo, engaño, treta, ardid, artimaña.

añejo añoso, antiguo, envejecido, vetusto. —*Nuevo, joven, reciente.*

añicos trozos, pedazos, trizas, fragmentos, partículas.

añorar rememorar, recordar, echar de menos. —*Olvidar*

apabullar confundir, turbar, avergonzar, abrumar, anonadar. **2** Aplastar, estrujar.

apacentar pastorear, pacer.

apacible tranquilo, agradable, placentero, suave, reposado, sosegado. —*Desapacible, inquieto.*

apaciguar aquietar, calmar, tranquilizar, pacificar, sosegar, serenar. —*Excitar, irritar, exacerbar, enconar.*

apadrinar patrocinar, proteger, auspiciar, amparar. —*Desamparar, desproteger.*

apagar extinguir, sofocar, amortiguar, aplacar, atenuar. —*Avivar, aumentar.* **2** Desconectar, interrumpir. —*Encender, prender.*

apagado descolorido, débil, bajo, sordo. —*Vivo, brillante, alto.* **2** Apocado, tímido, gris.

apalear golpear, maltratar, vapulear, aporrear, zurrar, varear. —*Acariciar.*

apañar (se) componer, arreglar, remendar. —*Desarreglar, estropear.* **2** Darse maña, arreglárselas, ingeniarse. **3** Apoderarse, apropiarse, engañar, robar.

aparador escaparate, alacena, armario.

aparato máquina, artefacto, utensilio, mecanismo, instrumento. **2** Ostentación, pompa, fausto, boato.

aparcar estacionar.

aparcero copartícipe, comunero, participante, asociado.

aparear emparejar, acoplar, unir. —*Separar.* **2** Hermanar, igualar, equiparar. —*Diferenciar.*

aparecer presentarse, mostrarse, surgir, brotar, manifestarse, salir. **2** Hallarse, encontrarse. —*Desaparecer, ocultarse.*

aparecido espectro, fantasma, espíritu, aparición.

aparejar preparar, disponer, aprestar.

aparejo aparato, instrumental, artefacto, mecanismo, sistema. **2** Mástiles, arboladura, velamen.

aparentar fingir, simular, afectar, falsear, encubrir. —*Descubrir, revelar.*

aparente ficticio, fingido, postizo, simulado, engañoso, falso. —*Real, auténtico, verdadero.*

aparición visión, fantasma, espectro, espíritu, aparecido.

apariencia aspecto, forma, figura, facha, aire. **2** Ficción, simulación, engaño.

apartado retirado, remoto, distante, lejano. —*Próximo, cercano.* **2** Párrafo, capítulo, división, sección.

apartamento departamento, piso, vivienda, morada, casa, habitación.

apartar alejar, retirar, ahuyentar, desechar; separar, dividir. —*Atraer, acercar, arrimar.*

apasionar excitar, entusiasmar, emocionar, exaltar, enardecer, embriagar. —*Aburrir, desanimar.*

apasionado vehemente, ardoroso, entusiasta, exaltado, frenético, fanático. —*Flemático, indiferente, desanimado, frío.*

apatía indiferencia, displicencia, insensibilidad, indolencia, dejadez, pereza. —*Actividad, pasión, interés.*

apearse bajarse, descender, desmontarse. —*Subir, montar.*

apechugar soportar, aguantar, aceptar, tolerar, resignarse. —*Revelarse, oponerse.*

apedrear lapidar.

apego afición, cariño, inclinación, afecto, estima, devoción. —*Desafecto, odio.*

apelar recurrir, demandar, acudir, reclamar, solicitar. —*Desistir.*

apelativo designación, denominación, nombre, apellido, mote, apodo.

apelmazado compacto, apretado, apelotonado, comprimido. —*Suelto.*

apelotonar amontonar, acumular, atiborrar, apelmazar, apiñar.

apellidarse llamarse, nombrarse, denominarse.

apenar afligir, entristecer, acongojar, apesadumbrar, atribular, desconsolar, abrumar. —*Alegrar, consolar, confortar.*

apenas escasamente, difícilmente, ligeramente. —*Totalmente.* 2 Tan pronto como, luego que.

apéndice prolongación, agregado, añadido, adición, suplemento, extensión. 2 Rabo, cola, extremidad.

apercibir advertir, amonestar, prevenir, avisar, exhortar.

apergaminado seco, enjuto, acartonado, reseco, endurecido; ajado, marchito. —*Suave, blando.*

aperitivo entremés, platillo, bocado.

aperos aparejos, útiles, herramientas, aparatos, enseres.

apertura inauguración, estreno, comienzo, principio. —*Cierre, clausura.*

apesadumbrado afligido, apenado, acongojado, desconsolado, abatido, atribulado. —*Alegre, contento.*

apestar corromper, viciar, infectar. 2 Heder, oler mal.

apestoso hediondo, fétido, pestilente, maloliente, repugnante. —*Aromático, fragante.*

apetecer ansiar, desear, gustar, querer, ambicionar, codiciar, antojarse. —*Rechazar.*

apetito hambre, voracidad, gana, deseo, apetencia, ansia, avidez. —*Inapetencia.*

apetitoso sabroso, delicioso, gustoso, exquisito. —*Repugnante, desagradable, insípido.*

apiadarse compadecerse, condolerse, conmoverse. —*Ensañarse, endurecerse.*

ápice cima, cúspide, cumbre, punta, vértice. —*Base.* 2 Nimiedad, pequeñez.

apilar amontonar, acumular, agrupar, juntar. —*Esparcir, desperdigar.*

apiñarse agruparse, amontonarse, reunirse, arremolinarse. —*Separarse, disgregarse.*

apisonar aplastar, aplanar, nivelar, explanar, igualar.

aplacar serenar, mitigar, calmar, tranquilizar, pacificar, sosegar, moderar, atenuar. —*Irritar, excitar.*

aplanar allanar, aplastar, explanar. 2 Abatir, postrar, extenuar, debilitar. —*Vigorizar, animar.*

27

aplastar prensar, machacar, estrujar, despachurrar, apisonar, aplanar. **2** Apabullar, anonadar, abatir, arrollar, aniquilar.

aplaudir palmear, palmotear, aclamar, ovacionar, loar; alabar. —*Reprobar, abuchear.*

aplazar prorrogar, retrasar, postergar, posponer, retardar. —*Anticipar.*

aplicación empleo, uso, utilización, manejo. **2** Diligencia, constancia, perseverancia, esmero, cuidado, atención, laboriosidad. —*Negligencia, inconstancia.*

aplicado diligente, laborioso, esmerado, cuidadoso, estudioso. —*Perezoso, desaplicado.*

aplicar emplear, usar, manejar, utilizar. **2** Adherir, fijar, superponer, pegar. —*Separar, despegar.*

aplomo gravedad, serenidad, circunspección, seguridad, confianza, calma, mesura, compostura, desenvoltura. —*Vacilación, inseguridad.*

apocado - tímido, pusilánime, medroso, asustadizo, cobarde. —*Decidido, desenvuelto, osado.*

apocalíptico terrorífico, espantoso, aterrador, pavoroso, horrendo, catastrófico.

apócrifo falso, ficticio, imitado, falsificado, espurio. —*Genuino, auténtico.*

apodar llamar, denominar, motejar, designar.

apoderado encargado, representante, delegado, tutor, abogado.

apoderarse apropiarse, adueñarse, tomar, coger; arrebatar, usurpar, robar. —*Entregar, ceder.*

apodíctico convincente, demostrativo, decisivo, incontrovertible. —*Rebatible.*

apodo sobrenombre, mote, alias, apelativo, seudónimo, nombre.

apogeo auge, plenitud, esplendor, florecimiento, culminación, cúspide, cumbre. —*Decadencia, ocaso, ruina.*

apolíneo hermoso, bello, apuesto, guapo. —*Feo, deforme.*

apología elogio, panegírico, alabanza, defensa, encomio. —*Diatriba, crítica, acusación.*

apoltronarse arrellanarse, repantigarse, tumbarse.

aporrear golpear, pegar, zurrar, apalear, tundir.

aportar llevar, contribuir, dar, proporcionar, cooperar, asistir, concurrir. —*Retirar, quitar.*

aposento cuarto, pieza, estancia, habitación, alcoba, cámara.

aposta adrede, intencionadamente, deliberadamente, premeditadamente, ex profeso, a propósito. —*Casualmente, indeliberadamente.*

apostar ir, jugar, poner. **2** Situar, colocar, establecer, ubicar, emboscar.

apóstata renegado, desertor, perjuro. —*Fiel.*

apostilla comentario, nota, explicación, acotación, adición, aclaración.

apóstol evangelista, catequista, evangelizador, divulgador, propagandista.

apóstrofe imprecación, dicterio, insulto, acusación. —*Elogio, alabanza.*

apostura gallardía, garbo, galanura, donaire, gentileza. —*Fealdad.*

apoteosis glorificación, exaltación, júbilo, frenesí; desenlace, clímax, culminación.

apoyar secundar, favorecer, amparar, patrocinar, ayudar, proteger. —*Atacar, combatir, oponerse.* 2 Adosar, cargar, recostar, reclinar.

apoyo base, respaldo, soporte, sustentáculo, sostén. 2 Auxilio, ayuda, favor, amparo, patrocinio aliento. —*Oposición.*

apreciar estimar, considerar, querer, amar; valorar, tasar, valuar, justipreciar. —*Despreciar, desdeñar.*

aprehender coger, prender, atrapar, capturar, apresar. —*Soltar, liberar.*

apremio urgencia, premura, prisa, precipitación. —*Calma, lentitud.*

aprender instruirse, estudiar, cultivarse, ilustrarse. —*Desaprender, olvidar.*

aprendiz principiante, novel, inexperto, neófito, estudiante, alumno. —*Experto, maestro.*

aprensión escrúpulo, desconfianza, prejuicio, temor, recelo. —*Seguridad.*

apresar aprisionar, aprehender, capturar, atrapar, detener, encarcelar. —*Liberar, soltar.*

aprestar preparar, disponer, aparejar, prevenir, arreglar, acondicionar.

apresuramiento prisa, urgencia, apremio, premura, presteza. —*Calma, lentitud.*

apretar estrechar, prensar, comprimir, estrujar, oprimir. —*Soltar, aflojar.*

aprieto apuro, trance, dificultad, necesidad, problema, ahogo, conflicto. —*Desahogo, alivio.*

aprisa velozmente, rápidamente, apresuradamente, aceleradamente. —*Despacio.*

aprisionar apresar, aprehender, encarcelar, detener, arrestar. —*Liberar.* 2 Atar, sujetar. —*Soltar.*

aprobación autorización, conformidad, consentimiento, permiso, aquiescencia, asentimiento, visto bueno. —*Desaprobación, negativa.*

aprontar disponer, preparar, aprestar.

apropiado adecuado, pertinente, idóneo, apto, propio, conveniente, oportuno; correcto, justo. —*Impropio, inadecuado, incorrecto.*

apropiarse adueñarse, apoderarse, usurpar, incautarse, despojar, robar. —*Devolver, ceder, restituir.*

aprovechar (se) emplear, utilizar, explotar, —*Desperdiciar.* 2 Beneficiarse, servirse, prevalerse, lucrarse.

aprovisionar abastecer, suministrar, proveer, avituallar.

aproximar acercar, arrimar, avecinar, juntar, allegar. —*Alejar, separar, apartar.*

aptitud destreza, habilidad, suficiencia, disposición, capacidad, idoneidad. —*Ineptitud, incompetencia.*

apuesta jugada, postura, envite, reto, desafío.

apuesto gallardo, bien parecido,

airoso, garboso, galán. —*Feo, desgarbado.*

apuntalar sostener, afirmar, asegurar, apoyar, consolidar.

apuntar anotar, inscribir, registrar, escribir. —*Borrar, tachar.*

apuñalar acuchillar, apuñalear, acribillar, herir.

apurado necesitado, afligido, angustiado, atribulado, pobre. —*Tranquilo.* **2** Difícil, arduo, apremiante, angustioso, peligroso. —*Sencillo, fácil.*

apurar(se) consumir, acabar, agotar. **2** Apresurar, apremiar, acelerar, urgir. —*Tardar, retardar.* **3** Afligirse, atribularse, acongojarse, apenarse. —*Alegrarse.*

aquejar acongojar, fatigar, entristecer, afligir, apenar, abrumar. —*Aliviar, consolar.*

aquelarre bulla, confusión, barahúnda, desenfreno. —*Tranquilidad, paz.*

aquiescencia consentimiento, ascenso, aprobación, permiso, conformidad. —*Desaprobación, negativa.*

aquietar sosegar, apaciguar, tranquilizar, serenar, aplacar. —*Inquietar, soliviantar.*

aquilatar medir, examinar, valorar, estimar.

aquilino aguileño.

ara altar.

árabe sarraceno, moro, musulmán, islámico, mahometano.

arabesco adorno, decoración, ornato, voluta, dibujo.

arancel tasa, tarifa, impuesto, tributo, carga.

arandela anilla, disco, aro, argolla.

arañar rasguñar, rasgar, raspar, marcar, herir, arpar; escarbar.

arar labrar, cultivar, laborear, surcar, remover.

arbitraje juicio, dictamen, sentencia, decisión, veredicto.

arbitrario caprichoso, antojadizo, gratuito, infundado, inmotivado. —*Fundado.* **2** Despótico, autoritario, tiránico, injusto, abusivo. —*Justo.*

árbitro juez, mediador, interventor, intercesor, regulador.

arboleda bosque, boscaje, floresta, espesura, soto.

arca baúl, cofre, caja, cajón, arcón.

arcada arqueña, bóveda, cúpula, arco. **2** Vómito, vértigo, mareo, nausea, ansia.

arcaico antiguo, viejo, añoso, vetusto, desusado, anticuado. —*Reciente, moderno, nuevo.*

arcano secreto, hermético, oculto, misterioso, recóndito, oscuro, impenetrable. —*Conocido, divulgado, claro.*

arcilla greda, tierra, barro, arena, marga, caolín.

arco cimbra, bóveda, cúpula, curvatura, curva. —*Recta.*

archivo registro, fichero, clasificación, legajo, índice, inventario, protocolo.

arder quemar, deflagrar, abrasar, incendiar, incinerar, inflamar, chamuscar. —*Apagar, sofocar.*

ardid artificio, trampa, artimaña, treta, astucia, estratagema, timo.

ardiente caliente, ardoroso, candente, abrasador, cálido, caluroso, quemante. —*Frío, helado, gélido.* **2** Fervoroso, fogoso, vehemente, apasionado. —*Flemático.*

ardor fogosidad, pasión, entusiasmo, efervescencia, arrebato. —*Flema, frialdad, apatía.*

arduo difícil, penoso, espinoso, peliagudo, complicado, trabajoso, apurado. —*Fácil, sencillo.*

área superficie, extensión, espacio, zona, comarca.

arena ruedo, plaza, estadio, campo. **2** Tierra, polvo, grava, arenisca.

arenga alocución, parlamento, discurso, prédica, perorata, proclama.

arete pendiente, zarcillo.

argamasa mortero, cascajo, grava, mezcla.

argolla arandela, anilla, abrazadera, sortija, aro.

argot (fr.) jerga, jerigonza, galimatías.

argucia engaño, artimaña, treta, artificio, trampa, sofisma.

argumentar argüir, razonar, replicar, discutir, objetar, refutar.

argumento razonamiento, conclusión, juicio, demostración, tesis. —*Disparate.* **2** Asunto, trama, materia, tema.

aria canción, pieza, canto, melodía, romanza.

árido infecundo, estéril, improductivo, yermo, seco. —*Fértil, fecundo.*

arisco cerril, bravío, montaraz. —*Dócil.* **2** Huraño, áspero, hosco, intratable, brusco, esquivo, agreste. —*Sociable.*

arista intersección, margen, borde, esquina, ángulo, saliente.

aristocracia nobleza, linaje, estirpe, abolengo, hidalguía. —*Plebeyez, humildad.*

armada escuadra, flota, marina.

armadura coraza, arnés, caparazón, armazón, defensa.

armar equipar, pertrechar, dotar. **2** Formar, componer. —*Desarmar.*

armario guardarropa, ropero, alacena, mueble, aparador.

armatoste artefacto, trasto, aparato, cachivache, artilugio.

armazón maderamen, esqueleto, soporte, entramado, andamio, sostén, armadura.

armisticio tregua, paz, pacto, convenio, tratado, cese al fuego. —*Guerra.*

armonía consonancia, eufonía, acorde. —*Estridencia, disonancia.* **2** Concordia, paz, cordialidad, unión, acuerdo, avenencia. —*Discordia.*

aroma fragancia, perfume, bálsamo, olor, emanación. —*Fetidez, hedor.*

arpía bruja, fiera, esperpento, basilisco, furia.

arquear encorvar, doblar, flexionar, curvar. —*Enderezar.*

arquero guardameta, portero de fútbol.

arquetipo modelo, prototipo, ejemplo, molde, tipo, ideal, ejemplar.

arrabales suburbios, afueras, alrededores, contornos. —*Centro.*

arrabalero grosero, tosco, ordinario, soez. —*Fino, educado.*

arracimarse unirse, apiñarse, concentrarse, agruparse, apretujarse. —*Dispersarse, disgregarse.*

arraigado enraizado, radicado, acostumbrado, establecido, aclimatado. —*Desarraigado, inestable.*

arrancar desarraigar, extirpar, extraer, sacar, quitar, eliminar. —*Adherir, unir.*

arranque ímpetu, arrebato, impulso, vehemencia, cólera. — *Calma, apatía.* **2** Comienzo, origen, principio. —*Término.* **3** Brío, fuerza, pujanza.

arras prenda, garantía, fianza, aval.

arrasar destruir, arruinar, devastar, desmantelar. —*Construir.*

arrastrar remolcar, impeler, acarrear, halar. —*Inmovilizar.*

arrear azuzar, hostigar, aguijonear, estimular. —*Parar.* **2** Golpear, pegar, zurrar, fustigar.

arrebatado fogoso, vehemente, impetuoso, precipitado, violento, impulsivo. —*Flemático, tranquilo.* **2** Colorado, encendido.

arrebatar despojar, quitar, arrancar, desposeer. —*Devolver, dar.* **2** Apasionar, seducir, cautivar, embelesar. —*Repugnar.*

arrebujarse abrigarse, arroparse, envolverse, taparse, cubrirse, embozarse. —*Destaparse, desenvolverse, descubrirse.*

arreciar aumentar, agravarse, crecer, empeorar, intensificarse, recrudecerse. —*Disminuir, ceder, amainar.*

arrecife escollo, rompiente, farallón, acantilado, atolón.

arredrar amedrentar, atemorizar, acobardar, intimidar, amilanar, asustar. —*Animar.*

arreglo reparación, ajuste, compostura, reforma, restauración. —*Avería.* **2** Acuerdo, pacto, convenio, avenencia. —*Desacuerdo.* **3** Acomodo, orden, colocación. —*Desorden.*

arrellanarse apoltronarse, repantigarse, acomodarse, descansar. —*Incorporarse.*

arremeter acometer, embestir, arrojarse, agredir, atacar, abalanzarse. —*Huir, evitar.*

arremolinarse amontonarse, apiñarse, aglomerarse, apeñuscarse, apretujarse. —*Separarse, dispersarse.*

arrendador casero, rentero.

arrendar alquilar, ceder, rentar, contratar.

arrendatario inquilino, locatario.

arreos guarniciones, aperos, aparejos, arnés.

arrepentirse lamentar, deplorar, apenarse, apesadumbrarse, dolerse. —*Alegrarse, complacerse.*

arrestar detener, prender, encarcelar, aprisionar, recluir. —*Soltar, liberar.*

arriar bajar, soltar, aflojar, largar. —*Izar, subir.*

arribar llegar, acudir, presentarse, comparecer. —*Irse, alejarse.*

arribista oportunista, intruso, advenedizo, aprovechado, ambicioso.

arriesgado osado, aventurado, decidido, intrépido, imprudente, temerario. —*Cobarde, temeroso, cauteloso.* **2** Peligroso, expuesto, comprometido, incierto. —*Seguro.*

arrimar acercar, juntar, aproximar, avecinar. —*Apartar, separar, alejar.*

arrinconar aislar, relegar, acorralar, desdeñar.

arrobarse extasiarse, embelesarse, encantarse, arrebatarse, transportarse.

arrodillarse postrarse, prosternarse, hincarse, inclinarse. —*Incorporarse, erguirse.*

arrogancia presunción, altanería, soberbia, altivez, jactancia, orgullo, desdén. —*Modestia, sencillez.*

arrogarse apropiarse, atribuirse, usurpar. —*Renunciar.*

arrojar (se) lanzar, tirar, expeler, expulsar, despedir. —*Recoger.* 2 Abalanzarse, acometer, agredir, atacar, embestir. —*Retroceder.*

arrollar atropellar, derribar, aniquilar, destrozar.

arrostrar afrontar, enfrentar, aguantar, soportar, resistir, hacer frente, desafiar. —*Rehuir, esquivar.*

arroyo riachuelo, corriente, ribera, riacho, afluente.

arruga pliegue, repliegue, surco, rugosidad, dobladura, plisado. —*Tersura.*

arruinar (se) destruir, estropear, malograr, devastar, aniquilar. —*Reparar.* 2 Empobrecerse, fracasar. —*Enriquecerse.*

arrumbar desdeñar, desechar, abandonar, menospreciar.

arsenal depósito, almacén de municiones. 2 Cúmulo, montón, conjunto.

arte ciencia, disciplina, técnica, procedimiento, método, sistema. 2 Habilidad, destreza, maestría, capacidad, pericia, genio. —*Inhabilidad, incapacidad.* 3 Artificio, astucia, traza, maña.

artefacto artificio, máquina, aparato, instrumento.

arteria vaso sanguíneo, vena, conducto arterial. 2 Vía , calle, avenida.

artero astuto, sagaz, mañoso, ladino, tramposo, traidor, taimado. —*Noble, leal.*

artesano artífice, operario, menestral.

ártico norte, septentrional, boreal, hiperbóreo. —*Austral, meridional, antártico.*

articulación coyuntura, juntura, unión, enlace. 2 Pronunciación.

articular unir, juntar, enlazar, acoplar, encajar. —*Desunir, desacoplar.* 2 Vocalizar, pronunciar, expresar, modular, enunciar, emitir, proferir. —*Callar.*

artículo crónica, escrito, noticia, exposición. 2 Producto, mercancía, mercadería, género. 3 Título, apartado, capítulo, sección.

artífice autor, creador, artista, artesano; virtuoso.

artificial postizo, falso, fingido, adulterado, simulado, sintético. —*Natural, genuino.*

artificio ingenio, habilidad, arte. 2 Disimulo, engaño, artimaña, treta. —*Naturalidad.*

artimaña ardid, artilugio, trampa, artificio, truco, estratagema.

artista intérprete, actor, protagonista, ejecutante, comediante. 2 Creador, autor, artífice, virtuoso.

arveja guisante.

as campeón, ganador, vencedor, primero; experto. —*Vencido, último.*

asa mango, asidero, empuñadura, agarradero, cogedero.

asalariado empleado, trabajador, proletario, obrero. —*Capitalista, potentado.*

asaltar atacar, forzar, acometer, agredir, embestir; hurtar, saltear, robar, despojar, atracar.

asamblea reunión, convención, junta, congreso. 2 Corte, cámara, parlamento, senado.

asar dorar, tostar, cocer, cocinar, abrasar, quemar, calentar.

asaz suficiente, bastante, harto, mucho. —*Poco.*

ascender subir, escalar, trepar, elevarse, progresar. —*Descender.*

ascendencia alcurnia, linaje, estirpe, prosapia, origen, genealogía, sangre.

ascendiente antecesor, precursor, antepasado, progenitor. —*Descendiente, sucesor.* 2 Influencia, influjo, prestigio, predominio.

ascenso subida, escalamiento, avance. —*Descenso.* 2 promoción, progreso, aumento. —*Degradación.*

asceta anacoreta, ermitaño, eremita, solitario.

asco repugnancia, aversión, repulsión, desagrado. —*Agrado.*

ascua brasa, rescoldo, lumbre, fuego.

asear limpiar, lavar, higienizar, componer, acicalar. —*Ensuciar.*

asechanza intriga, engaño, treta, trampa, celada, artificio, perfidia.

asediar bloquear, sitiar, cercar, acorralar, rodear, asaltar. 2 Acosar, importunar, molestar.

asegurar (se) afirmar, consolidar, reforzar, fortalecer; aseverar, certificar, ratificar, garantizar. —*Negar.* 2 Cerciorarse, convencerse, confirmar.

asemejarse parecerse, semejarse, igualarse. —*Diferenciarse.*

asentar instalar, fundar, establecer, levantar. 2 Registrar, escribir, anotar, inscribir. 3 Allanar, aplanar, apisonar, alisar. —*Desnivelar.*

asentir aprobar, confirmar, afirmar, consentir, convenir, acceder. —*Disentir, negar.*

aseo limpieza, higiene, lavado, esmero, pulcritud, cuidado. —*Suciedad, desaseo.*

asequible accesible, realizable, factible, posible, alcanzable. —*Inasequible, irrealizable, imposible.*

aserción aseveración, afirmación, declaración, aserto, confirmación. —*Negación.*

aserrar serrar, cortar, dividir, partir, separar, talar. —*Unir, soldar.*

asesinar matar, liquidar, exterminar, ejecutar, aniquilar.

asesinato homicidio, muerte, eliminación, crimen.

asesor consejero, consultor, guía, monitor, supervisor.

asestar golpear, pegar, descargar, aporrear; disparar.

aseverar afirmar, asegurar, ratificar, confirmar, declarar. —*Negar.*

asfalto alquitrán, brea, recubrimiento, revestimiento, pavimento.

asfixia ahogamiento, sofocación, opresión, estrangulación, asma. —*Respiración.*

asidero asa, agarradero, empuñadura, mango. 2 Pretexto, ocasión.

asiduo frecuente, perseverante, continuo, constante, persistente, puntual, aplicado. —*Discontinuo, inconstante.*

asiento silla, butaca, taburete, banca. **2** Sitio, lugar, sede, domicilio.

asignación sueldo, salario, remuneración, honorarios, estipendio.

asignatura materia, disciplina.

asilo refugio, retiro, hospicio, orfanato, albergue; amparo, protección.

asimetría irregularidad, desigualdad, anomalía, desproporción. —*Simetría.*

asimilar digerir, absorber, incorporar. —*Eliminar, excretar.* **2** Asemejar, comparar, igualar. —*Diferenciar.*

asir coger, agarrar, aferrar, tomar, empuñar. —*Soltar, desasir.*

asistencia ayuda, socorro, auxilio, apoyo, amparo. —*Abandono, desamparo.*

asistir socorrer, ayudar, auxiliar, apoyar, amparar. —*Desamparar, abandonar.* **2** Concurrir, ir, hallarse, presenciar. —*Faltar.*

asno burro, pollino, jumento, rucio, borrico. **2** Ignorante, necio, bruto, zopenco, lerdo. —*Inteligente.*

asociación corporación, sociedad, agrupación, compañía, entidad, cooperativa, empresa.

asociar juntar, unir, aliar, agrupar, congregar, incorporar. —*Disociar, desvincular.*

asolar arrasar, devastar, destruir, arruinar, desmantelar, saquear. —*Construir, edificar.*

asomar (se) mostrarse, aparecer, surgir, salir, manifestarse. —*Ocultarse, esconderse.*

asombro pasmo, sorpresa, admiración, desconcierto, estupor, extrañeza, confusión, turbación, susto, espanto.

asomo indicio, atisbo, señal, vestigio, amago, presunción, sospecha.

asonada tumulto, disturbio, alboroto, revuelta, motín, sedición, sublevación, rebelión, algarada.

aspaviento gesto, ademán, gesticulación, demostración.

aspecto apariencia, aire, figura, presencia, pinta, porte, empaque, fisonomía, traza, semblante.

áspero rugoso, desigual, escarpado, abrupto. —*Liso, suave, llano.* **2** Rudo, severo, brusco, duro, hosco, rígido. —*Suave, amable, cariñoso.*

aspiración deseo, anhelo, pretensión, ambición, ansia, esperanza, inclinación. **2** Inspiración, inhalación. —*Espiración.*

aspirante candidato, pretendiente, demandante, postulante.

aspirar desear, pretender, anhelar, ambicionar, ansiar. —*Rehusar.* **2** Inhalar, inspirar. —*Espirar, expulsar.*

asqueroso repugnante, inmundo, sucio, nauseabundo. —*Agradable, limpio.*

asta vara, palo, pica, lanza, mango. **2** Cuerno, cornamenta, pitón.

astilla fragmento, esquirla, partícula.

astro cuerpo celeste, planeta, mundo; estrella, lucero.

astronave cosmonave, nave espacial.

astroso zarrapastroso, harapiento, andrajoso, desaseado, sucio. —*Pulcro, aseado, limpio.*

astucia picardía, sagacidad, perfidia, sutileza, perspicacia, solercia. —*Simpleza, ingenuidad.* 2 Ardid, estratagema, treta, artimaña.

asueto festividad, vacación, recreo, descanso, esparcimiento, ocio, reposo. —*Trabajo, labor.*

asumir aceptar, hacerse cargo, contraer, tomar. —*Rehusar, rechazar.*

asunto cuestión, tema, materia, idea, trama, propósito, motivo, cosa.

asustar atemorizar, espantar, amedrentar, intimidar, impresionar, aterrorizar. —*Tranquilizar.*

asustadizo espantadizo, pusilánime, cobarde, miedoso, asombradizo. —*Valeroso.*

astronauta cosmonauta, navegante espacial.

atacar acometer, embestir, arremeter, agredir, abalanzarse, asaltar. —*Defender.*

atadura lazo, nudo, ligadura, unión, enlace, vínculo. 2 Sujeción, dificultad, obstáculo, impedimento. —*Libertad.*

atajar contener, detener, parar, interrumpir, paralizar. —*Estimular.*

atalayar espiar, vigilar, otear.

atañer concernir, tocar, pertenecer, corresponder.

atar anudar, ligar, amarrar, enlazar, unir, liar, sujetar. —*Soltar, desatar.*

atardecer crepúsculo, anochecer, oscurecer, ocaso, tarde. — *Amanecer.*

atareado activo, ocupado, ajetreado; agobiado, abrumado, atosigado, apresurado. —*Desocupado, ocioso.*

atarugar (se) atestar, llenar, colmar, atiborrar. —*Vaciar.* 2 Atracarse, saciarse, hartarse, atragantarse.

atascar obstruir, tapar, cerrar, atrancar, taponar, obturar, estancar. —*Abrir.* 2 Obstaculizar, impedir, estorbar. —*Permitir.*

ataúd féretro, cajón, sarcófago, caja.

ataviar adornar, componer, engalanar, aderezar, acicalar, vestir, lucir. —*Desataviar.*

atávico ancestral, hereditario, consanguíneo.

atemorizar amedrentar, acobardar, asustar, intimidar, amilanar, arredrar, espantar. —*Animar.*

atemperar moderar, templar, mitigar, suavizar, atenuar, aplacar, calmar. —*Exasperar.*

atenazar sujetar, trincar, apretar, aferrar, oprimir, coger. —*Soltar, aflojar.*

atención cuidado, vigilancia, interés, aplicación, esmero, miramiento, solicitud. —*Desatención, distracción.* 2 Consideración, cortesía, urbanidad, miramiento, cumplido. —*Desconsideración, descortesía.*

atender oír, escuchar, observar, fijarse, vigilar, considerar. —*Desatender.* 2 Cuidar, velar, mimar, preocuparse, interesarse; acogerse, satisfacer. —*Descuidar, desdeñar.*

atenerse ajustarse, acomodarse, amoldarse, sujetarse; ceñirse, circunscribirse, limitarse.

atentado ataque, asalto, agresión, tentativa, crimen, delito.

atento afable, cortés, amable, comedido, solícito, servicial, respetuoso, obsequioso, cariñoso. —*Desatento, descortés.*

atenuar aminorar, disminuir, mitigar, amortiguar. —*Acentuar, reforzar.*

ateo incrédulo, irreligioso, descreído. —*Creyente.*

aterciopelado suave, afelpado, terso. —*Áspero.*

aterido helado, congelado, rígido, yerto, frío. —*Caliente, ardiente.*

aterrador espantoso, horrendo, terrible, horripilante, pavoroso, estremecedor.

aterrizar descender, tomar tierra, posarse, bajar, aterraje, aterrar, llegar. —*Ascender, despegar.*

atesorar acumular, guardar, ahorrar, acumular, amontonar, almacenar, economizar, amasar. —*Dilapidar, despilfarrar.*

atestado colmado, repleto, cargado, henchido, atiborrado, abarrotado, lleno. —*Vacío, libre.* 2 Testimonio, certificación, documento, acta.

atestiguar testimoniar, declarar, testificar, certificar, aseverar, atestar.

atezado tostado, quemado, moreno, bronceado, cetrino, oscuro. —*Blanco, pálido.*

atiborrar(se) atestar, llenar, rellenar, colmar, abarrotar. —*Vaciar.* 2 Hartarse, atracarse, saciarse.

atinar acertar, lograr, descubrir, adivinar, dar en el blanco. —*Errar.*

atípico desusado, infrecuente, raro, extraño.

atisbar escudriñar, mirar, observar, acechar, espiar, escrutar.

atisbo vislumbre, conjetura, indicio, señal, presunción.

atizar avivar, fomentar, estimular, excitar, remover. —*Sofocar, aplacar.* 2 Pegar, dar, propinar, golpear.

atleta deportista, competidor, contendor.

atlético fornido, robusto, corpulento, membrudo, hercúleo. —*Endeble, débil.* 2 Deportivo, competitivo.

atmósfera aire, ambiente, espacio.

atolondrado aturdido, precipitado, imprudente, irreflexivo, alocado, distraído. —*Prudente.*

atolladero dificultad, atascadero, obstáculo, escollo, problema, trance. —*Salida, solución.*

atomizar pulverizar, desintegrar, fragmentar, desmenuzar, dividir. 2 Rociar, esparcir, vaporizar.

atonía flojedad, debilidad, decaimiento. —*Energía.*

atónito estupefacto, pasmado, asombrado, desconcertado, sorprendido.

atontado aturdido, estupefacto, atortolado, embobado, absorto; tonto, necio. —*Listo, despierto.*

atorar atascar, obstruir, obturar, atrancar, cegar. —*Desatascar.*

atormentar torturar, martirizar, atribular, hostigar, desesperar, acongojar. —*Confortar, consolar.*

atortolado aturdido, atontado, confundido, acobardado. —*Despabilado, animado.*

atosigar acuciar, importunar, hostigar, acosar, abrumar. —*Tranquilizar, serenar.*

atrabiliario irritable, violento, malhumorado, colérico, bilioso, irascible. —*Afable, apacible.*

atracadero muelle, fondeadero, malecón, desembarcadero, dique.

atracador salteador, asaltante, bandido, malhechor, delincuente.

atracar(se) robar, asaltar, saltear, delinquir, saquear. **2** Hartarse, atiborrarse, saciarse, llenarse.

atractivo encanto, gracia, simpatía, carisma; incentivo, hechizo, seducción. **2** Atrayente, seductor, encantador. —*Repelente, repulsivo.*

atraer aproximar, acercar, arrimar. —*Alejar.* **2** Encantar, seducir, cautivar, encantar. —*Repeler.* **3** Ocasionar, causar, provocar, acarrear. —*Impedir.*

atragantarse atascarse, atorarse, ahogarse, asfixiarse.

atrancar atascar, cegar, cerrar, asegurar. —*Abrir.*

atrapar sujetar, coger, aferrar, agarrar, retener, pillar. —*Soltar.*

atrás detrás, tras, a espaldas. —*Delante, adelante.* **2** Antes, anteriormente. —*Después, posteriormente.*

atrasado anticuado, retrógrado, vetusto; viejo, pasado, arcaico. —*Moderno, actual.*

atraso retardo, demora, retraso, postergación, dilación. —*Adelanto.* **2** Incultura, barbarie, ignorancia, subdesarrollo. —*Progreso.*

atravesar cruzar, pasar, traspasar, trasponer. **2** Perforar, clavar, penetrar, agujerear, horadar.

atrevido osado, audaz, intrépido, temerario, valiente, arriesgado. —*Temeroso.* **2** Descarado, insolente, desvergonzado. —*Prudente, correcto, cortés.*

atribuir(se) imputar, adjudicar, asignar, aplicar, achacar. **2** Asignarse, arrogarse, imputarse; apoderarse, apropiarse, arrebatar.

atribución atributo, potestad, prerrogativa, poder, autoridad.

atribular acongojar, contribular, angustiar, apenar, entristecer, desolar, afligir, apesadumbrar. —*Animar, aliviar, consolar.*

atributo distintivo, cualidad, característica, propiedad, rasgo, condición.

atrincherar(se) cubrirse, protegerse, resguardarse, defenderse, parapetarse, fortificarse. —*Descubrir.*

atrio pórtico, porche, portal, entrada.

atrocidad barbaridad, brutalidad, crueldad, inhumanidad, salvajada, desenfreno. —*Humanidad, piedad.*

atrofia raquitismo, consunción, debilidad, anquilosamiento, distrofia. —*Desarrollo.*

atronador ensordecedor, estruendoso, retumbante, ruidoso. —*Silencioso.*

atropellar arrollar, derribar, empujar, embestir, golpear. **2** Agraviar, abusar, ultrajar. —*Honrar.*

atroz fiero, bárbaro, cruel, inhumano; espantoso, horripilante, monstruoso, terrible.

atuendo atavío, ropaje, indumentaria, vestimenta, vestido.

aturdimiento impetuosidad, precipitación, irreflexión, apresuramiento. **2** Turbación, confusión, azoramiento. —*Serenidad.*

audacia osadía, atrevimiento, valentía, intrepidez, coraje, temeridad. —*Cobardía.*

audiencia juzgado, tribunal. **2** Auditorio, público, oyentes, asistentes, concurrentes. **3** Entrevista, conferencia, diálogo.

auge prosperidad, apogeo, esplendor, culminación, cúspide. —*Decadencia, ocaso.*

augurar profetizar, vaticinar, presagiar, pronosticar, predecir, adivinar.

aula sala, recinto, salón, clase.

aullar bramar, gruñir, gritar, ulular, rugir, ladrar.

aumentar incrementar, elevar, ampliar, alargar, acrecentar, expandir, multiplicar, añadir. — *Disminuir.*

aunar unir, reunir, congregar, sumar, juntar, compaginar. —*Separar, disgregar.*

aura hálito, aliento, soplo, brisa. **2** Celebridad, fama, reputación, prestigio. **3** Irradiación, brillo, fulgor.

áureo dorado, resplandeciente, brillante, rutilante, fulgurante. — *Opaco, deslucido.*

aureola nimbo, corona, halo, diadema. **2** Fama, reputación, prestigio.

auriga cochero, conductor.

aurora alba, amanecer, madrugada, alborada, mañana. —*Atardecer.*

ausencia separación, alejamiento, falta. —*Presencia.* **2** Carencia, privación, insuficiencia, escasez. —*Abundancia.*

auspicio presagio, pronóstico, vaticinio, agüero. **2** Respaldo, protección, amparo, patrocinio, apoyo.

austeridad sobriedad, frugalidad, moderación; severidad, rigor. — *Desenfreno.*

autarquía autosuficiencia, independencia, autonomía. —*Dependencia.*

auténtico legítimo, genuino, verdadero, cierto, fidedigno. —*Falso.*

autóctono nativo, oriundo, vernáculo, originario, natural, indígena, aborigen. —*Extranjero, foráneo.*

automático mecánico, mecanizado. **2** Involuntario, impensado, inconsciente, espontáneo, maquinal. —*Consciente, voluntario, deliberado.*

automóvil auto, vehículo, carro, coche.

autonomía independencia, soberanía, libertad, autarquía; emancipación.

autopsia necropsia, disección.

autor creador, descubridor, inventor. **2** Causante, ejecutor. **3** Escritor, literato, dramaturgo, ensayista; artista.

autoridad mando, poder, dominio, protestad, jurisdicción. **2** Prestigio, influencia, crédito, legitimidad.

autoritario despótico, imperioso, dominante, arbitrario, autocrático. —*Dócil, sumiso.*

autorizar permitir, consentir, facultar, aprobar, tolerar, acceder. —*Prohibir, rechazar.*

auxiliar socorrer, ayudar, asistir, favorecer, amparar, proteger. — *Desamparar.* **2** Ayudante, asistente, colaborador.

avalancha alud, derrumbe, desprendimiento, hundimiento. **2** Tropel, hueste; irrupción.

avanzar progresar, adelantar, prosperar, mejorar. —*Declinar.* **2** Marchar, acometer. —*Retroceder.*

avaricia codicia, avidez, tacañería, mezquindad, cicatería. — *Generosidad, prodigalidad.*

avasallar someter, dominar, subyugar, oprimir, humillar. —*Liberar, enaltecer.*

avatares altibajos, vicisitudes, transformaciones, cambios, mudanzas, accidentes, problemas.

avecinarse avecindarse, domiciliarse, residir, establecerse. —*Marcharse, emigrar.* **2** Acercarse, aproximarse, arrimarse. —*Alejarse.*

avejentado envejecido, aviejado, ajado, marchito. —*Rejuvenecido.*

avenencia convenio, acuerdo, pacto, transacción, arreglo. **2** Concordia, armonía, compenetración, unión. —*Desavenencia, conflicto, disputa.*

avenida vía, calle, bulevar, arteria, paseo.

avenirse amoldarse, conformarse, resignarse, doblegarse. —*Rebelarse.* **2** Simpatizar, congeniar, entenderse. —*Discrepar.*

aventajar adelantar, rebasar, mejorar, superar, exceder, sobrepasar. —*Rezagarse, retrasarse.*

aventar expulsar, echar, lanzar. **2** Airear, orear, ventear.

aventura acontecimiento, suceso, hecho, acaecimiento, lance, andanza, episodio, hazaña. **2** Casualidad, azar, contingencia, riesgo; peligro.

avergonzar abochornar, sonrojar, ruborizar; humillar, afrentar. — *Enaltecer, animar.*

averiar estropear, deteriorar,

arruinar, malograr, dañar. — *Arreglar.*

averiguar inquirir, indagar, investigar, buscar, examinar, sondear, explorar, escudriñar.

aversión repugnancia, repulsión, antipatía, animadversión, odio. —*Simpatía.*

avezado acostumbrado, habituado, diestro, experto, experimentado, veterano, ducho. —*Novato, inexperto.*

aviador piloto, aeronauta.

avidez ansia, codicia, ambición, voracidad, apetencia, deseo.

avieso retorcido, perverso, abyecto, ruin, maligno, malo. —*Recto, bueno, honrado.*

avinagrado agriado, agrio, acre. —*Dulce.*

avión aeroplano, aeronave.

avíos trastos, utensilios, enseres, equipo, aperos, bártulos.

avisado prudente, discreto, sagaz, precavido, cauteloso, astuto. — *Torpe, imprudente.*

aviso noticia, comunicación, anuncio, nota, indicación, advertencia.

avispado vivo, despierto, agudo, astuto, listo. —*Necio, torpe.*

avistar avizorar, divisar, ver, descubrir, vislumbrar, percibir, atisbar.

avituallar proveer, suministrar, abastecer, aprovisionar, surtir.

avivar incitar, enardecer, vigorizar, animar, excitar, atizar. — *Desanimar, apagar.* **2** Apresurar, acelerar. —*Retardar.*

avizorar acechar, atisbar, vigilar, observar, vislumbrar, distinguir.

axila sobaco.

axioma principio, regla, evidencia, precepto, verdad, aforismo, sentencia, máxima.

aya nodriza, niñera, institutriz, ama.

ayer antes, anteriormente, recientemente, hace poco, antiguamente. —*Hoy, actualmente; mañana.*

ayuda auxilio, asistencia, cooperación, amparo, socorro, favor, respaldo, protección, colaboración. —*Daño, perjuicio.* 2 Subsidio, donación, dádiva, contribución, limosna.

ayudante colaborador, auxiliar, asistente, cooperador, pasante. 2 Cómplice, secuaz, coautor, copartícipe, encubridor.

ayunar privarse, abstenerse, sacrificarse, renunciar. —*Saciarse, hartarse.*

ayuno abstinencia, dieta, penitencia, privación, sacrificio, vigilia. —*Desenfreno, intemperancia.*

ayuntamiento alcaldía, municipalidad, concejo, cabildo, corporación.

azafata ayudante, auxiliar, camarera.

azar casualidad, suerte, contingencia, riesgo, acaso, ventura; sino, hado, albur, destino. —*Seguridad.*

azararse ofuscarse, sobresaltarse, turbarse, azorarse, confundirse. —*Serenarse.*

azaroso aventurado, arriesgado, peligroso, inseguro, incierto, fortuito. —*Seguro.*

azorar conturbar, sobresaltar, turbar, confundir, aturdir, azarar. —*Tranquilizar, serenar.*

azotaina zurra, solfa, tunda, paliza, vapuleo, castigo.

azote vara, fusta, vergajo, látigo. 2 Golpe, nalgada, latigazo, 3 Calamidad, desastre, plaga, epidemia. —*Fortuna.*

azotea terraza, terrado.

azucarar endulzar, almibarar, dulcificar, acaramelar. —*Acibarar, amargar.*

azul añil, índigo, azur, zarco.

azuzar irritar, estimular, incitar, excitar, hostigar. —*Refrenar.*

B

baba saliva, secreción, excreción.

babel confusión, caos, desorden, barullo, barahúnda. —*Orden.*

babero babador, babera, peto.

babor izquierda, siniestra.

babosa limaco, limaza.

babosada insignificancia, minucia, bagatela; tontería, bobada.

baboso pringoso, húmedo, pegajoso, empalagoso. —*Seco.* **2** Tonto, bobo, idiota. **3** Decrépito, senil. —*Joven.*

babucha zapatilla, chancleta, chinela, alpargata, pantufla.

bacalao abadejo, pejepalo, curadillo, pezpalo.

bacanal orgía, saturnal, desenfreno.

bacante disoluta, impúdica, desenfrenada, libertina, voluptuosa. —*Recatada, pudorosa.* **2** Ménade.

bache hoyo, hueco, socavón, zanja, charco.

bachiller graduado, titulado, diplomado.

bacinilla bacín, orinal.

bacteria bacilo, microbio, virus, microorganismo, germen.

báculo cayado, bastón, bordón, vara, palo. **2** Apoyo, soporte.

bagaje equipo, pertrechos, equipaje, arreos, impedimenta. **2** Patrimonio, caudal, acervo.

bagatela nimiedad, insignificancia, minucia, pequeñez, fruslería, bicoca, chuchería. —*Importancia, alcance, valor.*

bagazo residuo, cáscara, gabazo.

bahía ensenada, abra, golfo, rada, caleta, abrigo.

bailar danzar, bailotear, zapatear, taconear. **2** Agitarse, moverse, girar, saltar.

bailarín danzador, bailador, danzante, bailista.

baja disminución, descenso, mengua, pérdida, caída. —*Alza, subida, crecimiento, aumento, incremento.* **2** Víctima, lesionado, herido, accidentado, muerto.

bajada descenso, declive, pendiente, cuesta, ladera, caída. —*Subida, ascenso.*

bajamar reflujo.

bajar descender, decrecer, decaer, disminuir, menguar; depreciar, desvalorizar. —*Alzar, subir, encarecer, aumentar.* **2** Deslizarse, caer; apearse, desmontar.

bajeza infamia, vileza, abyección, ruindad, indignidad, degradación. —*Nobleza, dignidad, altura.*

bajo debajo, abajo. —*Arriba, encima.* **2** Pequeño, menudo, corto, chico, menguado, enano. —*Alto.* **3** Indigno, despreciable, vil, rastrero, ruin, abyecto, innoble, vulgar, ordinario; humilde. —*Noble, digno.* **4** Descolorido, deslustrado, apagado. —*Brillante.* **5** Grave. —*Agudo.*

bala proyectil, tiro, munición, plomo. **2** Fardo, bulto, paca.

balada cántico, tonada, romance, poema.

baladí trivial, nimio, insignificante, pueril, superficial, insustancial, fútil. —*Importante, sustancial, trascendental.*

balandronada bravata, bravuconada, fanfarronada, jactancia.

balance balanceo, contoneo, vaivén, oscilación. —*Inmovilidad.* **2** Cómputo, arqueo, recuento.

balancear mecer, columpiar, oscilar, inclinar, mover.

balanza báscula, romana.

balar berrear, balitar, gemir, gamitar.

balaustrada baranda, antepecho, balcón, pretil, barandal.

balay cesta, canasta.

balazo tiro, disparo, detonación, descarga, fogonazo.

balbucear balbucir, mascullar, tartamudear, farfullar, murmurar.

balcón mirador, ventanal, galería, azotea.

baldar lisiar, tullir, atrofiar, paralizar, inutilizar, estropear.

balde cubo, cubeta, recipiente, barreño.

baldío yermo, árido, infecundo, estéril, desértico, improductivo. —*Fértil, cultivado.* Vano, inútil, ineficaz, infundado. —*Útil, eficaz.*

baldosa baldosín, azulejo, mosaico, ladrillo.

balear disparar, tirotear, ametrallar.

balido berrido, gemido, quejido, gamitido.

baliza boya, marca, indicación, señal.

ballet (fr.) baile, danza, representación, coreografía.

balneario baños, termas, sitio turístico.

balón pelota, bola, esférico.

balsa chalupa, barcaza, piragua, tajamar.

balsámico calmante, lenitivo, curativo. —*Irritante.* **2** Aromático, perfumado, oloroso, fragante. —*Maloliente.*

bálsamo ungüento, linimento, medicamento, lenitivo. **2** Fragancia, perfume, aroma. —*Pestilencia.*

baluarte fuerte, bastión, fortín, fortificación, parapeto. **2** Defensa, protección, amparo, abrigo, soporte.

bambalina lienzo, colgadura, bastidor, decoración.

bambolearse tambalearse, oscilar, balancearse, mecerse, trastabillar. —*Equilibrarse.*

banal trivial, nimio, insignificante, insustancial, pueril, baladí, superficial. —*Importante, relevante, decisivo.*

banano plátano, banana.

bancarrota ruina, descrédito, quiebra. —*Prosperidad.*

banco taburete, banca, banqueta, escabel, escaño. **2** Institución bancaria, centro financiero. **3** Cardumen, bandada de peces.

banda cinta, orla, faja, brazalete, tira. **2** Horda, pandilla, partida, facción, cuadrilla, caterva, bandada. **3** Lado, costado, borde, margen. **4** Orquesta, agrupación musical, charanga.

bandeja fuente, recipiente.

bandera estandarte, pabellón, pendón, enseña, divisa, oriflama, gallardete.

bandido bandolero, malhechor, forajido, criminal, atracador, delincuente, ladrón, infractor, bribón.

bando proclama, decreto, edicto, orden, mandato, aviso. **2** Facción, secta, camarilla, grupo, parcialidad, partido, pandilla.

banquero financiero, cambista, accionista.

banquete festín, ágape, comida, convite, homenaje, comilona.

baño lavado, ducha, remojo, chapuzón, riego, higienización, limpieza. **2** Excusado, reservado, servicio, lavabo, cuarto de aseo. **3** Capa, mano, revestimiento.

bañera bañadera, pila, tina.

baquiano experto, guía, perito, práctico, conocedor, rastreador.

bar café, taberna, barra, cantina, cafetería, tasca.

barahúnda bulla, barullo, alboroto, algarabía, escándalo, tumulto, confusión, batahola, desorden.— *Paz, tranquilidad, silencio.*

baraja naipes, mazo, cartas, juego.

barajar revolver, mezclar, entremezclar; repartir, cortar.

baranda pasamanos, barandilla, antepecho.

baratija chuchería, bagatela, fruslería, pacotilla, bicoca, quincallería, bisutería, fantasía, imitación.

barato económico, rebajado, módico, moderado, ventajoso.— *Costoso, valioso, caro.*

barba chiva, perilla, pelo facial.

barbacoa parrilla, asador. **2** Asado.

barbaridad crueldad, atrocidad, brutalidad, ferocidad, bestialidad, exceso, disparate. —*Cordura.*

barbarie salvajismo, atraso, rusticidad, tosquedad. —*Civilización.* **2** Ferocidad, fiereza, crueldad.

bárbaro salvaje, inhumano, irracional, feroz, bestial, brutal, vandálico, energúmeno; grosero, ignorante. —*Civilizado.* **2** Temerario, arrojado, imprudente. —*Prudente.*

barbecho erial, campo, sembrado.

barbero peluquero, afeitador, rapador.

barbilampiño lampiño, imberbe. —*Barbudo, barbado.*

barbilla mentón, mandíbula.

barbotar mascullar, murmurar, balbucear, farfullar, rezongar, musitar.

barbudo peludo, barbado, barbiespeso. —*Lampiño, imberbe.*

barca bote, canoa, lancha, falúa, chalupa, batel, piragua.

barco buque, embarcación, navío, velero, galera, balandro, crucero, yate, vapor, transatlántico, nave, galeón.

baremo escala, índice, lista, tabla.

barman (ing.) cantinero, escanciador.

barniz laca, pintura, resina, esmalte, tinte.

barra palanca, tranca, barrote, lingote, eje.

barrabasada disparate, barbaridad, despropósito.

barraca cobertizo, caseta, galpón, choza, almacén.

barranco desfiladero, barranca, cañada, quebrada, garganta, despeñadero. —*Llano.* **2** Atolladero, impedimento, dificultad.

barrena taladro, trépano, perforadora, berbiquí, broca, punzón.

barrendero limpiador, barredor.

barrer limpiar, asear. —*Ensuciar.* 2 Atropellar, pisotear, aniquilar, dispersar, expulsar, arrollar.

barrera barricada, defensa, parapeto, empalizada, verja, muro, valla. 2 Obstáculo, freno, estorbo, traba, dificultad.

barrial V. **barrizal**.

barriga estómago, vientre, panza, abdomen, tripa.

barril tonel, pipa, cuba, pellejo, tinaja, odre.

barrio distrito, jurisdicción, sector, urbanización, demarcación, colonia.

barrizal cenagal, lodazal, fangal, pantano.

barro fango, lodo, cieno, légamo, limo.

barroco recargado, ornamentado, plateresco, rococó; Extravagante, pomposo.

barroso fangoso, pantanoso, cenagoso, lodoso.

barrote barra, travesaño.

barruntar presentir, sospechar, intuir, suponer, conjeturar, recelar, presumir, columbrar.

bártulos trastos, trebejos, enseres, cachivaches, cacharros.

barullo caos, confusión, desorden, lío, desbarajuste, estruendo, alboroto. —*Orden.*

basamento base, cimiento, pedestal.

basar fundamentar, apoyar, cimentar, establecer, probar, demostrar.

basca náusea, desazón, arcada, mareo, indisposición.

báscula balanza, romana.

base cimiento, apoyo, sostén, basamento, pedestal. 2 Fundamento, origen, razón, meollo, génesis, substrato, prioridad, principio, núcleo, prueba.

básico cardinal, primordial, fundamental, principal, necesario, esencial. —*Anodino.*

basílica santuario, iglesia, templo, catedral.

basilisco arpía, reptil, furia, bruja.

basketball (ing.) baloncesto.

bastante suficiente, mucho, harto, asaz. —*Escaso.*

bastar alcanzar, abundar, convenir, ser suficiente. —*Faltar.*

bastardear abastardar, desnaturalizar, corromper.

bastardo ilegítimo, espurio, adulterino, natural. —*Legítimo.* 2 Maldito, canalla, vil.

bastidor armazón, soporte, entramado, base, sostén, chasis.

bastión baluarte, fortificación, defensa, fuerte, protección.

basto grosero, tosco, áspero, burdo, rústico, rudo, ordinario, vulgar. —*Fino, cultivado, educado.*

bastón báculo, vara, cayado, bordón, caduceo, caña; soporte, sostén.

basura suciedad, desperdicios, porquería, inmundicia, desechos, sobras, restos, barreduras, escombros, mugre.

basurero muladar, vertedero, albañal, sumidero, estercolero, sentina, cloaca, chiquero, pocilga.

bata delantal, batín, vestido, guardapolvo, mandil, quimono.

batacazo golpazo, porrazo, golpe, trastazo, choque, costalada, caída.

batahola bulla, ruido, jarana, alboroto, gritería, estruendo, algarabía, jaleo, estrépito, escándalo. —*Calma, quietud.*

batalla combate, contienda, lucha, lid, pelea, pugna, conflicto armado. 2 Riña, escaramuza. —*Paz.*

batallón escuadrón, compañía, grupo de combate.

batata tubérculo, boniato, hortaliza.

bate garrote, palo, mazo, cachiporra.

batería generador, acumulador, condensador. 2 Artillería, piezas, armas pesadas. 3 Peroles, utensilios, cazos, cacharros.

batiburrillo revoltijo, desorden, fárrago, embrollo, mezcolanza, confusión, lío. —*Orden, armonía.*

batida rastreo, persecución, exploración, reconocimiento, búsqueda, cacería, acoso.

batidora mezcladora, licuadora, molinillo.

batiente persiana, marco, hoja, ventana.

batín V. **bata**.

batir revolver, agitar, mezclar, licuar, menear. 2 Arrollar, derrotar, golpear, superar, vencer; combatir, luchar, batallar. 3 Reconocer, explorar, inspeccionar.

batuta varilla, vara, palo, bastoncillo. 2 Dirección, mando.

baúl cofre, arca, arcón.

bautizar sacramentar, cristianar, batear, crismar, convertir. 2 Denominar, llamar, designar, nombrar, apodar, motejar, calificar.

bayeta trapo, lienzo, tela, paño.

bayoneta machete, cuchillo, hoja.

baza tanto, partida, mano, juego.

bazar mercado, comercio, tienda, local, almacén, establecimiento.

bazofia mejunje, comistrajo, guisote. —*Manjar.* 2 Sobras, desechos, porquería, basura, desperdicios, suciedad, asquerosidad.

beata devota, virtuosa, puritana, bienaventurada. —*Pecadora, atea.* 2 Mojigata, santurrona, remilgada, hipócrita, gazmoña.

beatitud santidad, virtud, bienaventuranza, gozo, felicidad, bienestar, dicha. —*Infelicidad.*

bebé nené, criatura, crío, infante, rorro, pequeño, niño, chico, recién nacido.

bebedizo brebaje, pócima, filtro, poción, tósigo, potingue. 2 Medicina, infusión, narcótico.

bebedor V. **borracho**.

beber tomar, tragar, ingerir, libar, gustar, abrevar, sorber, escanciar, absorber. 2 Emborracharse, brindar, copear, empinar el codo.

bebida líquido, poción, elixir, licor, refresco, brebaje, libación, zumo.

becerro novillo, ternero, torillo, recental.

bedel ujier, ordenanza, conserje, portero, celador, servidor.

beduino nómada, trashumante, berberisco, tuareg, beréber. 2 Bárbaro, burdo.

befa burla, escarnio, desprecio, mofa, irrisión, desdén. —*Elogio.*

beige (fr.) ocre, amarillento, leonado, pajizo.

beldad belleza, hermosura. —*Fealdad.* 2 Guapa, bonita, preciosa, linda, bella. —*Fea.*

belicoso pendenciero, agresivo, batallador, guerrero, marcial. —*Pacífico.*

beligerancia conflicto, contienda, lucha. —*Paz.*

beligerante combatiente, guerrero; enemigo, adversario, contrario. —*Aliado.*

bellaco pícaro, truhán, pillo, ruin, tunante, bergante, belitre. —*Honrado.*

belleza hermosura, apostura, encanto, atractivo, lindura. —*Fealdad.*

bello hermoso, precioso, lindo, bonito, primoroso. **2** Apuesto, agraciado, guapo, bien parecido. —*Feo.*

bendecir consagrar, honrar, enaltecer. —*Maldecir.*

bendición invocación, impetración, signo, ademán. **2** Favor, merced, beneficio, ofrenda, don. —*Maldición.*

bendito consagrado, bienaventurado, santificado. —*Maldito.* **2** Inocente, incauto, ingenuo. —*Listo, astuto.*

benefactor bienhechor, protector, favorecedor; humanitario, altruista, dadivoso.

beneficencia benevolencia, caridad, humanidad, misericordia, socorro; subvención, favor, merced. —*Desatención, inhumanidad, crueldad.*

beneficiar favorecer, ayudar, socorrer, respaldar, auxiliar, premiar, regalar, recompensar. —*Perjudicar.*

beneficio favor, gracia, ayuda, concesión, servicio, bien, dádiva. —*Perjuicio.* **2** Utilidad, provecho, lucro, ventaja, rendimiento, ganancia, producto, dividendo. —*Pérdida.*

beneficioso favorable, provechoso, útil, conveniente, propicio, fructífero, adecuado, eficaz. **2** Rentable, lucrativo. —*Perjudicial.*

benemérito digno, honorable, encomiable, estimable, loable. —*Despreciable.*

beneplácito conformidad, aprobación, aquiescencia, consentimiento, asentimiento, autorización, permiso, anuencia. —*Desaprobación.*

benevolencia indulgencia, magnanimidad, compasión, benignidad, afabilidad, consideración. —*Severidad.*

benigno bondadoso, compasivo, afable, apacible. —*Maligno.* **2** Clima templado, suave, cálido, bonancible, dulce. —*Riguroso.*

benjamín hijo pequeño, menor, último. —*Mayor.*

beodo V. **borracho.**

beréber berberisco, moro, rifeño, berebere.

berenjenal enredo, laberinto, embrollo, barullo, confusión, maraña.

bergante V. **bellaco.**

bergantín fragata, velero, goleta.

bermejo colorado, rojizo, azafranado, granate, encarnado, rojo.

berrear chillar, lloriquear, gritar, aullar.

berrinche rabieta, berrenchin, pataleta, arrebato, enojo, irritación.

berza col, repollo.

beso ósculo.

bestia animal, bruto, irracional,

fiera. **2** Bárbaro, cruel, inhumano, feroz; ignorante, zafio.

bestial brutal, salvaje, sanguinario, violento, destructivo.

betún pomada, crema, cera para zapatos. **2** Resina, alquitrán, pez, brea, asfalto.

Biblia Sagrada Escritura, Escrituras, Antiguo y Nuevo Testamento, Vulgata.

bibliografía ordenación, lista, enumeración, catálogo, fichero, relación de libros.

biblioteca librería, anaquel, repisa, estantería, mueble, estante. **2** Centro, archivo, dependencia, colección de libros.

bicho sabandija, alimaña, bestia, gusarapo, animal.

bicicleta velocípedo, biciclo.

bicoca pequeñez, bagatela, insignificancia, fruslería, chuchería, nadería.

bien favor, beneficio, ayuda, don, servicio, gracia, merced, auxilio. —*Daño*. **2** Apropiado, conveniente, adecuado, oportuno, beneficioso. —*Malo*. **3** Muy, bastante, mucho. —*Poco, escasamente*.

bienaventurado bendito, dichoso, venturoso, favorecido. —*Desventurado, desdichado*. **2** Santo, consagrado, beatífico. —*Maldito*.

bienes patrimonio, fortuna, hacienda, riqueza, recursos, propiedades, capital.

bienestar comodidad, seguridad, ventura, tranquilidad, desahogo, satisfacción. —*Malestar, intranquilidad*.

bienhechor V. **benefactor**.

bienintencionado benévolo, bueno, bondadoso, justo.—*Malvado*.

bienquisto querido, estimado, apreciado.

bienvenida acogida, parabién, agasajo, saludo, recepción, recibimiento. —*Despedida*.

bifurcación derivación, ramificación, división, desvío, intersección, cruce, desviación, divergencia. —*Unión*.

bigote mostacho, bozo.

bilateral mutuo, recíproco, sinalagmático. —*Unilateral*.

bilioso irritable, amargado, colérico, avinagrado, rabioso, atrabiliario. —*Afable, apacible*.

bilis hiel, secreción, humor. **2** Amargura, cólera, aspereza. —*Dulzura*.

billete entrada, boleto, localidad, asiento, cupón. **2** Papel moneda.

billetera cartera, monedero.

binoculares prismáticos, lentes, anteojos.

biografía vida, semblanza, hechos, historia, hazañas, memorias.

biombo mampara, pantalla, bastidor, persiana.

birlar escamotear, hurtar, sustraer, quitar, robar, despojar. —*Devolver*.

birrete V. **bonete**.

birria adefesio, espantajo, mamarracho; chapucería, extravagancia. —*Belleza*.

bisagra gozne, pernio, charnela, articulación.

bisel ángulo, chaflán, arista, borde.

bisexual hermafrodita, andrógino.

bisílabo disílabo.

bisoño novato, aprendiz, inexperto, nuevo. —*Veterano.*

bistec bisté, filete, chuleta, solomillo.

bisutería fruslería, bagatela, baratija, pacotilla, imitación, oropel, quincallería. —*Joya.*

bizantino intrascendente, fútil, rebuscado, infructuoso, inútil, anticuado. —*Importante, trascendental, útil.*

bizarro gallardo, elegante, apuesto, espléndido. —*Desgarbado.* 2 Valiente, intrépido, denodado, audaz, osado, arrojado. —*Cobarde.*

bizco bisojo, turnio, estrábico, bizcorneado.

bizcocho golosina, torta, mojicón, confite.

bizma emplasto, pegote, cataplasma, ungüento.

blanco albo, níveo, pálido. 2 Caucásico, occidental, indoeuropeo. —*Negro.* 3 Centro, mira, fin, diana.

blandir empuñar, esgrimir, aferrar, anarbolar, balancear, arbolar, agitar. —*Soltar.*

blando tierno, suave, muelle, blandengue, laxo, lene, fláccido. —*Duro.* 2 Dócil, dulce, apacible. —*Áspero.* 3 Tímido, cobarde, delicado. —*Decidido, valiente.*

blanquear emblanquecer, albear, enjalbegar. —*Ennegrecer.* 2 Enlucir, limpiar, lavar, aclarar. —*Ensuciar.* 3 Encanecer.

blasfemia maldición, reniego, imprecación, juramento, sacrilegio, palabrota.

blasón escudo de armas, alegoría, divisa, símbolo, heráldica.

blasonar vanagloriarse, jactarse, pavonearse, fanfarronear, alabarse, presumir, ostentar.

bledo ardite, minucia, insignificancia.

blindar acorazar, recubrir, proteger, revestir, defender, forrar.

bloc bloque, paquete de hojas, taco.

bloque agrupación, conjunto. 2 Piedra, cuerpo sólido. 3 Paquete de hojas, taco.

bloquear incomunicar, aislar, cercar, asediar, encerrar, sitiar, acorralar. —*Desbloquear, liberar.* 2 Impedir, interrumpir, obstaculizar. —*Permitir.*

bluff (ing.) alarde, exageración, infundio, fanfarronada, engaño.

blusa camisa, camisón, camisola, chambra, camisera, blusón, marinera.

boato ostentación, fausto, bambolla, pompa, derroche, lujo. —*Sencillez.*

bobada necedad, tontería, estupidez, simpleza, majadería, bobería, idiotez.

bobina carrete, canilla, carretel, rollo de hilo.

bobo idiota, necio, tonto, estúpido, simple, imbécil, zafio, majadero, sandio, torpe, ingenuo, zoquete. —*Vivo, inteligente, agudo.*

boca cavidad bucal, pico, hocico, fauces, morro, jeta. 2 Cavidad, abertura, orificio, grieta, hueco. 3 Entrada, salida, acceso.

bocacalle intersección, cruce, recodo, confluencia, esquina.

bocadillo emparedado, canapé, refrigerio.

bocado dentellada, mordisco,

mordedura. **2** Aperitivo, refrigerio. **3** Pedazo, porción, trozo, fragmento. **4** Freno.

bocanada vaharada, hálito, exhalación, vaho, aliento, soplo.

boceto bosquejo, esbozo, diseño, croquis, esquema, apunte, dibujo.

bochinche tumulto, escándalo, barahúnda, barullo, alboroto, estrépito, jaleo. —*Silencio, quietud.*

bochorno calor, sofocación, canícula, desazón. —*Frío.* **2** Sonrojo, vergüenza, turbación, rubor. —*Desvergüenza, descaro.*

bocina claxon, trompeta, cuerno, corneta.

bocio hinchazón, bulto, papo, coto, hipertiroidismo.

bocón hablador, fanfarrón, charlatán.

boda matrimonio, casamiento, esponsales, nupcias, himeneo, enlace, casorio, connubio; vínculo, alianza, unión. —*Divorcio, separación.*

bodega despensa, sótano, almacén, cueva, cava, silo, granero.

bodegón taberna, tasca, fonda, figón. **2** Pintura, naturaleza muerta.

bodrio bazofia, porquería, guisote, mejunje, comistrajo. —*Manjar.* **2** Adefesio, esperpento, mamarracho.

bofetada bofetón, cachetada, sopapo, guantazo, manotazo, revés, pescozón, palmada, lapo, guantada.

boga moda, actualidad, uso, costumbre, popularidad, actualidad, auge.

bogar remar, navegar, sirgar, ciar. —*Anclar.*

bohemio vagabundo, errante, gitano. —*Sedentario.* **2** Despreocupado, descuidado, abandonado. —*Disciplinado.*

bohío choza, cabaña, casucha, barraca.

boicoteo exclusión, rechazo, aislamiento, privación, estorbo. —*Aceptación.*

boina gorra, gorro, birrete, bonete, chapela.

bojote bulto, lío, fardo, paquete, atado.

bola pelota, balón; globo, esfera, canica, cuenta. **2** Embuste, bulo, camelo, mentira, patraña, engaño.

bolero ritmo, canción.

boleta boleto, billete, entrada, pase, invitación, talón, papeleta, cupón.

boletería taquilla, despacho, caja.

boletín folleto, publicación, gaceta, circular, impreso, revista, periódico.

bólido aerolito, meteorito, estrella fugaz.

bollo panecillo, bizcocho, confite. **2** Abolladura, chichón.

bolo palo, taco, tarugo.

bolsa saco, talega, fardo, costal, bulto, alforja, morral, bolso, zurrón. **2** Lonja, mercado de valores, organismo financiero, institución mercantil. **3** Caudal, dinero, patrimonio.

bomba explosivo, carga, mina, obús, misil, proyectil, torpedo, granada. **2** Pistón, máquina, mecanismo, aparato. **3** Pompa, burbuja, globo.

bambardear atacar, aniquilar, cañonear, demoler.

bombear extraer, sacar, succionar, trasvasar, impulsar, impeler, vaciar.

bombilla foco, bulbo, ampolla, farol, lámpara.

bombo tambor, timbal, caja, atabal. **2** Vanagloria, jactancia, propaganda, encomio, alabanza, tono.

bombón golosina, dulce, chocolate, chocolatina.

bonachón inocente, ingenuo, crédulo, bondadoso, buenazo, confiado. —*Malicioso.*

bonanza quietud, tranquilidad, calma, placidez, sereno, reposo. —*Tempestad.* **2** Progreso, bienestar, auge, prosperidad. —*Decadencia, pobreza.*

bondad benignidad, benevolencia, abnegación, altruismo, caridad, magnanimidad. —*Maldad, vileza.*

bonete gorro, gorra, birrete, boina.

bonificación rebaja, descuento, beneficio, compensación, reducción, gratificación. —*Recargo.*

bonito lindo, bello, primoroso, agraciado, gracioso. —*Feo.*

bono cupón, vale, certificado, comprobante, boleto, papeleta, libranza.

boñiga estiercol, bosta, excremento, guano, heces.

boom (ing.) éxito, auge, prosperidad.

boquear jadear, resollar, acezar, respirar; agonizar, extinguirse, expirar.

boquete agujero, abertura, grieta, hueco, brecha, orificio, rotura, perforación.

boquilla cilindro, embocadura, cánula, tubo.

borbotón borboteo, burbujeo, ebullición.

bordar coser, ribetear, perfilar, ornamentar, recamar, adornar.

borde margen, orilla, arista, canto, límite, linde, orillo, costado, extremo, frontera, flanco. —*Centro.*

bordear rodear, circunvalar, circundar, contornear, desviarse, virar, eludir. —*Cruzar.*

boreal ártico, septentrional, norte, nórdico, hiperbóreo. —*Austral, meridional.*

bóreas aquilón, viento norte, cierzo.

borla adorno, fleco, pompón.

borrachera embriaguez, ebriedad, achispamiento, beodez, mareo, perra, curda, mona, jumera, pea. —*Sobriedad.*

borracho ebrio, beodo, bebido, bebedor, embriagado, achispado, ajumado, borrachín, dipsómano, alcohólico. —*Sobrio.*

borrador bosquejo, plan, esquema, apunte, diseño, proyecto, esbozo, boceto.

borrar corregir, suprimir, cancelar, rectificar, deshacer, anular, abolir.

borrasca tempestad, tormenta, temporal, aguacero. —*Bonanza.*

borrego cordero, ternasco. **2** Timorato, sumiso, apocado, pusilánime, ignorante. —*Enérgico.*

borrico V. **burro.**

borrón mancha, tachón, suciedad, marca, defecto, mácula.

borroso nebuloso, confuso, velado, turbio, opaco, oscuro, ilegible, difuso, impreciso. —*Diáfano, nítido, claro, visible.*

boscoso frondoso, denso, tupido,

espeso, exhuberante, selvático. —*Desértico.*

bosque arboleda, frondas, espesura, soto, floresta, follaje, boscaje. —*Sabana.*

bosquejar abocetar, diseñar, esbozar, delinear, planificar.

bosquejo V. **boceto**.

bostezar desperezarse, boquear, suspirar, inspirar.

bota botín, zapato alto, borceguí, botina. **2** Odre, cuba, cuero, barril, tonel, pellejo.

botadero basurero, vertedero, muladar.

botar tirar, arrojar, lanzar, echar, despedir. —*Conservar.*

botarate atolondrado, irreflexivo, precipitado, tarambana, aturdido, alocado, manirroto, malgastador. —*Sensato, cauto.*

bote barca, lancha, batel, falúa, canoa, barcaza, piragua, embarcación. **2** Salto, brinco, voltereta. **3** Tarro, lata, recipiente.

botella envase, frasco, garrafa, ampolla.

botica farmacia, droguería.

boticario farmacéutico, farmacólogo.

botín despojos, presa, trofeo, rapiña, robo. **2** Bota, borceguí, botina.

botón broche, botonadura, presilla. **2** Capullo, brote, yema, cogollo, renuevo. **3** Interruptor, pulsador, clavija, tecla.

botones dependiente, recadero, servidor, mandadero, mozo, muchacho.

bouquet (fr.) aroma, fragancia, olor, regusto.

boutique (fr.) local, establecimiento, bazar, tienda de modas.

bóveda arco, ábside, cúpula, arquería, cripta, galería.

bobino vacuno, res, bóvido, rumiante.

boxeador púgil, pugilista, peleador, contendiente.

boya marca, señal, baliza, indicador.

boyante floreciente, próspero, rico, afortunado, acomodado, opulento. —*Pobre.*

bozal dogal, trailla, cabestro, mordaza, correaje.

bozo vello, pelusa, bigote.

bracero jornalero, obrero, peón, trabajador.

braga calzón, pantalón.

bragado animoso, enérgico, osado, resuelto, valiente.

bramante cordón, cuerda, cordel.

bramar mugir, gritar, rugir, aullar, berrear, chillar. —*Callar.*

branquia agalla, membrana respiratoria.

brasa ascua, llama, rescoldo, chispa, lumbre.

brasero calentador, estufa, figuero, hogar.

bravata fanfarronería, alarde, valentonada, bravuconería.

bravío indómito, arisco, cerril, feroz, cerrero, agreste, silvestre, áspero, montaraz, rústico. — *Manso, doméstico.*

bravo valiente, audaz, valeroso, intrépido, animoso, osado, resuelto, esforzado, temerario.— *Cobarde.* **2** Enojado, violento, enfadado, irritado. —*Alegre.*

bravucón fanfarrón, camorrista, valentón.

brazalete pulsera, ajorca, alhaja, muñequera. **2** Distintivo, faja, tira.

brazo extremidad, miembro superior, apéndice, extensión. 2 Ramal, bifurcación.

brea alquitrán, resina, pez.

brebaje poción, pócima, potingue, filtro, mejunge, cocimiento, bebida.

brecha grieta, abertura, rotura, agujero, fisura, resquicio, perforación, orificio, boquete, hueco.

bregar lidiar, trajinar, luchar, afanarse, esforzarse, pugnar, forcejear. —*Haraganear.*

breña espesura, maleza, matorral, frondosidad, fragosidad. —*Llano.*

brete aprieto, apuro, trance, dificultad, compromiso. —*Solución.* 2 Cepo, prisión, calabozo.

breve corto sucinto, reducido, conciso, abreviado, escaso, exiguo. —*Extenso, largo.* 2 Efímero, transitorio, provisional, pasajero, fugaz, perecedero. —*Duradero.* 3 Súbito, rápido, pronto. —*Lento.*

breviario compendio, resumen, extracto, epítome, misal.

bribón pícaro, bellaco, tunante, canalla, granuja. —*Honrado, honesto.*

brillante fulgurante, resplandeciente, luminoso, reluciente, radiante, rutilante, fulgente, esplendente, centelleante, fosforescente. —*Oscuro, opaco.* 2 Limpio, terso, liso, barnizado, dorado. —*Sucio.* 3 Sobresaliente, inteligente, descollante, destacado. —*Gris, anodino.*

brincar saltar, rebotar, retozar.

brinco salto, pirueta, bote, cabriola, voltereta, rebote.

brindar ofrecer, convidar, invitar, dedicar, consagrar.

brío ímpetu, energía, reciedumbre, pujanza, fuerza, esfuerzo, empuje, valor, fortaleza, ánimo, vigor, denuedo, determinación. —*Debilidad, decaimiento.*

brisa viento, corriente, céfiro, soplo, hálito.

británico britano, sajón, inglés, anglosajón.

brizna partícula, filamento, hebra, fibra.

broca barrena, trépano, taladro, punzón, cincel.

brocado bordado, tejido, brocalado.

brocha escobilla, cepillo, pincel.

broche pasador, hebilla, fijador, botón, prendedor, gancho, presilla, imperdible.

broma chanza, chacota, humorada, burla, chiste, guasa, chasco, mofa, befa, remedo, pega, payasada. 2 Alboroto, bulla, jarana, diversión.

bromista guasón, bufón, socarrón, chancero, burlón, jocoso. —*Serio.*

bronca pelea, riña, trifulca, disputa, pendencia, reyerta, gresca. —*Paz.* 2 Tumulto, alboroto. —*Tranquilidad.* 3 Represión, regaño, reprimenda. —*Felicitación.* 4 Rabia, fastidio, enojo, enfado.

bronceado tostado, quemado, moreno, atezado, cobrizo. —*Blanco, pálido.*

bronco tosco, basto, rudo, huraño, agrio, grosero. —*Fino.* 2 Afónico, ronco, bajo, destemplado. —*Agudo.*

brotar surgir, manar, aparecer, salir, emerger, fluir, germinar, nacer, florecer, gestarse, formarse.

brote

brote botón, renuevo, retoño, pimpollo, capullo. **2** Gestación, formación, florecimiento.

bruja hechicera, maga, vidente, adivinadora, agorera, encantadora; arpía, esperpento, adefesio.

bruma niebla, vapor, neblina, calina, vaho, calígine.

brumoso nuboso, denso, caliginoso, tenebroso, calinoso, oscuro. —*Claro, despejado.*

bruñir lustrar, pulir, abrillantar, enlucir, acicalar.

brusco súbito, rápido, imprevisto, repentino, inesperado. —*Lento.* **2** Áspero, rudo, descortés, grosero, tosco. —*Amable.*

brutalidad bestialidad, salvajismo, ferocidad, crueldad, barbaridad, desenfreno, atrocidad. —*Humanidad, piedad.* **2** Torpeza, estupidez.

bruto cerril, rudo, tosco, ignorante, torpe, tonto, ordinario, vulgar, bestial, atrasado, incapaz, obtuso. —*Hábil, inteligente.* **2** Bestia, animal.

bucanero filibustero, pirata, corsario, bandido.

bucear zambullirse, nadar, bañarse, sumergirse. —*Emerger.*

buche estómago, panza, tripa, molleja.

bucle rizo, onda, tirabuzón, rizado.

bucólico pastoril, pastoral, campestre, apacible, idílico.

buenaventura augurio, auspicio, adivinación, profecía, vaticinio, pronóstico, predicción. **2** Dicha, fortuna, bienestar.

bueno benigno, benévolo, generoso, abnegado, caritativo, magnánimo. —*Malo, malvado.* **2** Provechoso, útil, favorable, conveniente, ventajoso, adecuado, propicio. —*Desfavorable, desventajoso.* **3** Agradable, grato, gustoso, divertido. —*Desagradable.*

bufanda chalina, tapaboca.

bufar jadear, resollar, soplar, acezar, resoplar. **2** Gruñir, refunfuñar, rezongar.

bufete despacho, oficina, consultorio, estudio; escritorio.

buffet (fr.) aparador, servicio, armario, bar, antecocina.

bufido resoplido, resuello, gruñido, bramido.

bufo ridículo, grotesco, extravagante, risible.

bufón payaso; bromista, chancero, burlón.

buhardilla altillo, desván, zahúrda, ático, buharda.

búho lechuza, mochuelo, tuco, ave rapaz.

buhonero mercachifle, feriante, quincallero, baratero, ambulante.

bujía candela, vela, cirio, hacha.

bula privilegio, prerrogativa, concesión, favor, gracia, beneficio. **2** Documento pontificio, impetra.

bulevar paseo, vía, avenida, arteria.

bulla bullicio, ruido, estrépito, algarabía, alboroto, desorden, estruendo, vocerío, algazara. —*Silencio.*

bulldog (ing.) dogo, perro de presa.

bulldozer (ing.) excavadora, explanadora.

bullicio V. **bulla**.

bullicioso ruidoso, alborotador, estrepitoso, revoltoso; alegre, festivo.

bullir hervir, burbujear, borbotear. 2 Menearse, moverse, trajinar, inquietarse, agitarse, afanarse. —*Inmovilizarse, aquietarse.*

bulo rumor, infundio, chisme, falsedad, mentira. —*Verdad.*

bulto saco, fardo, bolsa, lío, paquete, maleta, paca. 2 Protuberancia, prominencia, saliente, giba. 3 Masa, cuerpo, mole, volumen. 4 Hinchazón, tumor, quiste, chichón, excrecencia, nódulo, inflamación, grano.

bungalow (ing.) cabaña, chalé, quinta, casa pequeña.

buque navío, barco, nave, transatlántico, vapor, embarcación.

burbujear borbotear, hervir, bullir.

burdel prostíbulo, lupanar, casa de citas.

burdo tosco, rústico, ordinario, grosero, vulgar, palurdo, inculto, chabacano. —*Refinado, educado.*

burgués adinerado, próspero, acomodado, opulento. —*Proletario.*

buril cincel, punzón.

burla chanza, mofa, chacota, broma, guasa, befa, chiste, pulla.

burlón bromista, chancero, guasón; sarcástico, mordaz.

buró oficina, bufete, despacho. 2 Escritorio.

burocracia papeleo, administración.

burocrático administrativo, gubernativo, oficial.

burro asno, jumento, rucio, borrico, pollino. 2 Ignorante, necio, torpe, tosco, grosero. —*Culto.*

buscapleitos buscarruidos, pendenciero, alborotador.

buscar inquirir, indagar, escudriñar, registrar, husmear, investigar, rastrear, averiguar, explorar, preguntar.

buscona ramera, puta, mujer pública.

busilis meollo, quid, toque, nudo, dificultad, clave, punto.

búsqueda investigación, pesquisa, examen, indagación.

busto torso, pecho, tronco, tórax.

butaca silla, asiento, banco. 2 Localidad, abono.

buzón casillero, casilla, receptáculo, caja, compartimiento, apartado.

C

cabal completo, entero, exacto, adecuado, correcto, acabado. —*Parcial, incompleto.* **2** Íntegro, justo, recto, honrado. —*Deshonesto.*

cábala sortilegio, hechicería, adivinación, predicción; superstición. **2** Enredo, intriga, trama, maquinación, conjura, complot. **3** Arte adivinatorio; signo, anagrama.

cábalas conjeturas, suposiciones, sospechas; interpretaciones, pronósticos, cálculos, inferencias.

cabalgadura montura, caballería, caballo, corcel.

cabalgar montar, jinetear, galopar.

cabalgata desfile, séquito, tropa, comitiva, marcha.

cabalístico enigmático, misterioso, oculto, mágico, secreto.

caballeresco cortés, galante, elegante; idealista. —*Grosero.*

caballeriza establo, corral, cuadra.

caballero galante, honorable, leal, digno. —*Villano.* **2** Hidalgo, noble, cortesano. —*Plebeyo.* **3** Jinete, cabalgador, caballista.

caballo corcel, potro, palafrén, alazán, garañón, jaco, matalón, jamelgo, rocín, bridón, equino.

cabaña choza, rancho, barraca, chabola, bohío. **2** Ganado, reses, rebaño.

cabecear balancear, bambolear, inclinarse, oscilar. **2** Adormilarse, amodorrarse.

cabecera preámbulo, encabezamiento, principio, comienzo, iniciación, entrada. **2** Presidencia, jefatura, dirección.

cabecilla caudillo, jefe, conductor, dirigente, guía, cacique. —*Seguidor.*

cabello cabellera, pelo, melena, pelambre, pelaje; guedeja, rizo.

caber abarcar, contener, admitir, incluir, encerrar, englobar, ocupar.

cabeza testa, mollera, crisma, cráneo. **2** Mente, cerebro, entendimiento, inteligencia, juicio, ingenio, razón, capacidad, seso, caletre, cacumen. **3** Principio, origen, nacimiento. —*Final, terminación.* **4** Director, jefe, superior. —*Subalterno.*

cabezazo testarazo, topetazo, calamorrada, calabazada, golpe.

cabezón cabezudo, cabezota. **2** Obstinado, terco, porfiado, testarudo, tozudo. —*Condescendiente, razonable, flexible.*

cabida capacidad, volumen, cupo, contenido, espacio, amplitud, extensión.

cabildo asamblea, junta, corporación, consejo, ayuntamiento.

cabina habitáculo, camarote, alojamiento, aposento, gabinete, habitación. **2** Casilla, compartimiento, locutorio.

cabizbajo abatido, decaído, descorazonado, desanimado, triste, afligido, desalentado. —*Animado, alegre.*

cable cuerda, soga, cordón, cordel, fibra, cabuya, alambre, amarra. **2** Telegrama, radiograma, cablegrama, comunicado, despacho.

cabo punta, extremo, saliente, promontorio. **2** Término, fin, remate, límite. **3** Militar, suboficial. **4** Cable, jarcia, cuerda, guindaleza.

cabrearse enojarse, irritarse, enfadarse. —*Tranquilizarse, calmarse.*

cabrío caprino, cabruno, caprípedo, caprario.

cabriola pirueta, bote, voltereta, salto, corveta, brinco, corcovo.

cabrito chivo, caloyo, chivato, choto, primal, ternasco.

cabrón buco, cabro, macho cabrío, igüedo, irasco. **2** Cornudo, sufrido, consentido. **3** Bribón, canalla, bajo, vil, ruin.

cabuya cuerda, soga, amarra.

caca deposición, deyección, heces, excremento, evacuación, estiércol, boñiga, mierda.

cacarear cloquear, piar; escandalizar. **2** Parlotear, jactarse, exagerar, vanagloriarse, fanfarronear, envanecerse.

cacería caza, cinegética, acoso, persecución, agresión, batida, cetrería, montería.

cacerola olla, marmita, pote, cazo, cazuela, puchero, perol, tartera.

cachaco elegante, galante, caballeroso. **2** Petimetre, lechuguino, figurín.

cacharro trasto, cachivache, trebejo, artefacto, bártulo, chirimbolo, utensilio. **2** Vasija, olla, puchero, cazuela.

cachaza sosiego, calma, moro-

sidad, flema, parsimonia, lentitud, pachorra. —*Vivacidad.*

cachear registrar, palpar, esculcar, buscar, inspeccionar.

cachetada bofetada, guantazo, sopapo, manotazo, golpe.

cachete mejilla, carrillo, moflete. **2** Bofetada, bofetón, lapo, tortazo, mojicón, sopapo.

cachetear abofetear, sopapear, golpear.

cachiporra porra, maza, garrote, tranca.

cachivache bártulo, trasto, cacharro, trebejo. **2** Inútil, inservible, ridículo.

cacho pedazo, parte, trozo, fragmento, porción, fracción. —*Totalidad.* **2** Cuerno, pitón, cornamenta, asta.

cachondo excitado, lujurioso, lascivo, libidinoso, sensual. —*Flemático.*

cachorro cría, hijuelo, vástago, retoño.

cachucha gorra, casquete, gorrete. **2** Bote, lancha.

cacique cabecilla, jefe, gamonal, amo, curaca, dueño. **2** Déspota, tirano, dominador.

caco ratero, ladrón, delincuente, carterista.

cacofonía disonancia, ruido, discordancia. —*Eufonía.*

cacumen caletre, sesera, perspicacia, agudeza, ingenio, lucidez, talento, penetración.

cadalso patíbulo, horca, guillotina, suplicio, tablado.

cadáver muerto, difunto, extinto, fallecido, finado, cuerpo, restos, despojos.

cadavérico macilento, esquelético, desfigurado, exangüe, flaco, delgado; lúgubre, macabro, sepulcral, fúnebre, lívido. —*Saludable, alegre.*

cadena ligadura, cepo, grilletes, esposas, atadura, eslabones. **2** Sujeción, cautiverio, cautividad, condena, esclavitud, prisión, dependencia. **3** Sucesión, curso, serie, orden, encadenamiento, continuación, proceso.

cadencia ritmo, compás, armonía, consonancia, conformidad; medida, paso. —*Disonancia.*

cadera anca, grupa, cuadril, flanco, pernil.

caducar prescribir, cumplirse, extinguirse, concluir, acabarse, terminar, finalizar. —*Continuar.*

caduco decrépito, senil, agotado, decadente, achacoso, chocho, viejo. **2** Efímero, precario, pasajero, perecedero. —*Joven, potente.*

caer descender, abatirse, hundirse, derrumbarse, precipitarse, desplomarse, bajar, resbalar. —*Levantarse.* **2** Sucumbir, morir, perecer. **3** Debilitarse, rebajarse, perder, disminuirse.

cáfila caterva, tropel, cuadrilla, banda, turba, pandilla, grupo.

cagar evacuar, defecar, obrar, excretar.

caída resbalón, porrazo, tumbo, golpe, tropiezo, costalada. **2** Declive, cuesta, bajada, declinación, descenso. —*Subida.* **3** Ocaso, decadencia, eclipse, mengua, caducidad; fracaso, desgracia, ruina. —*Prosperidad, ascenso, auge.* **4** Falta, desliz, flaqueza, pecado.

caimán cocodrilo, saurio.

caja cajón, arcón, arca, estuche, urna, paquete, envase, lata, baúl. **2** Pagaduría, contaduría, dependencia de pago.

cajero pagador.

cajón gaveta, casilla, estante, naveta, compartimiento.

cal caliza, yeso, creta, tiza, dolomita.

cala ensenada, abra, rada, golfo, bahía, refugio, caleta. **2** Sondeo, perforación, penetración.

calabozo prisión, cárcel, mazmorra, celda, encierro, galera.

calado encaje, labor, puntilla. **2** Horadado, perforado, agujereado. **3** Fondo, profundidad del barco.

calamar chipirón, molusco.

calambre agarrotamiento, contracción, paralización, espasmo, convulsión.

calamidad desastre, desgracia, tragedia, infortunio, catástrofe, adversidad, cataclismo, azote, plaga. —*Ventura, fortuna.* **2** Incapaz, inútil, inepto, incompetente, torpe. —*Hábil, capaz.*

calaña índole, carácter, ralea, naturaleza, laya, jaez, categoría, especie, raza, calidad.

calar perforar, horadar, penetrar, agujerear, atravesar, cortar, hender. **2** Mojarse, bañarse, humedecerse, empaparse, impregnarse. —*Secarse.* **3** Adivinar, comprender, descubrir, conocer, ver.

calavera cráneo. **2** Libertino, parrandero, mujeriego, juerguista.

calcañar calcañal, talón.

calcar copiar, duplicar, reproducir, repetir. **2** Imitar, plagiar, remedar.

calcetín media, escarpín.

calcificarse endurecerse, fortalecerse, osificarse.

calcinar incinerar, carbonizar, quemar, asar, abrasar, tostar, consumir.

calcular contar, evaluar, computar, suponer, determinar, medir, tasar, prever, apreciar, inventariar.

cálculo cómputo, cuenta, enumeración. **2** Suposición, conjetura, creencia, cábala. **3** Litiasis, concreción.

caldear calentar, entibiar.

caldera calentador, estufa, fogón, hogar, calorífero. **2** Caldero, cacerola, olla, marmita, cazuela, recipiente.

caldo sopa, consomé, potaje, adobo, salsa, aderezo, unto. **2** Jugo, esencia, zumo.

calendario almanaque, anuario, agenda.

calentada calentón, calentamiento.

calentador V. **caldera**.

calentar(se) caldear, templar, cocer, asar, tostar, escaldar. —*Enfriar*. **2** Exaltarse, enardecerse, irritarse. —*Aplacarse*.

calesita carrusel, tiovivo, caballitos.

caletre V. **cacumen**.

calibrar calcular, graduar, evaluar, medir, establecer, determinar, reconocer, comprobar.

calibre diámetro, amplitud, anchura, dimensión, talla, tamaño, formato, abertura. **2** Trascendencia, alcance, magnitud.

calidad clase, categoría, importancia, condición, carácter, índo-

le, naturaleza. **2** Perfección, excelencia, virtud, bondad, eficacia. —*Deficiencia*.

caliente caldeado, cálido, caluroso, ardiente, ígneo, candente, tórrido, canicular, ardoroso, incandescente, abrasador. —*Frío, helado*.

calificación evaluación, nota, puntuación, apreciación, valoración, estimación.

calificado autorizado, capacitado, capaz, competente, hábil, apto, idóneo, experto, entendido. —*Incompetente*.

calificar evaluar, apreciar, estimar, examinar, calcular, tasar, valorar, establecer. —*Descalificar*. **2** Designar, llamar, bautizar, nombrar, conceptuar, adjetivar, tildar, denominar, atribuir. —*Desconceptuar*.

calificativo adjetivo, nombre, apíteto, título, apodo, alias.

caliginoso V. **brumoso**.

cáliz copa, copón, vaso.

callado silencioso, silente, reservado, mudo, discreto, taciturno. —*Locuaz, comunicativo*.

callar silenciar, enmudecer, reservar, ocultar, omitir. —*Hablar*.

calle vía, arteria, calzada, avenida, camino, pasaje, bulevar, callejuela, carretera.

callejear caminar, deambular, errar, corretear, vagar, vagabundear, merodear.

callo callosidad, endurecimiento, sabañón.

calma paz, serenidad, bonanza, tranquilidad, reposo, quietud, sosiego, apacibilidad, silencio, inmovilidad, placidez. —*Albo-*

roto, intranquilidad. **2** Parsimonia, lentitud, flema, cachaza, impasibilidad, serenidad, pachorra. —*Rapidez, velocidad.*

calmante sedante, sedativo, tranquilizante, analgésico, lenitivo, narcótico, medicamento, paliativo. —*Estimulante, excitante.*

calor ardor, acaloramiento, bochorno, temperatura, canícula; incandescencia, fuego. —*Frío.* **2** Fervor, vehemencia, apasionamiento, energía, vivacidad, pasión, entusiasmo, animación. —*Frialdad.*

calumnia difamación, denigración, maledicencia, falsedad, impostura, mendacidad, intriga, chisme, mentira, habladuría, infundio, bulo. —*Verdad.*

caluroso V. **caliente**.

calvario martirio, adversidad, sufrimiento, fatiga, penalidades, amargura, dolor.

calvicie alopecia, calvez.

calzar asegurar, afianzar, endosar, colocar, meter. —*Descalzar.*

calzones calzas, bragas, calcillas, calzoncillos, pantaloncitos, bombachas, pantalones.

cama lecho, tálamo, catre, yacija, jergón, litera, camastro, petate, diván.

camada cría, prole, lechigada, ventregada, descendencia. **2** Caterva, cuadrilla, pandilla, banda.

cámara aposento, habitación, estancia, pieza, cuarto, recinto, antesala, sala, salón. **2** Cuerpo legislativo, consejo, junta, asamblea, parlamento, ayuntamiento, senado.

camarada compañero, amigo,

colega, compinche, acompañante, correligionario, compadre. —*Enemigo.*

camarera empleada, servidora, criada, doncella, muchacha, doméstica.

camarilla cuadrilla, grupo, pandilla, partida, banda.

camarín camerino, tocador, vestuario, aposento.

camarón quisquilla, gámbaro, langostino.

camastro jergón, catre, lecho, yacija.

cambalache trueque, intercambio, canje, cambio, transacción, negocio.

cambiar trocar, canjear, permutar, intercambiar, negociar. —*Conservar.* **2** Modificar, alterar, mudar, invertir, reformar, corregir, rectificar, transfigurar, renovar, innovar, deformar. —*Mantener.*

camilla angarillas, parihuelas, litera, andas.

caminante viandante, paseante, transeunte, peatón, viajero, vagabundo, andarín, peregrino.

caminar andar, deambular, transitar, marchar, pasear, recorrer, avanzar. —*Detenerse, parar.*

camino vía, senda, acceso, sendero, ruta, derrotero; calle, carretera, calzada, atajo, trocha. **2** Recorrido, trayecto, viaje. **3** Manera, procedimiento, método, medio, modo.

camión furgón, vehículo de carga, camioneta, furgoneta.

camisa blusa, camisola, camisón.

camorra riña, refriega, pelea, trifulca, pendencia, gresca, pelotera.

campamento acampada, reducto,

cuartel, acantonamiento, albergada, vivaque, fortín, fuerte, posición.

campana carillón, esquila, cencerro, sonería, címbalo, campano.

campanada repique, toque, tañido, campaneo, rebato, tintineo; llamada, aviso.

campanario torre, atalaya, campanil, espadaña, torreón, aguja.

campante ufano, tranquilo, alegre, complacido, contento, satisfecho, eufórico. —*Disgustado, preocupado.*

campaña misión, operación, expedición, proyecto, empresa, cometido, gestión. **2** Llanura, campo.

campear descollar, destacar, dominar, prevalecer, sobresalir. **2** Pacer.

campechano sincero, natural, llano, franco, espontáneo.

campeón vencedor, ganador. —*Perdedor, vencido.* **2** Defensor, paladín, propagador, mantenedor, héroe, cabecilla.

campeonato torneo, contienda, certamen, competencia, competición, concurso, lucha, pugna, disputa.

campesino labrador, cultivador, labriego, agricultor, hortelano, granjero, lugareño, campirano, aparcero, cortijero, estanciero, sembrador, paisano. —*Citadino.* **2** Campestre, rural, agrario, rústico, aldeano. —*Urbano.*

campestre rural, agrícola, agrario, agropecuario, aldeano, montés. **2** Apacible, idílico, pastoril, tranquilo, placentero.

camping (ing.) campamento, acampada.

campo terreno, campiña, campaña, terruño, pradera, prado, sembrado, huerta, tierra, territorio, ejido, alquería, lugar, afueras. —*Ciudad.* **2** Cancha, estadio, pista, circuito.

campo santo V. **cementerio.**

camuflar enmascarar, disfrazar, disimular, ocultar. —*Mostrar.*

can perro, gozque, cachorro, chucho.

canal caño, zanja, conducto, acequia, desagüe, cauce. **2** Estrecho, brazo de mar, paso, bocana.

canaleta canalón, canal, conducto.

canalizar conducir, encauzar, llevar, reunir; irrigar, regar, vaciar.

canalla bribón, rastrero, ruin, bajo, infame, pícaro, despreciable, granuja, truhán. —*Honorable.* **2** Chusma, populacho, gentuza.

canapé diván, sofá.

canasta cesta, cesto, canasto, banasta, cuévano, espuerta.

cancelar derogar, suspender, abolir, revocar, anular, suprimir, borrar. —*Promulgar.*

cáncer tumor, cancro, neoplasia, sarcoma, llaga, carcinoma, quiste.

canciller dignatario, diplomático.

canción tonada, cántico, melodía, copla, cantar, romanza, aire, balada, tono, trova.

cancha campo, pista, explanada.

canchero experto, ducho, diestro.

candela lumbre, vela, llama, brasa, bujía, cirio.

candelabro candelero, centellero, lámpara, candil, velador, palmatoria, blandón, velón.

candente ardiente, quemante, incandescente, encendido. —*Helado, frío.*

candidato aspirante, pretendiente, peticionario, solicitante, postulante. —*Elegido.*

candidatura pretensión, aspiración.

candidez ingenuidad, candor, inocencia, sencillez, credulidad, simpleza. —*Malicia.*

candil farol, lámpara, quinqué, fanal, linterna, mechero, candileja.

candor V. **candidez.**

caníbal antropófago. **2** Feroz, cruel, sanguinario, salvaje, bárbaro.

canícula calor, bochorno, sofocación, sofoco. —*Frío.*

canijo enclenque, flaco, raquítico, esmirriado. —*Robusto.*

canino cánido, perruno. **2** Colmillo, diente.

canje trueque, intercambio, cambio, permuta, transacción.

canoa barca, bote, piragua, falúa, esquife, lancha.

canon regla, norma, precepto, pauta, guía, decreto. **2** Pago, tarifa, estipendio, tasa, renta.

canonizar santificar, glorificar, beatificar, exaltar, venerar.

canonjía prebenda, beneficio. —*Perjuicio.*

canoso cano, entrecano, plateado; viejo.

cansar agobiar, extenuar, debilitar, fatigar, ajetrear. —*Descansar, vigorizar.* **2** Hastiar, enojar, molestar, importunar, fastidiar, aburrir. —*Distraer.*

cantaleta estribillo, repetición; vocerío, ruido.

cantante cantor, cancionista, intérprete, cantador, juglar, trovador, romancero, coplero, solista, divo. **2** Soprano, tenor, barítono, bajo.

cantar corear, entonar, salmodiar, canturrear, interpretar, coplear, vocalizar, modular. **2** Canto, copla, canción, tonada, aire, trova, cantilena. **3** Loar, elogiar, encomiar, glorificar. **4** Revelar, descubrir, confesar.

cántaro recipiente, ánfora, vasija, alcarraza, jarra, jarrón, botijo.

cantera pedregal, yacimiento, filón, mina.

cántico salmo, salmodia.

cantidad cuantía, número, tanto, total; coste, importe. **2** Abundancia, suficiencia, exceso, profusión, raudal, aumento. —*Carencia.*

cantina bar, taberna, café, fonda, figón.

cantinela tarareo, canturreo, cantilena. **2** Monserga, matraca, lata, molestia.

canto canturreo, tonada, coreo, copla, trova, vocalización, entono. **2** Borde, margen, costado, orilla, arista. —*Centro.* **3** Piedra, pedruzco, guijarro.

cantón comarca, distrito, región, país, demarcación, territorio.

cantor V. **cantante.**

caña bambú, junco, carrizo, vara, cánula, bejuco, mimbre, tallo.

cañada quebrada, hondonada, garganta, vaguada, desfiladero, cauce, barranco.

cañaveral cañal, cañizal, carrizal, cañedo, cañar.

cañería conducto, caño, tubería, alcantarillado, conducción, fontanería.

caño canal, cloaca, tubo.

cañón mortero, obús, pieza de artillería, bombarda. 2 Barranco, garganta, desfiladero. 3 Cilindro, tubo, conducto.

cañonazo detonación, descarga, explosión, disparo, estruendo.

caos desorden, desconcierto, confusión, enredo, trastorno, revoltijo, lío, desorganización, anarquía. —Orden, coherencia.

capa manto, capote, túnica. 2 Baño, recubrimiento, revestimiento, mano, cubierta. 3 Máscara, velo, pretexto, excusa, envoltura. 4 Estrato, franja, veta.

capacidad cabida, dimensión, espacio, volumen, desplazamiento, tonelaje. 2 Inteligencia, competencia, suficiencia, aptitud, talento, disposición. —Incapacidad.

capar castrar, emascular, extirpar, amputar, cercenar, mutilar, recortar.

caparazón concha, cubierta, corteza, coraza, carapacho, armazón, protección, defensa.

capataz mayoral, cabeza, caporal, jefe, encargado, delegado.

capaz apto, hábil, competente, calificado, experto, digno, experimentado, avezado, entendido, conocedor. —Incapaz, inepto, incompetente. 2 Grande, amplio, espacioso, vasto, extenso, suficiente, dilatado, holgado. —Reducido, estrecho.

capcioso falaz, artificioso, engañoso, embaucador, falso. —Verdadero, claro.

capear eludir, sortear, torear, aguantar, defenderse, resistir, soportar. —Rendirse.

capellán clérigo, cura, sacerdote, eclesiástico, ordenado.

caperuza gorra, capucha, bonete, cachucha, gorro, capirote.

capilla iglesia, ermita, templo, sagrario, parroquia, oratorio, adoratorio.

capital ciudad, metrópoli, urbe, población. 2 Riqueza, fortuna, bienes, caudal, dinero, fondos, patrimonio, hacienda, recursos. —Pobreza. 3 Esencial, fundamental, importante, principal, primordial, básico. —Secundario, insignificante.

capitalista acaudalado, adinerado, rico, potentado.

capitán comandante, jefe, caudillo, cabeza, guía, dirigente. —Subalterno.

capitular rendirse, someterse, transigir, ceder, pactar, entregarse, deponer las armas. —Resistir.

capítulo sección, apartado, parte, artículo, división, título, subdivisión; resolución, determinación. 2 Junta, consejo, asamblea.

caporal capataz, jefe, encargado.

capote abrigo, sobretodo, gabán, capa, poncho, tabardo, ruana.

capricho fantasía, extravagancia, humorada, ocurrencia, arranque, arbitrariedad. 2 Deseo, antojo, voluntad, obstinación, gusto.

cápsula estuche, cartucho, envoltura, cubierta, vaina, envase, receptáculo. 2 Medicamento, gragea, píldora, pastilla, comprimido.

captar atraer, cautivar, conquistar, seducir, absorber, arrebatar, fascinar, persuadir, hechizar, sugestionar, halagar. —Repeler. 2

Observar, entender, comprender, apreciar, inteligir, percibir.

captura despojo, rapiña, presa, botín, trofeo, conquista. **2** Arresto, encarcelamiento, detención, prendimiento. —*Liberación.*

capucha V. **caperuza**.

capullo cogollo, pimpollo, botón, retoño, brote.

cara rostro, semblante, faz, aspecto, fisonomía, visaje, efigie, catadura, rasgos, facciones, talante. **2** Frente, fachada, exterior, anverso, plano, superficie. —*Reverso.*

carabina rifle, escopeta, fusil.

carácter naturaleza, personalidad, calidad, cualidad, idiosincracia, genio, entraña, índole, temperamento, humor. **2** Aspecto, apariencia, fisonomía, característica, particularidad, expresión, peculiaridad. **3** Firmeza, entereza, voluntad, energía, temple, ánimo. **4** Forma, estilo, tipo.

característico peculiar, típico, propio, distintivo, manifiesto, singular, representativo, específico, intrínseco. —*Común.*

caracterizar diferenciar, singularizar, determinar, representar, establecer, precisar, definir. —*Generalizar.*

caramelo golosina, bombón, dulce, confite, confitura, chocolatina.

carantoña zalamería, marrullería, arrumaco, lisonja, zalema, aspaviento, mimo, caricia, sobo, coba, terneza.

carátula careta, antifaz, máscara, mascarilla.

caravana expedición, romería, procesión, columna, partida, con-

voy, tropel, tropa, multitud, recua.

carbón hulla, coque, turba, cisco, tizón.

carbonizar calcinar, incinerar, abrasar, consumir, quemar, chamuscar, incendiar, arder, tostar, combustionar, achicharrar, cremar.

carburante combustible.

carcaj funda, receptáculo, caja, aljaba.

carcajada risotada, carcajeo, risa. —*Llanto.*

carcamal vejestorio, viejo, anciano, decrépito.

cárcel prisión, penitenciaría, penal, presidio, correccional, encierro, galera. **2** Mazmorra, calabozo, celda.

carcelero guardián, guardia, centinela, vigilante.

carcomer roer, consumir, corroer, agujerear, horadar, desgastar, destrozar, desmenuzar. **2** Inquietar, afligir, mortificar, turbar, angustiar, intranquilizar. —*Tranquilizar.*

cardar peinar, carmenar, alisar, emborrar, desenredar.

cardenal prelado, mitrado, purpurado, dignatario. **2** Golpe, magulladura, equimosis, contusión, moretón, lesión.

cárdeno violáceo, purpúreo.

cardinal básico, capital, sustancial, principal, fundamental, trascendental, esencial, importante. —*Secundario, accidental.*

carear enfrentar, confrontar.

carecer faltar, necesitar, precisar, estar desprovisto. —*Tener, sobrar.*

carencia menester, privación, insuficiencia, falta, déficit, penuria, escasez, ausencia, merma, defecto. —*Abundancia.*

carestía encarecimiento, inflación, alza, subida, aumento, elevación. —*Abaratamiento.*

careta máscara, antifaz, mascarilla.

carga cargamento, envío, flete, remesa, viaje, expedición, carretada, embalaje, mercadería. **2** Paquete, bulto, envoltorio, fardo, lastre, fardaje, paca. **3** Ofensiva, ataque, asalto, embestida, acometida. —*Retirada.* **4** Tributo, impuesto, hipoteca, tasa, obligación, gravamen, derecho, compromiso. **5** Penuria, sufrimiento, agobio, obligación, molestia, peso.

cargar colmar, abarrotar, atestar, embarcar, almacenar, estibar, depositar, introducir, meter, subir. —*Descargar, desocupar, vaciar.*

cargo empleo, función, puesto, oficio, responsabilidad, plaza, vacante.

cariado picado, perforado, corroido, agujereado.

caricatura parodia, imitación, remedo, sátira, deformación, exageración, ridiculización.

caricia mimo, terneza, arrumaco, cariño, coba, zalamería, halago, besuqueo, galanteo, abrazo.

caridad misericordia, compasión, clemencia, filantropía, piedad, generosidad, bondad, magnanimidad. —*Crueldad.* **2** Auxilio, ayuda, limosna, socorro, dádiva.

caries picadura, corrosión, perforación.

carilla página, plana.

cariño ternura, apego, estima, inclinación, amor, afecto, amistad, devoción, predilección. —*Aversión, malquerencia.* **2** Mimo, halago, caricia.

carisma gracia, atractivo, cualidad, don.

cariz aspecto, apariencia, traza, aire, perspectiva, viso, porte.

carmesí carmín, rojo, púrpura, encarnado, purpúreo, escarlata, grana, colorado, granate.

carnada cebo, señuelo. **2** Trampa, engaño.

carnal consanguíneo, familiar, directo, colateral. **2** Lúbrico, sensual, erótico, libidinoso, lujurioso, lascivo.

carnaval festival, fiestas, carnestolendas, antruejo, comparsa, regocijo, carnavalada, farsa, mascarada.

carne carnosidad, músculo, carnaza, filete, chicha.

carné documento, credencial, comprobante, tarjeta de identidad.

carnicería matanza, mortandad, degollina, exterminio, destrucción, hecatombe. **2** Tablajería, tienda de carne.

carnívoro carnicero, depredador, fiero, cruel, bestial, sanguinario, feroz, rapaz. —*Herbívoro.*

carnoso rollizo, musculoso, corpulento, abultado, voluminoso.

caro costoso, oneroso, alto, elevado, exorbitante, gravoso, valioso, encarecido, dispendioso, incrementado. —*Barato.* **2** Querido, amado, apreciado, idolatrado. —*Odiado.*

carpa toldo, tienda de campaña, tenderete, lona.

carpeta cartera, cuaderno, legajo, portafolios, cartapacio. **2** Cubierta, mantel, forro, paño, tapete.

carraspera ronquera, afonía, tos.

carrasposo áspero, rasposo.

carrera recorrido, curso, trayecto, trayectoria. **2** Persecución, correteo, espantada, huida, escapada, corrida. **3** Competición, prueba, competencia, pugna, lucha. **4** Estudios, educación, profesión, licenciatura.

carrete bobina, carretel, canilla, devanadera, cánula, tubo.

carretera vía, arteria, ruta, autopista, avenida, autovía, viaducto, calle, camino, senda, calzada, trocha, sendero.

carretero carrero, conductor, guía, carretillero.

carriel valija, bolsa de viaje.

carril riel, raíl, vía, entrevía, surco.

carrillo moflete, mejilla, pómulo, cachete.

carro carreta, carromato, carricoche, carruaje, coche, carretón, carroza. **2** Vehículo, automóvil, auto.

carroña podredumbre, restos, putrefacción, corrupción.

carruaje V. **carro**.

carrusel tiovivo, rueda.

carta misiva, epístola, mensaje, comunicación, aviso, pastoral, correspondencia, esquela, escrito, nota, pliego. **2** Mapa, plano. **3** Menú, lista de platos. **4** Naipe.

cartapacio carpeta, portapliegos, portafolios, paquete de folios; cuaderno.

cartel aviso, anuncio, letrero, inscripción, proclama.

cartera bolso, bolsa, carpeta, portafolios, portapliegos, portapapeles, mochila, zurrón, saco, monedero, portamonedas, billetero. **2** Empleo, desempeño, función, ministerio.

carterista ladrón, ratero, pícaro, bandido, caco.

cartilla silabario, abecedario, libro de aprendizaje.

cartuchera canana, fornitura, cinto.

cartucho explosivo, bala, proyectil, carga. **2** Envoltorio, bolsa, cucurucho.

casa hogar, residencia, morada, domicilio, vivienda, apartamento, inmueble, casona, edificación; techo, estancia, cobijo, albergue. **2** Familia, estirpe, linaje; razón social, firma.

casaca levita, pelliza, guerrera, capote, chaquetón.

casamiento V. **boda**.

casar desposar, unir, contraer nupcias, maridar, vincular. **2** Juntar, enlazar, encajar, ajustar, emparejar. —*Desunir, desencajar*.

cascada catarata, salto, caída de agua, chorro, torrente.

cascajo cascote, grava, guijo, piedras, guijarros.

cascar hender, rajar, partir, agrietar, quebrantar, romper. —*Reparar*.

cáscara corteza, cascarón, costra, pellejo, envoltura, capa, cubierta, recubrimiento, película, caparazón, piel, cápsula, vaina, funda.

cascarrabias irascible, gruñón,

quisquilloso, irritable, regañón, susceptible. —*Apacible, flemático.*

casco yelmo, morrión, bacinete, casquete, almete. **2** Pezuña, pata, uña, pie.

cascote cascajo, ripio, escombros.

caserío villorrio, aldea, pueblo, lugar, poblado, lugarejo. —*Metrópoli.*

casero hogareño, sencillo, doméstico, familiar, natural. —*Artificial.* **2** Arrendador, administrador, propietario, dueño.

caseta V. **casilla.**

casete cajuela, cinta magnética.

casi aproximadamente, cerca, más o menos.

casilla caseta, cabina, garita, quiosco, puesto, choza, cabaña. **2** Compartimiento, división, estante, apartado, casillero, caja.

casino círculo, asociación, centro, sociedad, club. **2** Garito, casa de juegos, tahurería, timba.

caso suceso, acontecimiento, lance, evento, incidente, ocasión, hecho, circunstancia, situación, trance, peripecia. **2** Litigio, proceso, pleito, juicio, sumario. **3** Asunto, tema, argumento, cuestión, punto, ejemplo.

casona caserón, mansión, morada.

casquivano veleidoso, ligero, voluble, variable, irreflexivo, inconstante, alocado, frívolo. —*Reflexivo.*

casta alcurnia, abolengo, linaje, progenie, estirpe; clase, calidad, raza, especie, generación.

castañetear tiritar, chasquear, entrechocar.

castidad virginidad.

castigar sancionar, reprimir, condenar, penar, escarmentar, sentenciar, punir, corregir, disciplinar. —*Indultar.* **2** Pegar, golpear, martirizar, azotar, apalear, mortificar.

castillo fortaleza, bastión, ciudadela, fortificación, fortín, torreón, alcázar, reducto, fuerte, alcazaba.

castizo original, auténtico, tradicional, nativo, puro. —*Derivado, adulterado.*

castrar capar, emascular, extirpar, amputar, esterilizar.

castrense militar, marcial, guerrero, bélico. —*Civil.*

casual fortuito, impensado, imprevisto, adventicio, incidental, ocasional, accidental, inopinado. —*Previsto, premeditado.*

casualidad contingencia, azar, eventualidad, accidente, aventura, capricho, chiripa, acaso. —*Previsión.*

cataclismo hecatombe, siniestro, calamidad, desastre, catástrofe, tragedia. **2** Conmoción, trastorno, revolución, cambio.

catacumba bóveda, cripta, cementerio, subterráneo, gruta, tumba.

catador degustador, saboreador.

catadura talante, facha, aspecto, semblante, apariencia, traza, aire, imagen, figura, pinta. **2** Degustación, saboreo, prueba.

catafalco túmulo, tarima funeraria.

catalejo anteojo, lente.

catálogo lista, repertorio, inventario, índice, clasificación, folleto, tabla, registro, impreso.

cataplasma

cataplasma emplasto, emoliente, sinapismo, bizma, fomento.

catar gustar, probar, saborear, paladear, degustar, libar. 2 Examinar, apreciar, observar, mirar, inquirir, juzgar, ver.

catarata V. cascada.

catarro resfriado, gripe, resfrío, constipado, tos, constipación.

catástrofe cataclismo, hecatombe, tragedia, calamidad, desastre, trastorno.

cátedra materia, disciplina, asignatura, clase, enseñanza, estudio, ciencia.

catedral basílica, templo, santuario, iglesia.

catedrático profesor, pedagogo, maestro, educador.

categoría rango, género, grado, estado, condición, nivel, tipo, clase, jerarquía, grupo, estamento, posición. 2 Calidad, supremacía, distinción, importancia. 3 Abstracción, forma, concepto.

categórico imperativo, terminante, tajante, preciso, explícito, concluyente, absoluto, claro, decisivo, imperioso, inapelable. —Relativo, indeterminado, incierto.

catequizar adoctrinar, evangelizar, iniciar, convertir. 2 Convencer, persuadir.

caterva muchedumbre, turba, multitud, horda, tropel, tropa, cáfila, chusma, montón.

catire rubio, pelirrojo.

católico cristiano, creyente, apostólico.

catre jergón, camastro, petate, litera, cama, lecho, yacija.

cauce conducto, álveo, lecho, acequia, madre, cuenca, vaguada, arroyo, cañada.

caución cautela, prevención, precaución. 2 Fianza, garantía, obligación, seguridad, abono.

caucho goma, látex, elástico, material flexible.

caudal cantidad, abundancia, volumen, copia. —Escasez, carencia, limitación. 2 Bienes, hacienda, patrimonio, fortuna, riqueza, capital, dinero, ahorros. —Pobreza, penuria.

caudaloso copioso, abundante, ancho, impetuoso, crecido.

caudillo líder, jefe, cabecilla, capitán, adalid, guía, director, dirigente, caporal, patrono, cacique. —Seguidor, subordinado.

causa motivo, móvil, fundamento, principio, gérmen, razón, génesis, fuente, origen, base, inspiración, antecedente, raíz, fondo, motivación. —Efecto, resultado. 2 Litigio, caso, proceso, pleito, sumario.

causar producir, promover, originar, formar, ocasionar, provocar, engendrar, suscitar, incitar, influir. —Impedir.

cáustico áspero, corrosivo, ulcerante, ácido, punzante, corroyente, quemante. 2 Irónico, sarcástico, agudo, satírico, mordaz, incisivo.

cautela precaución, sensatez, recato, prudencia, maña, cuidado, circunspección, discreción, astucia, reserva. —Imprudencia.

cauterizar curar, restañar, escarificar, quemar.

cautivar atraer, fascinar, seducir, sugestionar, ganar, influir, en-

cantar, someter, conquistar. —
Aburrir. **2** Detener, capturar, esclavizar, apresar, prender, encadenar. —*Liberar.*

cautiverio cautividad, encarcelamiento, sujeción, confinación.

cauto cauteloso, precavido, prudente, cuidadoso, astuto. —*Imprudente.*

cava bodega, cueva, sótano, subterráneo; taberna.

cavar excavar, perforar, horadar,
profundizar, penetrar, ahondar.

caverna cueva, gruta, fosa, socavón, cripta, concavidad, antro,
sima, cubil, refugio, boca, subterráneo, agujero, cavidad.

cavernícola troglodita, caverna-
rio. **2** Retrógrado, reaccionario.

cavidad orificio, agujero, hueco,
grieta, oquedad, boquete, abertura, hoyo, hendidura, caverna.

cavilar meditar, pensar, ensimismarse, reflexionar, abstraerse,
discurrir, abismarse, rumiar, deliberar, razonar.

cayado báculo, bastón, palo, vara,
tranca.

cayo islote, banco, isleta, arrecife.

caza venación, cacería, cinegética, cetrería, montería. **2** Persecución, batida, acoso, aco-
rralamiento, ojeo, acecho, cerco,
lazo.

cazador alimañero, perseguidor,
acosador, venador, trampero,
montero, batidor, ojeador. —*Protector.*

cazar violentar, matar; aprisionar,
cautivar, prender, coger, atrapar.
—*Respetar, conservar.* **2** Perseguir, acosar, cercar, acorralar,
sitiar.

cazuela cacerola, olla, marmita,
cazo, tartera, perol, puchero, recipiente, vasija.

cebar(se) engordar, nutrir,
sobrealimentar, atiborrar, rellenar. **2** Ensañarse, encarnizarse,
enfurecerse.

cebo cebadura, engorde, comida.
2 Carnada, señuelo, anzuelo; incentivo, atracción, tentación, aliciente, atractivo. **3** Detonador,
fulminante, explosivo.

cedazo tamiz, cernidera, criba,
zaranda.

ceder transferir, traspasar, endosar, entregar, conceder, transmitir, prestar, dejar. —*Apropiar.* **2**
Consentir, transigir, acceder,
aprobar, avenirse, asentir, capitular, condescender, pactar, someterse, replegarse, retirarse. —
Resistirse. **3** Aflojar, cejar, doblar, cesar; disminuir, mitigarse,
aminorarse. —*Aumentar.*

cédula carné, documento, tarjeta
de identidad. **2** Escrito, despacho, pliego, título.

cegar(se) enceguecer, encandilar,
alucinar, deslumbrar, ilusionar,
confundir. **2** Taponar, cerrar, obstruir, tapar, obturar, rellenar. **3**
Obcecarse, obstinarse, ofuscarse.

cejar V. **ceder.**

celada engaño, trampa, estratagema, cebo, fraude, asechanza, emboscada. **2** Casco, yelmo, morrión.

celador guardián, centinela,
cuidador, sereno, vigilante, guardia.

celaje anuncio, presagio; inicio,
principio, comienzo. **2** Nubes,
bruma, nubarrones, nubosidad. **3**
Claraboya, ventana.

celar vigilar, cuidar, observar, velar. —*Descuidar.* **2** Recelar, desconfiar, maliciar, encelarse, sospechar. —*Confiar.* **3** Ocultar, encubrir, velar, disimular. —*Revelar.*

celda calabozo, prisión, mazmorra, encierro, chirona. **2** Aposento, cuarto, habitación, cubículo, celdilla, célula.

celebrar conmemorar, recordar, rememorar, festejar, oficiar, evocar. —*Olvidar.* **2** Alabar, elogiar, glorificar, ensalzar, honrar, encarecer, enaltecer, encomiar, preconizar, aplaudir, reputar. —*Desconocer, criticar.*

célebre famoso, ilustre, renombrado, popular, recordado, acreditado, reputado, eximio, afamado, conocido, insigne, prestigioso, admirado. —*Desconocido.*

celeridad velocidad, dinamismo, prontitud, presteza, rapidez, vivacidad, prisa. —*Lentitud.*

celeste célico, cósmico, sideral, espacial, astronómico, empíreo. —*Terrestre.* **2** Divino, celestial, etéreo, glorioso, bienaventurado, paradisíaco. —*Infernal.* **3** Azul, azulado, azulino.

celestina alcahueta, cómplice, encubridora, tercera, mediadora, proxeneta.

célibe soltero, núbil, mozo, solterón, mancebo, casadero, casto. —*Casado.*

celo afán, diligencia, perseverancia, interés, asiduidad, ahínco, eficacia, cuidado, pasión, entusiasmo. —*Descuido.*

celos recelo, celotipia, achares, malicia, sospecha, aprensión, envidia, inquietud. —*Confianza.*

celosía persiana, reja, rejilla, enrejado, encañado, entramado.

célula celdilla, cavidad, división, celda.

cementerio necrópolis, campo santo, fosal, sacramental, crematorio.

cemento hormigón, argamasa, mortero.

cena comida.

cenagal fangal, lodazal, barrizal, leganal, charco, pantano.

cencerro campana, campano, esquila, zumba, campanilla.

cenefa franja, ribete, tira, orla.

ceniciento cenizo, grisáceo, cenizoso, borroso, velado, pardo. —*Claro.*

cenizas escoria, partículas, polvo, residuo, polvillo. **2** Restos, despojos, ruinas, escombros.

cenobita ermitaño, eremita, anacoreta, solitario, penitente, asceta, monje. —*Mundano.*

cenotafio sarcófago, sepulcro, monumento, mausoleo, tumba.

censo registro, empadronamiento, estadística, inventario, lista, matrícula, relación, asiento.

censor interventor, examinador, corrector, inspector. **2** Criticón, murmurador, reprobador.

censura crítica, reprobación, diatriba, reparo, prohibición, reproche, condena, represión, anatema, murmuración. —*Aprobación.* **2** Prohibición, suspensión, abolición. —*Autorización.* **3** Juicio, examen, dictamen.

centella rayo, chispa, relámpago.

centellear resplandecer, brillar, refulgir, fulgurar, fosforecer, relumbrar, chispear, llamear. — *Oscurecerse.*

centenario centuria, centenar, siglo; secular. **2** Conmemoración, remembranza, evocación. **3** Antiguo, añejo, vetusto, viejo. — *Actual, reciente, nuevo.*

centinela guardián, vigilante, cuidador, vigía, guardia, soldado.

central céntrico, centrado, medio, interior, equidistante; urbano. — *Periférico.* **2** Capital, sede, cuna, base. —*Sucursal.*

centralizar reunir, centrar, agrupar, unir. —*Descentralizar.*

centro mitad, medio, eje, médula, núcleo, corazón, meollo, base, foco. —*Contorno, alrededores.* **2** Sociedad, establecimiento, club, círculo, casino. **3** Lugar, punto, sitio.

centuria siglo, centenario.

ceñir(se) rodear, abarcar, envolver, abrazar, comprender, encerrar.—*Soltar.* **2** Comprimir, apretar, ajustar, estrechar, oprimir. —*Aflojar.* **3** Atenerse, circunscribirse, limitarse, amoldarse, reducirse, sujetarse, concretarse.

ceño entrecejo, sobrecejo, arruga, encapotadura.

ceñudo cejijunto, ceñoso, hosco, sombrío. —*Alegre.*

cepillo escobilla, limpiadera, brocha, pincel.

cepo cebo, trampa, asechanza, lazo, anzuelo, añagaza.

cerámica loza, arcilla, mayólica, barro, porcelana, gres, terracota. **2** Alfarería.

cerbatana bodoquera, cañuto.

cerca próximo, contiguo, confinante, vecino, lindante, junto,

cercano, adyacente, colindante, inmediato; apremiante, inminente. —*Lejos.* **2** Valla, verja, corral, cercado, vallado, tapia, empalizada, estacada.

cercar encerrar, sitiar, bloquear, asediar, aislar, incomunicar, rodear, acordonar, arrinconar, acosar, hostigar, embestir. —*Liberar.* **2** Tapiar, vallar, amurallar, empalizar, enrejar.

cercenar cortar, rebanar, recortar, segar, mutilar, truncar, amputar, extirpar. —*Unir.*

cerciorarse corroborar, confirmar, convencerse, indagar, asegurarse, observar. —*Ignorar.*

cerco sitio, asedio, bloqueo, encierro. **2** Verja, valla, tapia.

cerdo marrano, porcino, puerco, chancho, cochino, guarro, lechón, verraco, cebón. **2** Sucio, mugriento, desaseado, asqueroso.— *Limpio.*

ceremonia celebración, ceremonial, acto, recepción, función, gala, fiesta; solemnidad, pompa, rito, protocolo. **2** Cortesía, maneras, reverencia, honores, saludo, pleitesía. —*Descortesía.*

ceremonioso pomposo, ritual, protocolario, hierático, solemne, formal, formalista, ampuloso, engreído, afectado. —*Sencillo.*

cerilla fósforo, cerillo, mixto.

cerner colar, cribar, filtrar, tamizar, zarandear, ahechar, separar, depurar. —*Mezclar.*

cernerse elevarse, remontarse, sobrevolar, planear, sostenerse, mantenerse en el aire. —*Caer.* **2** Contonearse, menearse, bambolearse, balancearse. **3** Amenazar.

cernícalo rudo, burdo, zafio, torpe.

cero nada, nulidad.

cerradura cerrojo, pasador, pestillo, aldaba, falleba, picaporte, cierre.

cerrar (se) tapar, ocluir, obstruir, obturar, clausurar, cegar, tapiar, encerrar, taponar, tabicar, emparedar, enclaustrar, cercar. —*Abrir, destapar.* 2 Concluir, acabar, terminar, finalizar, cesar. —*Inaugurar, comenzar.* 3 Acometer, embestir, atacar, arremeter. —*Retirarse.* 4 Unirse, apiñarse, juntarse. —*Separarse.*

cerril indómito, salvaje, indomable, cerrero, bravío, montaraz, silvestre, arisco; tosco, rústico, áspero, rudo, rebelde. —*Doméstico.* 2 Obstinado, terco, tozudo, torpe, zafio. —*Sensato.*

cerro loma, elevación, altillo, colina, montículo, altura, altozano, collado. —*Llano.*

cerrojo V. **cerradura**.

certamen concurso, torneo, liza, competencia, juegos, campeonato, disputa, lid, polémica, encuentro. 2 Exposición, congreso, festival, exhibición, celebración, feria, muestra.

certero diestro, acertado, infalible, atinado, seguro, conocedor. —*Errado, equivocado.*

certeza convicción, certidumbre, certitud, convencimiento, seguridad, confianza. —*Duda, incertidumbre.*

certificado título, atestación, testimonio, documento, diploma, patente, cédula, credencial, garantía, letra.

certificar testimoniar, aseverar, asegurar, afirmar, atestar, probar, legalizar, responder, documentar, autenticar. —*Desautorizar, desmentir.*

cervecería taberna, bar, cantina.

cerviz nuca, occipucio, cuello, cogote, pescuezo, testuz.

cesante inactivo, desocupado, parado. 2 Suspendido, destituído, despedido. —*Activo.*

cesar concluir, finalizar, interrumpir, acabar, terminar, abandonar, dejar, suspender, detener. —*Comenzar.*

cesarismo autocracia, dictadura, despotismo, tiranía.

cesión traspaso, endoso, transferencia, enajenación, entrega, donación, transmisión, préstamo, compraventa, renuncia. —*Usurpación.*

césped pasto, hierba, prado, pastizal, campo.

cesta canasta, canasto, banasta, cesto, espuerta.

cetrino acitunado, oliváceo, atezado, moreno, tostado; amarillento, verdoso. —*Claro, blanco.* 2 Adusto, melancólico. —*Alegre, contento.*

cetro báculo, bastón, caduceo. 2 Corona, reinado, mando, majestad, imperio, gobierno.

chabacano tosco, ordinario, vulgar, ramplón, grosero, basto. —*Fino, refinado.*

chacota broma, chanza, guasa, burla.

chacra finca, hacienda, granja.

cháchara parloteo, charla, verborrea, charlatanería, palabrería.

chafar estrujar, deslucir, ajar,

arrugar. —*Planchar.* 2 Aplastar, machacar.

chal manto, pañoleta, mantón.

chalado chiflado, trastornado, tocado, ido, alelado. —*Cuerdo, sensato.*

chalet quinta, finca, casa de campo; hotel.

chaleco jubón, chaquetilla, almilla.

chalupa bote, falúa, barca, batel, canoa, lancha.

chamán hechicero, médico brujo, sacerdote, medium.

chamba suerte, chiripa, casualidad, azar, fortuna, acierto.

chambón tosco, inhábil, chapucero, ordinario, torpe, incompetente, desmañado, inútil, inepto. —*Cuidadoso, competente, hábil.*

champú detergente, líquido limpiador, detersivo.

chamuscar tostar, quemar, torrar, socarrar.

chance (fr.) probabilidad, suerte, oportunidad, ocasión, fortuna.

chancear(se) bromear, embromar, chacotear, mofarse, burlarse, entretenerse, divertirse.

chancleta chanclo, babucha, alpargata, pantufla, sandalia.

chancro lesión venerea, llaga, úlcera.

chancho cerdo, cochino, puerco, porcino. 2 Sucio, desaseado, abandonado, mugriento. —*Limpio, aseado.*

chanchullo componenda, maniobra, artimaña, manipulación, trampa, lío, enredo, embrollo.

chantaje extorsión, intimidación, coacción, presión, amenaza.

chantar poner, cubrir, recubrir, vestir.

chanza broma, chacota, mofa, befa, burla, chiste.

chapa lámina, placa, plancha, hoja metálica.

chapado habituado, acostumbrado, apegado. —*Deshabituado.*

chaparro rechoncho, regordete, gordo, rollizo. —*Delgado, flaco.*

chaparrón aguacero, diluvio, chubasco, nubada, lluvia. —*Bonanza.*

chapetón cachupín, español, hispano, ibérico, íbero.

chapotear chapalear, salpicar, pisotear.

chapucero chambón, remendón, tosco, ordinario, desmañado, incompetente. —*Cuidadoso, esperado, competente.*

chapurrear farfullar, balbucear, tartamudear.

chapuzón remojo, zambullida, inmersión, baño.

chaqueta cazadora, americana.

charada acertijo, adivinanza, enigma, rompecabezas.

charco pozo, bache, cenagal, barrizal.

charcutería salchichería, tocinería.

charla conversación, diálogo, plática, coloquio; palabrería, parloteo, cháchara.

charlatán hablador, lenguaraz, locuaz, parlanchín. —*Reservado, callado.*

charlatanería locuacidad, verborrea, parloteo, vanilocuencia, verbosidad, palabrería, facundia, cháchara. —*Reserva, silencio, discreción.*

charro jinete, vaquero, caballista.

chascarrillo

2 Recargado, abigarrado, chillón, cursi, ramplón, ordinario.

chascarrillo ocurrencia, agudeza, chiste, anécdota, cuento, historieta.

chasco decepción, fiasco, desilusión, desencanto; burla, engaño.

chasquido crujido, chirrido, crepitación, estallido, traquido.

chato romo, plano, aplastado. —*Agudo.* **2** Respingón, ñato. —*Aguileño.*

chaval muchacho, niño, chico, joven. —*Viejo.*

chef (fr.) maestro de cocina, jefe de cocina, primer cocinero, cocinero.

chepa giba, joroba, corcova.

cheque talón, libranza, orden de pago, documento de pago.

chequeo examen, reconocimiento médico, investigación, control médico.

chévere excelente, bonito, agradable, bueno. —*Feo, desagradable, malo.*

chic (fr.) elegante, fino, gracioso. —*Vulgar, tosco, ordinario.* **2** Elegancia, distinción, gracia. —*Vulgaridad, tosquedad, ordinariez.*

chico muchacho, pequeño, niño, infante, adolescente, joven. —*Adulto.* **2** Pequeño, minúsculo, menudo, bajo, corto, reducido. —*Alto, grande.*

chicha azua, licor, bebida alcohólica.

chicharra cigarra, insecto. **2** Timbre, llamador.

chichón hinchazón, protuberancia, tumefacción, golpe.

chiflado chalado, tocado, pertur-

bado, trastornado, loco. —*Cuerdo, sensato.*

chiflar silbar, pitar; abuchear, burlarse.

chiflón viento, ráfaga, corriente, ventisca, ventarrón.

chillar gritar, vocear, aullar, desgañitarse, rugir, bramar. **2** Chirriar, rechinar.

chillido grito, alarido, aullido, bramido, quejido, clamor.

chillón gritón, vociferante, escandaloso, aullador, chillador, alborotador, llorón. **2** Abigarrado, recargado; vulgar, ordinario. —*Sobrio, discreto.* **3** Alto, agudo, penetrante, estridente. —*Grave, suave.*

chimenea hogar, fogón, horno; conducto, tubo, cañón.

chimpancé mono, simio, mico, orangután, primate.

chinela chancleta, pantufla, babucha, zapatilla.

chiquero porqueriza, pocilga, establo, cuadra.

chiquillada niñería, puerilidad, travesura, necedad.

chiquillo nené, bebé, crío, criatura, niño. —*Adulto.*

chirimbolo cacharro, trasto, cachivache, bártulo, trebejo, utensilio.

chiripa casualidad, azar, suerte, fortuna.

chirle insípido, desabrido, soso, insulso. —*Substancioso, sabroso.*

chirriar rechinar, restallar, chasquear, crujir, crepitar, resonar.

chisme calumnia, bulo, intriga, patraña, cuento, mentira, habilla, comadreo, comidilla; murmuración, habladuría.

chismoso charlatán, murmurador, hablador, calumniador, enredador, intrigante.

chispa centella, destello, chispazo, descarga, fogonazo; rayo, relámpago. **2** Agudeza, ingenio, gracia, viveza.

chiste ocurrencia, humorada, chascarrillo, gracia, ingeniosidad, donaire, historieta, cuento; broma, chanza, burla.

chistoso gracioso, ocurrente, ingenioso, donoso, agudo. —*Serio.*

chivato confidente, delator, soplón, denunciante.

chivo macho cabrío, choto, cabrito, cabrón.

chocante inesperado, sorprendente, extraño, desusado, raro, curioso, extravagante. —*Corriente, normal, usual.*

chocar tropezar, colisionar, estrellarse. **2** Pelear, enfrentarse, combatir, batallar, luchar, disputar, reñir. **3** Sorprender, pasmar, extrañar, asombrar, maravillar. **4** Enojar, enfadar, disgustar.

chocarrería ordinariez, grosería; payasada, bufonada.

chocho decrépito, senil, caduco, anciano, provecto, valetudinario. —*Joven.*

chofer conductor, automovilista, guía.

cholo mestizo, aindiado, mezclado.

chompa chaqueta.

choque golpe, colisión, embate, encontrón, estrellón. **2** Enfrentamiento, contienda, combate, disputa, lucha, pelea, batalla, conflicto. —*Paz.*

chorizo embutido, embuchado, salchicha.

chorrear gotear, fluir, manar, destilar, rezumar, caer.

chorro efusión, borbotón, surtidor, manantial, fuente.

choza cabaña, chabola, rancho, bohío, casucha.

chubasco aguacero, chaparrón, diluvio, turbión, nubada.

chúcaro arisco, bravo, bravío, indómito, salvaje.

chuchería baratija, fruslería, bagatela, bicoca, insignificancia, minucia.

chucho perro, gozque, can.

chueco cojo. **2** Torcido, desviado.

chuleta costilla, filete, lonja de carne.

chulo valentón, rufián, fanfarrón, bravucón, jactancioso, petulante. **2** Proxeneta, alcahuete.

chupado delgado, flaco, macilento, consumido.

chupar succionar, sorber, extraer, absorber, aspirar, beber, mamar.

chupatintas oficinista, copista, escribiente.

churrasco carne asada, asado.

chusco gracioso, donoso, divertido, chistoso, ocurrente. —*Soso.*

chusma gentuza, plebe, vulgo, populacho, canalla. **2** Horda, muchedumbre, tropel, cuadrilla.

chutar patear, pegar, golpear el balón.

chuzo pica, palo, tranca, suizón.

cicatero mezquino, tacaño, avaro, ruin, miserable, roñoso. —*Generoso, pródigo.*

cicatriz señal, marca, huella, herida, lesión, escara.

cicatrizar curar, sanar, cerrar. — *Sangrar.* 2 Calmar, olvidar, serenar. —*Preocupar.*

cicerone acompañante, guía, intérprete; conocedor, baquiano, experto.

cíclico periódico, recurrente, regular, reiterado, constante, repetido, incesante. —*Irregular.*

ciclo lapso, fase, proceso, período, transcurso, etapa, curso, tiempo, movimiento, era, espacio, duración, decurso.

ciclón huracán, tormenta, vendaval, tempestad, tifón, torbellino, tromba, ventarrón, borrasca, galerna, tornado, turbión. —*Bonanza.*

ciclópeo gigantesco, titánico, vigoroso, hercúleo, enorme, colosal, desmesurado. —*Minúsculo.*

ciego invidente, cegado, inválido. —*Vidente.* 2 Ofuscado, alucinado, obsesionado, obnubilado. —*Razonable.*

cielo firmamento, cosmos, atmósfera, éter, infinito. —*Tierra.* 2 Paraíso, empíreo, olimpo, edén, gloria, beatitud, salvación. —*Infierno.*

cien ciento, centena, centenar.

ciénaga pantano, cenegal, charca, lodazal, fangal, atascadero, barrizal, atolladero.

ciencia teoría, saber, conocimiento, disciplina, investigación, técnica, arte, tratado, doctrina, sapiencia, erudición, maestría. —*Ignorancia.*

cieno barro, légamo, lodo, fango.

científico teórico, intelectual, maestro, técnico, experto, investigador. —*Ignorante.* 2 Compro-

bado, investigado, verificado, experimentado, analizado.

cierre terminación, suspensión, clausura, fin, cese; oclusión. —*Iniciación, apertura.* 2 Cerradura, pestillo, cerrojo.

cierto innegable, seguro, evidente, indiscutible, irrefutable, certero, inequívoco, manifiesto, patente, incuestionable, claro, visible. —*Incierto, dudoso.*

ciervo venado, gamo.

cifra número, guarismo, monograma, cantidad, notación, emblema, símbolo, sigla, clave, representación.

cifrar abreviar, resumir, compendiar, limitar.

cigarrera pitillera, cajetilla, petaca.

cigarro puro, habano, tabaco, cigarrillo, pitillo.

cilindro rodillo, rulo, tambor, rollo, cánula, tubo, barra. 2 Depósito, tanque, bidón.

cima cumbre, cúspide, punta, pico, altura, pináculo, ápice, remate, vértice, término, culminación. —*Fondo.*

cimarrón salvaje, montaraz, arisco, silvestre, montés, rebelde.

cimbreante flexible, tambaleante, ondulante, ascilante, ascilatorio, vibrante, tremolante.

cimentar basar, fundamentar, consolidar, fundar, afirmar, establecer, asentar, situar.

cimera penacho, plumero, coronamiento, adorno, remate.

cimero culminante, superior, sobresaliente, alto, sumo, importante.

cimiento fundamento, basamento, soporte, base, pedestal, cimentación. —*Remate.* **2** Principio, raíz, origen, causa, motivo.

cimitarra sable, espada, alfanje.

cincel escoplo, puntero, buril, cortafrío, cortadera, cuchilla.

cincelar esculpir, tallar, labrar, burilar, grabar, cortar.

cinchar fajar, ceñir, sujetar, ajustar. —*Soltar.*

cine cinematografía, industria cinematográfica, séptimo arte. **2** Cinema, teatro, cinematógrafo, sala.

cínico satírico, sardónico, irónico, sarcástico, impúdico, descarado, insolente, desvergonzado, procaz, atrevido. —*Respetuoso.*

cinta tira, banda, listón, faja, ribete, orla, cordón. **2** Película, fotograma, filme, proyección.

cintura talle.

cinturón correa, cinto, ceñidor, cincha, faja.

circo pista, coliseo, anfiteatro, estadio; representación, espectáculo.

circuito perímetro, contorno, pista; trayecto, vuelta. **2** Instalación eléctrica, conductor, cables.

circulación tránsito, movimiento, tráfico, travesía, desplazamiento, transporte, comunicación, movimiento, locomoción, transmisión, difusión.

circular orbicular, orbital, redondo, circunferencial, curvo, curvado. —*Rectangular.* **2** Transitar, desplazarse, recorrer, marchar, andar, moverse, deambular, pasar, trasladarse, pasear. —*Detenerse, pararse.* **3** Expandirse,

propagarse, hacerse público, difundirse, divulgarse, extenderse, correr. —*Ocultarse.* **4** Comunicación, notificación, aviso, informe, orden, folleto.

círculo circunferencia, redondel, aro, rueda, argolla, anillo, aureola, disco, corona, órbita, ciclo. —*Cuadrado.* **2** Medio, ambiente, sociedad, esfera, grupo, clan, asociación. **3** Centro, establecimiento, club.

circuncidar cercenar, mutilar, extirpar.

circundar circunvalar, circuir, bordear, rodear, acordonar, cercar. —*Atravesar.*

circunloquio circunlocución, giro, rodeo, perífrasis, insinuación, ambigüedad, reticencia, evasiva. —*Concisión, laconismo.*

circunnavegación periplo, travesía, viaje.

circunscribir circunferir, limitar, restringir, concretar, reducir, ceñir, ajustar, limitar, amoldar. —*Ampliar.*

circunscripción demarcación, jurisdicción, distrito, zona, comarca, barrio, territorio. **2** Límite, restricción, reducción.

circunspecto cauteloso, reservado, advertido, prudente, discreto, cauto, mesurado, grave, serio. —*Imprudente, indiscreto.*

circunstancia ocasión, caso, situación, eventualidad, incidente, momento, suceso, oportunidad, trance, etapa. **2** Azar, casualidad, suerte, contingencia.

circunstancial ocasional, casual, fortuito, temporal, eventual, bre-

ve, accidental, esporádico, imprevisto, dudoso, secundario, azaroso. —*Duradero, permanente.*

circunvalar V. **circundar.**

circunvecino contiguo, vecino,
colindante, inmediato, cercano.
—*Remoto, alejado.*

cirio bujía, vela, ambleo, candela, blandón, codal.

cirujano quirurgo, operador, especialista.

cisco carbonilla, fragmentos de
carbón. 2 Reyerta, bullicio, jaleo, alboroto, altercado.

cisma disensión, rompimiento,
ruptura, desavenencia. —*Unión,
concordia, unidad.*

cismático disidente, renegado, separado; hereje.

cisterna pozo, aljibe, depósito.

cisura hendidura, abertura, incisión, corte, grieta, rotura.

cita reunión, entrevista, encuentro, convite. 2 Nota, alusión, acotación, ejemplo, referencia, noticia, verificación, mención.

citación requerimiento, aviso,
convocatoria, orden, emplazamiento, mandato, notificación.

citar nombrar, enumerar, referir,
anotar, aludir, mencionar, transcribir, mentar. 2 Requerir, avisar, llamar, convocar, emplazar,
ordenar. 3 Comprometerse, convenir.

ciudad urbe, metrópoli, capital,
localidad, población, centro urbano. —*Campo.*

ciudadano habitante, poblador,
morador, residente, radicado,
natural, originario. 2 Urbano,
metropolitano, público, capitali-
no, jurisdiccional.

ciudadela fortificación, fortaleza,
bastión, baluarte, reducto, recinto, castillo.

cívico civil, social, político, co-
munitario, ciudadano, patrio, urbano, nacional, patriótico.

civil paisano, ciudadano. 2 Sociable, cortés, educado. 3 Cívico.

civilización cultura. 2 Evolución,
desarrollo, progreso, avance.

civilizar desarrollar, mejorar, educar, instruir, cultivar. —*Embrutecer.*

civismo patriotismo, responsabilidad, respeto. —*Incultura.*

cizaña discordia, enemistad,
disensión, desavenencia, descontento. —*Concordia.* 2 Matojo,
maleza, broza, matorral.

clamar llamar, invocar, pedir, reclamar, suplicar, rogar. 2 Quejarse, clamorear, lamentarse, dolerse, gemir, condolerse. —*Callar.* 3 Protestar.

clamor vocerío, lloriqueo, griterío, lamentación, queja, grito,
ruido, estruendo. —*Silencio.*

clan grupo, agrupación, secta, familia. 2 Pandilla, banda, hatajo,
caterva, horda.

clandestino ilegal, ilícito, prohibido, ilegítimo, oculto, secreto,
subrepticio, encubierto. —*Legal.*

claraboya tragaluz, ventana, lumbrera.

claridad luminosidad, esplendor,
brillo, luz, resplandor, refulgencia, fulgor, destello, limpidez,
pureza, blancura. —*Oscuridad.*
2 Franqueza, llaneza, espontaneidad, sinceridad, rotundidad,
nitidez. —*Disimulo, hipocresía.*

clarificar alumbrar, iluminar,

aclarar. —*Entenebrecer, oscurecer.* 2 Esclarecer, explicar, dilucidar, descifrar. —*Confundir.* 3 Depurar, filtrar, purificar, limpiar.

clarín corneta, trompeta.

clarividencia adivinación, premonición, presentimiento, vaticinio, predicción. 2 Intuición, perspicacia, discernimiento, penetración, sagacidad, perspicuidad, visión.

claro luminoso, iluminado, alumbrado, diáfano, níveo, blanco, transparente, cristalino, limpio, puro, desteñido. —*Oscuro.* 2 Franco, sincero, preciso, llano, espontáneo, abierto. —*Hipócrita.* 3 Manifiesto, rotundo, explícito, cierto, evidente, terminante, palpable, indudable, palmario, notorio. —*Incomprensible.* 4 Bonancible, sereno, despejado. —*Borrascoso, nublado.*

clase variedad, género, carácter, naturaleza, especie, condición, categoría, familia, orden, cualidad, índole, suerte, calidad, nivel, grupo, casta, tipo. 2 Lección, disertación, conferencia; asignatura, curso, materia, disciplina. 3 Aula, recinto, sala, anfiteatro, salón.

clásico antiguo, tradicional, reconocido, conservador, ideal. —*Moderno.*

clasificar ordenar, acomodar, agrupar, encasillar, organizar, archivar, separar, registrar, inventariar. —*Desordenar.*

claudicar rendirse, ceder, transigir, entregarse, desistir, avenirse, someterse. —*Luchar.*

claustro galería, celda, habitación, corredor, pasillo. 2 Convento, monasterio. 3 Reclusión, retiro.

cláusula disposición, requisito, artículo, estipulación, apartado, condición.

clausurar cerrar, concluir, acabar, finalizar, levantar, terminar. —*Abrir, inaugurar.* 2 Abolir, suspender, prohibir, anular, inhabilitar. —*Autorizar.*

clavar incrustar, hincar, introducir, asegurar, remachar, fijar, tachonar. —*Extraer.*

clave explicación, solución, secreto, quid, respuesta, aclaración, cifra. —*Enigma.*

clavija pasador, clavo, seguro, barra, espiga, sujeción, eje, pieza.

clavo tachuela, perno, punta, remache, clavija, escarpia, tornillo.

claxon bocina, pito, corneta, trompeta.

clemencia piedad, indulgencia, misericordia, compasión, benignidad, filantropía, benevolencia. —*Sevicia, crueldad.*

cliché V. clisé.

cliente comprador, adquiriente, consumidor, postor. —*Vendedor.*

clima temperatura, estado atmosférico, tiempo, ambiente. 2 Situación, circunstancia, estado, condición.

climax apogeo, auge, pináculo, culminación.

clínica hospital, sanatorio, dispensario, centro médico, consultorio, policlínico, enfermería.

clipe gancho, sujetador, broche, grapa, sujetapapeles, horquilla.

clisé cliché, plancha, impresión. **2** Lugar común, frase repetida.

cloaca tubería, alcantarilla, albañal, caño, desagüe, pozo negro, sentina, colector.

clon payaso, bufón, mimo, histrión, saltimbanqui.

club sociedad, asociación, círculo, junta, centro, casino.

coacción coerción, presión, conminación, apremio, imposición, constreñimiento, amenaza.

coadjutor ayudante, auxiliar; eclesiástico, vicario, sacerdote.

coadyuvar contribuir, ayudar, cooperar, colaborar, secundar.

coagular condensar, cuajar, cristalizar, apelotonar, apelmazar, solidificar, espesar. —*Disolver, fluir.*

coalición alianza, asociación, convenio, federación, unión, pacto, confederación, liga. —*Separación, ruptura.*

coartada excusa, defensa, disculpa, justificación, prueba, testimonio.

coartar restringir, impedir, coercer, cohibir, refrenar, limitar, contener. —*Permitir, facilitar.*

coba lisonja, alabanza, adulación, halago. —*Acusación, crítica.*

cobarde pusilánime, temeroso, aprensivo, asustadizo, irresoluto, miedoso, apocado, menguado. —*Valiente, decidido.*

cobardía temor, pusilanimidad, susto, pavor, miedo, aprensión, apocamiento, flaqueza. —*Valentía.*

cobertizo techado, cubierta, marquesina, tapadizo, soportal, tinglado, abrigo.

cobertura cubierta, cobertor. **2** Cobijo, defensa, resguardo.

cobija cobertor, frazada, manta, edredón, colcha.

cobijar abrigar, resguardar, cubrir, guarecer, tapar. —*Desabrigar.* **2** Amparar, defender, socorrer, albergar, refugiar. —*Desamparar.*

cobrar recolectar, recaudar, recibir, recoger, embolsar, recuperar, percibir. —*Pagar.*

cobrizo aceitunado, bronceado, broncíneo, atezado, trigueño.

cobro cobranza, recaudación, exacción, recaudo, percepción. —*Pago.*

cocear patear, aporrear, golpear.

cocer hervir, borbotear, bullir, freír, escalfar; cocinar, guisar.

cochambre suciedad, inmundicia, porquería, asquerosidad, mugre, basura, roña, desperdicios, polución, miseria. —*Limpieza.*

coche automóvil, vehículo, auto, automotor, móvil, carro. **2** Carroza, carruaje, carricoche, carromato, carreta, vagón.

cochinada porquería, mugre, suciedad, inmundicia. **2** Marranada, vileza, bribonada, ruindad, canallada. —*Favor.*

cochino cerdo, puerco, marrano, chancho, porcino. **2** Sucio, desaseado, asqueroso, mugriento. —*Limpio.*

cociente razón, fracción, resultado, relación.

cocina fogón, estufa, horno. **2** Gastronomía, culinaria, arte cisoria, alimentación.

cocinar guisar, cocer, preparar,

adobar, estofar, aliñar, aderezar, condimentar, asar.

coco fantasma, espantajo, espectro, duende. 2 Gesto, mueca, seña.

cocodrilo caimán, saurio, yacaré, gavial.

coctel bebida, aperitivo, combinación, combinado.

codear(se) tratarse, alternar, frecuentar, rozarse.

códice manuscrito, escrito, texto, libro manuscrito.

codicia ambición, apetencia, avidez, interés, ansia, tacañería, avaricia, rapacidad, mezquindad, cicatería, usura, ruindad. —*Generosidad.*

codificar compilar, sistematizar, reunir, organizar.

código reglamento, estatuto, legislación, reglamentación, compilación, resolución, ley, precepto, regla, régimen. 2 Clave, cifra.

codo articulación, juntura, coyuntura, enlace, juego, esquina, unión, ángulo, recodo.

coeficiente factor, proporción, porcentaje, número, cifra.

coerción restricción, imposición, freno, constreñimiento, limitación, obligación, límite, intimación, sujeción, presión. —*Libertad.*

coetáneo coexistente, coincidente, contemporáneo, sincrónico, simultáneo.

coexistir cohabitar, habitar, convivir, residir, congeniar, alternar, compenetrarse, comprenderse. —*Detestarse.*

cofia tocado, red, gorra.

cofradía comunidad, hermandad, gremio, cuerpo, grupo, mutualidad, congregación, colectividad, orden, compañía, liga.

cofre baúl, arca, caja, arcón, urna, arqueta, receptáculo, joyero.

coger asir, agarrar, sostener, aferrar, sujetar, empuñar, atenazar, prender, apoderarse, alcanzar, retener, capturar, tener, tomar, arrebatar. —*Soltar.* 2 Descubrir, pillar, sorprender, pescar, encontrar, atrapar, hallar.

cogollo capullo, retoño, brote.

cogote V. **cerviz**.

cohabitar convivir, residir, habitar. 2 Unirse, entenderse, enlazarse.

cohechar corromper, sobornar, comprar, pagar, untar.

coherencia conexión, analogía, relación, afinidad, unión, adaptación, enlace, vinculación. —*Incoherencia.* 2 Sentido, lógica, razón, sensatez. —*Sinsentido, insensatez.*

cohesión consistencia, adherencia, enlace, fuerza, ligazón, densidad, atracción. —*Repulsión.*

cohete proyectil, misil, proyectil teledirigido, vehículo espacial, módulo. 2 Volador, petardo, triquitraque, buscapiés.

cohibir restringir, refrenar, intimidar, coercer, limitar, contener, coartar. —*Estimular, alentar.*

cohonestar encubrir, disfrazar, disimular, colorear.

cohorte conjunto, legión, séquito, serie, hueste, multitud, caterva.

coincidencia concordancia, acuerdo, reciprocidad, consenso, conciliación, concordia. —

Discrepancia, diferencia. **2** Casualidad, eventualidad, azar, chiripa, fortuna.

coito fornicación, concúbito, cópula, apareamiento, unión sexual, acoplamiento, sexo, acto sexual, relación carnal.

cojear renquear, derrengarse, atrofiarse, torcerse. **2** Padecer, sufrir, adolecer, debilitarse, claudicar. —*Luchar, insistir.*

cojín almohada, almohadilla, cabezal, respaldo, almohadón.

cojo renco, inválido, tullido, lisiado, impedido, lesionado, limitado.

col berza, coliflor, tallo, repollo, colinabo, nabicol.

cola rabo, apéndice, rabillo, hopo. —*Cabeza.* **2** Prolongación, terminación, final, extremo, límite, remate, punta. —*Principio.* **3** Fila, hilera, columna, línea, alineación. **4** Pegamento, goma, adherente, pasta, pegante, fijador.

colaboración contribución, apoyo, cooperación, ayuda, respaldo, coadyuvación, asociación, participación. —*Oposición.* **2** Subvención, auxilio, préstamo, patrocinio, pago, donativo, donación.

colación mención, alusión, evocación, memoria. **2** Cotejo, confrontación. **3** Refacción, refrigerio, fiambre, comida.

colador filtro, destilador, criba, cernedor, tamiz, cedazo, zaranda, pasador.

colapso síncope, ataque, desmayo, vahído. **2** Desplome, hundimiento, derrumbe, caída.

colar(se) depurar, filtrar, destilar,

separar, cribar, seleccionar, tamizar, decantar. **2** Introducirse, entrar, escurrirse, meterse. —*Salir.*

colcha V. **cobija**.

colchón colchoneta, yacija, plumón, jergón, almadraque.

colección compilación, surtido, repertorio, conjunto, muestrario, reunión, grupo, serie, agrupación.

colecta colectación, recaudación, recogida, cuestación, petición.

colectividad comunidad, asociación, sociedad, grupo, conjunto, población. —*Individuo.*

colectivo común, público, social, comunal, general, plural, global. —*Particular, individual.*

colega asociado, cofrade, compañero, camarada, igual, correligionario, aliado.

colegial escolar, estudiante, pupilo, alumno, educando, discípulo.

colegio escuela, liceo, instituto, claustro, academia, centro docente. **2** Corporación, asociación, gremio, junta, comunidad, congregación.

colegir inferir, deducir, razonar, creer, estimar, presumir, suponer, intuir, conjeturar, concluir, conceptuar, discurrir.

cólera furia, rabia, irritación, furor, ira, enojo, indignación, exaperación, disgusto, enfado, alteración. —*Serenidad.* **2** Peste, epidemia, plaga, contaminación, flagelo.

coleta mechón, trenza, guedeja, moño, melena.

coleto interior, conciencia, fuero interno.

colgadura tapiz, cortina, velo,

cortinaje, guarnición, toldo, telón, paño, entoldamiento.

colgajo guiñapo, jirón, piltrafa, harapo, pingajo, trapajo.

colgar suspender, enganchar, tender, asegurar, prender, atar, pender, oscilar, columpiarse. —*Descolgar.* **2** Ahorcar, estrangular, ajusticiar. —*Indultar.*

coligar(se) aliarse, pactar, unirse, confederarse, asociarse, vincularse, comprometerse, mancomunarse. —*Separarse.*

colilla chicote, extremo, pucho, punta.

colina loma, cerro, montículo, prominencia, alcor, collado, elevación, cuesta, otero, promontorio, altura, altozano.

colindante limítrofe, aledaño, contiguo, fronterizo, confinante, adyacente, vecino, inmediato, lindante. —*Separado, lejano.*

coliseo circo, anfiteatro, foro, teatro, escenario, sala, recinto.

colisión choque, golpe, encontronazo, impacto, topetazo, embate, sacudida.

colista último, rezagado, postrero, retrasado.

collado cerro, colina, altozano, loma.

collar gargantilla, joya, alhaja.

colmar atiborrar, rellenar, saturar, atestar, cargar, abarrotar, llenar. —*Vaciar, desocupar.*

colmena colmenar, abejar, panal.

colmillo canino, diente.

colmo exceso, abuso, arbitrariedad; cima, culmen, máximo, culminación, remate.

colocación posición, orientación, ubicación, situación, instalación,

postura, alineación, emplazamiento, orden. **2** Empleo, trabajo, cargo, puesto, quehacer, ocupación, oficio, plaza.

colocar(se) poner, disponer, acomodar, situar, ubicar, instalar, orientar, emplazar. —*Descolocar, quitar.* **2** Emplearse, ocuparse, trabajar.

colofón conclusión, fin, remate, coronamiento.

colonia posesión, dominio, mandato, feudo, concesión, territorio, provincia, departamento. **2** Asentamiento, poblado, fundación. **3** Agrupación, comunidad, asociación

colonizar oprimir, tiranizar, dominar, exclavizar, someter, avasallar, conquistar. —*Independizar.* **2** Poblar, instalarse, desarrollar, fundar. —*Despoblar.*

colono colonizador, pionero; agricultor, labrador, cultivador, plantador.

coloquio conversación, diálogo, plática, charla, entrevista, conciliábulo, parlamento, discusión, comunicación.

color colorido, tinte, cromatismo, tono, tonalidad, coloración, tintura, colorante, viso, pigmento, matiz.

colorado granate, encarnado, encendido, púrpura, grana, rojo, carmesí, rojizo.

colorante color, tintura, pintura, tinte, anilina.

colorear pintar, pigmentar, teñir, pintarrajear, matizar.

colosal descomunal, desmesurado, monumental, enorme, extenso, gigantesco, desmedido, inmenso, exorbitante, ciclópeo, titánico. —*Diminuto, minúsculo.* 2 Magnífico, estupendo, espléndido, formidable, soberbio, asombroso, maravilloso. —*Insignificante.*

columbrar distinguir, entrever, percibir, vislumbrar, divisar, otear, adivinar, sospechar.

columna pilar, poste, refuerzo, sostén, apoyo, pilastra, puntal, contrafuerte. 2 Hilera, fila, cola, línea, formación, pelotón, tropa, alineación.

columpiar mecer, menear, balancear, acunar, empujar. 2 Bambolearse, fluctuar, vacilar, temblar, oscilar. —*Inmovilizar.*

coma vírgula, trazo ortográfico, signo de puntuación. 2 Colapso, aletargamiento, estertor, letargo, sueño, agonía.

comadre chismosa, enredadora, parlanchina, entrometida, cotilla.

comadrona partera, matrona.

comandante jefe, superior, cabeza, caudillo, adalid, gobernador, cabecilla, militar, regente, oficial.

comando mando, guía, dirección. 2 Avanzada, destacamento.

comarca región, circunscripción, territorio, terruño, demarcación, lugar, distrito, paraje, zona, sitio, país.

combar(se) torcerse, curvarse, arquearse, alabearse, pandearse.

combate contienda, lid, batalla, guerra, lucha, conflicto, refriega, pugna, pelea, choque. —*Armisticio, paz.*

combatiente soldado, guerre-ro; beligerante, lidiador, batallador.

combinación composición, mezcla, amalgama, compuesto, fusión, aleación, unión, miscelánea, asociación, reunión, acoplamiento, conjunto. —*Separación.* 2 Arreglo, acuerdo, plan, maniobra.

combustible hidrocarburo, ustible, carburante, inflamable, comburente. —*Incombustible.*

comedia parodia, farsa, burla, bufonada, fingimiento, enredo. —*Tragedia.*

comediante actor, cómico, histrión, bufón, artista, representante. 2 Farsante, simulador, falso, embaucador, hipócrita, intrigante, impostor. —*Sincero.*

comedido moderado, prudente, atento, discreto, cortés, mesurado, respetuoso, juicioso, sensato. —*Insensato, inmoderado, descortés.*

comedor cenador, refectorio, salón comedor. 2 Fonda, restaurante, merendero, figón.

comensal convidado, invitado, asistente, huésped, agasajado, concurrente.

comentar interpretar, expresar, explicar, manifestar, criticar, parafrasear, dilucidar, escoliar, glosar, aclarar, esclarecer. —*Callar.*

comenzar principiar, empezar, inaugurar, iniciar, incoar, abordar, emprender, abrir, introducir, prologar. —*Finalizar, terminar, concluir.*

comer ingerir, alimentarse, nutrirse, gustar, tomar, degustar, devorar, yantar, probar, saborear, engullir, ingerir, tragar, embuchar, consumir, mascar, masticar, deglutir, merendar, sustentarse. —*Ayunar*.

comercial mercantil, financiero, mercante, económico. 2 Beneficioso, rentable, remunerativo, competitivo, lucrativo.

comerciante negociante, intermediario, financiero, proveedor, mercader, tratante, vendedor, comprador, especulador, negociador, comisionista, consignatario, importador, exportador.

comerciar mercantilizar, mercadear, tratar, negociar, especular, transferir, financiar, permutar, intercambiar, canjear, comprar, vender, lucrarse, beneficiarse, traspasar, expedir, liquidar, proveer, contratar, importar, exportar.

comestible nutritivo, apetitoso, alimenticio, digerible, nutricio, vigorizante.

comestibles alimentos, provisiones, víveres, rancho, vituallas, bastimento, comida.

cometer perpetrar, hacer, ejecutar, cumplir, incurrir, realizar, actuar, ejercer, consumar, efectuar, practicar, materializar. —*Abstenerse*.

cometido labor, misión, comisión, tarea, oficio, gestión, trabajo, deber, encomienda, encargo, empresa, quehacer, función, responsabilidad.

comezón picazón, hormigueo, prurito, irritación, escozor, picor, cosquilleo, desazón, molestia. 2 Ansia, afán, gana, inclinación, apetencia, anhelo, deseo, apetito.

comicidad jocosidad, hilaridad, gracia, humor, regocijo, jovialidad, diversión, humorismo, alegría, animación. —*Tristeza*.

comicios elecciones, escrutinios, votaciones, plebiscito, sufragio, referéndum.

cómico divertido, alegre, chistoso, jocoso, jovial, gracioso. —*Triste*. 2 Humorista, comediante, payaso, bufón, mimo, histrión, bufo.

comida alimento, vianda, nutrición, sustento, nutriente, pitanza, manjares, comestibles, ración. 2 Cena, merienda, comilona, refrigerio, francachela, ágape, festín, banquete, agasajo, convite, homenaje.

comienzo origen, inicio, nacimiento, principio, inauguración, arranque, iniciación, apertura, prólogo. —*Conclusión, fin*.

comilón glotón, voraz, tragón.

comisión delegación, representación, comité, junta, diputación, corporación, consejo, cuerpo, organismo, misión diplomática. 2 Encargo, tarea, cometido, misión, encomienda, mandato, gestión, diligencia. 3 Retribución, participación, parte, porcentaje, gratificación, prima, derechos, compensación.

comisionista comerciante, intermediario, representante, viajante, delegado.

comisura unión, juntura, esquina, borde.

comité junta, delegación, comisión, corporación.

comitiva acompañamiento, cortejo, compañía, escolta, corte, grupo, séquito, comparsa.

cómoda armario, ropero, guardarropa, aparador, tocador, estante, mueble.

comodidad bienestar, desahogo, holgura, agrado, placer, descanso. —*Incomodidad.* **2** Facilidad, ventaja, utilidad, conveniencia, provecho. —*Desventaja.*

compacto macizo, duro, sólido, consistente, denso, resistente, férreo, espeso, inquebrantable, apretado, fuerte, recio. —*Inconsistente.*

compadecer apiadarse, deplorar, conmoverse, sentir, contristarse, lamentar, compungirse, enternecerse. —*Mofarse, burlarse.*

compadre compañero, camarada, cofrade, colega, socio, amigo, compinche, paisano; pariente. —*Enemigo.*

compaginar(se) ajustar, acoplar, ordenar, arreglar, organizar. —*Desorganizar, desordenar.* **2** Armonizarse, concordar. —*Discordar.*

compañerismo camaradería, fraternidad, confianza, amistad, hermandad, unión, familiaridad, lealtad, compenetración, fidelidad, armonía, concordia. —*Enemistad.*

compañero acompañante, amigo, asociado, camarada, socio, compinche, colega, compadre, colaborador, confidente. —*Enemigo.* **2** Consorte, novio, cónyuge, pareja, esposo, marido, desposado.

compañía sociedad, entidad, firma, empresa, industria, asociación, casa, razón social. **2** Acompañamiento, comitiva, séquito, caravana, cortejo, escolta.

comparación confrontación, paralelo, cotejo, comprobación, parangón, verificación, parecido, semejanza. —*Diferencia.* **2** Símil, metáfora.

comparecer presentarse, asistir, acudir, mostrarse, llegar. —*Faltar, ausentarse.*

comparsa comitiva, cohorte, cortejo, séquito, desfile. **2** Extra, acompañante, partiquino, figurante.

compartimiento división, estante, apartado, sección, casilla, casillero, caja.

compartir repartir, participar, partir, distribuir, dividir. **2** Ayudar, colaborar, auxiliar, cooperar.

compás ritmo, cadencia, paso. **2** Regla, medida, pauta, norma.

compasión conmiseración, piedad, misericordia, clemencia, lástima, caridad, enternecimiento. —*Dureza, crueldad.*

compatible coincidente, conciliable, afín, compenetrado. —*Incompatible.*

compatriota coterráneo, paisano, conciudadano. —*Forastero, extranjero.*

compeler constreñir, impeler, obligar, coaccionar, apremiar, forzar, urgir, exigir, violentar.

compendio compilación, resumen, recopilación, sumario, extracto, sinópsis.

compenetrarse simpatizar, avenirse, conllevarse, entenderse, comprenderse, concordar, congeniar, coincidir, identificarse, fraternizar. —*Discrepar, rivalizar.*

compensación indemnización,

remuneración, resarcimiento, retribución, recompensa, desagravio, reparación. **2** Equilibrio, nivelación, contrapeso. —*Desnivelación.*

competencia antagonismo, rivalidad, pugna, oposición, lucha, contienda, emulación; concurso, competición, certamen. **2** Idoneidad, aptitud, habilidad, capacidad, disposición. —*Incompetencia.* **3** Jurisdicción, incumbencia, autoridad, atribución.

competer incumbir, tocar, atañer, corresponder, interesar.

competir contender, oponerse, rivalizar, pugnar, luchar. **2** Concursar, jugar.

compilación V. **compendio**.

compinche compañero, amigo, camarada, cómplice. —*Enemigo.*

complacencia satisfacción, regocijo, agrado, gusto, placer, alegría, contento. —*Contrariedad, disgusto.* **2** Condescendencia, tolerancia, beneplácito, conformidad, transigencia, consentimiento. —*Intransigencia.*

complacer satisfacer, agradar, contentar, gustar, alegrar. —*Contrariar, molestar, repugnar.* **2** Transigir, acceder, condescender. —*Negarse.*

complaciente tolerante, indulgente, atento, benigno, condescendiente. —*Desatento, desconsiderado.*

complejo intrincado, complicado, problemático, enmarañado, difícil, múltiple, combinado, variado, heterogéneo. —*Simple, sencillo.* **2** Manía, trastorno, perturbación, alteración. —*Equilibrio.*

complemento suplemento, aditamento, apéndice, adición, continuación, terminación.

completar terminar, acabar, concluir, finalizar, cumplir, perfeccionar. —*Comenzar, empezar, iniciar.* **2** Adjuntar, agregar, añadir. —*Descompletar.*

completo colmado, pleno, lleno, atestado, atiborrado. —*Vacío.* **2** Entero, íntegro, indiviso, total, terminado, acabado, perfecto, cumplido. —*Parcial, incompleto.*

complexión constitución, naturaleza, apariencia, aspecto, figura, temperamento.

complicación inconveniente, dificultad, impedimento, tropiezo, contratiempo, obstáculo, molestia, confusión, enredo. —*Simplificación.*

complicar(se) obstaculizar, entorpecer, embrollar, dificultar, enredar. —*Facilitar, aclarar.* **2** Involucrarse, mezclarse, comprometerse, enredarse, implicarse. **3** Agravarse, empeorarse, desmejorar, recaer. —*Mejorarse, recuperarse.*

cómplice colaborador, coautor, partícipe, asociado, participante, compinche, encubridor, implicado; codelincuente. —*Ajeno, inocente.*

complot conspiración, conjura, intriga, confabulación, trama, maquinación, artimaña, maniobra.

componenda acuerdo, arreglo, transacción, pacto, trato. —*Desacuerdo.* **2** Chanchullo, trampa, contubernio, confabulación.

componente integrante, constituyente, parte, factor, ingrediente. —*Totalidad.* **2** Pieza, accesorio.

componer(se) reparar, arreglar, remediar, enmendar, restaurar, subsanar, renovar, modificar, corregir. —*Dañar, estropear.* **2** Integrar, constituir, formar parte. —*Separarse.* **3** Crear, redactar, producir, construir. —*Destruir.* **4** Acicalarse, ataviarse, engalanarse, adornarse.

comportamiento conducta, actuación, proceder, acción, práctica, manera, costumbre.

comportarse conducirse, portarse, manejarse, desenvolverse; actuar, obrar.

composición producción, trabajo, creación, labor, tarea, resultado. **2** Pieza, obra, melodía, canción.

compositor músico, autor, creador, maestro.

compostura decoro, mesura, recato, prudencia, decencia, pudor, circunspección. —*Descaro, atrevimiento, incorrección.* **2** Reparación, arreglo, restauración, ajuste, mejora, reforma. —*Avería.*

comprar adquirir, obtener, conseguir, desembolsar, gastar, negociar, invertir, mercar. —*Vender.* **2** Sobornar, corromper, cohechar, untar.

comprador cliente, adquiriente, consumidor, interesado. —*Vendedor.*

comprender entender, concebir, percibir, vislumbrar, penetrar, intuir, discernir, resolver, advertir. —*Ignorar.* **2** Abarcar, contener, rodear, encerrar, incluir, abrazar, englobar. —*Excluir.*

comprensible evidente, claro, perceptible, inteligible, sencillo, descifrable, patente. —*Incomprensible.*

comprensión condescendencia, tolerancia, indulgencia, bondad, benevolencia. —*Intolerancia.* **2** Perspicacia, inteligencia, agudeza, penetración, entendimiento, alcance. —*Torpeza, idiotez.*

compresa cataplasma, apósito.

comprimido pastilla, píldora, gragea, tableta. **2** Apretado, prensado, denso, aplastado.

comprimir apretar, prensar, aplastar, condensar, estrujar, oprimir. —*Aflojar, ensanchar, desahogar.*

comprobante recibo, factura, vale, documento, certificado, justificante, garantía, credencial.

comprobar cotejar, verificar, confrontar, revisar, confirmar, examinar, asegurarse, cerciorarse, compulsar.

comprometer(se) implicar, complicar, exponer, aventurar, mezclar, enredar. —*Librar, salvaguardar.* **2** Obligarse, prometer, empeñarse, responder, garantizar. —*Eludir.*

compromiso convenio, pacto, responsabilidad, deber, obligación, contrato, acuerdo. —*Incumplimiento.* **2** Aprieto, dificultad, tropiezo, apuro, problema, conflicto, trance. **3** Vínculo, unión, alianza, relación. —*Ruptura, desavenencia.*

compuesto composición, mixtura, mezcla, agregado, combinado, mezcolanza. **2** Múltiple, variado, combinable. **3** Arreglado, engalanado, acicalado, adornado, aliñado. —*Desarreglado, descompuesto.*

compulsar cotejar, confrontar, comprobar, comparar, verificar, examinar.

compungido afligido, apenado, triste, dolorido, apesadumbrado, pesaroso, contrito, mortificado, arrepentido. —*Alegre.*

computadora ordenador, computador, procesadora de datos, cerebro electrónico.

cómputo cálculo, computación, cuenta, total, operación.

común ordinario, frecuente, usual, corriente, habitual, abundante, trillado, vulgar. —*Extraordinario.* 2 Comunal, colectivo, general, popular. —*Individual.*

comuna distrito, municipio, zona.

comunicación comunicado, escrito, aviso, notificación, oficio, correspondencia. 2 Trato, relación, intercambio, conexión. 3 Información. —*Incomunicación.*

comunicar(se) informar, anunciar, participar, manifestar, notificar, revelar, transmitir. —*Omitir.* 2 Propagar, difundir. —*Callar.* 3 Contagiar, contaminar, inocular. 4 Tratarse, conversar, relacionarse, alternar. —*Incomunicarse.*

comunicativo conversador, locuaz, expresivo, expansivo, hablador, sociable. —*Reservado, callado, silencioso.*

comunidad colectividad, sociedad, asociación, congregación, agrupación, grupo.

comunión vínculo, unión, lazo, participación. —*Desunión.* 2

Eucaristía, consagración, sacramento. —*Excomunión.*

conato intento, tentativa, intención, amago, propósito, empeño, intentona. —*Consumación, realización.*

concatenación encadenamiento, enlace, conexión, eslabonamiento, sucesión. —*Desunión, separación.*

concavidad cavidad, oquedad, hueco, hoyo, vacío, depresión.

cóncavo hundido, ahuecado, entrante, hueco. —*Convexo.*

concebir entender, intuir, comprender, inferir, penetrar, alcanzar, imaginar, idear, crear. 2 Engendrar, procrear.

conceder otorgar, adjudicar, asignar, dispensar, conferir, donar, entregar, obsequiar, dar, proporcionar. —*Denegar.* 2 Reconocer, aceptar, admitir, consentir, acceder, permitir, convenir. —*Negar, refutar.*

concejal edil, regidor.

concejo ayuntamiento, asamblea, cabildo, municipalidad.

concentrar(se) reunir, agrupar, juntar, centralizar, unir. —*Dispersar, descentralizar.* 2 Espesar, condensar, consolidar. —*Diluir.* 3 Abstraerse, meditar, pensar, reflexionar.

concepto idea, noción, categoría, pensamiento, conocimiento, juicio, concepción. 2 Reputación, fama, consideración, crédito, nombradía, estima.

conceptuar estimar, considerar, calificar, juzgar, apreciar, evaluar, clasificar, reputar, enjuiciar.

concernir atañer, incumbir, competer, corresponder, afectar, relacionarse.

concertar acordar, convenir, pactar, concordar, estipular, establecer. —*Romper, discrepar.*

concesión permiso, aprobación, aquiescencia, autorización, licencia, privilegio, favor, adjudicación. —*Denegación, prohibición.*

conciencia discernimiento, conocimiento, percepción, concepción, noción. **2** Integridad, escrúpulo, sensibilidad, cuidado, miramiento, responsabilidad, consideración.

concienzudo aplicado, minucioso, perseverante, laborioso, cuidadoso, escrupuloso, esmerado. —*Chapucero, descuidado.*

concierto recital, audición, función, interpretación. **2** Convenio, acuerdo, pacto.

conciliábulo reunión, charla, corrillo, asamblea, conferencia. **2** Conspiración, conjura, intriga, conjuración, complot, maquinación.

conciliar armonizar, apaciguar, pacificar, arbitrar, mediar. —*Desunir.*

concilio asamblea, congreso, capítulo, junta, reunión, sínodo.

conciso sucinto, escueto, breve, resumido, preciso, sintético, directo, parco, lacónico. —*Extenso, prolijo.*

concitar instigar, incitar, provocar, inducir.

conciudadano compatriota, coterráneo, paisano.

cónclave V. **concilio.**

concluir terminar, acabar, ultimar, finalizar, completar. —*Co-*

menzar, empezar, iniciar. **2** Deducir, inferir, colegir.

conclusión deducción, inferencia, resultado, efecto, consecuencia, derivación. **2** Fin, término, final, desenlace, epílogo, acabamiento, consumación. —*Principio, comienzo.*

concluyente decisivo, terminante, definitivo, convincente, irrebatible. —*Discutible, provisional.*

concomitante relacionado, similar, afín, conexo, análogo, coincidente, simultáneo. —*Inconexo, ajeno, diferente, adventicio.*

concordar coincidir, convenir, armonizar, conciliarse, concertarse, acomodarse. —*Discordar, discrepar.*

concordia armonía, compenetración, entendimiento, conformidad, avenencia, amistad, paz. —*Discordia, guerra.*

concreto específico, preciso, determinado, definido, delimitado, sucinto. —*Impreciso, indeterminado, abstracto.*

concubina compañera.

concubinato cohabitación, convivencia, unión libre.

concupiscencia deseo, lujuria, lascivia, erotismo, sensualidad, voluptuosidad, lubricidad. —*Castidad.* **2** Codicia, ambición, avidez. —*Generosidad, templanza.*

concurrir asistir, acudir, hallarse, comparecer, visitar, presentarse, reunirse. —*Faltar.* **2** Coincidir, confluir, converger. —*Divergir.* **3** Contribuir, ayudar, cooperar.

concurso campeonato, competencia, competición, torneo, disputa, certamen, lucha, pugna. **2** Examen, prueba. **3** Ayuda, asistencia, apoyo, cooperación, respaldo, intervención.

concha caparazón, coraza, cubierta, carapacho, valva, venera.

conchudo sinvergüenza, cínico, descarado. **2** Cauteloso, astuto, sagaz.

condecorar galardonar, premiar, laurear, distinguir, honrar, recompensar, homenajear. —*Agraviar.*

condenado reo, culpable, penado, procesado, inculpado, convicto, réprobo. —*Inocente.* **2** Nocivo, dañino, perverso.

condenar sentenciar, penalizar, penar, castigar, sancionar. —*Absolver, indultar.* **2** Censurar, criticar, desaprobar, anatematizar. —*Aprobar, elogiar.*

condensar concentrar, espesar, cuajar, coagular, aglomerar, solidificar. —*Desleir, licuar.* **2** Resumir, abreviar, compendiar, reducir. —*Dilatar, ampliar.*

condescendencia transigencia, indulgencia, avenencia, benevolencia, anuencia, consentimiento, complacencia, aquiescencia, tolerancia. —*Intransigencia, obstinación, terquedad.*

condición requisito, restricción, exigencia, cláusula, estipulación, formalidad, limitación, obligación. **2** Índole, carácter, categoría, naturaleza, propiedad, genio, temperamento, calidad. **3** Situación, circunstancia, posición, estado, disposición, modo.

condimentar sazonar, aliñar, adobar, aderezar.

condiscípulo alumno, compañero, camarada, estudiante.

condolencia pésame, conmiseración, compasión, piedad, lástima, dolor, duelo.

condón preservativo, profiláctico.

condonar perdonar, absolver, dispensar, indultar, conmutar, suspender. —*Castigar, condenar, penar.*

conducir(se) guiar, dirigir, trasladar, acarrear, llevar, transportar, acompañar. **2** Gobernar, regir, administrar, mandar, capitanear. **3** Portarse, comportarse, proceder, actuar.

conducta comportamiento, proceder, actuación.

conducto tubo, tubería, caño, canal, acueducto, desagüe. **2** Cauce, camino, vía, medio.

conductor dirigente, caudillo, adalid, jefe, guía. —*Seguidor, subordinado.* **2** Chofer, piloto, timonel, automovilista.

conectar acoplar, enchufar, ensamblar, unir, encajar, empalmar, relacionar. —*Desconectar, separar.*

conexión enlace, acoplamiento, unión, articulación, empalme, encadenamiento. —*Desconexión.*

confabulación conspiración, complot, conjuración, maquinación, trama, intriga, maniobra.

confeccionar elaborar, manufacturar, fabricar, ejecutar, realizar, componer, crear.

confederación coalición, unión, alianza, liga, asociación, acuerdo, convenio, pacto, tratado. —*Separación.*

conferencia disertación, coloquio, discurso, alocución, charla, plática, parlamento, lección. 2 Asamblea, junta, congreso, encuentro, reunión.

conferir otorgar, entregar, adjudicar, conceder, asignar, dar, dispensar, atribuir, acordar, ceder. —*Negar, privar, desposeer.*

confesar revelar, descubrir, testimoniar, declarar, manifestar, relatar, reconocer, admitir. —*Callar, negar, ocultar.*

confianza esperanza, fe, convicción, seguridad, certidumbre, convencimiento, tranquilidad. 2 Familiaridad, intimidad, amistad, franqueza, naturalidad, llaneza. —*Desconfianza, recelo.*

confiar(se) esperar, anhelar, desear, creer, perseverar. —*Desconfiar.* 2 Encomendar, delegar, encargar, entregar. 3 Abandonarse, fiarse, entregarse; distraerse, descuidarse, despreocuparse. —*Prevenirse.*

confidencia revelación, confesión, comunicación, declaración, informe, testimonio, secreto.

confidencial reservado, íntimo, privado, personal, secreto. —*Público.*

confidente íntimo, amigo, compañero, camarada, consejero. 2 Denunciante, delator, espía, soplón.

configuración forma, figura, conformación, disposición, orden.

configurar formar, disponer, ordenar, arreglar.

confín límite, linde, frontera, lindero, perímetro, orilla, término, extremo.

confinante lindante, colindante, limítrofe, contiguo, fronterizo, aledaño, vecino. —*Lejano, separado.*

confinar recluir, encerrar, internar, encarcelar, aislar. —*Liberar.* 2 Limitar, confinar, lindar, bordear, rozar, tocar.

confirmar ratificar, corroborar, revalidar, convalidar, certificar, aseverar, reafirmar, asegurar, atestiguar, probar, verificar. —*Desmentir, denegar, rectificar.*

confiscar decomisar, incautar, desposeer, despojar, retener, quitar, embargar. —*Devolver, restituir, entregar.*

confitar endulzar, azucarar, almibarar, edulcorar.

confite golosina, caramelo, dulce, bombón.

conflagración contienda, conflicto, guerra, lucha, hostilidad, choque, perturbación. —*Paz.* 2 Incendio, fuego.

conflicto dificultad, problema, trance, aprieto, apuro, tropiezo. 2 Combate, batalla, guerra, lucha, pugna, disputa, encuentro. —*Armonía, concordia, paz.*

confluir concurrir, converger, coincidir, unirse, reunirse, desembocar, afluir. —*Dispersarse, separarse, difluir.*

conformar(se) satisfacer, complacer, agradar, contentar, transigir, acceder. —*Contrariar, negarse.* 2 Adaptar, configurar, ajustar, concordar. —*Deformar.* 3 Resignarse, avenirse, plegarse, acomodarse, adaptarse, amoldarse, ceder. —*Resistirse, rebelarse.*

confort (fr.) comodidad, bienestar, acomodo, agrado. —*Incomodidad.*

confortable cómodo, agradable, descansado, grato, desahogado, placentero. —*Incómodo, fatigoso.*

confortar animar, alentar, fortalecer, vigorizar, reconfortar, esperanzar, consolar. —*Desalentar, desanimar.*

confraternidad cofradía, hermandad, comunidad, congregación, orden, secta, sociedad, agrupación. 2 Amistad, fraternidad, hermandad, concordia, armonía. —*Enemistad.*

confraternizar hermanarse, avenirse, simpatizar, alternar, asociarse. —*Disputar.*

confrontación comparación, cotejo, comprobación, verificación, examen. 2 Careo, enfrentamiento.

confundir mezclar, enredar, trastocar, embrollar, desordenar, revolver. —*Ordenar.* 2 Desorientar, desconcertar, perturbar, azorar, turbar, aturdir, asombrar. —*Orientar.*

confusión mezcla, desorden, enredo, embrollo, mescolanza, revoltijo, barullo, desbarajuste. —*Orden, claridad.* 2 Desorientación, desconcierto, turbación, aturdimiento, perplejidad, bochorno. —*Seguridad, tranquilidad, sosiego.*

congelar helar, solidificar, cuajar. —*Fundir.*

congénere semejante, similar, afín, análogo. —*Extraño, distinto, diferente.* 2 Persona, individuo, prójimo, ser humano.

congeniar comprenderse, fraternizar, simpatizar, avenirse, entenderse, compenetrarse, concordar, confraternizar. —*Discrepar, disentir.*

congénito innato, ingénito, connatural, hereditario. —*Adquirido.*

congestión inflamación, hinchazón, tumefacción, saturación, acumulación. 2 Indisposición, sofocación, acceso, ataque. 3 Embotellamiento, estancamiento, atasco.

conglomerado aglomeración, amontonamiento, masa, montón, amasijo, mezcla. —*Disgregación.*

congoja aflicción, angustia, tribulación, tormento, pena, zozobra, desconsuelo, inquietud. —*Alegría, placer, satisfacción.*

congraciarse agradar, conquistarse, cautivar, ganarse, seducir, atraer. —*Enemistarse.*

congratulación felicitación, cumplido, parabién, enhorabuena, elogio, pláceme. —*Pésame.*

congregación comunidad, agrupación, gremio, hermandad, secta, cofradía, orden.

congregar(se) agrupar, juntar, reunir, unir, citar, convocar. 2 Amontonarse, concentrarse, apiñarse. —*Dispersarse, disgregarse.*

congreso asamblea, convención, junta, conferencia, concilio. 2 Parlamento, diputación, senado, cámara.

congruente coherente, pertinente, conveniente, apropiado, oportuno, racional, sensato. —*Incongruente, absurdo, insensato.*

conjetura presunción, suposición, creencia, supuesto, hipótesis, sospecha, interrogante, posibilidad, predicción, barrunto. — *Certeza.*

conjugar unir, juntar, conciliar, compaginar, unificar, fusionar. —*Separar, desunir.* **2** Ordenar, comparar, relacionar, cotejar.

conjunción enlace, unión, fusión. —*Disyunción.*

conjunto combinación, compuesto, agregado, reunión, grupo, fusión, mezcla, serie, montón, totalidad. —*Unidad.* **2** Unido, incorporado, mezclado, contiguo. —*Separado, aislado.*

conjura conjuración, intriga, conspiración, complot, maquinación, confabulación, maniobra.

conjurar(se) alejar, esquivar, evitar, impedir. **2** Pedir, implorar, rogar, solicitar, reclamar. **3** Exorcizar, adjurar. **4** Confabularse, conspirar, maquinar, tramar, intrigar.

conjuro sortilegio, exorcismo, hechizo, encantamiento, invocación. **2** Súplica, ruego, requerimiento, imprecación.

conllevar sobrellevar, aguantar, soportar, tolerar, sufrir. **2** Coadyuvar, contribuir, ayudar.

conmemoración evocación, recuerdo, aniversario, celebración, ceremonia, festejo, solemnidad, festividad.

conminar amenazar, intimidar, exigir, requerir, ordenar, apremiar, mandar, obligar. —*Suplicar.*

conmiseración compasión, lástima, piedad, misericordia, clemencia. —*Crueldad.*

conmoción perturbación, convulsión, alteración, trastorno, agitación, ataque, temblor, sacudida. **2** Rebelión, disturbio, levantamiento, motín, asonada, tumulto. —*Orden, paz.*

conmover impresionar, emocionar, enternecer, inquietar, perturbar, trastornar, excitar, turbar, alterar. —*Tranquilizar, despreocupar, serenar.*

conmutar cambiar, mudar, trocar, permutar, canjear. **2** Absolver, indultar, perdonar, favorecer, liberar. —*Castigar, condenar.*

connatural innato, natural, congénito, ingénito, intrínseco, consustancial, inherente, propio. — *Extrínseco, artificial, adquirido.*

connivencia complicidad, alianza, confabulación, contubernio, colaboración, acuerdo. **2** Indulgencia, tolerancia, disimulo.

connotación afinidad, parentesco, semejanza, relación.

connubio V. **boda**.

conocer(se) saber, entender, comprender, aprender, enterarse, percibir, advertir, percatarse, notar, averiguar. —*Ignorar, desconocer.* **2** Tratarse, relacionarse, alternar, frecuentarse.

conocido tratado, frecuentado; compañero, camarada. **2** Famoso, popular, afamado, renombrado, célebre, reputado, acreditado, prestigioso. —*Desconocido.* **3** Sabido, difundido, divulgado, manido, trillado. —*Ignorado.*

conquista dominación, invasión, ocupación, incautación, usurpación, despojo, confiscación, rapiña, saqueo. —*Pérdida.*

conquistar dominar, tomar, adueñarse, apoderarse, ocupar, usurpar, despojar. —*Perder.* **2** Seducir, convencer, persuadir, galantear. —*Disuadir.*

consabido aludido, nombrado, citado, mentado, referido, mencionado, antedicho.

consagrar(se) bendecir, santificar, ofrendar, dedicar, destinar, ofrecer. **2** Aplicarse, dedicarse, esforzarse, afanarse, entregarse, perseverar. —*Descuidarse.*

consanguinidad parentesco, cognación, ascendencia, lazo, vínculo, afinidad, relación.

consciente responsable, sensato, cuidadoso, cabal, juicioso, prudente, cumplidor. —*Irresponsable, insensato.* **2** Despierto, lúcido, sereno, sobrio, atento. —*Inconsciente.*

conscripto recluta, soldado, militar.

consecuencia efecto, derivación, producto, resultado, fruto, desenlace, secuela, deducción. —*Causa, principio, origen.*

consecuente perseverante, inflexible, constante, tenaz, tesonero, firme. —*Voluble, inconsecuente, inconstante.*

consecutivo contiguo, siguiente, consiguiente, próximo, inmediato, sucesivo. —*Lejano.*

conseguir obtener, alcanzar, lograr, adquirir, ganar, adjudicarse. —*Perder.*

consejero guía, asesor, consultor, orientador, maestro, preceptor, mentor.

consejo sugerencia, indicación, recomendación, exhortación,

observación, advertencia, insinuación, aviso. **2** Asamblea, congreso, junta, reunión.

consenso conformidad, aquiescencia, asenso, aprobación, acuerdo, consentimiento. —*Disentimiento, discrepancia.*

consentir permitir, admitir, acceder, asentir, transigir, condescender, autorizar, tolerar. —*Denegar, impedir, prohibir.* **2** Mimar, malcriar, resabiar.

conserje portero, servidor, mayordomo, ordenanza, ujier, bedel, criado.

conservar preservar, salvaguardar, resguardar, cuidar, custodiar, proteger, mantener, guardar, retener. —*Deteriorar, descuidar, abandonar.*

considerable importante, apreciable, elevado, extenso, vasto, grande, cuantioso, abundante, numeroso. —*Insignificante, minúsculo, reducido.*

consideración respeto, estima, aprecio, miramiento, atención, cortesía, deferencia. —*Desdén, desprecio.* **2** Reflexión, meditación, estudio.

considerar respetar, honrar, apreciar. —*Menospreciar, despreciar, irrespetar.* **2** Juzgar, creer, suponer, estimar, conceptuar. **3** Reflexionar, pensar, meditar, cavilar, examinar, estudiar.

consigna contraseña, seña, santo y seña.

consignar depositar, entregar, remitir, destinar, enviar, expedir. **2** Manifestar, declarar, establecer, asentir, firmar.

consiguiente (por) en consecuencia, por lo tanto, por ello, así pues, de manera que.

consistente resistente, firme, estable, fuerte, duro, sólido, recio, denso. —*Débil, endeble, inconsistente.*

consistir estribar, radicar, fundarse, constituir, residir, basarse, apoyarse.

consolar aliviar, tranquilizar, alentar, animar, calmar, apaciguar, sosegar, reconfortar. —*Apenar, intranquilizar, atribular.*

consolidar fortalecer, afianzar, cimentar, asegurar, robustecer, apuntalar, reafirmar. —*Debilitar.*

consonancia concordancia, armonía, afinidad, similitud, semejanza, conformidad. —*Disparidad, disonancia.*

consorcio asociación, agrupación, sociedad, corporación, empresa, compañía, unión, monopolio.

consorte cónyuge, desposado, esposo, esposa, marido, mujer.

conspicuo sobresaliente, visible, notable, destacado, distinguido, ilustre, insigne, famoso. —*Desconocido, invisible.*

conspirar complotar, intrigar, conjurarse, confabularse, maquinar, tramar, engañar, maniobrar, coludir.

constancia perseverancia, insistencia, tenacidad, firmeza, asiduidad, persistencia, tesón, empeño, lealtad, fidelidad. —*Inconstancia, volubilidad.*

constar componerse, consistir, constituir, formar, contener. **2** Evidenciarse, reflejarse, manifestarse.

constatar comprobar, verificar, apreciar, establecer, examinar, inspeccionar, probar, confrontar, asegurarse.

consternación pesadumbre, desconsuelo, pesar, aflicción, abatimiento, turbación, angustia. —*Ánimo, aliento.*

constiparse resfriarse, acatarrarse, congestionarse.

constitución complexión, conformación, naturaleza, contextura, temperamento, aspecto. **2** Código, estatuto, reglamento, precepto, ley.

constitucional legítimo, legal, reglamentario, legislativo. —*Anticonstitucional, inconstitucional.* **2** Morfológico, hereditario, congénito, característico.

constituir establecer, instaurar, formar, componer, crear, erigir, implantar, originar, organizar. —*Anular, descomponer, disolver.*

constreñir exigir, forzar, presionar, compeler, apremiar, imponer, obligar, oprimir. **2** Contraer, apretar, comprimir. —*Dilatar.*

construcción edificación, obra, edificio, inmueble.

construir edificar, erigir, elaborar, ejecutar, fabricar, confeccionar, crear. —*Destruir, derribar.*

consuelo aliento, alivio, sosiego, calma. —*Desconsuelo, desánimo.*

consuetudinario ordinario, común, frecuente, usual, acostumbrado, habitual, corriente. —*Raro, desusado.*

consultar examinar, estudiar, asesorarse, deliberar, tratar, conferenciar.

consultorio gabinete, despacho, dispensario.

consumado terminado, cumplido, acabado, realizado, finalizado, perfecto. **2** Diestro, competente, hábil, experto, entrenado. —*Inepto.*

consumición gasto, consumo, importe, cuenta. **2** Extenuación, agotamiento, consunción.

consumir(se) gastar, usar, agotar, absorber, acabar, extinguir, invertir. —*Ahorrar, conservar.* **2** Extenuar, agotar. —*Fortalecer.* **3** Debilitarse, enflaquecer, adelgazar.

consumo gasto, uso, utilización, dispendio, empleo, consumición. —*Ahorro.*

consustancial inherente, intrínseco, connatural, propio, característico. —*Accidental, extrínseco.*

contabilizar sumar, contar, calcular, totalizar, inventariar.

contacto roce, tocamiento, unión, tacto, fricción, aproximación, acercamiento. **2** Relación, vínculo, frecuentación. —*Distancia, separación, desvinculación.*

contado escaso, poco, raro, limitado, exiguo. —*Frecuente, común.* **2** Sumado, numerado, computado, determinado.

contado (al) efectivo, contante, en metálico.

contador contable, tenedor de libros. **2** Medidor, registro.

contagiar contaminar, infectar, inficionar, apestar, infestar, comunicar, transmitir, propagar, inocular, pegar. **2** Corromper, viciar, depravar, pervertir, descomponer.

container (ing.) contenedor, receptáculo, depósito, recipiente, vagón.

contaminar contagiar, infectar, infestar, inficionar, apestar, degradar, corromper.

contar enumerar, numerar, calcular, sumar, computar. **2** Relatar, referir, narrar, reseñar, describir, detallar, explicar, hablar. —*Callar.*

contemplar mirar, observar, ver, apreciar, admirar, considerar, examinar, atender, meditar. **2** Mimar, consentir, complacer, satisfacer, condescender.

contemplativo meditabundo, reflexivo, contemplador.

contemporáneo coetáneo, coexistente, simultáneo, sincrónico, moderno, actual. —*Antiguo, inactual.*

contemporizar transigir, condescender, conformarse, avenirse, consentir, adaptarse, amoldarse, resignarse. —*Rebelarse, obstinarse.*

contender pelear, disputar, luchar, combatir, competir, rivalizar, debatir.

contenedor receptáculo, depósito, recipiente.

contener abarcar, englobar, incluir, abrazar, rodear, involucrar, encerrar, comprender, poseer. **2** Reprimir, detener, refrenar, impedir, coartar, moderar, sujetar.

contenido cabida, volumen, capacidad, espacio. **2** Incluido, encerrado, englobado, comprendido.

contentar(se) satisfacer, agradar, complacer, regocijar, conformar, deleitar. —*Disgustar, molestar, apenar.* **2** Resignarse, transigir, condescender, aceptar. —*Rebelarse, negarse.*

contento dicha, felicidad, júbilo, gozo, regocijo, alegría, placer, agrado. —*Tristeza, pena, dolor.* **2** Dichoso, alegre, satisfecho, complacido, encantado. —*Disgustado, triste.*

contestar responder, replicar, debatir, contradecir, rebatir, oponerse, enfrentar. —*Callar.*

contexto encadenamiento, enlace, trabazón, trama, argumento.

contextura forma, conformación, configuración, estructura. **2** Compaginación, unión.

contienda disputa, pelea, riña, pendencia, refriega, pleito, querella, guerra, rivalidad, discusión, debate, competición. —*Paz, armisticio.*

contiguo adyacente, lindante, confinante, vecino, limítrofe, fronterizo, colindante, rayano, aledaño, inmediato, próximo, junto. —*Separado, alejado, apartado.*

continencia moderación, sobriedad, templanza, abstinencia, frugalidad, castidad. —*Incontinencia, lascivia, desenfreno.*

continental internacional, cosmopolita. —*Regional, local, nacional.*

continente territorio, zona, región. **2** Apariencia, aspecto, talante, porte, aire, compostura, traza. **3** Moderado, sobrio, abstinente.

contingencia eventualidad, casualidad, posibilidad, azar, probabilidad, riesgo, accidente, cir-

cunstancia. —*Certeza, seguridad.*

contingente azaroso, casual, eventual, accidental, probable. —*Necesario.* **2** Tropa, fuerza, grupo, agrupación.

continuación continuidad, prosecución, prolongación, duración, permanencia, seguimiento, curso, secuencia. —*Interrupción, corte.*

continuar proseguir, seguir, perpetuar, prolongar, permanecer, persistir, prorrogar, durar. —*Interrumpir, cesar, desistir.*

continuo persistente, constante, ininterrumpido, incesante, prolongado, perpetuo, invariable, permanente, inalterable, reiterado, repetido. —*Discontinuo, interrumpido, intermitente.*

contoneo meneo, balanceo, pavoneo, oscilación.

contorno silueta, perfil, trazo, forma, figura. **2** Perímetro, periferia, límite, borde, derredor.

contornos alrededores, afueras, suburbios, extramuros, cercanías, inmediaciones, arrabales, proximidades. —*Centro.*

contorsión encorvamiento, retorcimiento, crispamiento, gesticulación, contracción.

contra oposición, antagonismo, obstáculo, inconveniente, objeción. **2** Enfrente, hacia.

contraataque contraofensiva, contragolpe, reacción, resistencia. —*Retirada.*

contrabandista matutero, traficante, contraventor, defraudador, pirata.

contrabando matute, tráfico ilegal, contravención, fraude, ilícito, alijo.

contracción crispación, crispamiento, espasmo, encogimiento, astricción, constricción, calambre. —*Distensión, dilatación.* **2** Reducción, disminución, mengua.

contradecir(se) replicar, refutar, discutir, confutar, contestar, objetar, impugnar, oponerse. —*Confirmar, ratificar, corroborar.* **2** Desdecirse, retractarse.

contradicción oposición, antítesis, antinomia. **2** Contrasentido, discordancia, incoherencia, imposibilidad, absurdo, sinrazón, disparate.—*Coherencia, concordancia.* **3** Refutación, objeción, rebatimiento, réplica. —*Confirmación, asentimiento.*

contraer(se) constreñir, encoger, crispar, acortar, apretar. —*Ensanchar, extender.* **2** Adquirir, obtener; enfermar, contagiarse. —*Perder, sanar, curar.* **3** Convulsionarse, retorcerse, encogerse, crisparse.

contragolpe V. **contraataque**.

contrafuerte refuerzo, apoyo, columna, soporte, pilar, sostén.

contrahecho desproporcionado, deforme, imperfecto; lisiado, tullido, baldado. —*Perfecto.*

contraindicado perjudicial, nocivo, desaconsejado, excluido. —*Indicado.*

contramaestre capataz, jefe, mayoral, encargado.

contrapeso compensación, igualación, equilibrio, nivelación.

contraproducente contrario, desventajoso, perjudicial, adverso,

desfavorable, dañino. —*Beneficioso, favorable.*

contrapuesto enfrentado, opuesto, antagónico, divergente.

contrariado molesto, disgustado, irritado. —*Alegre, contento.*

contrariar oponerse, obstaculizar, contradecir, impedir, estorbar, entorpecer, dificultar. —*Facilitar.* **2** Disgustar, fastidiar, incomodar, molestar, enojar, mortificar. —*Complacer, alegrar.*

contrariedad contratiempo, obstáculo, dificultad, tropiezo, incomodidad.—*Facilidad.* **2** Disgusto, decepción, desagrado. —*Complacencia, alegría, agrado.*

contrario contradictorio, antitético, antinómico, antagónico. **2** Opuesto, discrepante, adverso, contrapuesto, desacorde, inverso, perjudicial, hostil, nocivo. —*Coincidente, favorable.* **3** Adversario, rival, contendiente, competidor, antagonista, contrincante, oponente, enemigo.—*Amigo, simpatizante.*

contrarrestar neutralizar, compensar, equilibrar, resistir, dificultar, impedir. —*Favorecer, coadyuvar, ayudar.*

contrasentido equivocación, error, descarrío, contradicción, absurdo. —*Acierto.*

contraseña consigna, pase, santo y seña, frase.

contraste oposición, disparidad, desemejanza, diversidad, diferencia, divergencia, desigualdad. —*Semejanza, igualdad.*

contratar pactar, estipular, convenir, acordar, formalizar, suscribir, negociar, obligarse.—*Res-*

contratiempo

cindir, cancelar, anular. **2** Emplear, asalariar, colocar, dar trabajo. —*Despedir.*

contratiempo percance, inconveniente, dificultad, problema, contrariedad, tropiezo, obstáculo, accidente.

contrato pacto, convenio, trato, transacción, acuerdo, compromiso, negocio, documento, registro, certificado. —*Rescisión, cancelación.*

contravención infracción, falta, desobediencia, incumplimiento, desacato, violación. —*Observancia, cumplimiento.*

contraveneno antídoto, revulsivo, antitóxico, desintoxicante, vomitivo. —*Veneno, tóxico.*

contribución cuota, tributo, subsidio, tasa, carga, gravamen, impuesto. **2** Colaboración, ayuda, cooperación, aportación, aporte.

contribuir colaborar, ayudar, auxiliar, cooperar, coadyuvar, favorecer, asistir, ofrendar, aportar, tributar. —*Obstaculizar, impedir.*

contrición arrepentimiento, remordimiento, compunción, pesadumbre, tribulación, dolor, pena. —*Impenitencia, cotumacia.*

contrincante V. **contrario.**

contristar entristecer, apenar, apesadumbrar, acongojar, afligir, desconsolar, mortificar. —*Alegrar.*

contrito arrepentido, compungido, consternado, apesadumbrado, dolorido, triste, apenado, acongojado. —*Contumaz, impenitente, empedernido, incontrito.*

control inspección, supervisión, vigilancia, censura, revisión, examen, registro, verificación, comprobación.

controversia debate, discusión, disputa, polémica, litigio. —*Acuerdo.*

contubernio cohabitación, convivencia, ayuntamiento. **2** Conjura, conjuración, connivencia, confabulación, conspiración.

contumacia obstinación, insistencia, reincidencia, reiteración, tozudez, persistencia. —*Observancia, docilidad, obediencia.*

contundente macizo, pesado, sólido, violento, brutal, magullador, lacerante. —*Débil, liviano.* **2** Concluyente, terminante, rotundo, definitivo, decisivo, incuestionable, irrebatible. —*Incierto, discutible.*

contusión lesión, golpe, equimosis, magulladura, magullamiento, herida, cardenal, moretón.

convalecencia recuperación, restablecimiento, recobramiento, mejoría, cura. —*Recaída.*

convaleciente enfermo, paciente.

convalidar reconfirmar, corroborar, revalidar, reafirmar, legalizar, confirmar, aprobar. —*Anular.*

convencer persuadir, disuadir, conquistar, atraer, seducir, inducir, inclinar, convertir.

convención congreso, asamblea, conferencia, junta, reunión. **2** Pacto, tratado, convenio, acuerdo. **3** Costumbre, norma, tradición.

convencionalismo formulismo, artificio, simulación, rebuscamiento, afectación, hipocresía, mojigatería, falsedad. —*Espontaneidad, sencillez.*

conveniencia beneficio, provecho, utilidad, conformidad, ventaja, comodidad, adecuación. —*Perjuicio, desventaja, inconveniencia.*

conveniente útil, adecuado, beneficioso, oportuno, ventajoso, apropiado, idóneo, proporcionado. —*Inconveniente, perjudicial.*

convenio acuerdo, pacto, avenencia, alianza, tratado, compromiso. —*Disensión.*

convenir aceptar, reconocer, admitir, acordar, pactar, concertar. —*Negar, disentir.* **2** Corresponder, pertenecer, encajar, cuadrar. **3** Acudir, concurrir, juntarse. —*Dispersarse.*

conventículo intriga, confabulación, conjura, conspiración.

conventillo inquilinato, cuchitril, tugurio. —*Mansión.*

convento noviciado, monasterio, cenobio, claustro, priorato, abadía, cartuja.

converger concurrir, confluir, coincidir, juntarse, reunirse. —*Diverger.*

conversación diálogo, coloquio, interlocución, plática, charla, parlamento, entrevista.

conversar hablar, charlar, dialogar, platicar, comentar, entrevistarse, comunicarse. —*Callarse.*

convertir(se) transformar, transmutar, cambiar, modificar, trocar, variar, alterar, mudar, rectificar, metamorfosear. —*Conservar.* **2** Persuadir, convencer; catolizar, cristianizar, evangelizar, catequizar. **3** Retractarse,

abjurar, apostatar, renegar, abandonar.

convexo curvado, redondeado, abombado, combado, abultado, pandeado, esférico, saliente. —*Cóncavo.*

convicción certeza, seguridad, convencimiento, certitud, certidumbre. —*Incertidumbre, duda, inseguridad.*

convidar invitar, ofrecer, brindar, acoger, hospedar, recibir, agasajar, atraer, llamar.

convincente persuasivo, sugestivo, elocuente, sugerente, incitante, conmovedor, tentador, contundente, concluyente, terminante.

convite invitación, agasajo, ágape, banquete, festín, comida, merienda, comilona.

convivir cohabitar, coexistir, habitar, residir, conllevarse, compenetrarse, fraternizar, entenderse. —*Separarse, rivalizar.*

convocar citar, llamar, emplazar, invitar, avisar, congregar, reunir.

convoy escolta, guardia, destacamento, caravana, expedición. **2** Séquito, acompañamiento, cortejo.

convulsión espasmo, perturbación, crispación, sacudida, estremecimiento, conmoción, temblor, agitación. **2** Tumulto, revuelta, motín, algarada, disturbio, insurrección.

conyugal matrimonial, nupcial, connubial, marital, familiar, hogareño.

cónyuge consorte, compañero, desposado, esposo, esposa, marido, mujer.

cooperar colaborar, contribuir, ayudar, coadyuvar, auxiliar, socorrer, participar. —*Obstaculizar, impedir.*

cooperativa mutualidad, unión, asociación, entidad.

coordinar organizar, relacionar, combinar, ordenar, disponer, arreglar, reunir. —*Desordenar, desorganizar.*

copa recipiente, receptáculo, vaso, taza, cáliz. **2** Trofeo, premio, galardón.

copar envolver, cercar, sitiar, asediar, atajar, aprisionar, rodear.

copartícipe coautor, cómplice, participante, asociado, colaborador, socio, cointeresado; copropietario.

copete tupé, mechón, guedeja, mecha, penacho, moño, pluma. **2** Cima, cumbre.

copia reproducción, fotocopia, duplicado, réplica, facsímil, transcripción; calco, imitación, plagio, remedo, falsificación. —*Original.* **2** Abundancia, profusión, multitud, riqueza. —*Escasez, carencia.*

copioso abundante, cuantioso, profuso, exuberante, numeroso, considerable, nutrido, rico. —*Escaso, pobre, raro.*

copla tonada, canto, cantar, aire. **2** Verso, estrofa, estribillo.

cópula coito, fornicación, apareamiento, ayuntamiento, unión sexual. **2** Enlace, ligamento, atadura, trabazón, unión, conjunción.

coqueta frívola, caprichosa, veleidosa, voluble, provocadora, seductora, incitadora, presuntuosa, casquivana. —*Discreta, sensata.*

coquetear flirtear, galantear, seducir, provocar, atraer, enamorar, cautivar; jugar.

coraje valentía, valor, intrepidez, osadía, arrojo, audacia, ímpetu, bravura, arrestos. —*Miedo, cobardía, pusilanimidad.* **2** Enojo, furia, rabia, irritación, ira, cólera. —*Serenidad.*

coraza protección, defensa, revestimiento, blindaje, armadura.

corazón sentimientos, amor, sensibilidad. **2** Ánimo, voluntad, valor, espíritu, osadía, coraje, decisión. **3** Núcleo, centro, meollo, interior. —*Periferia.*

corazonada presentimiento, intuición, sospecha, presagio, barrunto.

corbata chalina, lazo.

corcel cabalgadura, palafrén, montura, caballo, potro.

corcova joroba, giba, cifosis, chepa.

corcovo brinco, salto, corveta, sacudida.

cordel cordón, cuerda, cáñamo, bramante.

cordero borrego, añojo, añal, ternasco, recental, ovino.

cordial afable, amable, acogedor, simpático, expansivo, afectuoso, cariñoso, sincero. —*Huraño, antipático.*

cordillera sierra, cadena, macizo.

cordón cuerda, cordel, bramante, cáñamo.

cordura sensatez, prudencia, discreción, formalidad, juicio, moderación, equilibrio. —*Insensatez, locura.*

corear entonar, cantar, acompañar.

corista cantante, figurante, bailarina, comparsa.

cornamenta encornadura, cuernos, astas, pitones.

corneta trompeta, cuerno, clarín.

cornisa coronamiento, remate, moldura, saliente, cornija.

cornudo cabrón, sufrido, consentido.

coro coral, orfeón, conjunto, ronda, grupo.

corolario deducción, inferencia, conclusión, resultado, consecuencia. —*Premisas.*

corona tiara, mitra, diadema, aureola, guirnalda, halo, nimbo. 2 Reino, monarquía, imperio. 3 Premio, galardón, gloria, honor, recompensa. 4 Coronilla, tonsura.

coronar entronizar, ungir, proclamar, investir. —*Destronar.* 2 Finalizar, concluir, terminar, completar, realizar, rematar. —*Iniciar, comenzar, principiar.* 3 Premiar, galardonar, recompensar.

corporación organismo, instituto, entidad, asociación, sociedad, gremio, empresa, firma, compañía.

corporal corpóreo, carnal, somático, orgánico, anatómico, físico, material. —*Incorpóreo, espiritual.*

corpulento robusto, grueso, recio, fuerte, voluminoso, grande, vigoroso. —*Flaco, enjuto.*

corpúsculo partícula, molécula, átomo, célula, elemento.

corral cerco, encierro, establo, redil, caballeriza, aprisco, majada, apero.

correa cinturón, ceñidor, cinto, cincha.

corrección discreción, educación, compostura, cortesía, amabilidad, consideración, urbanidad, respeto. —*Incorrección, descortesía.* 2 Castigo, correctivo, reprimenda. —*Premio.* 3 Rectificación, enmienda, modificación.

correccional reformatorio, internado, presidio, cárcel, prisión, penal.

correctivo sanción, castigo, reprensión, pena.

correcto exacto, apropiado, adecuado, fiel, conveniente, cabal, oportuno. —*Incorrecto, inadecuado, inapropiado.* 2 Cortés, discreto, educado, decente, atento, respetuoso, comedido. —*Descortés, indecente.* 3 Honesto, honrado, justo. —*Deshonesto, injusto.*

corredor pasillo, pasaje, pasadizo, galería. 2 Atleta, velocista, carrerista, deportista. 3 Comisionista, representante, viajante, agente, intermediario, vendedor.

corregir enmendar, reformar, rectificar, reparar, retocar, subsanar, rehacer, pulir, cambiar, perfeccionar, modificar, transformar. —*Mantener, conservar.* 2 Reprender, amonestar, penar, castigar, escarmentar.

correlación analogía, reciprocidad, semejanza, afinidad, similitud, relación.

correlativo sucesivo, seguido, continuo, encadenado, seriado, continuado, relacionado.

correligionario cofrade, camarada, socio, aliado, compañero, asociado, partidario. —*Rival, oponente, antagonista.*

correo posta, correspondencia, comunicaciones, cartas, mensajes. **2** Cartero, mensajero, repartidor.

correoso elástico, dúctil, flexible, maleable.

correr trotar, recorrer, trasladarse, desplazarse. **2** Apresurarse, acelerar, agilizar, aligerar. —*Detenerse, parar.*

correría excursión, viaje, paseo. **2** Incursión, irrupción.

correspondencia cartas, misivas, mensajes. **2** Reciprocidad, consonancia, conformidad.

correspondiente conveniente, adecuado, debido, oportuno, proporcionado.

corresponsal periodista, reportero, cronista, enviado, delegado, agente, representante.

corrida lidia, becerrada, novillada.

corrido abochornado, avergonzado, desconcertado, cortado, confundido. **2** Ducho, avezado, experimentado, veterano, fogueado. —*Novato, inexperto.*

corriente común, usual, ordinario, habitual, frecuente, conocido, vulgar. —*Extraordinario, desusado.*

corrillo grupo, reunión, tertulia.

corroborar confirmar, ratificar, reafirmar, probar, demostrar. —*Desmentir.*

corroer carcomer, roer, desgastar, consumir.

corromper pervertir, enviciar, depravar, envilecer, prostituir. **2** Alterar, adulterar, descomponer,

estropear, podrir, dañar, malograr.

corrosivo cáustico, corroyente, ácido, mordiente, quemante, destructivo. **2** Irónico, sarcástico, incisivo, satírico, mordaz, agresivo, hiriente. —*Cariñoso, afectuoso, halagador.*

corrupción depravación, vicio, extravío, desenfreno, libertinaje, indecencia. —*Virtud, integridad.* **2** Cohecho, soborno, venalidad, deshonestidad. —*Honestidad, honradez.* **3** Descomposición, putrefacción, podredumbre.

corsario pirata, bucanero, filibustero, bandido.

corsé faja, ceñidor, ajustador.

cortado tajado, aserrado, trozado, seccionado, truncado, dividido, cercenado, separado. —*Unido.* **2** Acomodado, proporcionado, ajustado. **3** Turbado, perplejo, corrido, azorado, avergonzado.

cortante filoso, afilado, tajante, agudo, aguzado, acerado, puntiagudo. —*Embotado, romo.* **2** Concluyente, rotundo, drástico, terminante, autoritario, brusco, descortés, intransigente. —*Cortés, amable, condescendiente.*

cortapisa limitación, restricción, obstáculo, traba, inconveniente, dificultad.

cortar dividir, escindir, rebanar, tajar, seccionar, partir, recortar, separar, hender, segar, truncar; amputar, mutilar, cercenar. —*Unir, pegar, adherir.* **2** Suspender, interrumpir, detener, atajar, frenar. —*Continuar.*

corte incisión, escisión, tajo, cisura, tajadura, división, sección, cortadura, herida, cercenamiento, mutilación. **2** Tajada, trozo, rodaja, porción. **3** Cortejo, comitiva, séquito. **4** Galanteo, flirteo.

cortedad apocamiento, timidez, pusilanimidad, cobardía. —*Desenvoltura, decisión.* **2** Falta, disminución, escasez, carencia. —*Abundancia.*

cortejar enamorar, galantear, conquistar, hacer la corte.

cortejo acompañamiento, compañía, grupo, séquito, comitiva, escolta, desfile.

cortés amable, atento, afable, educado, galante, correcto, comedido. —*Descortés, grosero.*

cortesía amabilidad, corrección, educación, gentileza, finura, decencia, tacto. —*Descortesía, grosería.* **2** Cumplido, regalo, favor, saludo.

corteza envoltura, cáscara, cubierta, caparazón. —*Médula, centro, meollo.*

cortijo finca, hacienda, granja, alquería, quinta.

cortina colgadura, cortinaje, tapiz, velo.

corto breve, sucinto, conciso. —*Extenso, largo.* **2** Fugaz, transitorio, efímero, momentáneo. —*Duradero, prolongado.* **3** Pequeño, reducido, limitado, exiguo, insuficiente, bajo, menguado. —*Alto, amplio.*

corzo ciervo, venado, gamo, gacela.

cosa objeto, ente, elemento, cuerpo, ser, realidad. —*Nada.* **2** Bien, posesión.

cosecha recolección, recogida, siega, rendimiento, frutos, producción.

coser remendar, zurcir, hilvanar; unir, juntar, pegar. —*Descoser, separar.*

cosmético afeite, ungüento, pomada, crema, maquillaje.

cósmico astral, espacial, sideral, celeste, celestial, universal. —*Terreno, terrenal.*

cosmonauta astronauta.

cosmopolita internacional, mundial, universal. —*Local.*

cosmos universo, infinito, vacío, firmamento, espacio.

cosquillas hormigueo, picazón.

costa margen, playa, orilla, borde, litoral, ribera. —*Interior.*

costado flanco, lado, ala, banda, borde, lateral. —*Centro.*

costal saco, bolsa, fardo, talego.

costalada costalazo, caída, golpe, porrazo, trastazo, batacazo.

costar valer, montar, totalizar, sumar, importar, subir, ascender a, estimarse en.

costear financiar, pagar, gastar, sufragar, desembolsar, liquidar, cancelar. **2** Bordear, navegar, circunvalar.

costo coste, valor, precio, importe, cuantía, monto, total.

costoso caro, elevado, encarecido, gravoso, dispendioso, oneroso, alto, subido, exagerado, lujoso. —*Barato.* **2** Difícil, fatigoso, complicado, trabajoso. —*Fácil.*

costra capa, revestimiento, corteza, cubierta, cáscara. **2** Escara, postilla.

costumbre uso, hábito, usanza, práctica, ejercicio, conducta, regla, modo, experiencia, tradición, estilo, rutina, ritual.

costura puntada, zurcido, bordado, remiendo. **2** Confección, labor.

costurera modista, sastra, zur-
cidora, bordadora.

cota altitud, elevación, nivel. **2**
Armadura, malla.

cotarro reunión, corro, corrillo,
tertulia.

cotejar comparar, confrontar,
compulsar, parangonar, equiparar; verificar, examinar, comprobar.

coterráneo paisano, compatriota,
conciudadano.

cotidiano diario, frecuente, habitual, acostumbrado, usual, regular, corriente, periódico.

cotillear chismorrear, comadrear,
murmurar, hablar.

cotización monto, precio, coste,
valor; estimación, valoración.

coto marca, mojón, señal. **2** Cercado, zona, terreno vedado.

cotorra papagayo, loro. **2** Parlanchín, charlatán, locuaz, hablador. —*Silencioso.*

covacha cueva, cubil, antro, guarida, cuchitril, tugurio, casucha.

cow-boy (ing.) vaquero, jinete,
caballista.

coyuntura articulación, juntura,
unión. **2** Circunstancia, ocasión,
oportunidad, momento, tiempo,
situación.

coz patada, coceadura, golpe.

crack (ing.) quiebra comercial,
hundimiento financiero; caída,
bajón.

cráneo calavera, testa, cabeza.

crápula depravado, libertino, vicioso, granuja, vil, disoluto. **2**
Desenfreno, corrupción, depra-

vación, vicio. **3** Borrachera, embriaguez.

craso grueso, gordo, graso. —*Flaco.* **2** Grave, enorme, imperdonable. —*Nimio, baladí.*

cráter orificio, boquete, abertura, agujero, boca.

creación producto, obra, inven-
to, novedad, producción, elaboración, constucción. **2** Cosmos,
universo, firmamento.

creador inventor, productor, autor, hacedor, artista, innovador,
compositor, constructor. —
Exterminador, destructor.

crear originar, engendrar, idear,
producir, concebir, formar, hacer, inventar, componer. —*Destruir.*

crecer desarrollarse, madurar, formarse, progresar; multiplicarse,
extenderse, proliferar, subir. —
Decrecer, disminuir.

crecido alto, espigado, grande,
corpulento, desarrollado. —*Enano, pequeño.* **2** Numeroso, cuantioso, copioso, innumerable,
abundante, extenso, importante.
—*Reducido, exiguo, escaso.*

credencial comprobante, documento, justificativo, título; carné, identificación.

crédito préstamo, empréstito, fi-
nanciación. **2** Confianza, seguridad, solvencia. **3** Reputación,
renombre, prestigio. —*Descrédito.*

credo convicción, creencia, doctrina, teoría; culto, religión, dogma.

crédulo ingenuo, confiado, inocente, cándido, incauto, simple.
—*Incrédulo, desconfiado.*

creencia V. **credo.**

creer suponer, conceptuar, considerar, afirmar, imaginar, estimar, pensar, juzgar, conjeturar, presumir, inferir, intuir. —*Negar.* **2** Confiar, reverenciar, profesar, respetar, acatar, adorar, seguir, idolatrar. —*Dudar, desconfiar.*

crema nata, manteca, sustancia. **2** Pomada, ungüento, pasta, afeite.

cremación incineración, combustión, quema.

crepitar crujir, chisporrotear, traquear, chasquear, restallar.

crepúsculo atardecer, ocaso, anochecer. —*Aurora, amanecer, alba.*

crespo encrespado, ensortijado, rizado, ondulado.

cresta copete, penacho, moño. **2** Cumbre, pico, cima, cúspide.

cretino idiota, tonto, estúpido, necio, subnormal, retrasado. —*Inteligente.*

creyente devoto, fiel, seguidor, piadoso, religioso, pío. —*Ateo, incrédulo.*

cría cachorro, hijo, vástago, criatura, lactante.

criada empleada, muchacha, servidora, mucama, sirvienta.

criadero vivero, plantel, invernadero, semillero.

criado doméstico, servidor, asistente, empleado, sirviente.

crianza cría, lactancia, amamantamiento, formación. **2** Educación, modales, cortesía.

criar nutrir, lactar, amamantar, alimentar. **2** Atender, cuidar, proteger; formar, educar, enseñar, instruir.

criatura ser, espécimen, organismo, individuo, animal, persona. **2** Bebé, crío, infante, niño, pequeño, chiquillo.

criba filtro, tamiz, zaranda, cedazo.

cribar colar, zarandear, cerner, filtrar, tamizar, purificar.

crimen delito, transgresión, falta, fechoría. **2** Homicidio, muerte, asesinato.

criminal delincuente, malhechor, bandido, transgresor, infractor, reo, culpable. **2** Homicida, asesino.

crin pelo, melena, pelaje, cerdas.

crío criatura, bebé, chiquillo, infante, niño.

criollo autóctono, nativo, mestizo.

cripta gruta, subterráneo, cueva, bóveda, galería, catacumba.

críptico enigmático, oscuro, impenetrable, arcano, incomprensible, abstracto, embrollado, inescrutable, hermético. —*Claro, comprensible, evidente.*

crisis conflicto, problema, dificultad, trance; desequilibrio, inestabilidad, vicisitud, transformación. —*Estabilidad, equilibrio.* **2** Conmoción, acceso, indisposición, ataque, paroxismo.

crisparse contraerse, encogerse, convulsionarse, retorcerse, sacudirse. —*Relajarse, distenderse.*

cristal vidrio, espejo. **2** Cuarzo, mineral.

cristalino transparente, vítreo, diáfano, translúcido, limpio, puro, claro. —*Turbio, opaco, sucio.*

cristalizar realizarse, formarse, concretarse, determinarse, especificarse.

cristiano católico, protestante, ortodoxo. **2** Creyente, piadoso, devoto. **3** Prójimo, individuo, persona, ser.

Cristo Jesús, Jesucristo, Mesías, el crucificado, el redentor, el salvador.

criterio discernimiento, creencia, convencimiento, conocimiento, juicio, parecer, opinión. **2** Pauta, regla, norma, método, principio.

crítica evaluación, apreciación, estimación, análisis, examen, juicio. **2** Censura, reprobación, reproche, desaprobación, refutación, impugnación. —*Aprobación, elogio.*

crítico grave, delicado, trascendental, serio, decisivo, crucial. —*Favorable.* **2** Acusador, censurador, censor, detractor, oponente. —*Partidario.*

criticón reparador, motejador, puntilloso, murmurador.

cromático policromado, coloreado, colorido, multicolor, pintado, matizado, pigmentado, irisado.

crónica historia, relato, descripción, memorias, anales. **2** Reportaje, noticia, artículo.

crónico habitual, acostumbrado, repetido, inveterado. —*Infrecuente.* **2** Incurable, serio, grave, delicado.

cronista historiador, investigador, escritor. **2** Periodista, corresponsal, comentarista, redactor.

croquis bosquejo, boceto, esquema, esbozo, diseño.

cruce intersección, encrucijada, bifurcación, convergencia, confluencia, cruzamiento, empalme, unión.

crucial trascendental, crítico, decisivo, fundamental, culminante, grave, delicado.

crucifijo cruz, reliquia, imagen, efigie.

crucifixión tormento, tortura, martirio, sacrificio.

crudo inmaduro, verde, tierno, sangrante. —*Maduro.* **2** Frío, destemplado, riguroso. —*Bonancible, suave.* **3** Despiadado, rudo, áspero, cruel, descarnado. —*Amable, cortés.*

cruel brutal, cruento, sanguinario, violento, bestial, despiadado, salvaje, feroz, inhumano, desalmado, bárbaro, despótico, implacable. —*Compasivo, humanitario, misericordioso.* **2** Angustioso, torturante, insoportable, excesivo, doloroso, insufrible. —*Dulce.*

crujir crepitar, chasquear, chirriar, rechinar, restallar.

cruz crucifijo, reliquia, emblema, símbolo. **2** Agobio, carga, dolor, pena, aflicción, sufrimiento, martirio. —*Alegría, gozo.* **3** Medalla, galardón, condecoración, insignia, premio. **4** Reverso, sello. —*Anverso, cara.*

cruzada campaña, expedición, lucha, guerra.

cruzar(se) atravesar, pasar, traspasar, cortar. —*Rodear.* **2** Encontrarse, coincidir; interponerse, estorbar, inmiscuirse, obstaculizar.

cuaderno libreta, agenda.

cuadra caballeriza, establo, corral, cobertizo.

cuadrado rectángulo, cuadriláte-ro. **2** Rectangular, cuadrangular.

cuadrilla camarilla, caterva, ga-villa, partida, banda, horda, gru-po, pandilla.

cuadro pintura, representación, tela, lienzo, grabado. **2** Escena, episodio, parte, acto.

cuajarse condensarse, coagu-larse, espesarse, solidificarse. — *Licuarse.*

cualidad atributo, carácter, pecu-liaridad, propiedad, rasgo, facul-tad, condición, capacidad, carac-terística, aspecto. **2** Mérito, vir-tud, aptitud, dote, habilidad, va-lor. —*Defecto, desventaja, vicio.*

cualificado apto, capaz, compe-tente, capacitado, facultado, pre-parado, eficaz, hábil.

cuantía suma, cantidad, número, valor, monto, precio, importe.

cuantioso copioso, abundante, numeroso, profuso, considerable, pletórico. —*Escaso, exiguo.*

cuarentena aislamiento, confina-miento, incomunicación, encie-rro.

cuartearse resquebrajarse, agrie-tarse, rajarse, abrirse, romperse.

cuartel campamento, reducto, alojamiento, fuerte, fortaleza, ins-talación militar. **2** Piedad, mise-ricordia, perdón.

cuarto habitación, alcoba, dormi-torio, pieza, aposento, estancia, recinto.

cuartucho cuchitril, covacha, tugurio, tabuco.

cuatrero abigeo, ladrón de gana-do; bandido, bribón, pícaro.

cuba barril, tonel, pipa, bocoy.

cubierta forro, funda, revesti-

miento, tapa, envoltura. **2** Teja-do, capota, toldo, cobertizo, te-chumbre.

cubil guarida, cueva, madrigue-ra, escondrijo.

cubo balde, recipiente, receptácu-lo, barreño, cubeta. **2** Hexaedro, poliedro.

cubrir tapar, recubrir, forrar, en-volver, revestir; abrigar, prote-ger, resguardar. —*Destapar, desabrigar.* **2** Ocultar, disimu-lar, velar, disfrazar, encubrir, es-conder. —*Descubrir, denunciar.*

cuchichear susurrar, musitar, bis-bisear. **2** Chismorrear, murmu-rar, criticar.

cuchilla tajadera, hoja.

cuchillada puñalada, navajazo, estocada, herida, lesión, corte, incisión.

cuchillo puñal, daga, navaja, faca.

cuchitril cuartucho, pocilga, tugurio, tabuco, covacha, chiribitil.

cuco lindo, bonito, hermoso, pu-lido. —*Feo.* **2** Cuclillo, ave tre-padora.

cucurucho cartucho, capirote, caperuza.

cuello cogote, pescuezo, gargan-ta, gollete.

cuenca cavidad, depresión, hue-co, oquedad, órbita. **2** Valle, cau-ce.

cuenco vasija, recipiente, artesa, escudilla, receptáculo.

cuenta cálculo, cómputo, recuen-to, suma, enumeración. **2** Factu-ra, total, importe. **3** Cuidado, incumbencia, cargo, responsabi-lidad, deber.

cuentista narrador, fabulista,

relator. **2** Chismoso, murmurador, exagerado, embustero, mentiroso.

cuento relato, descripción, aventura, leyenda. **2** Chisme, embuste, murmuración, patraña, falsedad, enredo, infundio, bulo.

cuerda soga, cordel, cordón, bramante, piola, cable, cabuya.

cuerdo sensato, prudente, juicioso, cabal. —*Loco, insensato.*

cuerear azotar, zurrar, vapulear.

cueriza paliza, zurra.

cuerno asta, pitón, cornamenta, cacho.

cuero piel, pellejo, corteza, epidermis.

cuerpo organismo, soma; físico, fisonomía, complexión, aspecto. —*Espíritu.* **2** Cadáver, restos, despojos. **3** Masa, volumen, tamaño, forma, sólido, materia. **4** Corporación, entidad, asociación, colectividad.

cuesta declive, pendiente, subida, ascenso, inclinación, rampa, desnivel, ladera. —*Llano, explanada.*

cuestión tema, objeto, asunto, tópico, materia, motivo, punto, problema. **2** Interrogación, pregunta, consulta. —*Respuesta.* **3** Controversia, discusión, debate, polémica, disputa. —*Acuerdo.*

cuestionable discutible, dudoso, controvertible, problemático. —*Indiscutible, incuestionable, cierto.*

cuestionario interrogatorio, consulta, estudio.

cueva caverna, gruta, guarida, cubil, madriguera, antro, cavidad, subterráneo, refugio.

cuidado atención, esmero, celo, interés, diligencia, solicitud, meticulosidad, afán, pulcritud. —*Negligencia.* **2** Custodia, protección, defensa, conservación. **3** Precaución, recelo, temor; intranquilidad, inquietud, vigilancia, cautela, cuita. —*Despreocupación.*

cuidadoso minucioso, aplicado, esmerado, meticuloso, diligente, solícito, escrupuloso, pulcro. —*Negligente, descuidado.*

cuidar conservar, proteger, guardar, asistir, mantener, amparar, defender, guarecer, vigilar, velar, custodiar. —*Descuidar, desatender.*

cuita preocupación, inquietud, zozobra, desdicha, pena, aflicción, angustia, desventura. —*Felicidad.*

culebra serpiente, sierpe, ofidio, reptil.

culinario gastronómico, coquinario.

culminación auge, esplendor, apogeo, florecimiento, cima, cúspide. —*Decadencia.*

culminante prominente, sobresaliente, dominante, destacado, elevado, superior, principal. —*Mínimo.*

culminar finalizar, terminar, completar, concluir, acabar, consumarse, perfeccionarse, llegar, alcanzar, cumplir.

culo nalgas, trasero, asentaderas, posaderas, glúteos, ano.

culpa falta, delito, infracción, pecado, error, flaqueza, descuido, equivocación, desacierto.

culpable infractor, acusado, inculpado, transgresor, criminal, reo, delincuente. —*Inocente.*

culpar inculpar, acusar, denunciar, condenar, procesar, imputar, acriminar. —*Exculpar.* **2** Reprochar, recriminar. —*Disculpar.*

cultivar sembrar, plantar, labrar, arar. **2** Cuidar, conservar, mantener, desarrollar, fomentar. —*Descuidar.*

cultivo sembrado, parcela, huerto, plantío. **2** Agricultura, labranza, plantación.

culto instruido, ilustrado, educado, cultivado, erudito. —*Inculto, ignorante.* **2** Rito, ceremonia. **3** Veneración, adoración, devoción. —*Desprecio, execración.*

cultura saber, conocimientos, costumbres, normas. **2** Erudición, ilustración, educación, instrucción. —*Ignorancia.*

culturizar instruir, educar, ilustrar, formar.

cumbre cima, altura, cúspide, pico, vértice, cresta. —*Fondo, depresión.* **2** Apogeo, auge, culminación, máximo. —*Caída, descenso, decadencia.*

cumpleaños aniversario, conmemoración, celebración, festejo, fiesta.

cumplido galantería, cortesía, atención, gentileza, halago, lisonja. —*Grosería, desplante.* **2** Cortés, amable, galante, correcto, atento, educado, considerado. —*Descortés, desatento.* **3** Acabado, concluido, terminado, completo. —*Inconcluso.*

cumplidor puntual, exacto, estricto, concienzudo, aplicado, cuidadoso. —*Negligente.*

cumplimiento realización, conclusión, terminación. **2** Acatamiento, observancia, obediencia. —*Desobediencia.*

cumplir realizar, hacer, efectuar, ejecutar, desempeñar, concluir, terminar. **2** Obedecer, acatar, corresponder, satisfacer. —*Incumplir, desobedecer.*

cúmulo cantidad, montón, conjunto, hatajo, pila, aglomeración, multitud.

cuna principio, origen, comienzo, albores. —*Final.* **2** Patria, país, familia, procedencia, ascendencia, estirpe, linaje.

cundir propagarse, difundirse, divulgarse, extenderse, reproducirse, desarrollarse, aumentar, multiplicarse. —*Reducirse, limitarse.*

cuneta zanja, acequia, canal, desaguadero.

cuña taco, calzo, traba.

cuñado hermano político, allegado, pariente.

cuño característica, señal, rasgo, peculiaridad; marca, impresión. **2** Sello, molde, matriz, troquel.

cuota cantidad, parte, asignación, pago, canon, mensualidad, cupo, contribución, aportación.

cupón papeleta, talón, boleta.

cúpula bóveda, domo, cimborrio, ábside.

cura sacerdote, religioso, clérigo, eclesiástico, monje, ordenado.

curaca cacique, caudillo, cabecilla, jefe.

curación restablecimiento, medicación, tratamiento, rehabilitación, convalecencia, recuperación, terapéutica, remedio, alivio. —*Enfermedad.*

curador tutor, cuidador, defensor.

curandero matasanos, charlatán, medicastro, sacamuelas, ensalmador, impostor.

curar sanar, aliviar, mejorar, rehabilitar, restablecer; medicar, tratar. **2** Salar, ahumar, secar.

curiosidad interés, atención, expectación, atracción; deseo, ansia. —*Desinterés, indiferencia.* **2** Fisgoneo, espionaje, indiscreción, impertinencia, intrusión. —*Prudencia.*

curioso interesado, observador, atento, indagador, expectante. —*Desinteresado, indiferente, apático.* **2** Fisgón, impertinente, indiscreto, preguntón, entrometido, importuno, chismoso. —*Prudente.* **3** Raro, extraño, interesante, notable, original. —*Anodino.*

currículum vitae (lat.) historial, expediente, antecedentes, hoja de servicios, hoja de vida.

cursar estudiar, aprender, asistir, seguir. **2** Tramitar, gestionar, despachar, diligenciar, dar curso.

cursi afectado, artificioso, rebuscado, pretencioso, ridículo, pedante, ramplón, amanerado. —*Sobrio, sencillo, natural.*

curso materia, asignatura, disciplina, estudios; teoría, tratado, método. **2** Ciclo, periodo, grado, término. **3** Recorrido, transcurso, rumbo, carrera, trayectoria, derrotero, dirección, orientación, tendencia.

curtido experimentado, fogueado, experto, acostumbrado, avezado, habituado, ducho, ejercitado, diestro; endurecido, fortalecido, aguerrido. —*Novato, bisoño, inexperto.* **2** Moreno, tostado, bronceado, atezado.

curtir aderezar, adobar, curar, preparar las pieles.

curva órbita, onda, círculo, espiral, elipse, vuelta; rodeo, desviación, desvío. —*Recta.*

curvar arquear, encorvar, doblar, combar, flexionar, torcer, pandear.

curvo curvado, arqueado, pandeado, torcido, circular, combado, ovalado, redondeado, flexionado. —*Recto.*

cúspide cima, cumbre, pico, vértice, cresta, altura. —*Depresión, fondo.* **2** Apogeo, auge, culminación, pináculo.

custodia vigilancia, salvaguardia, defensa, conservación, cuidado, resguardo, amparo, protección. —*Descuido, abandono.*

cutis piel, tez, epidermis.

despiadado, rígido, implacable, inflexible. —*Indulgente, benévolo.* **3** Penoso, arduo, fatigoso, trabajoso. —*Fácil, leve.* **4** Terco, porfiado. —*Razonable.*

D

dactilar digital.

dádiva regalo, obsequio, presente, ofrenda, donación.

dadivoso generoso, desprendido, pródigo, caritativo, desinteresado. —*Avaro, tacaño.*

daga puñal, cuchillo.

dama señora, matrona, mujer.

damisela señorita, joven, doncella. 2 Cortesana.

damnificado perjudicado, afectado, víctima. —*Beneficiado.*

dandi elegante, refinado. 2 Petimetre, figurín, lechuguino.

dantesco horrendo, pavoroso, terrible, aterrador, tremendo, espantoso, impresionante.

danza baile, coreografía.

dañar deteriorar, estropear, destrozar, romper. 2 Perjudicar, damnificar, maltratar; lesionar, herir. —*Beneficiar.*

dañino nocivo, perjudicial, pernicioso, desfavorable, malo, funesto; maligno, perverso. —*Benéfico, favorable.*

dar entregar, otorgar, conceder, regalar, donar. —*Quitar.* 2 Suministrar, proporcionar, surtir, proveer; conferir, aplicar, propinar. 3 Rentar, producir, rendir; causar, originar, ocasionar. 4 Acertar, atinar, adivinar; atribuir, asignar.

dardo flecha, saeta; venablo, jabalina. 2 Sátira, pulla.

dato referencia, noticia, relación, informe, especificación, testimonio.

deambular rondar, andar, pasear, caminar, callejear, vagar, errar.

debacle ruina, desastre, destrucción, trastorno, catástrofe, hecatombe; derrota.

debajo abajo, bajo. —*Encima, sobre.*

debate discusión, controversia, polémica, disputa; pelea. —*Acuerdo.*

debatir discutir, polemizar, controvertir, disputar, contender; pelear, luchar, combatir.

deber responsabilidad, compromiso, obligación, tarea, labor, cometido, misión. 2 Adeudar, obligarse.

débil frágil, blando, inconsistente, quebradizo, vacilante; delicado, tenue, leve. —*Firme, consistente.* 2 Extenuado, fatigado, agotado, rendido, decaído, lánguido, desfallecido, enfermo; endeble, enclenque, raquítico. —*Vigoroso, enérgico, robusto.* 3 Apocado, tímido, inseguro, temeroso, pusilánime, cobarde. —*Valeroso, fuerte.*

debilidad agotamiento, decaimiento, cansancio, extenuación, fatiga, languidez. —*Fuerza, energía, vigor.* 2 Apocamiento, timidez, abatimiento, pusilanimidad, cobardía. —*Valor, fortaleza.*

debut estreno, inauguración, inicio, apertura, presentación. —*Clausura.*

década decenio.

decadencia declinación, descenso, ocaso, declive, caída, ruina. —*Auge, apogeo.*

decapitar descabezar, degollar, guillotinar.

decencia honestidad, honradez, integridad, dignidad, decoro, compostura, pudor. —*Indecencia, deshonestidad.*

decepción desilusión, desengaño, desencanto, chasco, frustración.

deceso muerte, defunción, fallecimiento.

dechado modelo, ideal, ejemplo, tipo, prototipo, ejemplar, arquetipo.

decidido resuelto, valiente, audaz, intrépido, osado, esforzado, valeroso. —*Indeciso, tímido.* 2 Terminante, definitivo, decisivo, concluyente, irrevocable, determinado, acordado, aclarado. —*Dudoso, incierto, impreciso.*

decidir(se) resolver, establecer, determinar, disponer, acordar. 2 Animarse, atreverse, emprender.

decimal fracción, parte.

decir hablar, expresar, mencionar, manifestar, opinar, pronunciar, formular, declarar, indicar, informar, exponer, observar, denotar, aseverar. —*Callar.*

decisión resolución, determinación, disposición; sentencia, juicio, fallo. 2 Intrepidez, firmeza, osadía, entereza, valentía, arrojo. —*Indecisión, cobardía.*

decisivo concluyente, definitivo, terminante. 2 Trascendental, crucial, crítico. —*Trivial, secundario.*

declamar recitar, interpretar, representar.

declaración manifestación, afirmación, exposición, revelación, explicación, proclamación, discurso. 2 Testimonio, confesión.

declinar decaer, debilitarse, deteriorarse, disminuir, menguar, caducar. —*Progresar, ascender.* 2 Rehusar, renunciar, rechazar. —*Aceptar.*

declive decadencia, declinación, ocaso, eclipse, ruina, caída. —*Auge, ascenso, apogeo.* 2 Pendiente, desnivel, inclinación, cuesta. —*Llano.*

decolorar desteñir, deslucir, blanquear, despintar. —*Colorear.*

decomisar confiscar, incautar, requisar. —*Restituir, devolver.*

decorar ornamentar, adornar, ornar, acicalar, engalanar, hermosear, componer. —*Deslucir, afear.*

decoro honestidad, decencia, dignidad, honra, respetabilidad. —*Indecencia, indignidad.*

decrecer disminuir, aminorar, menguar, declinar, decaer. —*Aumentar, crecer.*

decrépito senil, achacoso, chocho, vetusto, caduco, decadente, estropeado. —*Joven, lozano, vigoroso.*

decreto precepto, ley, edicto, orden, resolución, determinación, dictamen, mandato.

dedicar(se) consagrar, ofrendar, brindar, ofrecer, adjudicar; destinar, asignar. 2 Entregarse, aplicarse, concentrarse, ocuparse, afanarse, esmerarse, perseverar. —*Desinteresarse.*

dedicatoria ofrenda, homenaje, ofrecimiento.

deducir inferir, concluir, colegir, derivar. 2 Descontar, restar, rebajar, substraer. —*Aumentar, sumar, añadir.*

defecar evacuar, excretar, deponer, obrar, cagar.

defección deserción, abandono, traición, deslealtad, huida. —*Fidelidad.*

defecto falta, deficiencia, imperfección, desperfecto, privación, carencia; vicio, anomalía. 2 Deformidad, anormalidad, tara.

defender amparar, proteger, salvaguardar, resguardar, preservar, apoyar, auxiliar. —*Atacar.*

defensa amparo, apoyo, protección, auxilio, salvaguardia, ayuda. 2 Alegato, discurso; justificación, disculpa, excusa, coartada. —*Ataque.* 3 Fortificación, baluarte, parapeto, muralla, bastión, resguardo, protección.

defensor protector, bienhechor, favorecedor. 2 Abogado, jurisconsulto, jurista.

deferencia consideración, respeto, cortesía, atención, miramiento. —*Descortesía, grosería.*

deficiencia anomalía, imperfección, defecto; falta, carencia, insuficiencia. —*Suficiencia.*

deficiente imperfecto, defectuoso, insuficiente, inferior. 2 Subnormal, retrasado, retardado; idiota, imbécil.

déficit descubierto, deuda, pérdida. —*Superávit.* 2 Insuficiencia, escasez, carencia, falta, privación. —*Abundancia.*

definición explicación, aclaración, descripción, especificación, exposición, tesis.

definitivo terminante, concluyente, decisivo, indiscutible, resuelto. —*Incierto, provisional.*

deformación deformidad, alteración, desfiguración, desproporción, anomalía, imperfección, incorrección. —*Proporción.*

deforme informe, amorfo, imperfecto, irregular, desproporcionado, desfigurado. —*Proporcionado, regular.* 2 Contrahecho, lisiado, tullido.

defraudar decepcionar, desengañar, desilusionar, frustrar. 2 Estafar, timar, engañar, desfalcar, robar.

defunción muerte, fallecimiento, deceso, expiración. —*Nacimiento.*

degeneración ruina, ocaso, degradación, descenso, menoscabo, decadencia. —*Regeneración, auge.* 2 Perversión, depravación, corrupción, vicio, extravío.

deglutir engullir, tragar, ingerir, pasar. —*Vomitar, devolver.*

degollar V. decapitar.

degradación ruindad, vileza, humillación, abyección, mezquindad, bajeza, degeneración. 2 Destitución, rebajamiento. —*Ascenso.*

degustar saborear, gustar, probar, paladear, comer, beber.

dehesa pastizal, prado, campo, pastos.

deidad divinidad.

dejadez negligencia, abandono, descuido, apatía, desidia, indolencia. —*Interés, diligencia, esmero.*

dejar soltar, aflojar, cejar, abandonar, desechar, rechazar, repudiar; renunciar, dimitir, separarse. —*Coger, adoptar*. **2** Irse, partir, salir, marcharse, apartarse, ausentarse, faltar. —*Llegar, permanecer*. **3** Consentir, permitir, acceder, tolerar, autorizar. — *Oponerse*. **4** Ceder, despojarse, privarse, desprenderse, regalar, dar; legar, transmitir. —*Quitar*. **5** Rentar, producir, proporcionar. **6** Olvidar, omitir; aplazar.

dejo acento, tono, pronunciación, modulación, inflexión. **2** Sabor, gusto.

delación denuncia, acusación, soplo, confidencia.

delantal mandil, guardapolvo, bata.

delante antes, primero, al principio. **2** Enfrente, al frente. —*Detrás*.

delantera fachada, frente, cara, portada. —*Trasera*.

delatar acusar, denunciar, sindicar, descubrir, soplar, revelar, confesar. —*Encubrir*.

delegación representación, comisión, diputación, comité, grupo; misión, encomienda. **2** Filial, sucursal, dependencia, agencia.

delegar comisionar, encomendar, encargar, facultar, autorizar.

deleitar agradar, complacer, gustar, encantar. —*Disgustar, molestar*.

deletéreo mortífero, destructor, mortal, nocivo, dañino, letal, venenoso.

deleznable inconsistente, delicado, frágil, débil, quebradizo, perecedero. —*Consistente, sólido, resistente*. **2** Fugaz, pasajero, inestable. —*Perdurable*.

delgado flaco, macilento, enjuto, descarnado, consumido, escuálido. —*Gordo, robusto, fornido*. **2** Fino, delicado, ligero, tenue, sutil; estrecho, angosto, perfilado, estilizado. —*Grueso, grosero*.

deliberado premeditado, preconcebido, intencional, adrede, aposta, a propósito. —*Casual, involuntario, indeliberado*.

deliberar examinar, considerar, reflexionar, meditar; debatir, discutir.

delicado fino, suave, ligero, sutil, leve. —*Tosco, ordinario*. **2** Débil, quebradizo, inconsistente, frágil. —*Consistente, fuerte*. **3** Atento, afable, cortés, amable. —*Grosero, descortés*. **4** Enfermizo, enclenque, endeble. —*Sano, robusto*. **5** Difícil, embarazoso, comprometido, arriesgado, expuesto. —*Fácil*. **6** Susceptible, quisquilloso, irritable.

delicioso sabroso, deleitable, gustoso, exquisito, placentero, satisfactorio. —*Desagradable, repugnante*.

delimitar circunscribir, demarcar, fijar, determinar, establecer.

delincuente malhechor, transgresor, infractor, bandido, reo, criminal.

delinear trazar, perfilar, dibujar, bosquejar, diseñar.

delinquir transgredir, infringir, contravenir.

delirar desvariar, alucinarse, enloquecer, enajenarse.

delito transgresión, infracción, falta, ilegalidad, fechoría, crimen, violación.

demacrado consumido, desmejorado, enflaquecido.

demanda requerimiento, solicitud, petición, reclamo, exigencia. **2** Cuestión, pregunta, interrogación, consulta.

demandante solicitante, peticionario, reclamante, pretendiente, querellante.

demarcar delimitar, delinear, determinar, señalar, fijar.

demasía abundancia, profusión, exceso, plétora, exuberancia. — *Carencia, insuficiencia, falta.* **2** Atrevimiento, insolencia, descortesía, desafuero.

demente perturbado, enajenado, trastornado, insensato, insano, loco. —*Cuerdo.*

democracia gobierno popular, república.

demoler derribar, deshacer, desbaratar, destruir, arrasar, asolar. —*Construir.*

demoníaco diabólico, endemoniado, satánico, luciferino; perverso, maligno, maléfico. — *Angelical, benéfico.*

demonio diablo, satanás, lucifer, satán, luzbel, belcebú. —*Dios.* **2** Maligno, perverso, malvado, maléfico, pérfido. —*Bueno, bondadoso.* **3** Astuto, sagaz, vivo. **4** Inquieto, travieso, revoltoso, bullicioso.

demora tardanza, retardo, retraso, dilación, lentitud, morosidad, aplazamiento. —*Anticipación.*

demorar tardar, dilatar, aplazar, prorrogar, retrasar. —*Anticipar, acelerar.*

demostración exposición, manifestación, presentación, exhibición. **2** Explicación, ejemplificación, ilustración, esclareci-miento; razonamiento, argumento. **3** Prueba, confirmación, verificación, comprobación.

demudar cambiar, alterar, mudar, variar, transformar, transfigurar; turbarse.

denegar negar, rehusar, rechazar, refutar. —*Aprobar, acceder, conceder.*

denigrar difamar, calumniar, desprestigiar, deshonrar, infamar, desacreditar, injuriar, vilipendiar. —*Honrar, enaltecer.*

denominar designar, nombrar, calificar, llamar, apodar.

denotar indicar, señalar, significar, advertir, mostrar, expresar.

denso espeso, consistente, compacto, sólido, macizo; pesado. — *Fluido, leve.*

dentellada mordisco, mordedura, bocado.

dentista odontólogo.

dentro adentro, internamente, interiormente. —*Fuera, afuera.*

denuedo brío, intrepidez, audacia, coraje, valentía, valor, arrojo, esfuerzo. —*Cobardía, pusilanimidad.*

denuesto insulto, afrenta, injuria, ofensa, agravio, improperio, dicterio. —*Halago, elogio, lisonja.*

denunciar acusar, delatar, sindicar, revelar, soplar; avisar, indicar. —*Encubrir.*

deparar proporcionar, conceder, entregar, dar, suministrar, facilitar; ofrecer, presentar.

departamento región, zona, jurisdicción, territorio, distrito. **2** División, oficina, sección, dependencia, sector, parte. **3** Apartamento, piso, morada, vivienda. **4** Compartimiento, casilla, caja, apartado.

departir conversar, dialogar, hablar, conferenciar, discutir, platicar, charlar.

depauperar empobrecer, arruinar. —*Enriquecer.* **2** Debilitar, postrar, extenuar, enflaquecer.— *Robustecer.*

dependencia subordinación, sumisión, supeditación, sujeción; obediencia, vasallaje, servidumbre, esclavitud.—*Independencia, autonomía.* **2** Sección, departamento, agencia, filial, sucursal, oficina.

dependiente sometido, supeditado, subordinado, subalterno; sumiso, vasallo. —*Independiente, autónomo.* **2** Oficinista, burócrata, empleado.

depilar afeitar, rasurar, cortar, arrancar.

deplorable lamentable, lastimoso, penoso, triste, desastroso, calamitoso.

deponer destituir, relevar, despedir, sustituir; derrocar, destronar. —*Nombrar, entronizar.*

deportar expatriar, exiliar, desterrar, expulsar. —*Repatriar.*

deporte juego, recreación, ejercicio, entrenamiento.

depositar colocar, poner, apoyar. —*Quitar.* **2** Consignar, guardar, almacenar, ahorrar; dar, entregar, confiar. —*Retirar.*

depositario consignatario, receptor, cuidador.

depósito almacén, granero, cobertizo. **2** Tanque, cisterna, aljibe, cuba, receptáculo, recipien-

te. **3** Consignación, ahorro, pago, entrega. **4** Sedimento, precipitado.

depravado corrompido, envilecido, vicioso, pervertido, disoluto. —*Decente, probo.*

depreciar devaluar, desvalorizar, rebajar, bajar, abaratar. —*Encarecer, aumentar.*

depredación devastación, rapiña, saqueo, pillaje, despojo, robo.

depredador predador, carnicero, cazador; saqueador, destructor.

depresión hondonada, cuenca, hondura, hueco, hoyo, concavidad. —*Elevación.* **2** Decaimiento, desánimo, abatimiento, postración, desfallecimiento, agotamiento, melancolía.—*Ánimo, energía.* **3** Baja, descenso, hundimiento; quiebra, ruina.

deprimir desanimar, entristecer, agobiar, desolar, abatir. —*Animar.* **2** Hundir, ahuecar, abollar.

depurar purificar, sublimar, acrisolar, refinar, limpiar, clarificar. —*Corromper, contaminar.*

derecho recto, lineal, directo, vertical, erguido. —*Curvo, torcido.* **2** Facultad, poder, atribución, prerrogativa. **3** Jurisprudencia, legislación, leyes, códigos, normas, decretos. **4** Justicia, equidad, imparcialidad, razón.

derechos impuestos, gravamen, tributo, tasa; porcentaje, comisión, honorarios.

derivar emanar, proceder, provenir, salir, resultar, originarse, seguirse, engendrarse. **2** Desviarse, perderse. **3** Encaminar, conducir.

derogar abolir, cancelar, revocar,

anular, suprimir, invalidar. — *Promulgar, implantar.*

derramar vaciar, verter, esparcir, dispersar, desaguar.

derredor (en) alrededor, en torno.

derretir fundir, disolver, licuar. —*Solidificar.*

derribar demoler, derrumbar, tumbar, derruir, arrasar, arruinar. —*Edificar, construir.* 2 Derrocar, deponer, destronar, destituir. —*Entronizar, coronar.*

derrocar deponer, destituir, destronar. —*Entronizar, coronar.* 2 Despeñar, precipitar, derruir, derribar, demoler. —*Construir.*

derrochar despilfarrar, malgastar, dilapidar, disipar, desperdiciar, gastar. —*Ahorrar.*

derrota fracaso, vencimiento, pérdida, revés, desgracia. —*Victoria, triunfo, éxito.* 2 Derrotero, ruta, rumbo, senda, camino, dirección.

derrotar vencer, arrollar, aniquilar, reducir, rendir, batir, dominar. —*Perder.*

derrumbar V. *derribar.*

desabrido insípido, insulso, soso, insubstancial. —*Sabroso, substancioso.* 2 Desagradable, antipático, áspero, displicente, hosco, huraño. —*Cortés, afable, cordial.*

desabrigar desarropar, destapar, desnudar, descubrir. —*Abrigar.*

desabrochar desabotonar, soltar. —*Abrochar.*

desacato insubordinación, rebeldía, desobediencia, irreverencia, oposición, desafío. —*Acatamiento, obediencia.*

desacierto error, disparate, equi-

vocación, yerro, desatino, falla, torpeza. —*Acierto.*

desaconsejar disuadir, desanimar, apartar, desviar. —*Aconsejar, persuadir.*

desacostumbrado desusado, inusual, inusitado, insólito, extraño, raro. —*Acostumbrado, corriente, habitual.*

desacreditar difamar, desprestigiar, infamar, deshonrar, denigrar, detractar, vituperar. —*Acreditar.*

desacuerdo divergencia, desavenencia, discordia, discrepancia, disconformidad, diferencia. —*Acuerdo, concordancia.*

desafecto aversión, antipatía, desamor, malquerencia, enemistad, hostilidad. —*Afección, cariño.*

desafiar retar, provocar, afrontar, enfrentar, encarar, rivalizar.

desafinado disonante, desentonado, destemplado, discordante. —*Afinado.*

desaforado descomunal, desmesurado, desmedido, desproporcionado, enorme. —*Pequeño.* 2 Desenfrenado, exaltado, arrebatado; arbitrario, abusivo. —*Mesurado.*

desafortunado desventurado, desdichado, desgraciado, infortunado, infeliz. —*Afortunado, feliz.*

desafuero injusticia, atropello, abuso, arbitrariedad, exceso, desmán. —*Justicia.*

desagradable molesto, incómodo, fastidioso, enojoso, irritante, enfadoso, repelente, insoportable. —*Agradable, placentero.*

desagradecido ingrato, desleal, infiel. —*Agradecido.*

desagrado descontento, disgusto, fastidio, enojo, molestia, enfado. —*Agrado, contento.*

desagravio reparación, expiación, satisfacción, explicación, compensación, reivindicación, resarcimiento. —*Agravio.*

desagregar segregar, desarticular, desunir, separar; dispersar, disgregar, esparcir. —*Agregar, reunir.*

desaguar desembocar, verter, afluir, derramar, vaciar.

desagüe caño, alcantarilla, tubería, conducto, desaguadero, drenaje, salida.

desaguisado agravio, atropello, perjuicio, injusticia, barbaridad, desacierto, desatino. —*Acierto.*

desahogado holgado, espacioso, cómodo, despejado, amplio, ancho. —*Estrecho, incómodo, reducido.* **2** Acomodado, adinerado. —*Pobre, necesitado.* **3** Descarado, atrevido, desvergonzado, fresco.

desahogarse desfogarse, explanarse, franquearse, confiarse. —*Reprimirse, contenerse.*

desahuciar desalojar, expulsar, echar, lanzar, despedir. **2** Desesperanzar, sentenciar, condenar. —*Esperanzar.*

desairar ofender, ultrajar, humillar, despreciar, menospreciar. —*Respetar.*

desajustar desencajar, desacoplar. —*Ajustar.*

desaliento desánimo, abatimiento, decaimiento, postración, flaqueza. —*Aliento, ánimo.*

desaliñado descuidado, desarre-

glado, abandonado, desaseado, sucio, mugriento. —*Pulcro, limpio.*

desalmado inhumano, despiadado, cruel, bárbaro, brutal. —*Humanitario, compasivo.*

desalojar expulsar, desahuciar, echar, lanzar. —*Alojar.* **2** Irse, marcharse, abandonar, dejar. —*Ocupar.*

desamarrar soltar, desatar, desanudar, desligar, desasir. —*Amarrar, atar, anudar.*

desamor aversión, antipatía, animadversión, aborrecimiento, odio. —*Amor.*

desamparado desprotegido, abandonado, indefenso, desvalido, descuidado, solo. —*Amparado, protegido.*

desangrar(se) agotarse, debilitarse, extenuarse; empobrecerse, arruinarse.

desanimar desalentar, descorazonar, atemorizar, acobardar. —*Animar.*

desapacible áspero, brusco, desagradable, enojoso, molesto; tormentoso, borrascoso. —*Agradable, apacible, sereno.*

desaparecer esfumarse, ocultarse, esconderse, huir, disiparse, evaporarse, desvanecerse. —*Aparecer.*

desapasionado frío, indiferente, insensible, apático. —*Apasionado.* **2** Imparcial, neutral, equitativo, justo, objetivo. —*Injusto.*

desapego insensibilidad, frialdad, alejamiento, indiferencia; desamor, desafecto.

desapercibido desprevenido, despreocupado, descuidado, distraído. —*Preparado.* 2 Desprovisto, falto.

desaplicado negligente, holgazán, descuidado, desatento, perezoso. —*Aplicado.*

desaprobar censurar, reprobar, desautorizar, oponerse, refutar, criticar, protestar. —*Aprobar.*

desaprovechar desperdiciar, despilfarrar, malgastar, derrochar, dilapidar, perder. —*Aprovechar.*

desarmar desarticular, descomponer, deshacer, desmontar, desbaratar. —*Montar, componer.* 2 Desposeer, quitar, privar, despojar, arrebatar, debilitar. —*Armar, proveer.*

desarme desarmamiento, pacificación, apaciguamiento, acuerdo.

desarraigado arrancado, desenterrado, descuajado, extraído. 2 Emigrado, desterrado, expulsado, apartado, alejado. 3 Extirpado, suprimido, aniquilado.

desarreglar desorganizar, desordenar, trastornar, revolver; descomponer, alterar. —*Ordenar, arreglar.*

desarrollar impulsar, fomentar, expandir, acrecentar, evolucionar, impulsar, prosperar, avanzar, ampliar. —*Retrasar, atrasar.* 2 Explicar, definir, esclarecer, interpretar.

desarrollo progreso, crecimiento, prosperidad, adelanto, aumento, auge, incremento, amplitud. —*Retraso, atraso.* 2 Robustecimiento, vigorización, fortalecimiento.

desarropar V. **desabrigar**.

desarrugar alisar, estirar, planchar. —*Arrugar.*

desarticular desencajar, desco-

yuntar, desacoplar, desmontar, separar, desunir; dislocar, luxar. —*Articular, ensamblar, unir.*

desaseado sucio, mugriento, cochino, asqueroso, desaliñado, abandonado, descuidado. —*Aseado, limpio, pulcro.*

desasirse soltarse, desprenderse, desatarse, separarse, librarse. —*Asirse, sujetarse.*

desasosiego intranquilidad, inquietud, agitación, preocupación, desazón, ansiedad. —*Sosiego, calma, tranquilidad.*

desastre calamidad, tragedia, desgracia, catástrofe, cataclismo, hecatombe.

desatar soltar, desanudar, desamarrar, desunir. —*Atar, amarrar.*

desatención descortesía, desaire, incorrección, descomedimiento, grosería. —*Cortesía, atención.*

desatino disparate, error, desacierto, absurdo, insensatez, despropósito. —*Acierto.*

desatornillar desenroscar. —*Atornillar.*

desatrancar desatascar, destapar, desobstruir, limpiar, abrir. —*Atascar.*

desautorizado descalificado, desacreditado, desprestigiado, relegado, rebajado. —*Autorizado.*

desavenencia desacuerdo, disentimiento, discrepancia, pugna, antagonismo, disputa, discordia. —*Acuerdo, avenencia.*

desazón zozobra, desasosiego, inquietud, molestia, intranquilidad, descontento. —*Sosiego, tranquilidad.*

desbancar relevar, reemplazar, sustituir, suplantar. —*Instaurar.*

desbandarse dispersarse, huir, desperdigarse, desparramarse, escaparse. —*Concentrarse.*

desbarajuste caos, confusión, desorganización, desorden, tumulto, barullo. —*Orden.*

desbaratar desarticular, descomponer, deshacer, desarmar, estropear, destrozar. —*Componer.*

desbarrar equivocarse, disparatar, desacertar, desatinar, errar, desvariar, delirar.

desbastar afinar, pulir, limar, alisar. **2** Instruir, educar, refinar.

desbocarse encabritarse, embravecerse. **2** Desmandarse, descararse.

desbordante rebosante, excesivo, profuso, exuberante; intenso, incontenible.

desbordarse derramarse, rebosar, anegar, inundar.

desbravar domesticar, domar, amansar, amaestrar.

desbrozar desarraigar, limpiar, desembrozar, extirpar, despejar.

descabellado disparatado, insensato, absurdo, irracional, desacertado. —*Sensato.*

descalabrar lesionar, herir, lastimar, golpear.

descalabro desventura, daño, desgracia, pérdida, perjuicio, infortunio, fracaso. —*Triunfo, éxito.*

descalificar desautorizar, inhabilitar, incapacitar, desconceptuar. —*Autorizar, habilitar.*

descaminado equivocado, errado, desatinado, desacertado; desviado, descarriado, desorientado, perdido. —*Acertado, encaminado, orientado.*

descamisado andrajoso, harapiento, desharrapado, zarrapastroso, indigente, mísero. —*Pulcro.*

descampado despejado, descubierto, abierto, llano, libre, despoblado.

descansar reposar, sosegarse, calmarse, relajarse, aliviarse, yacer. —*Cansarse, fatigarse.* **2** Apoyar, asentar, recostar, reclinar.

descansillo rellano, descanso.

descanso reposo, sosiego, tranquilidad, calma, alivio, inactividad. —*Trabajo, fatiga.* **2** Alto, pausa, intervalo, parada, interrupción, intermedio, entreacto.

descarado atrevido, insolente, grosero, desvergonzado, cínico. —*Cortés, respetuoso.*

descarga salva, andanada, disparos, fuego, cañonazo. **2** Descargue, descargo, extracción. —*Carga.*

descargar sacar, extraer, bajar, desembarcar, vaciar. —*Cargar.* **2** Aligerar, desembarazar, quitar, aliviar; relevar, liberar, eximir. **3** Pegar, propinar. **4** Disparar, tirar, ametrallar, hacer fuego.

descargo justificación, pretexto, disculpa, excusa. —*Cargo.*

descarnado enjuto, flaco, escuálido, demacrado, esquelético. —*Robusto, rollizo.* **2** Crudo, realista.

descaro insolencia, atrevimiento, desvergüenza. —*Respeto.*

descarriarse corromperse, pervertirse, depravarse, malograrse. **2** Errar, extraviarse, perderse, desviarse, descaminarse, alejarse. —*Encaminarse, orientarse.*

descartar desechar, prescindir,

excluir, suprimir, eliminar, quitar. —*Incluir, aceptar.*

descastado renegado, infiel, desagradecido, ingrato. —*Fiel.*

descendencia sucesión, progenie, prole, sucesores, linaje. —*Ascendencia.*

descender bajar, precipitarse, deslizarse, descolgarse, hundirse; aterrizar. —*Ascender, subir.* **2** Disminuir, menguar, aminorar, decrecer, mermar; debilitarse. —*Crecer, aumentar.* **3** Derivarse, provenir, proceder, originarse.

descendiente sucesor, heredero, hijo, pariente, familiar. —*Antepasado, ascendiente.*

descenso bajada, descendimiento, deslizamiento. —*Ascenso, subida.* **2** Declinación, caída, decadencia, ocaso, declive. —*Auge, apogeo.*

descentrado desviado, desnivelado, irregular, desplazado. —*Centrado.* **2** Desequilibrado, trastornado, desquiciado. —*Equilibrado.*

descerrajar romper, fracturar, destrozar, violentar, forzar.

descifrar interpretar, dilucidar, comprender, transcribir, desentrañar, entender, adivinar, acertar. —*Desconocer.*

desclavar desprender, separar, arrancar, extraer. —*Clavar.*

descolgar bajar, arriar. —*Colgar.*

descolocado desplazado, desacomodado, descentrado, mal situado. —*Colocado.*

descolorido apagado, incoloro, tenue, pálido, blanquecino. —*Coloreado.*

descollante sobresaliente, destacado, excelente, predominante,

distinguido, superior. —*Mediocre.*

descomedido desatento, descortés, grosero, desconsiderado. —*Comedido, atento.* **2** Excesivo, desproporcionado, desmedido, exagerado. —*Moderado.*

descomponer(se) estropear, deteriorar, averiar, dañar, arruinar, desbaratar, desarticular. —*Componer.* **2** Desarreglar, trastornar, desordenar. —*Ordenar, arreglar.* **3** Pudrirse, corromperse. —*Conservarse.* **4** Alterarse, indisponerse, enfermar.

descomposición corrupción, putrefacción, alteración. —*Conservación.* **2** Desorganización, desorden, desintegración. —*Orden.* **3** Análisis, separación, abstracción. **4** Avería, daño. **5** Diarrea, flujo.

descomunal colosal, enorme, gigantesco, grande, desmesurado, desproporcionado. —*Diminuto, minúsculo.*

desconcertar perturbar, confundir, aturdir, alterar, turbar, trastornar, desorientar.

desconectar interrumpir, cortar, desunir, desenchufar, aislar. —*Conectar, unir.*

desconfianza recelo, incredulidad, suspicacia, sospecha, reserva, inseguridad, prevención, escepticismo. —*Confianza.*

descongestionar desconcentrar, desahogar, desatascar, aligerar. —*Congestionar.*

desconocer ignorar, olvidar; desentenderse, despreciar, rechazar. —*Conocer, saber, interesarse.*

desconocido extraño, anónimo,

forastero, extranjero, intruso. **2** Incógnito, ignorado, oscuro, ignoto, inexplorado. —*Conocido.*

desconocimiento inconsciencia, inadvertencia; desprecio, rechazo. —*Conocimiento, reconocimiento.*

desconsiderado desatento, incorrecto, descortés, grosero. —*Considerado, atento, cortés.*

desconsolado dolorido, compungido, afligido, atribulado, triste, angustiado. —*Contento.*

descontar sustraer, deducir, restar, disminuir, rebajar, quitar. —*Añadir, sumar.*

descontento disgustado, insatisfecho, enfadado, quejoso, contrariado. —*Contento, satisfecho.* **2** Disgusto, enojo, enfado, insatisfacción, desagrado, irritación.—*Conformidad, satisfacción.*

descorazonar desalentar, desesperanzar, desanimar, amedrentar, acobardar. —*Animar, alentar.*

descorrer plegar, encoger. —*Extender.* **2** Volver, retroceder.

descortés inculto, desatento, desconsiderado, ordinario, incorrecto, grosero, vulgar. —*Cortés, atento, educado.*

descoser deshilvanar, rasgar, desunir. —*Coser.*

descrédito desprestigio, deshonor, deshonra, demérito, mancilla, mancha, caída.—*Honra, crédito, honor.*

descreído incrédulo, impío, irreligioso, escéptico, ateo. —*Creyente.*

describir detallar, especificar, reseñar, explicar, referir, representar, delinear.

descripción relación, detalle, explicación, especificación; imagen, retrato.

descuartizar despedazar, desmembrar, destrozar, mutilar.

descubridor inventor, creador, explorador.

descubrimiento hallazgo, invención, creación.

descubrir(se) revelar, manifestar, mostrar, denunciar, exhibir, destapar, enseñar. —*Ocultar, esconder.* **2** Encontrar, localizar, hallar, sorprender; inventar, crear. **3** Destaparse, desnudarse. —*Taparse.*

descuento rebaja, reducción, deducción, disminución. —*Incremento, aumento.*

descuidar desatender, abandonar, despreocuparse, desentenderse, postergar, relegar, olvidar, dejar. —*Cuidar.*

desdecirse negar, retractarse, abjurar, rectificar, enmendar, corregirse, contradecirse. —*Confirmar.*

desdén desprecio, menosprecio, desconsideración, ofensa, desaire; indiferencia, altivez, arrogancia. —*Interés, estimación.*

desdeñable insignificante, despreciable, indigno. —*Digno.*

desdicha desventura, infelicidad, infortunio, adversidad, desgracia, fatalidad.—*Dicha, felicidad, fortuna.*

desdoblar desplegar, desenrollar, extender, desenvolver.—*Doblar, plegar.* **2** Dividir, fragmentar. —*Unir.*

desdoro descrédito, deshonor, deshonra, desprestigio, mancha, mancilla. —*Prestigio, honra.*

desear anhelar, querer, ansiar, ambicionar, aspirar, codiciar, esperar, antojarse; augurar. — *Rechazar, rehusar.*

desechar rechazar, repudiar, excluir, desdeñar, apartar, despreciar. —*Estimar, apreciar.*

desechos basuras, residuos, desperdicios, restos, escoria.

desembarazarse librarse, soltarse, eludir, zafarse. —*Implicarse.*

desembarazo desenvoltura, soltura, desenfado, confianza, aplomo. —*Timidez.*

desembarcadero muelle, puerto, fondeadero, atracadero.

desembarcar bajar, descender, descargar. —*Embarcar.* 2 Invadir, ocupar, incursionar.

desembocadura boca, salida, estuario, delta.

desembocar afluir, confluir, verter, desaguar; llegar, salir, terminar.

desembolso pago, dispendio, gasto, entrega. —*Cobro.*

desembrollar esclarecer, desenredar, dilucidar, aclarar, desenmarañar. —*Embrollar, enredar.*

desempacar desempaquetar, desenvolver, desembalar, abrir, destapar. —*Empaquetar.*

desempeñar realizar, practicar, ejecutar, efectuar, cumplir, hacer; ocupar, ejercer. 2 Desembargar, rescatar, recuperar, librar. —*Empeñar.*

desempleo desocupación, paro.— *Empleo.*

desencadenar(se) liberar, soltar. —*Encadenar.* 2 Desatarse, estallar, producirse, comenzar.

desencajar desajustar, dislocar, desacoplar, desarticular. —*Encajar.*

desencanto desengaño, decepción, desilusión, chasco. —*Ilusión.*

desenchufar desconectar, interrumpir.

desenfrenado inmoderado, desaforado, descarriado, atropellado, desmedido; licencioso, disoluto, libertino. —*Moderado.*

desenfreno exceso, descarrío, libertinaje. —*Templanza, moderación.*

desenganchar desunir, soltar, desprender, separar. —*Enganchar, unir.*

desengañar desilusionar, contrariar, decepcionar, desencantar, desanimar, defraudar. —*Ilusionar.*

desenlace resultado, fin, conclusión, final, terminación. —*Inicio.*

desenmascarar revelar, descubrir, destapar, mostrar, señalar. —*Ocultar, esconder.*

desenredar desenmarañar, desembrollar. 2 Esclarecer, aclarar, solucionar. —*Enmarañar, enredar, embrollar.*

desenrollar desplegar, desenvolver, extender, desdoblar, abrir, estirar. —*Plegar, enrollar.*

desenroscar desatornillar, girar. —*Enroscar, atornillar.*

desentenderse despreocuparse, desdeñar, eludir, olvidar, rehuir. —*Interesarse, preocuparse.*

desenterrar exhumar, excavar, extraer, sacar. —*Enterrar.* 2 Rememorar, evocar, recordar, revivir. —*Olvidar.*

desentonado desafinado, destemplado, disonante. —*Afinado*. **2** Contrastante, diferente.

desentrañar resolver, descifrar, dilucidar, solucionar, aclarar, explicar, desembrollar.

desenvainar desenfundar, extraer, sacar.

desenvoltura naturalidad, soltura, seguridad, confianza, desembarazo. —*Inseguridad*. **2** Descaro, descomedimiento, desvergüenza, impudor. —*Comedimiento, recato*.

desenvolver(se) desenrollar, abrir, extender, desdoblar. —*Envolver*. **2** Arreglarse, manejarse.

deseo ansia, aspiración, apetencia, anhelo, esperanza, ambición, avidez, pretensión, apetito, gana. —*Aversión*. **2** Apetito sexual, voluptuosidad, excitación, lujuria.

desequilibrio desigualdad, desproporción; inestabilidad, inseguridad. —*Igualdad, equilibrio*. **2** Enajenación, perturbación, trastorno, demencia, locura. —*Cordura, sensatez*.

deserción defección, huida, fuga, abandono, infidelidad, deslealtad, traición.

desértico árido, estéril, infecundo, desolado, yermo. —*Fértil*. **2** Deshabitado, solitario, despoblado. —*Poblado*.

desesperación exasperación, desaliento, desesperanza, descorazonamiento, abatimiento, consternación, dolor, aflicción; disgusto. —*Esperanza*.

desestabilizar desequilibrar, trastornar. —*Estabilizar*.

desestimar menospreciar, desdeñar, despreciar. —*Estimar*. **2** Denegar, rehusar, desechar, negar. —*Aceptar*.

desfachatez insolencia, atrevimiento, descaro, osadía, cinismo.

desfalcar defraudar, estafar, malversar, timar, robar.

desfallecimiento decaimiento, indisposición, desmayo, agotamiento, desaliento, extenuación.

desfasado anticuado, pasado. —*Actual*.

desfavorable contrario, adverso, pernicioso, nocivo, dañino, perjudicial. —*Favorable, propicio*.

desfigurar deformar, estropear, dañar. **2** Alterar, falsear; disimular, disfrazar.

desfiladero despeñadero, cañón, barranco, cañada, paso. —*Llanura*.

desfilar marchar, pasar, recorrer; exhibirse.

desflorar desvirgar, quitar la virginidad.

desfogarse desahogarse. —*Contenerse*.

desgajar desprender, arrancar, separar.

desgana apatía, indiferencia, indolencia, abulia, tedio, fastidio, hastío; inapetencia, anorexia. —*Gana, apetito*.

desgañitarse gritar, vocear, chillar, vociferar; enronquecerse. —*Callar*.

desgarrar rasgar, destrozar, romper, despedazar.

desgarrón rotura, rasgón, desgarradura; jirón, andrajo.

desgastar(se) carcomer, roer, corroer, consumir. **2** Usar, ajar, dete-

desinfectante

riorar. —*Conservar*. **3** Debilitarse, extenuarse, fatigarse. —*Fortalecerse*.
desgracia desdicha, desventura,
infortunio, aflicción, adversidad;
desamparo, miseria, pobreza. —
Felicidad, ventura. **2** Fatalidad,
fracaso, derrota; calamidad, catástrofe, tragedia, cataclismo. —
Éxito.
desgraciado infausto, funesto, lamentable, penoso, doloroso, desastroso, aciago. —*Afortunado*. **2**
Desdichado, infeliz, desafortunado, malogrado; desvalido, mísero, pobre. —*Feliz*. **3** Apocado,
vil.
deshabitado inhabitado, despoblado, solitario, desierto, abandonado, vacío. —*Habitado, poblado*.
deshacer desarmar, descomponer, desencajar, desbaratar, desarticular, desmontar. —*Armar,
componer*. **2** Destrozar, destruir,
despedazar, romper. **3** Aniquilar, vencer, derrotar, exterminar.
4 Derretir, licuar, disolver, fundir, diluir. —*Solidificar*.
desharrapado andrajoso, harapiento, haraposo, roto. —*Elegante, pulcro*.
deshelar derretir, fundir, descon-
gelar, disolver. —*Helar, congelar*.
desheredar preterir, excluir, privar. —*Otorgar*.
deshilvanado incoherente, inconexo, incongruente, incomprensible, confuso. —*Coherente*.
deshincharse desinflarse, desin-
flamarse, reducirse. —*Hincharse, inflarse*.
deshojar arrancar, separar, despojar.

deshonestidad corrupción, indignidad, impudicia, venalidad, deslealtad, indecencia. —*Honestidad, honradez*.
deshonra deshonor, ignominia,
oprobio, descrédito, desprestigio.
—*Honra, honor*.
deshora (a) inesperadamente, intempestivamente, repentina-
mente.
desidia negligencia, incuria, indolencia, abandono, dejadez,
apatía, descuido. —*Celo, dedicación, diligencia*.
desierto árido, estéril, improductivo, seco, inhóspito, infecundo,
agreste, arenoso. —*Fértil*. **2**
Deshabitado, yermo, solitario,
despoblado, aislado, abandonado. —*Poblado, habitado*.
designar denotar, indicar, señalar, significar; denominar, calificar, nombrar. **2** Elegir, investir,
ascender. —*Destituir*.
designio propósito, intención, ánimo, determinación, proyecto,
plan.
desigual dispar, distinto, diferente, diverso, heterogéneo, disímil.
—*Igual*. **2** Mudable, voluble,
cambiante, inconstante, variable,
caprichoso. —*Constante*. **3** Quebrado, escarpado, áspero, irregular, barrancoso. —*Llano*.
desigualdad disparidad, desemejanza, heterogeneidad, diferencia, discrepancia, divergencia,
disconformidad. —*Igualdad,
semejanza*.
desilusión desengaño, decepción,
frustración, desencanto, contrariedad. —*Ilusión*.
desinfectante antiséptico, asép-

127

tico, purificador, esterilizador, abstergente, bactericida.

desinfectar esterilizar, higienizar, purificar, limpiar. —*Contaminar, infectar.*

desintegrar descomponer, deshacer, desmenuzar, pulverizar, fragmentar, disgregar, separar, dividir. —*Condensar, integrar.*

desinterés desgana, apatía, desidia, dejadez, indiferencia. — *Interés.* 2 Generosidad, altruismo, abnegación, desprendimiento. —*Egoísmo.*

desistir renunciar, abandonar, cesar, ceder, resignarse, rendirse. —*Perseverar, insistir.*

desleal traidor, traicionero, infiel, indigno, infame, pérfido, vil. — *Fiel, leal.*

deslenguado lenguaraz, malhablado, procaz, grosero, soez, atrevido, insolente. —*Prudente.*

desligar(se) desatar, desunir, soltar, desanudar. —*Atar, unir, ligar.* 2 Desvincularse, separarse, independizarse, distanciarse, liberarse. —*Vincularse.*

deslindar demarcar, delimitar, limitar; señalar, distinguir, fijar, definir.

desliz falta, debilidad, descuido, error, flaqueza; tropiezo, caída, traspié. —*Acierto.*

deslizar(se) resbalar, patinar, rodar; arrastrar, empujar. 2 Escaparse, evadirse, escabullirse, escurrirse.

deslucir deslustrar, ajar, deteriorar, gastar; ensombrecer, empañar, oscurecer, desacreditar.

deslumbrar maravillar, impresionar, pasmar, asombrar, fascinar.

2 Cegar, encandilar, enceguecer.
3 Perturbar, confundir, atontar.

desmadre confusión, caos, desbarajuste, exceso, desenfreno.

desmán abuso, atropello, injusticia, arbitrariedad, desafuero. — *Justicia.*

desmanchar limpiar.

desmantelar derribar, arrasar, demoler, destruir. 2 Abandonar, retirarse, desalojar.

desmayar(se) flaquear, desanimarse, renunciar, ceder, desalentarse, desfallecer, amilanarse, acobardarse. 2 Desvanecerse, marearse, desplomarse, perder el sentido. —*Recobrarse, recuperarse.*

desmayo desvanecimiento, mareo, síncope, colapso, desfallecimiento, soponcio. —*Reanimación, recuperación.*

desmedido V. desmesurado.

desmejorar empeorar, decaer, agravarse, debilitarse. —*Recuperarse.* 2 Deslucir, ajar, deslustrar, deteriorar. —*Mejorar.*

desmemoriado olvidadizo, despistado, distraído. —*Atento.*

desmentir negar, refutar, contradecir, impugnar, objetar, rebatir. —*Confirmar.*

desmenuzar pulverizar, triturar, desmigajar, fragmentar, picar, desgranar, desintegrar.

desmerecer desvalorizar, rebajar, disminuir.

desmesurado desmedido, descomunal, gigantesco, enorme, excesivo. —*Minúsculo, diminuto.*

desmontar desarmar, desarticular, desbaratar, desajustar, descomponer. —*Armar, componer.*

2 Descabalgar, apearse, bajarse, descender. —*Montar, subir.*

desmoralizar desalentar, desanimar, abatir, descorazonar, desconcertar. —*Animar.* **2** Corromper, viciar, pervertir.

desmoronar(se) arrasar, destruir, derribar, deshacer, desplomar, demoler. —*Construir.* **2** Hundirse, abatirse, decaer. —*Sobreponerse.*

desnivel altibajo, desigualdad, desproporción. —*Igualdad.* **2** Declive, pendiente, cuesta. —*Llano.*

desnudo desvestido, descubierto, desabrigado. —*Vestido.* **2** Desprovisto, falto, carente; pobre, indigente, mísero. —*Dotado, provisto, rico.* **3** Árido, desolado, desierto, yermo, desmantelado. **4** Patente, claro, manifiesto, sin ambages. —*Encubierto, oculto.*

desnutrido escuálido, débil, extenuado, anémico, depauperado, esquelético, flaco. —*Vigoroso.*

desobedecer insubordinarse, infringir, rebelarse, contradecir. —*Obedecer.*

desobediente rebelde, insubordinado, indisciplinado, insumiso; obstinado, terco. —*Obediente.*

desocupado libre, vacío, disponible. —*Ocupado.* **2** Despoblado, desierto, deshabitado. —*Poblado.* **3** Cesante, parado, inactivo. —*Activo.* **4** Ocioso, haragán, vago.

desocupar vaciar, evacuar, desalojar, deshabitar. —*Llenar, ocupar.*

desoír desatender, desdeñar, ignorar, desobedecer. —*Escuchar.*

desolación aflicción, tristeza, pe-

sar, desconsuelo, dolor, angustia, pena. —*Alegría, gozo.* **2** Aniquilación, devastación, destrucción, ruina.

desollar despellejar, pelar. **2** Criticar, censurar, vituperar.

desorden caos, anarquía, desorganización, desarreglo, enredo, desbarajuste, mezcolanza, trastorno. —*Orden.* **2** Tumulto, barullo, alboroto, bullicio, motín, asonada.

desordenar desorganizar, revolver, desarreglar, enredar, trastornar, perturbar. —*Ordenar, organizar.*

desorganizar V. **desordenar.**

desorientar confundir, extraviar, despistar, descaminar; desconcertar, trastornar, turbar. —*Orientar.*

despabilado despierto, listo, despejado, advertido, vivo, avisado, agudo. —*Torpe.*

despacio lentamente, pausadamente, paulatinamente. —*Rápido, aprisa, velozmente.*

despachar enviar, remitir, mandar, expedir, dirigir. —*Recibir.* **2** Diligenciar, tramitar, solucionar, resolver, concluir; atender, servir, expender. **3** Expulsar, destituir, echar. —*Nombrar.*

despacho oficina, bufete, estudio. **2** Cable, comunicación, parte, telegrama. **3** Tienda, expendio, comercio, establecimiento.

despampanante maravilloso, extraordinario, desconcertante, sorprendente, increíble, asombroso, impresionante. —*Corriente, usual.*

desparpajo desenvoltura, frescura, desembarazo, soltura, desenfado. —*Timidez.*

desparramar esparcir, diseminar, dispersar, extender, desperdigar. —*Juntar.*

despavorido horrorizado, aterrado, espantado, aterrorizado, asustado. —*Impávido, sereno.*

despectivo desdeñoso, despreciativo, altanero, soberbio, arrogante, ofensivo. —*Afectuoso.*

despecho indignación, desengaño, desilusión; animosidad, enfado, encono, rencor.

despedazar descuartizar, desmembrar, destrozar, desgarrar.

despedida partida, adiós, separación, marcha. **2** Homenaje, atención, cortesía, agasajo. —*Acogida, recibimiento.*

despedir expulsar, destituir, licenciar. —*Admitir.* **2** Lanzar, arrojar, tirar. —*Recibir.*

despegar arrancar, desunir, desprender, quitar, separar, apartar. —*Pegar.* **2** Elevarse, remontarse, levantar el vuelo. —*Aterrizar.*

despeinar desgreñar, desmelenar.

despejado sereno, bonancible, abierto, claro. —*Nublado.* **2** Amplio, espacioso, libre, desatascado, desembarazado. —*Tapado, obstruido.* **3** Ingenioso, lúcido, penetrante, listo, despierto. —*Torpe.*

despensa alacena; estante, armario. **2** Víveres, provisión.

despeñadero barranco, hondonada, talud, precipicio.

despeñar arrojar, lanzar, precipitar, derrumbar.

desperdicio residuo, desecho, sobra, resto, sobrante, escombro, basura. **2** Derroche, despilfarro, dilapidación, gasto.

desperdigar desparramar, esparcir, diseminar, dispersar, extender. —*Reunir, acumular.*

desperezarse estirarse, desentumecerse.

desperfecto daño, avería, deterioro, defecto.

despertar reanimar, despabilar, desadormecer. —*Adormecer.* **2** Incitar, estimular, excitar, provocar. **3** Evocar, rememorar, recordar. —*Olvidar.*

despiadado inhumano, cruel, implacable, desalmado, inclemente, brutal. —*Compasivo, piadoso.*

despido destitución, suspensión, relevo, cesantía, expulsión. —*Admisión.*

despierto despabilado, animado, atento, alerta, vigilante; insomne, desvelado. —*Dormido.* **2** Astuto, listo, vivo, inteligente. —*Torpe.*

despilfarrar derrochar, dilapidar, malgastar, prodigar, desperdiciar, gastar. —*Economizar, aprovechar.*

despistar confundir, desorientar, extraviar, engañar. —*Orientar.*

desplante insolencia, arrogancia, atrevimiento. —*Cortesía.*

desplazar(se) trasladar, correr, deslizar, empujar; apartar, relegar. **2** Dirigirse, recorrer, viajar.

desplegar extender, desdoblar, desenvolver, desenrollar, abrir, expandir. —*Plegar, doblar.* **2** Ejercitar, practicar, efectuar.

desplomarse derrumbarse, desmoronarse, hundirse, caer. —*Levantarse, alzarse.*

desplumar pelar, arrancar. 2 Despojar, quitar; estafar, robar.

despoblado deshabitado, desierto, solitario, vacío, abandonado, desolado. —*Poblado, habitado.*

despojar arrebatar, desposeer, quitar, confiscar, arrancar, usurpar, privar. —*Entregar, ceder.*

despojo presa, botín, pillaje, robo.

despojos cadáver, restos mortales, muerto, difunto. 2 Residuos, escombros, desechos, sobras, desperdicios.

déspota autócrata, tirano, dictador, opresor.

despotismo tiranía, dictadura, absolutismo, autoritarismo, opresión, dominación. —*Democracia.*

despotricar disparatar, desbarrar, desvariar, vilipendiar.

despreciable vil, ruin, abyecto, rastrero, bajo, indigno, infame, miserable. —*Digno, apreciable.* 2 Desdeñable, insignificante, intrascendente. —*Importante, significativo.*

despreciar desestimar, menospreciar, desairar, desdeñar, humillar, ofender. —*Respetar, apreciar.*

desprender despegar, desunir, separar, desasir, soltar. —*Pegar, juntar, unir.*

desprendimiento desinterés, altruismo, generosidad, desapego, liberalidad. —*Avaricia, codicia.* 2 Avalancha, alud, desmoronamiento. 3 Alejamiento, separación, desunión.

despreocupación calma, serenidad, tranquilidad, indiferencia. 2 Indolencia, apatía, desidia. —*Preocupación.*

desprestigiar desacreditar, difamar, vilipendiar, denigrar, infamar. —*Alabar, honrar, elogiar.*

desprevenido despreocupado, descuidado, desapercibido. —*Prevenido.*

desproporción desigualdad, diferencia, disparidad, deformidad, incongruencia. —*Proporción, similitud.*

despropósito desatino, disparate, desacierto, absurdo, dislate, equivocación. —*Acierto.*

desprovisto carente, privado, falto, despojado. —*Provisto, dotado.*

después luego, posteriormente, seguidamente, detrás, más tarde, a continuación. —*Antes, previamente.*

despuntar mellar, gastar, embotar. —*Aguzar.* 2 Aparecer, salir, surgir, asomar, levantarse. —*Ponerse.* 3 Distinguirse, descollar, sobresalir, destacarse.

desquiciado perturbado, trastornado, alterado, enloquecido. —*Tranquilo, sereno.*

desquitarse resarcirse, vengarse.

destacamento vanguardia, avanzada, patrulla, pelotón, grupo.

destacar sobresalir, distinguirse, descollar, aventajar, predominar, despuntar. 2 Recalcar, acentuar, subrayar, insistir, hacer incapié, poner de relieve.

destapar revelar, mostrar, descubrir; desabrigar, desnudar. —*Cubrir.* 2 Abrir, destaponar, descorchar. —*Tapar.*

destartalado descompuesto, desordenado, desproporcionado, desvencijado.

destello reflejo, centelleo, fulgor, ráfaga, brillo, resplandor, chispazo, luz.

destemplado discordante, inarmónico. —*Armónico*. **2** Inclemente, riguroso, desapacible, frío. —*Templado*. **3** Descomedido, descortés, áspero, grosero, desconsiderado. —*Comedido, considerado, amable*.

desteñir decolorar, despintar, aclarar, blanquear. —*Teñir*.

desterrar exiliar, deportar, expatriar, expulsar. —*Repatriar*. **2** Alejar, suprimir, apartar.

destiempo (a) inoportunamente, intempestivamente, a deshora. —*Oportunamente, a tiempo*.

destilar sublimar, evaporar, vaporizar; filtrar, rezumar, condensar, extraer.

destinar dedicar, consagrar, designar, reservar, asignar. **2** Mandar, enviar, despachar.

destino fortuna, azar, suerte, hado, estrella, sino. **2** Puesto, ocupación, cargo, empleo, plaza, cometido, función. **3** Finalidad, dirección, fin, destinación, objetivo.

destituir despedir, suspender, deponer, licenciar, expulsar, derrocar, retirar, degradar. —*Nombrar*.

destreza habilidad, agilidad, aptitud, maestría, pericia, competencia. —*Torpeza*.

destripar despachurrar, aplastar, reventar.

destronar derrocar, deponer, destituir. —*Entronizar, coronar*.

destrozar despedazar, desbaratar, deshacer, fragmentar, desmenuzar, descuartizar, partir, destruir,

romper. —*Componer*. **2** Derrotar, aniquilar, vencer.

destrucción devastación, aniquilación, exterminio, asolamiento, demolición, destrozo, estrago, catástrofe, cataclismo. —*Construcción*.

destruir devastar, derribar, aniquilar, arrasar, derrumbar, demoler, asolar, desmantelar, dañar, descomponer, desbaratar, destrozar. —*Construir, edificar*.

desunir separar, dividir, desmembrar, disgregar, desarticular, aislar, apartar, alejar. —*Unir, juntar*. **2** Disociar, enemistar, indisponer. —*Conciliar*.

desusado desacostumbrado, inusitado, inusual, infrecuente, insólito; anticuado, obsoleto. —*Corriente, habitual*.

desvaído desteñido, desdibujado, descolorido, pálido, apagado, impreciso, borroso. —*Colorido, vivo*.

desvalido desamparado, indefenso, impotente, inerme, abandonado. —*Protegido, amparado*.

desvalijar despojar, saquear, sustraer, atracar, hurtar, robar.

desván buhardilla, altillo, guardilla.

desvanecer(se) disipar, atenuar, esfumar, aclarar. **2** Eliminar, anular, borrar, suprimir. **3** Desmayarse, desfallecer, desplomarse, perder el sentido. —*Recobrarse*. **4** Evaporarse, desaparecer.

desvarío delirio, extravío, enajenación, perturbación, locura, quimera, fantasía, disparate. —*Razón*.

desvelarse afanarse, inquietarse,

preocuparse, desvivirse, interesarse. —*Despreocuparse.* **2** Despabilarse. —*Dormir.*

desvencijado deteriorado, destartalado, estropeado. —*Nuevo, flamante.*

desventaja perjuicio, menoscabo, inferioridad, inconveniente, dificultad. —*Ventaja.*

desvergüenza atrevimiento, insolencia, desfachatez, descaro, indecencia, cinismo. —*Respeto, decencia.*

desvestir desnudar, desabrigar, destapar, descubrir. —*Vestir, cubrir.*

desviar descaminar, apartar, alejar, torcer, esquivar, extraviar, despistar, descarriar, desorientar; disuadir, desaconsejar, persuadir. —*Encaminar, orientar.*

desvirgar desflorar, quitar la virginidad.

desvirtuar deformar, adulterar, alterar, falsear, transformar.

desvivirse afanarse, desvelarse, interesarse, ansiar, inquietarse, anhelar, esforzarse. —*Despreocuparse.*

detallado minucioso, claro, preciso, específico, pormenorizado, cuidadoso, exacto.

detalle particularidad, pormenor, punto, elemento, parte, fragmento, característica. **2** Cortesía, amabilidad, atención.

detectar descubrir, localizar, determinar, hallar, señalar, revelar.

detective investigador, agente, policía.

detener parar, interrumpir, atajar, paralizar, suspender, frenar. —*Impulsar.* **2** Capturar, apresar,

arrestar, aprisionar, encarcelar. —*Liberar.*

detenido estático, parado, estancado. **2** Preso, recluso, arrestado, encarcelado. —*Libre.*

deteriorar averiar, dañar, estropear, deformar, destrozar, destruir. —*Reparar, arreglar.*

determinado establecido, señalado, designado, prescrito, definido, especificado. **2** Resuelto, decidido, intrépido, osado, valeroso, arrojado. —*Tímido, vacilante.*

determinar establecer, fijar, especificar, señalar, definir, decidir, resolver. **2** Causar, ocasionar, suscitar, provocar, producir, originar.

detestar odiar, execrar, aborrecer, abominar. —*Amar.*

detonación explosión, estruendo, estallido, estampido, descarga, disparo.

detractor crítico, acusador, calumniador, difamador, infamador.

detrás atrás, posteriormente, tras, luego, después, en pos de. —*Delante, antes.*

detrimento perjuicio, menoscabo, agravio, daño, mal. —*Beneficio, provecho.*

detrito residuos, restos, desperdicios, sobras, desechos.

deuda compromiso, débito, obligación, gravamen, carga.

deudo familiar, pariente, allegado.

devaluar desvalorizar, rebajar, depreciar. —*Valorizar.*

devaneo coqueteo, amorío, flirteo, galanteo, capricho.

devastar asolar, destruir, arrasar, desolar, arruinar.

devenir sobrevenir, suceder, pasar, acaecer, acontecer.

devoción fervor, religiosidad, fe, piedad; veneración, admiración, cariño, afecto, inclinación.

devolver restituir, reponer, reintegrar, restablecer. **2** Vomitar.

devorar comer, engullir, tragar, zampar. **2** Consumir, gastar, agotar, disipar, destruir, corroer.

día jornada; fecha, tiempo. **2** Amanecer, mañana, aura, aurora, madrugada, alborada; claridad, luminosidad. —*Noche, oscuridad.*

diablo V. demonio.

diablura travesura, chiquillada, picardía, jugarreta, irreflexión.

diabólico satánico, infernal, endemoniado, demoníaco, malo, perverso, maligno. —*Bueno.*

diácono eclesiástico, sacerdote, clérigo, religioso, cura.

diadema aureola, corona, cinta.

diáfano transparente, cristalino, translúcido, límpido, claro. —*Oscuro, turbio, opaco.*

diagnóstico prescripción, diagnosis, dictamen, juicio, análisis, investigación, determinación.

diagonal oblicuo, cruzado, sesgado, torcido; transversal.

diagrama esbozo, croquis, bosquejo, esquema, dibujo, plano.

dial botón, interruptor; cuadrante, escala.

dialecto jerga, habla, lenguaje.

diálogo conversación, plática, coloquio, charla, entrevista.

diamante brillante, cristal, joya, gema.

diamantino duro, inquebrantable. —*Frágil.*

diana blanco, centro. **2** Señal, toque, llamada, aviso.

diario cotidiano, habitual, regular. —*Irregular.* **2** Periódico, gaceta, impreso, publicación. **3** Memorias, relato; registro.

diarrea cólico, descomposición, flujo. —*Estreñimiento.*

diáspora dispersión, éxodo, desbandada, diseminación. —*Reunión.*

diatriba invectiva, acusación, censura, crítica. —*Alabanza.*

dibujante pintor, retratista, caricaturista, artista; diseñador, delineante.

dibujo pintura, figura, ilustración, esquema, diseño, croquis, proyecto, bosquejo, esbozo, delineación, imagen.

dicción pronunciación, vocalización, articulación, expresión, elocución.

diccionario vocabulario, léxico, catálogo, glosario.

dicha felicidad, beatitud, bienaventuranza, ventura, fortuna, bienestar, prosperidad. —*Desdicha, desgracia.*

dicharachero gracioso, ocurrente, ingenioso, chistoso, chancero, bromista. —*Serio.*

dicho refrán, proverbio, máxima, sentencia; ocurrencia, agudeza. **2** Citado, referido, mencionado, antedicho, mentado.

dictador tirano, autócrata, déspota, absolutista.

dictadura autocracia, totalitarismo, despotismo, tiranía, absolutismo. —*Democracia.*

dictamen juicio, parecer, opinión, creencia; sentencia, veredicto, diagnóstico.

dictar pronunciar, leer, emitir. **2** Decretar, promulgar, imponer, ordenar, estatuir, expedir.

diente saliente, resalte, punta.

diestro hábil, experto, ducho, competente, versado, ejercitado, entendido. —*Torpe, inepto.*

dieta abstinencia, privación, régimen. **2** Retribución, estipendio, pago, honorarios.

diezmar dañar, asolar, perjudicar, arrasar, menoscabar, aniquilar.

diezmo impuesto, tributo, carga.

difamar infamar, calumniar, deshonrar, denigrar, afrentar, desacreditar. —*Elogiar, alabar.*

diferencia disparidad, desigualdad, desemejanza, diversidad, desproporción, disimilitud. —*Igualdad, semejanza.* **2** Desavenencia, disconformidad, controversia, disentimiento, disensión. —*Acuerdo.*

diferenciar distinguir, separar, seleccionar, particularizar. —*Igualar.*

diferente distinto, desemejante, diverso, desigual; divergente, contrario, opuesto. —*Igual.*

diferir aplazar, posponer, demorar, retrasar, prorrogar, retardar. —*Adelantar.* **2** Discrepar, disentir. —*Coincidir.*

difícil arduo, laborioso, embarazoso, trabajoso, penoso. —*Fácil.* **2** Intrincado, incomprensible, complicado, enrevesado. —*Comprensible.*

dificultad problema, inconveniente, contrariedad, obstáculo, impedimento, apuro, contratiempo, molestia, complicación, estorbo. —*Facilidad.*

difuminar disipar, esfumar, desvanecer.

difundir divulgar, extender, propagar, diseminar, esparcir. —*Reservar, ocultar.*

difunto extinto, fallecido, finado, cadáver, muerto.

difuso borroso, confuso, vago, impreciso. —*Claro, nítido.* **2** Dilatado, extenso, ancho, amplio. —*Estrecho.*

digerir absorber, asimilar; nutrirse, alimentarse.

digital dactilar.

dignarse condescender, consentir, acceder, aceptar.

dignatario funcionario, personaje, mandatario.

dignidad honradez, decencia, decoro, integridad, respetabilidad. —*Indignidad, vileza.* **2** Cargo, puesto, función, título.

digresión paréntesis, observación, acotación, explicación.

dije colgante, medallón; joya, alhaja. **2** Baratija, chuchería, fantasía.

dilación demora, tardanza, aplazamiento, retraso, prórroga. —*Prisa, prontitud.*

dilapidar derrochar, despilfarrar, malgastar, disipar. —*Ahorrar, economizar.*

dilatar expandir, distender, ensanchar, hinchar. —*Contraer.* **2** Retardar, diferir, prorrogar, demorar, prolongar. —*Abreviar, acortar.*

dilema opción, disyuntiva, alternativa, duda, dificultad.

diletante aficionado, entusiasta, amante.

diligencia rapidez, prontitud,

dinamismo, prisa, presteza, actividad. —*Lentitud.* 2 Cuidado, dedicación, atención, esmero, celo, aplicación. —*Desinterés, negligencia.* 3 Trámite, procedimiento, cometido, encargo, misión. 4 Carruaje, carroza, coche.

dilucidar elucidar, esclarecer, explicar, aclarar. —*Confundir, embrollar.*

diluir disolver, desleir.

diluvio chaparrón, borrasca, aguacero, chubasco, temporal; inundación, desbordamiento. 2 Abundancia, copia, afluencia.— *Escasez.*

dimanar emanar, provenir, originarse, proceder, venir.

dimensión extensión, medida, proporción, magnitud, amplitud, tamaño.

diminuto minúsculo, microscópico, ínfimo, mínimo. —*Enorme, gigantesco, descomunal.*

dimisión renuncia, abandono, retiro, cesión, abdicación.

dinámico activo, laborioso, rápido, veloz, diligente, enérgico.— *Lento.*

dínamo generador, transformador.

dinastía familia, casa, sucesión, progenie, linaje, estirpe.

dineral fortuna, capital, caudal.

dinero fondos, metálico, capital, riqueza.

diócesis obispado, jurisdicción, circunscripción eclesiástica.

Dios ser supremo, providencia, Jehová; Jesucristo, Cristo, Mesías. 2 Divinidad, deidad.

diploma título, certificado, documento.

diplomacia relaciones internacionales, relaciones exteriores, asuntos exteriores; cuerpo diplomático. 2 Tacto, sutileza, habilidad, astucia. —*Brusquedad, rudeza.*

diplomático delegado, representante, embajador, emisario, enviado. 2 Hábil, sutil, astuto, sagaz. —*Brusco, rudo.*

diputación representación, junta, consejo, corporación, asamblea.

diputado representante, parlamentario, delegado, congresista.

dique rompeolas, malecón, muelle, muro; barrera, freno, obstáculo, defensa.

dirección orientación, curso, rumbo, sentido, derrotero. 2 Jefatura, gerencia, mando, gobierno, administración. 3 Señas, domicilio.

directo derecho, recto, continuo, ininterrumpido. —*Desviado, sinuoso, torcido.* 2 Franco, claro, rotundo, llano, sincero. —*Indirecto, disimulado.*

director administrador, dirigente, presidente, jefe, gerente, autoridad. —*Subordinado, subalterno.*

directorio presidencia, jefatura, dirección; junta, comité.

dirigir(se) conducir, guiar, orientar, enseñar, educar. —*Desorientar.* 2 Regir, gobernar, administrar, mandar. 3 Encaminarse, ir, trasladarse, marchar.

dirimir resolver, solucionar, zanjar, decidir, terminar.

discernimiento lucidez, comprensión, penetración, perspicacia, juicio. —*Torpeza.*

discernir distinguir, diferenciar,

determinar, apreciar, percibir, comprender. —*Confundir.*

disciplina obediencia, subordinación, sumisión, observancia. — *Indisciplina, desobediencia.* **2** Órdenes, normas, reglas; autoridad, severidad, rigor. **3** Asignatura, ciencia, materia, estudio, especialidad.

discípulo estudiante, escolar, alumno, educando, colegial. — *Maestro.* **2** Seguidor, adepto, partidario.

díscolo rebelde, desobediente, indisciplinado, insubordinado, indócil, revoltoso, travieso. — *Dócil, obediente.*

disconformidad discrepancia, desacuerdo, antagonismo, disentimiento, oposición, divergencia, diferencia, desavenencia. —*Conformidad, acuerdo.*

discontinuo interrumpido, irregular, intermitente, inconstante, esporádico. —*Constante, continuo.*

discordante disonante, destemplado, inarmónico; incoherente, desproporcionado, contrario, opuesto. —*Armónico, acorde.*

discordia disensión, discrepancia, desacuerdo, desavenencia, divergencia. —*Concordia, avenencia.*

discreción prudencia, tacto, moderación, mesura, cordura, sensatez. —*Indiscreción, insensatez.*

discrepancia V. **disconformidad**.

discriminar segregar, marginar, excluir. —*Integrar.* **2** Diferenciar, distinguir, discernir, separar. —*Confundir.*

disculpa excusa, justificación, pretexto, descargo, defensa. — *Inculpación, acusación.*

disculpar excusar, justificar, exculpar, defender, perdonar, absolver. —*Culpar, acusar.*

discurrir meditar, pensar, reflexionar, cavilar, razonar; inferir, conjeturar, suponer, calcular. **2** Transcurrir, pasar, avanzar, fluir. —*Detenerse.* **3** Caminar, transitar, andar, marchar, pasear, deambular.

discurso disertación, alocución, conferencia, arenga, prédica, sermón. **2** Razonamiento, reflexión.

discusión debate, controversia, desacuerdo, altercado, discrepancia, polémica, disputa; examen, estudio. —*Acuerdo.*

discutir debatir, polemizar, oponerse, replicar, controvertir; examinar, estudiar. —*Acordar.*

diseminar esparcir, dispersar, disgregar, propagar, desparramar, desperdigar, extender. —*Reunir, agrupar.*

disensión diferencia, divergencia, desacuerdo, disconformidad, desavenencia; contienda, altercado, discordia, disputa. — *Acuerdo, concordia.*

diseño bosquejo, esquema, boceto, plano, croquis, gráfico, dibujo.

disertar razonar, discurrir, tratar, argumentar, explicar, exponer, conferenciar.

disfavor descortesía, desaire, desatención, menosprecio. —*Favor, atención, cortesía.* **2** Descrédito, perjuicio, menoscabo.

disfraz máscara, atuendo, traje. **2** Fingimiento, simulación, encubrimiento, velo, embozo, disimulo.

disfrazar enmascarar, ataviar, vestir. **2** Disimular, encubrir, velar, ocultar, tapar, simular. —*Descubrir.*

disfrutar gozar, gustar, divertirse, deleitarse, complacerse, regocijarse, recrearse; aprovechar, utilizar. —*Sufrir, padecer.*

disgregar dividir, separar, dispersar, desintegrar. —*Unir, juntar.*

disgusto desencanto, desconsuelo, tristeza, pesadumbre, aflicción. **2** Enojo, contrariedad, enfado, molestia, incomodidad, decepción. —*Alegría.* **3** Disputa, altercado, riña, pelea. —*Acuerdo.*

disidente discrepante, oponente, contrario. —*Partidario.*

disimulado furtivo, sigiloso, escondido, fingido; hipócrita, taimado, solapado. —*Franco, directo.*

disimular encubrir, esconder, ocultar, disfrazar, fingir, aparentar. —*Descubrir, revelar.*

disimulo fingimiento, hipocresía, engaño, doblez, embozo. —*Franqueza.*

disipación libertinaje, desenfreno, vicio, crápula, depravación. —*Honestidad, decencia.* **2** Difuminación, evaporación, desvanecimiento, desaparición.

disipar(se) derrochar, dilapidar, despilfarrar, malgastar. —*Ahorrar.* **2** Evaporarse, esfumarse, desaparecer.

dislate disparate, despropósito, desatino, necedad, insensatez, absurdo, barbaridad. —*Acierto.*

dislocar desarticular, desencajar,

descoyuntar, luxar, torcer. —*Encajar, articular.*

disminuir reducir, aminorar, decrecer, mermar, descender, menguar, atenuar, bajar, abreviar, acortar, reducir, restar, descontar. —*Aumentar.*

disociar desunir, disgregar, separar, dividir, desmembrar. —*Asociar.*

disolución dilución, desleimiento, mezcla, solución. **2** Libertinaje, disipación, vicio, crápula.

disoluto libertino, vicioso, licencioso, lujurioso, corrompido.

disolver desleir, diluir, licuar. **2** Disgregar, separar, dispersar; deshacer, anular, eliminar.

disonante destemplado, discordante, inarmónico, desentonado, destemplado. —*Armonioso.*

disparar tirar, descargar, hacer fuego. **2** Arrojar, lanzar, despedir, enviar.

disparate insensatez, barbaridad, desatino, necedad, imprudencia, absurdo, dislate, despropósito, extravagancia. —*Acierto.*

disparidad desigualdad, desproporción, desemejanza, diferencia, disimilitud. —*Paridad, igualdad.*

disparo tiro, balazo, descarga, detonación, explosión.

dispendio derroche, despilfarro, dilapidación, desperdicio, gasto. —*Ahorro, economía.*

dispendioso costoso, caro, valioso. —*Económico, barato.*

dispensar otorgar, conceder, adjudicar, dar. —*Negar, denegar.* **2** Eximir, exonerar, librar, excusar, absolver. —*Obligar, condenar.*

dispensario consultorio, clínica, hospital.

dispersar esparcir, desparramar, diseminar, desperdigar. —*Agrupar, reunir.* 2 Ahuyentar; eliminar, derrotar, vencer.

displicente desdeñoso, indiferente, apático, áspero, desapacible. —*Afable.*

disponer(se) ordenar, situar, acomodar, arreglar, colocar, instalar, preparar. —*Desordenar.* 2 Prescribir, mandar, decretar, resolver, decidir, establecer, determinar. —*Revocar.* 3 Prepararse, aprestarse.

disponible libre, utilizable, aprovechable, desocupado. —*Inutilizable, inútil.*

disposición colocación, distribución, arreglo, orden. —*Desorden.* 2 Preparativo, medio, prevención, medida. 3 Mandato, resolución, edicto, decreto, decisión, determinación. —*Revocación.* 4 Aptitud, capacidad, habilidad, talento, ingenio. —*Incapacidad.*

dispositivo mecanismo, artefacto, aparato, instalación.

dispuesto preparado, listo, presto, prevenido, alerta. —*Desprevenido, descuidado.* 2 Hábil, diestro, competente, capaz, diligente. —*Incompetente, inepto, incapaz.* 3 Solícito, complaciente.

disputa discusión, polémica, disensión, discrepancia, altercado; contienda, pelea, querella, lucha, riña, reyerta. —*Acuerdo.*

disquisición razonamiento, examen, investigación, digresión, análisis, divagación.

distancia trayecto, espacio, intervalo, longitud, lejanía, separación; recorrido, camino, trecho. 2 Diferencia, desigualdad, disparidad. —*Proximidad.*

distanciar apartar, alejar, separar, desunir. —*Acercar, unir.*

distante lejano, apartado, alejado, remoto, separado. —*Próximo, cercano.*

distender relajar, aflojar. —*Tensar, crispar.* 2 Dislocar, torcer, lesionar.

distinción honor, homenaje, privilegio, honra, prerrogativa. —*Desaire.* 2 Elegancia, donaire, educación, refinamiento, finura. —*Vulgaridad, chabacanería.* 3 Consideración, apreciación, percepción, discernimiento; precisión, orden, claridad. —*Indistinción.*

distinguido destacado, sobresaliente, brillante, descollante. —*Mediocre.* 2 Elegante, exquisito, refinado. —*Vulgar, burdo.*

distinguir(se) diferenciar, separar, discriminar, especificar, seleccionar. —*Confundir.* 2 Percibir, divisar, discernir, vislumbrar, apreciar, reconocer. 3 Honrar, premiar, condecorar; preferir, estimar. 4 Destacarse, descollar, sobresalir; caracterizarse.

distintivo insignia, símbolo, emblema, señal, marca. 2 Particularidad, característica, peculiaridad, rasgo, propiedad.

distinto diferente, diverso, peculiar. —*Idéntico, igual.* 2 Claro, visible, nítido, inteligible, preciso. —*Confuso, oscuro.*

distorsión esguince, torsión,

distracción

dislocación, torcedura, desarticulación; deformación.
distracción diversión, recreo, entretenimiento, esparcimiento,
pasatiempo. —*Aburrimiento.* **2**
Olvido, descuido, inadvertencia,
omisión, falta.
distraer(se) recrear, divertir, entretener, animar. —*Aburrir.* **2**
Engañar, enredar, embaucar;
apartar, desviar. **3** Olvidarse,
despreocuparse, desatender. —
Atender.
distraído desatento, descuidado,
olvidadizo, desprevenido. —
Atento, cuidadoso. **2** Entretenido, divertido, animado. —*Aburrido.*
distribuir repartir, entregar, adjudicar, dividir, compartir. —*Recoger.* **2** Ordenar, disponer, clasificar, encasillar, colocar, ubicar. —
Desordenar, descolocar.
distrito jurisdicción, demarcación, circunscripción, territorio,
zona, comarca.
disturbio desorden, revuelta,
motín, asonada, levantamiento,
tumulto, trastorno, perturbación.
—*Orden.*
disuadir persuadir, desalentar,
desanimar, desaconsejar. —*Animar.*
disyuntiva alternativa, opción,
dilema.
disyuntivo opuesto, contrario, antagónico, contradictorio, antitético. —*Coincidente.*
divagar desviarse, enredarse, desvariar, andarse por las ramas. —
Precisar, concretar. **2** Errar, vagar, vagabundear.
diván sofá, canapé.

divergencia discrepancia, disconformidad, desacuerdo, disentimiento. —*Acuerdo.* **2** Separación, alejamiento.
divergir discrepar, disentir, discordar, oponerse. —*Coincidir.* **2** Bi-
furcarse, separarse. —*Converger.*
diversión esparcimiento, entretenimiento, recreo, distracción, regocijo. —*Aburrimiento.*
diverso diferente, distinto, desemejante, variado, heterogéneo,
múltiple. —*Igual.*
diversos varios, algunos, muchos,
otros; distintos, diferentes.
divertido entretenido, placentero,
recreativo, agradable, animado.
2 Cómico, chistoso, ocurrente,
alegre, jocoso, festivo. —*Aburrido.*
dividendo renta, beneficio, interés, rédito, ganancia, lucro.
dividir fraccionar, separar, partir, cortar, seccionar, fragmentar. —*Unir, juntar.* **2** Distribuir,
entregar, repartir, compartir. —
Recoger, concentrar. **3** Enemistar, indisponer, desunir. —*Re-
conciliar, armonizar.*
divinidad dios, deidad, ser divino. **2** Hermosura, beldad, preciosidad, primor, belleza. —*Fealdad.*
divino celestial, sobrehumano. —
Infernal. **2** Maravilloso, extraordinario, excelente, soberbio, espléndido. —*Horrible, horrendo.*
divisa emblema, insignia, símbolo, distintivo, señal, marca; lema.
divisar distinguir, ver, percibir,
vislumbrar, observar.
división cálculo, cómputo, operación, cuenta. **2** Fracciona-

miento, partición, distribución, reparto. —*Reunión.* **3** Sección, sector, parte, clase, grupo, categoría. **4** Desavenencia, desunión, discrepancia, discordia, separación. —*Unión, concordia.* **5** Compartimiento, casilla, apartado, estante.

divisorio lindante, limítrofe, fronterizo, colindante.

divorcio separación, disolución, desunión. —*Unión.* **2** Desacuerdo, desavenencia, divergencia, alejamiento. —*Acuerdo, avenencia.*

divulgar difundir, pregonar, propagar, informar, revelar, publicar. —*Reservar, callar.*

dobladillo doblez, pliegue, alforza.

doblar plegar. —*Desdoblar.* **2** Duplicar, redoblar, acrecentar. **3** Flexionar, arquear, curvar, combar, torcer, encorvar. —*Enderezar.* **4** Girar, virar. **5** Repicar, tañer, tocar.

doble par, pareja; duplo. **2** Reproducción, duplicación, copia, facsímil. **3** Artificioso, falso, hipócrita, taimado. —*Sincero, honesto.* **4** Extra, actor.

doblegar(se) someter, dominar, reducir, sojuzgar, obligar. —*Liberar.* **2** Rendirse, someterse, resignarse, acceder, transigir, acatar, ceder. —*Resistir.*

doblez dobladillo, pliegue, alforza. **2** Hipocresía, fingimiento, disimulo, simulación. —*Franqueza, sinceridad.*

dócil sumiso, obediente, manso, tranquilo. —*Rebelde, desobediente.*

docto erudito, ilustrado, sabio, instruido, culto. —*Ignorante.*

doctrina ciencia, saber, materia, disciplina, religión, fe. **2** Teoría, ideología, sistema, escuela.

documento acta, título, registro, original, comprobante, oficio, certificado. **2** Carné, cédula, credencial, licencia, tarjeta de identificación; permiso, justificante, autorización.

dogmatismo intransigencia, inflexibilidad, intolerancia, rigidez. —*Tolerancia, flexibilidad.*

dolencia afección, indisposición, malestar, achaque, enfermedad, padecimiento. —*Mejoría.*

dolerse compadecerse, conmoverse, apiadarse, condolerse.

doliente enfermo, afectado, indispuesto, paciente. —*Sano.* **2** Quejumbroso, abatido, lloroso, afligido, desconsolado. —*Alegre, contento.*

dolo fraude, engaño, estafa, falsedad.

dolor sufrimiento, pena, aflicción, padecimiento, tormento, suplicio, agonía. —*Placer, gozo.*

dolorido maltratado, lacerado, aquejado, lastimado, herido, enfermo. **2** Apenado, entristecido, afligido, triste. —*Alegre, gozoso.*

doloroso torturante, punzante. —*Placentero.* **2** Lastimoso, lamentable, deplorable, penoso. —*Alegre.*

domar domesticar, amansar, amaestrar, adiestrar; dominar, reprimir, subyugar.

domeñar dominar, controlar, someter, rendir, avasallar. —*Liberar.*

doméstica empleada, muchacha, criada.

domesticar V. **domar**.

doméstico casero, hogareño, familiar. **2** Manso, domesticable, dócil. —*Salvaje, fiero*. **3** Criado, ayudante, servidor.

domicilio casa, vivienda, hogar, residencia, morada. **2** Dirección, señas.

dominante intransigente, imperioso, tiránico, autoritario, prepotente, despótico. —*Sumiso*.

dominar(se) someter, sojuzgar, domeñar, avasallar, oprimir, subyugar. —*Obedecer*. **2** Sobresalir, predominar, descollar, distinguirse, destacar. **3** Refrenarse, contenerse, controlarse, calmarse, tranquilizarse, sobreponerse.

dominio poderío, mando, imperio, dominación. —*Sujeción*. **2** Posesión, propiedad, hacienda; colonia, feudo. **3** Destreza, maestría, pericia. **4** Esfera, campo, terreno.

don regalo, obsequio, presente, dádiva, ofrenda. **2** Talento, habilidad, facultad, capacidad, aptitud; gracia, carisma. —*Defecto*.

donación dádiva, donativo, cesión, concesión, regalo.

donaire gallardía, elegancia, garbo, gracia. **2** Ocurrencia, agudeza, chiste. —*Torpeza*.

donar legar, ceder, transferir, dar, obsequiar, ofrendar, conceder, conferir. —*Quitar*.

donativo V. **donación**.

doncella virgen, casta. **2** Muchacha, empleada, criada.

donjuán tenorio, seductor, conquistador, mujeriego, burlador.

dorado áureo; refulgente, brillante. —*Opaco*. **2** Esplendoroso,

venturoso, glorioso, feliz. —*Nefasto, infausto*.

dormilón holgazán, perezoso, lirón.

dormir(se) reposar, descansar, dormitar, adormecerse, pernoctar. —*Velar, despertar*. **2** Descuidarse, distraerse, confiarse, abandonarse.

dormitorio habitación, alcoba, cuarto, aposento.

dorso espalda, revés, reverso, respaldo. —*Anverso*.

dosel palio, toldo, baldaquín, colgadura.

dosificar administrar, repartir, graduar.

dosis cantidad, medida, porción, parte.

dossier (fr.) expediente, legajo, sumario, informe.

dotación suministro, asignación. **2** Tripulación, personal, equipo.

dotar asignar, proporcionar, suministrar, proveer, dar, conceder; legar, donar. —*Despojar, quitar*.

dote patrimonio, aportación, caudal, bienes, donación, regalo.

dotes cualidades, virtudes, talentos, dones, aptitudes, ventajas. —*Defectos*.

drama desventura, calamidad, desdicha, infortunio, desgracia. —*Dicha, ventura*.

dramático conmovedor, emocionante, impresionante, patético.

drástico radical, fuerte, contundente, enérgico. —*Suave, moderado*.

droga medicamento, medicina, remedio, fármaco. **2** Estupefaciente, narcótico, estimulante.

droguería farmacia, botica.

dubitativo indeciso, irresoluto, vacilante. —Seguro, resuelto, decidido.

ducha chorro, riego, irrigación. 2 Cuarto de baño.

ducho diestro, experto, hábil, experimentado, competente. —Inexperto.

dúctil flexible, blando, maleable, elástico. —Duro, rígido. 2 Condescendiente, transigente. —Inflexible.

duda inseguridad, incertidumbre, indecisión, vacilación. —Seguridad, certeza. 2 Recelo, prevención, aprensión, desconfianza, sospecha, temor. —Confianza. 3 Dificultad, objeción, problema, cuestión.

dudoso incierto, inseguro, equívoco. —Cierto, seguro. 2 Indeciso, receloso, vacilante, temeroso. —Confiado, decidido.

duelo enfrentamiento, contienda, encuentro, pendencia, pelea, combate. 2 Luto, pena, aflicción, dolor, desconsuelo. —Alegría.

duende espíritu, fantasma, espectro.

dueño propietario, poseedor, patrón, empresario. —Empleado, subordinado.

dulce agradable, exquisito, sabroso, placentero, deleitoso; azucarado, dulzón. —Amargo. 2 Apacible, afable, amable, bondadoso, pacífico. —Desagradable. 3 Golosina, caramelo, bombón, confite.

dulzura bondad, afabilidad, suavidad, mansedumbre, ternura, benevolencia. —Aspereza.

duplicar reproducir, copiar, calcar.

duplicidad doblez, falsedad, hipocresía, fingimiento, disimulo. —Franqueza.

duración permanencia, persistencia, conservación, continuación, estabilidad, resistencia, durabilidad, perduración. —Brevedad. 2 Tiempo, lapso, edad, vida.

duradero durable, resistente, inalterable, fuerte, permanente, persistente. —Efímero.

durar perdurar, resistir, subsistir, persistir, conservarse; mantenerse, permanecer, extenderse. —Caducar, cesar.

duro resistente, firme, sólido, recio, compacto. —Endeble, frágil, blando. 2 Rudo, severo, despiadado, rígido, implacable, inflexible. —Indulgente, benévolo. 3 Penoso, arduo, fatigoso, trabajoso. —Fácil, leve. 4 Terco, porfiado. —Razonable.

E

ebrio beodo, alcoholizado, borracho, embriagado, achispado, bebido. —*Sobrio, abstemio*. 2 Exaltado, ciego, arrebatado.

ebullición hervor, burbujeo, efervescencia, agitación.

eccema irritación, inflamación, erupción, sarpullido.

echar(se) arrojar, lanzar, tirar. —*Recibir*. 2 Verter, derramar, salir, brotar. 3 Despedir, expulsar, exhalar. 4 Deponer, destituir, despedir, excluir, alejar. 5 Acostarse, tenderse, tumbarse, tirarse, recostarse. —*Levantarse*.

eclesiástico sacerdote, clérigo, cura, religioso; clerical.

eclipsar(se) tapar, ocultar, cubrir, oscurecer. —*Revelar, iluminar*. 2 Aventajar, superar, exceder. 3 Debilitarse, declinar, decaer, desparecer, desvanecerse, esfumarse, escabullirse.

eclipse obscurecimiento, ocultación. 2 Decadencia, ocaso, declive, desaparición, ausencia. —*Auge, apogeo*.

eclosión brote, nacimiento, aparición, surgimiento, manifestación.

eco resonancia, repercusión, repetición, retumbo, sonoridad, rumor, murmullo.

economía ahorro, parquedad, reserva, sobriedad, frugalidad. —*Derroche, despilfarro*. 2 Finanzas, hacienda, patrimonio.

económico financiero, monetario, comercial. 2 Ahorrativo, ahorrador, frugal, previsor, sobrio, prudente; mezquino, avaro, tacaño. —*Derrochador, pródigo*. 3 Barato, módico, rebajado. —*Caro, costoso*.

ecuánime equitativo, imparcial, justo, neutral, honesto, recto. —*Injusto*. 2 Equilibrado, sereno. —*Desequilibrado*.

ecuestre hípico, equino, caballar.

ecuménico universal, mundial, internacional, general, total. —*Local*.

edad años, vida, tiempo, duración. 2 Época, lapso, era, período. 3 Madurez, vejez, ancianidad, senectud.

edén paraíso, cielo. —*Infierno*.

edición publicación, impresión, tirada.

edicto disposición, decreto, ley, ordenanza, mandato, sentencia, decisión.

edificar construir, erigir, levantar, alzar. —*Derribar, destruir, derrumbar*.

edificio edificación, construcción, inmueble, obra.

editar publicar, imprimir.

editorial empresa editora, imprenta. 2 Artículo, escrito.

edredón cobertor, colcha, cobija.

educación pedagogía, instrucción, enseñanza, formación, adiestramiento. —*Incultura, ignorancia*. 2 Cortesía, modales, urbanidad, corrección. —*Descortesía*.

educado ilustrado, instruido, capacitado. 2 Cortés, correcto, atento, amable. —*Descortés, grosero.*

educar instruir, enseñar, formar, ilustrar, adiestrar, preparar. 2 Afinar, desarrollar, perfeccionar.

efectivo V. **eficaz.**

efecto resultado, consecuencia, producto, secuela, fruto. —*Causa.* 2 Impresión, sensación, sentimiento, afección, emoción.

efectuar realizar, ejecutar, cumplir, hacer, consumar.

eficaz eficiente, efectivo, hábil, capaz, competente, apto. —*Ineficaz, inútil.*

efigie representación, símbolo, imagen, figura, retrato.

efímero fugaz, transitorio, temporal, breve, momentáneo, pasajero, perecedero. —*Duradero, perenne.*

efusivo afectuoso, cariñoso, caluroso, expresivo. —*Hosco, frío.*

egoísta ególatra, egocéntrico, interesado, codicioso, ambicioso. —*Generoso, altruista, desinteresado.*

egregio ilustre, insigne, distinguido.

egresado graduado, licenciado, diplomado, titulado.

eje base, núcleo, centro, fundamento. 2 Barra, árbol, varilla.

ejecutar realizar, efectuar, hacer, cumplir, consumar. —*Deshacer.* 2 Ajusticiar, matar, eliminar. —*Indultar.*

ejemplar modelo, pauta, muestra, prototipo, patrón. 2 Copia, reproducción, espécimen, impreso, periódico, libro.

ejemplo modelo, arquetipo, patrón, prototipo, dechado, pauta, ideal. 2 Caso, prueba, comparación, representación, cita, referencia, paradigma, demostración, parábola, enseñanza, metáfora.

ejercer desempeñar, practicar, ejercitar, ejecutar, efectuar, realizar, cumplir.

ejercicio entrenamiento, gimnasia, deporte, actividad. —*Inactividad, reposo.* 2 Desempeño, actuación, práctica, ejecución, función.

ejercitar V. **ejercer.**

ejército milicia, fuerza armada, tropa, hueste, multitud, horda, turba, masa.

elaborar fabricar, confeccionar, producir, hacer, forjar, preparar.

elástico flexible, dúctil, blando, ajustable, acomodaticio, adaptable. —*Rígido.* 2 Muelle, resorte.

elección alternativa, decisión, opción, preferencia. 2 Votación, sufragio, plebiscito, referéndum, comicios. 3 Designación, nombramiento, selección.

electricidad energía, corriente eléctrica.

electrizar emocionar, apasionar, entusiasmar, enardecer, arrebatar, excitar.

elegancia distinción, donaire, finura, delicadeza, gracia, gallardía, esbeltez, apostura. —*Desaliño.*

elegir seleccionar, escoger, optar, preferir, nombrar, designar. —*Descartar.*

elemental simple, fácil, sencillo, evidente, obvio, claro, comprensible. —*Complicado, complejo.* 2 Básico, principal, primordial, fundamental, primario, sustancial, cardinal. —*Secundario, insignificante.*

elemento componente, ingrediente, constituyente, integrante, compuesto, individuo, cuerpo simple, factor, pieza, parte, accesorio, medio, ambiente.

elementos fuerzas, agentes, bienes, recursos, medios. **2** Principios, bases, fundamentos, nociones, rudimentos.

elevación aumento, incremento, encarecimiento, subida, alza. —*Descenso, disminución, rebaja.* **2** Altura, montículo, prominencia, altitud. —*Depresión.* **3** Nobleza, excelencia, grandeza. —*Bajeza, pequeñez.* **4** Ascenso, exaltación, ascensión, mejora, desarrollo. —*Rebajamiento.*

elevador ascensor, montacargas.

elevar aumentar, incrementar, encarecer, acrecentar, subir, alzar, levantar, izar. —*Bajar.* **2** Construir, edificar, erigir. —*Derribar.* **3** Enaltecer, ennoblecer, engrandecer, encumbrar, promover, ascender. —*Rebajar.* **4** Progresar, avanzar, prosperar, descollar. —*Degradarse.*

eliminar anular, suprimir, abolir, quitar, excluir, descartar, rechazar. —*Incluir, admitir, aceptar.* **2** Asesinar, aniquilar, matar, liquidar, exterminar.

elipse curva, parábola, sinusoide.

elite grupo selecto, minoría selecta, flor y nata.

elixir poción, pócima, brebaje, bálsamo, medicamento, remedio.

elocuencia fluidez, oratoria, facundia. **2** Persuasión, sugestión, convicción.

elogiar alabar, ensalzar, celebrar, honrar, loar, exaltar, enaltecer, aclamar, aprobar. —*Vituperar, recriminar.*

eludir evitar, rehuir, evadir, esquivar, soslayar, sortear. —*Afrontar, encarar.*

emanar emitir, irradiar, exhalar, despedir. **2** Dimanar, proceder, originarse, provenir, nacer, resultar, derivarse.

emancipar independizar, redimir, libertar, manumitir. —*Dominar, colonizar, esclavizar.*

embadurnar untar, impregnar, pringar, pintarrajear, manchar, ensuciar.

embajada representación, delegación, legación, misión, comisión, comunicación, mensaje.

embajador representante, plenipotenciario, delegado, emisario, comisionado, diplomático.

embalaje envoltorio, paquete, caja, empaque, fardo, bulto, paca, equipaje, maleta.

embalar empacar, envolver, empaquetar, enfardar, envasar. —*Desembalar.*

embalsamar conservar, preservar, momificar. **2** Aromatizar, perfumar.

embalsar represar, estancar, empozar, recoger, detener.

embalse represa, presa, estanque, depósito, laguna.

embarazada preñada, encinta.

embarazo preñez, gestación, gravidez. **2** Estorbo, inconveniente, dificultad, impedimento, obstáculo. —*Ayuda.* **3** Confusión, turbación, desconcierto, timidez. —*Desembarazo, desparpajo.*

embarcación buque, barco, nave, bote, navío.

embarcadero dársena, muelle, atracadero, puerto.

embarcar(se) entrar, subir, ingresar. —*Desembarcar.* **2** Introducir, meter, estibar, cargar, almacenar. —*Descargar.* **3** Aventurarse, lanzarse, atreverse, comprometerse, arriesgarse. —*Abstenerse.*

embargar confiscar, decomisar, requisar. —*Desembargar.* **2** Impedir, estorbar, dificultar, entorpecer, embarazar. —*Ayudar, facilitar.* **3** Colmar, inundar, arrobar, embelesar, suspender.

embargo (sin) no obstante, a pesar de.

embarrancar encallar, varar, estancarse, atascarse.

embarrarse enfangarse, encenagarse, embadurnarse, ensuciarse.

embate V. **embestida.**

embaucar engañar, timar, engatusar, estafar, enredar.

embeber absorber, impregnar, empapar, humedecer.

embelesar maravillar, fascinar, arrobar, pasmar, extasiar, encantar, suspender, seducir. —*Desencantar.*

embellecer hermosear, agraciar, componer, adornar, acicalar. —*Afear.*

embestida acometida, arremetida, embate, asalto, ataque, choque, envión. —*Huida.*

emblema símbolo, escudo, imagen, insignia, divisa, alegoría.

embobar embelesar, pasmar, asombrar, maravillar, deslum-

brar, fascinar, sorprender, extasiar.

embolsar(se) guardar, meter, introducir, empacar, embalar. —*Sacar.* **2** Guardarse, cobrar, percibir, ganar, recaudar. —*Pagar.*

emborracharse embriagarse, achisparse, beber, empinar el codo. **2** Marearse, aturdirse, atontarse, adormecerse.

emborronar garabatear, garrapatear.

emboscada asechanza, celada, trampa, ardid, treta, engaño, lazo, estratagema, maquinación.

embotar adormecer, entorpecer, aturdir, atontar, debilitar. —*Despejar.* **2** Despuntar, mellar, desgastar. —*Afilar, aguzar.*

embotellamiento atasco, detención, obstrucción, inmovilización, atolladero. —*Circulación.*

embotellar envasar, llenar. **2** Atascar, detener, obstruir, inmovilizar. —*Circular.*

embozar tapar, esconder, ocultar, enmascarar, disimular, encubrir, disfrazar. —*Descubrir, mostrar.*

embravecer enfurecer, irritar, encolerizar. —*Amansar, aplacar, apaciguar.*

embriaguez ebriedad, borrachera. **2** Arrebato, arrobamiento, embeleso, éxtasis.

embrionario rudimentario, primario, elemental, inicial, primitivo, prematura. —*Maduro, desarrollado.*

embrollo desorden, lío, enredo, problema, barullo, caos, confusión, complicación, engaño, embuste. —*Orden.*

embromar bromear, chancear,

burlar, fastidiar, incomodar, molestar, enredar.

embrujo hechizo, encantamiento, conjuro, maleficio. —*Desencantamiento*. **2** Fascinación, seducción, embeleso, atractivo. —*Repulsión*.

embrutecer idiotizar, entorpecer, atontar.

embuchar tragar, engullir, zampar, devorar, embutir. —*Devolver*.

embuste mentira, falsedad, invención, infundio, engaño, enredo, patraña, cuento. —*Verdad*.

embutir meter, atiborrar, rellenar, introducir, incrustar, empotrar. —*Sacar*.

emergencia accidente, urgencia, apremio, dificultad, aprieto, eventualidad.

emerger surgir, brotar, asomar, manifestarse, salir, aparecer. —*Sumergirse, hundirse, desaparecer*.

emigración migración, transmigración, marcha, éxodo, partida, alejamiento, expatriación. —*Inmigración*.

eminencia excelencia, grandeza, sublimidad, superioridad, preponderacia. —*Mediocridad, vulgaridad*. **2** Sabio, personalidad, personaje. **3** Colina, montículo, elevación, altura, prominencia. —*Depresión*.

emisario representante, delegado, embajador, enviado.

emisión salida, expulsión, lanzamiento, proyección, emanación. **2** Transmisión, audición, difusión, programa.

emisora estación, difusora.

emitir lanzar, expulsar, arrojar, irradiar, emanar, despedir, proyectar. —*Absorber, atraer*. **2** Transmitir, difundir, manifestar, expresar, exponer.

emoción conmoción, agitación, turbación, exaltación, impresión. —*Impasibilidad, tranquilidad*. **2** Compasión, piedad, enternecimiento, emotividad, ternura.

emocionante turbador, inquietante, excitante, estimulante, apasionante. **2** Conmovedor, enternecedor, impresionante, emotivo, entristecedor.

empacar envolver, empaquetar, embalar, enfardar, hacer las maletas. —*Desempacar*.

empachar saciar, empalagar, hartar, indigestar. **2** Cansar, importunar, fastidiar, molestar.

empadronar censar, registrar, inscribir, matricular.

empalagoso dulzón, almibarado, acaramelado. **2** Fastidioso, irritante, pesado, pegajoso, zalamero.

empalizada cerca, valla, verja, cercado, cerco, estacada, vallado, tapia.

empalmar ensamblar, acoplar, conectar, ajustar, enlazar, ligar, combinar. —*Desconectar, separar*.

empantanar inundar, encharcar, anegar. **2** Obstaculizar, impedir, detener, estancar, paralizar, demorar.

empañar enturbiar, opacar, deslustrar, obscurecer, ensuciar. —*Aclarar, limpiar*. **2** Honrar.

empapar(se) mojar, humedecer, remojar, sumergir, bañar, regar. —*Secar*. **2** Enterarse, entender, imbuirse, comprender, penetrar. —*Ignorar.*

empapelar envolver, forrar, revestir, cubrir. —*Desempapelar.* 2 Procesar, formar causa.

empaque porte, facha, aspecto, presencia, catadura, figura, aire. 2 Solemnidad, pomposidad, gravedad, afectación, arrogancia. —*Sencillez.* 3 Envoltura, envase.

empaquetar V. **empacar.**

emparedado bocadillo, canapé.

emparejar nivelar, igualar, alisar, allanar.—*Desnivelar.* 2 Aparear, juntar, reunir. —*Separar.*

emparentar vincular, unir, enlazar, relacionar, entroncar. —*Desvincular.*

empatar igualar, nivelar, equilibrar. —*Desempatar.*

empecinado testarudo, terco, obstinado, tozudo, porfiado. —*Razonable, transigente.*

empedernido incorregible, tenaz, recalcitrante, impenitente, contumaz. 2 Cruel, insensible, desalmado, despiadado. —*Sensible.*

empedrar adoquinar, enlosar, cubrir. —*Desempedrar.*

empellón V. **empujón.**

empeñar(se) pignorar, dejar en prenda.—*Desempeñar.* 2 Endeudarse, entramparse. 3 Obstinarse, empecinarse, insistir, porfiar. —*Ceder, transigir.*

empeño esfuerzo, tesón, interés, constancia, perseverancia, tenacidad. —*Desinterés.* 2 Anhelo, ansia, afán, deseo, apetencia. —*Indiferencia.*

empeorar desmejorar, agravarse, decaer, perder, deteriorarse, debilitarse, declinar. —*Mejorar.*

empequeñecer reducir, disminuir, mermar, menguar, aminorar, rebajar. —*Agrandar, aumentar.* 2 Desvalorizar, desdeñar, menoscabar, apocar. —*Engrandecer.*

emperador soberano, monarca, príncipe, rey.

emperifollar acicalar, adornar, engalanar, componer, ataviar, hermosear. —*Afear.*

emperrarse obstinarse, encapricharse, obcecarse, porfiar, empeñarse. —*Ceder.*

empezar comenzar, principiar, iniciar, emprender, inaugurar. —*Terminar, concluir.*

empinado elevado, alto, levantado, encumbrado. —*Bajo.* 2 Estirado, engreído, presuntuoso, empingorotado. —*Sencillo.*

empinarse alzarse, estirarse, elevarse, erguirse.

empingorotado encopetado, engreído, presuntuoso, estirado. —*Sencillo.*

empíreo cielo, paraíso, edén, gloria. —*Infierno.* 2 Celestial, divino, paradisiaco, supremo. —*Infernal.*

empírico experimental, práctico. —*Teórico.*

emplasto cataplasma, sinapismo, ungüento.

emplazar colocar, situar, ubicar, instalar. —*Quitar.* 2 Convocar, citar, requerir, llamar.

empleado funcionario, oficinista, dependiente, auxiliar, trabajador. 2 Usado, utilizado, gastado, invertido.

emplear contratar, asalariar, colocar, dar trabajo. —*Despedir.* 2

Usar, utilizar, gastar, aprovechar, consumir, invertir, valerse, servirse.

empleo cargo, puesto, profesión, trabajo, oficio, ocupación, función, actividad. —*Desempleo.* 2 Utilización, uso, aplicación, aprovechamiento. —*Desuso.*

empobrecer arruinar, depauperar, perjudicar, malograr. —*Enriquecer.*

empollar incubar.

emponzoñar envenenar, contaminar, intoxicar. 2 Corromper, envilecer, pervertir.

emporio centro, base, núcleo, sede, mercado, centro de comercio.

empotrar encajar, incrustar, empalmar, embutir.

emprendedor diligente, activo, dinámico, hábil, osado, laborioso, resuelto, decidido, ambicioso.

emprender iniciar, comenzar, abordar, principiar, acometer. —*Finalizar, cesar.*

empresa compañía, organización, sociedad, industria, firma, razón social. 2 Proyecto, cometido, designio, intento, operación, tarea, trabajo, obra.

empréstito préstamo, crédito.

empujar impulsar, impeler, arrastrar, deslizar, mover. —*Frenar.* 2 Embestir, atropellar, chocar. 3 Estimular, incitar, excitar, animar. —*Disuadir, contener.*

empuje ánimo, vigor, brío, arranque, ímpetu, energía. —*Desánimo, debilidad.* 2 Impulso, propulsión, fuerza.

empujón empellón, atropello, choque, golpe.

empuñadura puño, mango, guarnición.

empuñar asir, coger, apretar, aferrar. —*Soltar.*

emular imitar, copiar, remedar, competir, rivalizar.

enaguas saya, camisón, combinación.

enajenación demencia, alienación, locura, desvarío, trastorno. —*Cordura.* 2 Letargo, pasmo, éxtasis, embeleso. 3 Venta, traspaso, transferencia, cesión.

enajenar(se) vender, transferir, traspasar, ceder, pignorar. 2 Extasiarse, pasmarse, embelesarse, abstraerse, arrobarse, embobarse. 3 Enloquecerse, trastornarse, desvariar, disparatar.

enaltecer honrar, alabar, ensalzar, encomiar, elogiar, encumbrar, exaltar, glorificar —*Vituperar, criticar.*

enamorar(se) galantear, conquistar, cortejar, seducir, hacer la corte. 2 Apasionarse, prendarse, encariñarse, adorar. —*Desencantarse.*

enano pequeño, menudo, minúsculo, diminuto, pigmeo. —*Alto, gigante.*

enarbolar levantar, izar, alzar. —*Arriar, bajar.* 2 Esgrimir, blandir, empuñar. —*Soltar.*

enardecer emocionar, entusiasmar, animar, incitar, avivar, estimular, acalorar. —*Aplacar.* 2 Exasperar, irritar, enfurecer, encolerizar. —*Calmar, serenar.*

encabezar acaudillar, dirigir, capitanear, mandar. —*Seguir.* 2 Principiar, iniciar, empezar, introducir. —*Terminar, acabar.*

encadenar maniatar, esposar, sujetar, aherrojar, esclavizar, aprisionar, subyugar. —*Libertar*. **2** Enlazar, relacionar, unir, concatenar, ligar. —*Desligar*.

encajar acoplar, incrustar, ajustar, introducir, empotrar. —*Desencajar*. **2** Propinar, dar, pegar, atizar.

encaje bordado, labor, calado, tejido. **2** Ajuste, enganche, coplamiento, ensamblaje.

encajonar embalar, empaquetar, empacar.

encallar varar, embarrancar, atascarse, bloquearse. —*Desencallar*.

encaminar(se) encauzar, orientar, conducir, guiar, encarrilar. —*Desorientar*. **2** Dirigirse, desplazarse, trasladarse, marchar, ir.

encandilar deslumbrar, cegar, enceguecer. **2** Fascinar, ilusionar, maravillar, impresionar, pasmar.

encantador atrayente, cautivador, seductor, agradable, simpático. —*Antipático*. **2** Hechicero, mago, brujo.

encantar fascinar, deleitar, maravillar, complacer, cautivar, embelesar, sugestionar, seducir. —*Disgustar, repeler*. **2** Hechizar, embrujar. —*Desencantar*.

encapotarse nublarse, aborrascarse, cubrirse, oscurecerse. —*Aclararse, despejarse*.

encapricharse obstinarse, insistir, empeñarse, empecinarse, obsesionarse. —*Ceder*. **2** Prendarse, aficionarse, encariñarse, antojarse.

encaramarse subirse, treparse, escalar. —*Bajar*.

encarar enfrentar, afrontar, plan-tarse, arrostrar, hacer frente. —*Eludir, rehuir*.

encarcelar apresar, aprisionar, detener, recluir, encerrar, arrestar. —*Libertar*.

encarecer valorizar, incrementar, elevar, aumentar, subir, alzar el precio. —*Rebajar, abaratar*. **2** Recomendar, encargar, encomendar, pedir. **3** Enaltecer, ponderar, ensalzar, alabar. —*Censurar*.

encargar solicitar, pedir, encomendar, requerir. **2** Comisionar, delegar, facultar, autorizar.

encargo petición, solicitud, favor, requerimiento, misión, cometido.

encariñarse prendarse, aficionarse, simpatizar, interesarse, apasionarse, enamorarse. —*Odiar*.

encarnación personificación, materialización, imagen, representación.

encarnado rojo, colorado, granate, escarlata, carmesí. **2** Personificado, representado.

encarnizado feroz, cruento, sanguinario, cruel, implacable .

encasillar clasificar, catalogar, encuadrar, archivar, distribuir.

encasquetarse ponerse, colocarse, meterse, encajarse. **2** Empecinarse, obstinarse, encapricharse.

encausar procesar, acusar, inculpar, enjuiciar, empapelar.

encauzar encaminar, orientar, guiar, encarrilar, dirigir. —*Desorientar, desencaminar*.

encenagarse embarrarse, enfangarse, enlodarse, ensuciarse. **2** Envilecerse, corromperse, enviciarse, pervertirse.

encender prender, incendiar, quemar, inflamar. —*Apagar*. **2** Excitar, enardecer, entusiasmar, irritar, enfadar. —*Aplacar*. 3 Conectar, pulsar, activar, iluminar, alumbrar. —*Desconectar, apagar*. 4 Ocasionar, causar, producir, suscitar. —*Impedir*.

encerrar aprisionar, recluir, encarcelar, confinar, aislar, incomunicar, cercar, acorralar. —*Libertar, soltar*. 2 Incluir, abarcar, contener, comprender, englobar. —*Excluir*.

encerrona celada, engaño, trampa, treta, emboscada, asechanza.

encharcar anegar, inundar, empantanar, enfangar, enlodar. —*Secar*.

enchufar conectar, acoplar. —*Desenchufar*.

enchufe conectador, empalme, conexión.

enciclopedia diccionario, tratado, compendio.

encierro reclusión, aislamiento, retiro. 2 Cárcel, prisión, calabozo, celda.

encima sobre, arriba. —*Debajo*. 2 Además, también, igualmente.

enclaustrar encerrar, internar, recluir, incomunicar.

enclavado emplazado, ubicado, localizado, colocado, situado, instalado.

enclave zona, comarca, territorio, emplazamiento.

enclenque endeble, débil, enfermizo, canijo, raquítico, emirriado. —*Saludable, sano, vigoroso*.

encoger contraer, plegar, fruncir, disminuir, acortar, mermar. —*Estirar*.

encolar pegar, unir, adherir, fijar. —*Despegar*.

encolerizar enfurecer, irritar, enojar, exasperar. —*Calmar, aplacar*.

encomendar encargar, comisionar, encarecer, pedir, solicitar.

encomiar alabar, elogiar, ensalzar, enaltecer, loar. —*Censurar, denostar*.

encomienda encargo, comisión, solicitud, envío.

encomio elogio, alabanza, aplauso. —*Censura*.

enconarse inflamarse, infectarse. —*Sanar, curar*. 2 Exacerbarse, ensañarse, resentirse.

encono rencor, animadversión, inquina, odio, aversión, resentimiento, saña, enemistad.

encontrar(se) hallar, descubrir, topar, acertar, atinar. 2 Reunirse, concurrir, avenirse, coincidir, concordar. —*Alejarse*. 3 Oponerse, discordar, enfrentarse, chocar.

encontronazo encontrón, tropiezo, tropezón, colisión, choque, golpe.

encopetado engreído, vanidoso, presumido, ostentoso. —*Sencillo*.

encorvar arquear, torcer, curvar, doblar, combar, flexionar, pandear. —*Enderezar*.

encrespar ensortijar, rizar. —*Alisar*.

encrucijada intersección, confluencia, cruce, bifurcación. 2 Emboscada, asechanza.

encuadrar encajar, ajustar, insertar. 2 Distribuir, clasificar. 3 Delimitar, circunscribir.

encubridor cómplice, compinche, alcahuete, colaborador. —*Denunciante*.

encubrir ocultar, esconder. —*Manifestar, revelar*. 2 Amparar,

proteger, colaborar. —*Denunciar, delatar.*

encuentro reunión, entrevista, confluencia. **2** Descubrimiento, hallazgo. **3** Enfrentamiento, pugna, lucha, combate. **4** Tropiezo, tropezón, choque.

encuesta sondeo, investigación, indagación, averiguación.

encumbrar(se) ensalzar, elogiar, encomiar, enaltecer. —*Desprestigiar.* **2** Elevarse, sobresalir, descollar, destacarse. —*Declinar.*

endeble débil, frágil, canijo, enclenque, flojo, enfermizo, raquítico. —*Sólido, fuerte.*

endemoniado endiablado, embrujado, poseso, poseído. **2** Satánico, malvado, malo, perverso. —*Bueno.* **3** Asqueroso, repugnante. —*Agradable.* **4** Enojoso, difícil, fatigoso, fastidioso. —*Fácil.* **5** Travieso, revoltoso.

enderezar levantar, alzar, subir, erguir, elevar. —*Bajar.* **2** Corregir, rectificar, encaminar, encauzar, guiar. —*Torcer, desviar, descarriar.*

endeudarse comprometerse, empeñarse.

endiablado V. endemoniado.

endomingado engalanado, acicalado, compuesto, emperifollado. —*Desarreglado.*

endosar transferir, traspasar. **2** Endilgar, encasquetar, cargar, encargar. —*Retirar, quitar.*

endulzar azucarar, dulcificar. —*Amargar.* **2** Suavizar, mitigar, calmar, aplacar, aliviar. —*Exacerbar, recrudecer.*

endurecer fortalecer, robustecer, vigorizar. —*Debilitar, ablandar.*

enemigo adversario, rival, oponente, contrincante, contrario, hostil, opuesto, adverso. —*Amigo, aliado.*

enemistad rivalidad, hostilidad, antipatía, odio, aversión, aborrecimiento. —*Amistad.*

energía fuerza, potencia, poder. **2** Fortaleza, firmeza, vigor, tesón, ímpetu, entereza, brío, tenacidad. —*Debilidad, flaqueza.*

enérgico firme, resuelto, tenaz, brioso, tesonero, recio, vigoroso. —*Flojo, débil.* **2** Activo, efectivo, eficiente.

energúmeno brutal, violento, furioso, rabioso, frenético. —*Apacible.*

enfado enojo, irritación, ira, cólera. —*Calma.* **2** Disgusto, contrariedad, fastidio, mortificación. —*Agrado, satisfacción.*

énfasis intensidad, fuerza, acento, vehemencia. —*Debilidad.* **2** Afectación, ceremonia, ampulosidad. —*Naturalidad, sencillez.*

enfermedad afección, trastorno, mal, dolencia, padecimiento, malestar, indisposición. —*Salud.*

enfermo afectado, indispuesto, doliente, paciente. —*Sano.*

enflaquecer adelgazar, demacrarse, demejorar, consumirse, secarse. —*Engordar.*

enfocar orientar, apuntar, dirigir. —*Desenfocar, desviar.* **2** Considerar, encarar, plantear.

enfrascarse dedicarse, concentrarse, entregarse, absorberse. —*Distraerse.*

enfrentar(se) encarar, arrostrar, oponerse, desafiar, resistir. —*Rehuir, eludir.* **2** Contender, guerrear, pelear, luchar, combatir. —*Huir.*

enfriar refrigerar, helar, refrescar. —*Calentar.* **2** Calmar, sosegar, apaciguar, moderar, mitigar. —*Enardecer.*

enfundar envainar, revestir, forrar, cubrir. —*Desenfundar.*

enfurecer enojar, irritar, encolerizar, exasperar, sulfurar. —*Aplacar.*

engalanar adornar, hermosear, arreglar, acicalar, componer, ornar, ataviar. —*Afear.*

enganchar sujetar, prender, colgar, ensamblar, asegurar, acoplar. —*Soltar, desenganchar.* **2** Enrolar, reclutar, atrapar, pillar, engatusar.

engaño mentira, embuste, falsedad, invención, farsa, fraude, disimulo, embaucamiento, ardid, argucia, celada, truco, estafa, dolo. **2** Error, confusión, equivocación. —*Verdad.*

engarzar engastar, ajustar, encajar, encrustar, acoplar. —*Desengarzar.*

engendrar procrear, concebir, reproducir, fecundar. **2** Originar, generar, causar, suscitar, crear, provocar, motivar. —*Impedir.*

engendro aborto, feto. **2** Malvado, perverso, endemoniado. **3** Espantajo, adefesio, monstruo.

englobar abarcar, comprender, encerrar, incluir, abrazar, envolver, alcanzar.

engolosinar(se) fascinar, tentar, seducir, incitar, sugestionar, atraer, estimular. **2** Encapricharse, prendarse, encariñarse, aficionarse.

engomar encolar, untar, impregnar, pegar, adherir.

engordar robustecer, engrosar, ensanchar, aumentar. —*Enflaquecer.* **2** Cebar, criar.

engorro impedimento, estorbo, dificultad, molestia, obstáculo, complicación, problema.

engranaje encadenamiento, trabazón, enlace, articulación, acoplamiento.

engrandecer agrandar, ampliar, dilatar, acrecentar, aumentar, extender, incrementar, desarrollar. —*Empequeñecer.* **2** Enaltecer, ennoblecer, honrar, elevar. —*Deshonrar, rebajar.*

engrasar untar, pringar, embadurnar, lubricar, aceitar. —*Desengrasar.*

engreimiento arrogancia, envanecimiento, fatuidad, jactancia, petulancia, altivez, vanidad, fanfarronería, presunción. —*Sencillez, modestia.*

engrudo goma, adhesivo, cola.

engullir devorar, tragar, zampar, deglutir, ingerir. —*Devolver, vomitar.*

enhorabuena felicitación, aplauso, congratulación.

enigma misterio, interrogante, incógnita, arcano, secreto. **2** Jeroglífico, adivinanza, acertijo. —*Solución.*

enigmático misterioso, oscuro, incomprensible, inexplicable, críptico, secreto, oculto. —*Claro, comprensible, evidente.*

enjambre multitud, muchedumbre, cantidad, grupo .

enjaular encerrar, aprisionar, encarcelar. —*Libertad.*

enjoyar adornar, acicalar, embellecer, ornamentar. **2** Alhajar, recamar, engastar.

enjuagar lavar, aclarar.

enjugar secar, escurrir, limpiar. —*Mojar.*

enjuiciar procesar, encausar, juzgar, sentenciar, empapelar. **2** Calificar, valorar, evaluar, apreciar.

enjundia vigor, fuerza, coraje, arrestos, brío. —*Debilidad.*

enjuto flaco, delgado, seco. —*Gordo, rollizo.*

enlace encadenamiento, unión, articulación, conexión, nexo, ligazón, juntura, acoplamiento. —*Desarticulación.* **2** Matrimonio, casamiento, boda, núpcias, esponsales, unión, vínculo. —*Separación.*

enlodarse V. **encenagarse.**

enloquecer enajenarse, trastornarse, extraviarse, delirar, desvariar, chiflarse, perder la razón.

enmarañado embrollado, desordenado, confuso, caótico. —*Claro, ordenado.* **2** Revuelto, enredado.

enmascarar disfrazar, encubrir, ocultar, disimular, cubrir, esconder. —*Desenmascarar, descubrir.*

enmendar rectificar, corregir, remediar, subsanar, modificar.

enmohecerse oxidarse, herrumbrarse, deteriorarse.

enmudecer callar, guardar silencio. —*Hablar.*

ennegrecer oscurecer, ensombrecer, renegrear, denegrecer. —*Blanquear.*

ennoblecer enaltecer, elevar, engrandecer, honrar. —*Envilecer.*

enojo enfado, irritación, ira, cólera, rabia, furia, disgusto, exasperación. —*Alegría, contento.*

enorgullecerse satisfacerse, alegrarse, preciarse, honrarse. **2** Jactarse, alardear, presumir, envanecerse. —*Avergonzarse.*

enorme descomunal, gigantesco, inmenso, colosal, desmedido, voluminoso. —*Minúsculo, diminuto.*

enormidad barbaridad, disparate, absurdo, desatino, despropósito, extravagancia. —*Acierto.* **2** Cantidad, copia, profusión, plétora.

enraizar arraigar, aclimatar, implantar, afincar, establecer, fijar. —*Desarraigar.*

enrarecer rarificar, viciar, contaminar, degradar.

enredar revolver, enmarañar, desordenar. —*Desenredar.* **2** Confundir, embrollar, complicar, entorpecer.

enredo lío, problema, complicación, dificultad, embrollo, maraña, desorden. **2** Trampa, maquinación, intriga, fraude, engaño, cuento, chisme, mentira.

enrevesado incomprensible, embrollado, enredado, confuso, complicado, oscuro, indescifrable, intrincado. —*Claro, sencillo.*

enriquecerse progresar, beneficiarse, prosperar, lucrarse. —*Empobrecerse.*

enrojecer sonrojarse, ruborizarse, avergonzarse, abochornarse. —*Palidecer.*

enrolar reclutar, incorporar, enganchar, inscribir. —*Licenciar.*

enrollar envolver, liar, plegar, enroscar. —*Desenrollar.*

enronquecimiento ronquera, afonía, carraspera.

enroscar atornillar.

ensalada confusión, revoltijo, barullo, mezcolanza, mezcla.

ensalmo conjuro, encantamiento.

ensalzar alabar, elogiar, loar, encomiar, aplaudir, engrandecer, enaltecer. —*Rebajar, vituperar.*

ensamblar acoplar, encajar, juntar, unir.

ensanchar ampliar, extender, dilatar, aumentar, agrandar, expandir. —*Reducir, encoger, disminuir.*

ensañamiento saña, sevicia, encarnizamiento, brutalidad, crueldad.

ensartar atravesar, traspasar, enhebrar. —*Desensartar.*

ensayar probar, experimentar, tantear, investigar. 2 Intentar, procurar, tratar.

ensenada cala, fondeadero, bahía, golfo, abra.

enseña insignia, divisa, estandarte, bandera, emblema.

enseñanza educación, instrucción, ilustración, formación, adiestramiento, pedagogía, docencia. 2 Método, programa. 3 Ejemplo, escarmiento, moraleja.

enseñar instruir, educar, formar, ilustrar, adiestrar. 2 Revelar, indicar, mostrar, exhibir, exponer, descubrir. —*Ocultar.*

enseñorearse apoderarse, posesionarse, adueñarse, apropiarse, dominar.

enseres utensilios, útiles, instrumentos, aparatos, muebles, artefactos.

ensimismado abstraído, absorto, embebido, abismado, pensativo, meditabundo.

ensoberbecerse envanecerse, engreirse, presumir, ufanarse, crecerse, inflarse. 2 Alborotarse, encresparse, alterarse. —*Calmarse.*

ensombrecerse nublarse, oscurecerse, encapotarse. —*Aclarar.* 2 Apenarse, entristecerse, afligirse. —*Alegrarse.*

ensordecedor estruendoso, atronador, estrepitoso, estridente. — *Inaudible.*

ensortijado crespo, rizado, ondulado, encrespado. —*Liso.*

ensuciar manchar, deslucir, enmugrar, embadurnar, percudir. —*Limpiar.* 2 Deshonrar, mancillar, infamar.

ensueño ensoñación, fantasía, ilusión, ficción, quimera, espejismo.

entablar emprender, comenzar, iniciar, empezar.

ente ser, entidad, cosa, criatura, realidad, existencia.

enteco débil, enfermizo, endeble, enclenque. —*Sano, robusto.*

entender(se) comprender, intuir, percibir, discernir, inteligir, penetrar, concebir, pensar, saber, conocer. —*Ignorar.* 2 Avenirse, congeniar, compenetrarse, simpatizar. —*Discrepar.*

entendido experto, hábil, capaz, erudito, versado, conocedor. — *Ignorante, lego.*

entendimiento intelecto, inteligencia, razón, lucidez, alcance, agudeza, perspicacia. 2 Acuerdo, armonía, avenencia. —*Desacuerdo.*

enterar(se) comunicar, informar, revelar, avisar. —*Ocultar.* 2 Conocer, saber, oír, averiguar, descubrir. —*Ignorar.*

entereza firmeza, vigor, energía,

fortaleza, temple. —*Debilidad.* 2 Honradez, integridad, rectitud, honestidad. —*Deshonestidad.*

enternecer conmover, impresionar, emocionar, afectar, ablandar. —*Endurecer.*

entero completo, total, íntegro, absoluto. —*Incompleto.*

enterrador sepulturero.

enterrar sepultar, inhumar, dar sepultura. —*Desenterrar, exhumar.* 2 Olvidar, desechar, arrinconar, relegar, apartar.

entidad asociación, corporación, institución, compañía, sociedad, empresa, firma. 2 Ente, ser.

entierro sepelio, funeral, inhumación, exequias, honras fúnebres. —*Exhumación.*

entonación acento, modulación, inflexión, tono, acentuación, pronunciación.

entonar(se) afinar, modular, armonizar, vocalizar, cantar, tararear. —*Desentonar, desafinar.* 2 Tonificarse, vigorizarse, confortarse, animarse, fortalecerse. —*Debilitarse.* 3 Engreirse, envanecerse, crecerse.

entorno ámbito, ambiente.

entorpecer estorbar, impedir, obstaculizar, dificultar, obstruir, retardar, atrasar. —*Facilitar, ayudar, agilizar.* 2 Aturdir, turbar, ofuscar, atontar, embotar. —*Despabilar.*

entrada acceso, puerta, ingreso, paso, boca, abertura. —*Salida.* 2 Admisión, inscripción, asociación, incorporación. —*Retiro.* 3 Llegada, irrupción. —*Marcha.* 4 Boleto, comprobante, billete, cupón, invitación.

entrañas interior, intimidad, profundidad, centro, núcleo, corazón, alma. 2 Carácter, índole, naturaleza. 3 Intestinos, vísceras.

entrañable estimado, amado, querido, apreciado, íntimo. —*Odiado.* 2 Profundo, auténtico, sincero, verdadero.

entrar penetrar, ingresar, introducirse, pasar, acceder. —*Salir.* 2 Inscribirse, asociarse, afiliarse, incorporarse. —*Retirarse.* 3 Llegar, irrumpir.

entreabrir entornar, entrecerrar.

entreacto intermedio, intervalo, interludio, pausa, descanso.

entrecejo ceño.

entrechocar castañetear, golpear.

entrecortado intermitente, tartamudeante, balbuciente, irregular. —*Continuo.*

entredicho desconfianza, sospecha, prevención, recelo, duda. —*Confianza.* 2 Censura, prohibición, interdicto, veto. —*Aprobación.*

entregar(se) dar, suministrar, otorgar, procurar, ofrendar, regalar, proporcionar, conferir, conceder. —*Recibir.* 2 Traspasar, transmitir, transferir. —*Quitar, arrebatar.* 3 Delatar, acusar, denunciar. —*Encubrir.* 4 Someterse, rendirse, capitular. —*Resistir.*

entrelazar trenzar, entretejer, entrecruzar, trabar.

entremés aperitivo. 2 Sainete, pieza breve.

entremetido indiscreto, inoportuno, fisgón, intruso. —*Discreto.*

entrenar ejercitar, adiestrar, practicar, preparar, ensayar, instruir.

entresacar seleccionar, escoger, elegir.

entretejer V. **entrelazar.**

entretela forro, refuerzo, relleno.

entretener recrear, divertir, distraer, amenizar, animar. —*Aburrir.* **2** Retardar, demorar, retrasar, dilatar. —*Adelantar.*

entrever vislumbrar, distinguir, divisar, percibir. **2** Presumir, sospechar, presentir, conjeturar.

entrevista conversación, conferencia, audiencia, charla, plática, encuentro, reunión.

entristecer acongojar, apesadumbrar, afligir, apenar, atribular, consternar, desconsolar. —*Alegrar.*

entronizar coronar, ungir, implantar. —*Destronar.* **2** Ensalzar, honrar, dignificar, encumbrar. —*Vilipendiar.*

entronque conexión, relación, enlace, empalme, lazo, vínculo, parentesco, afinidad.

entuerto perjuicio, agravio, ofensa, injuria, daño. —*Beneficio, bien.*

entumecerse entumirse, adormecerse, paralizarse, entorpecerse, agarrotarse. —*Desentumecerse.*

enturbiar empañar, ensombrecer, obscurecer, ensuciar. —*Aclarar.*

entusiasmo emoción, ardor, pasión, fervor, exaltación. —*Indiferencia.*

entusiasta apasionado, adorador, devoto, partidario, admirador, simpatizante. —*Indiferente.*

enumerar contar, relacionar, inventariar, detallar, especificar.

enunciar expresar, formular, manifestar, declarar, citar, mencionar, exponer.

envainar enfundar, introducir, guardar. —*Desenvainar.*

envalentonarse fanfarronear, bravuconear, guapear.

envanecerse pavonearse, presumir, engreírse, fanfarronear, vanagloriarse, ufanarse, jactarse.

envasar embotellar, enfrascar, enlatar.

envase botella, frasco, lata, tarro, recipiente, bote, vasija, caja, estuche.

envejecer aviejarse, eventajarse, marchitarse, ajarse, gastarse, declinar, caducar. —*Rejuvenecer.*

envenenar intoxicar, contaminar, emponzoñar. **2** Enemistar, indisponer, malquistar, cizañar.

envergadura extensión, magnitud, medida, amplitud, anchura.

enviar mandar, expedir, remitir, despachar, dirigir, destinar. —*Recibir.*

enviciar corromper, viciar, pervertir, depravar, extraviar, dañar.

envidia celos, canimosidad, resentimiento.

envidiar codiciar, ambicionar, ansiar, resentirse, amargarse, rivalizar.

envilecer corromper, degradar, descarriar, mancillar, deshonrar, desacreditar.

envío remesa, carga, mercancía, encargo, pedido, paquete, expedición, remisión.

envoltorio fardo, paquete, lío, bulto, paca, atado.

envoltura forro, cubierta, revestimiento, recubrimiento, funda, corteza, pellejo, piel, capa.

épico heroico, grandioso.

epidemia peste, plaga, infección, azote.

epidermis piel, dermis, pellejo, membrana.

epígrafe inscripción, epigrama, título. **2** Encabezamiento, sumario, resumen.

epílogo conclusión, desenlace, final, culminación, recapitulación. —*Prólogo.*

episodio suceso, incidente, acontecimiento, hecho. **2** Capítulo, parte, sección, división.

epístola carta, mensaje, misiva, comunicación, despacho, escrito.

epitafio inscripción, leyenda.

epíteto adjetivo, apelativo, calificativo, nombre.

epítome resumen, sumario, recopilación, compendio, compilación, prontuario.

época período, etapa, tiempo, fase, temporada, lapso, era.

epopeya gesta, proeza, hazaña, odisea, leyenda.

equidad justicia, objetividad, rectitud, honradez, imparcialidad, ecuanimidad. —*Injusticia.*

equilibrio estabilidad, nivelación, proporción, armonía, concordia. —*Inestabilidad, desproporción.* **2** Prudencia, sensatez, moderación, cordura. —*Desequilibrio.*

equilibrista acróbata, trapecista, gimnasta, volatinero, saltimbanqui, funámbulo.

equipaje maletas, bagaje, equipo.

equipar suministrar, aprovisionar, proveer, surtir, dotar, abastecer. —*Despojar.*

equiparar comparar, igualar, cotejar, asemejar, parangonar. —*Diferenciar.*

equipo grupo, conjunto, agrupa-

ción, asociación, brigada, cuadrilla, jugadores, competidores. **2** Indumentaria, vestuario, ajuar, instrumental, avíos, dotación, pertrechos, equipaje, bagaje.

equitativo justo, ecuánime, imparcial, recto. —*Injusto.*

equivalente parecido, parejo, similar, semejante. —*Desigual.*

equivocación error, inexactitud, inadvertencia, falta, descuido, desliz, confusión, disparate, desacierto, desatino. —*Acierto.*

equívoco vaguedad, ambigüedad, imprecisión, tergiversación, confusión. —*Precisión.* **2** Dudoso, sospechoso, ambiguo, obscuro, incomprensible. —*Inequívoco.*

era época, período, fase, tiempo, edad, etapa, lapso.

erecto erguido, levantado, enderezado, empinado, alzado, derecho. —*Encorvado.*

erial baldío, yermo, barbecho, desierto. —*Sembrado.*

erigir edificar, construir, levantar. —*Derribar.* **2** Establecer, instituir, fundar, constituir.

erizado punzante, espinoso.

ermita oratorio, capilla, templo, santuario.

ermitaño eremita, asceta, cenobita, anacoreta, solitario.

erosión desgaste, deterioro, corrosión, roce, fricción, rozamiento.

erótico sensual, voluptuoso.

erradicar eliminar, suprimir, extirpar, terminar.

errar vagar, vagabundear, deambular, callejar. **2** Fallar, equivocarse, desacertar, fracasar. —*Acertar, atinar.*

error desacierto, equivocación,

desatino. **2** Confusión, distracción, descuido, yerro. —*Acierto.* **3** Incorrección, falta, desliz.

erudito ilustrado, culto, instruido, sabio, docto. —*Ignorante.*

erupción estallido, explosión, emisión volcánica. **2** Inflamación, irritación, sarpullido.

esbelto espigado, gallardo, delgado, fino, grácil. —*Rechoncho.*

esbirro secuaz, sicario.

esbozo bosquejo, diseño, boceto, esquema, croquis, borrador, dibujo.

escabroso abrupto, accidentado, escarpado, desigual, áspero, duro, tortuoso. —*Llano, fácil.* **2** Delicado, embarazoso. **3** Obsceno, atrevido, verde.

escabullirse escaparse, escurrirse, esfumarse, eludir, librarse.

escala serie, sucesión, progresión, escalafón. **2** Graduación, patrón, baremo. **3** Escalera.

escalafón clasificación, grado, rango, jerarquía, categoría.

escalar ascender, trepar, subir, encaramarse, progresar, prosperar. —*Descender, bajar.*

escaldar cocer, hervir, quemar, abrasar.

escalera escalinata, escala, gradería, gradas, peldaños, escalones.

escalofriante espeluznante, estremecedor, impresionante, aterrador, espantoso.

escalofrío estremecimiento, espasmo, temblor, indisposición.

escalón peldaño, grada. **2** Nivel, etapa, paso, fase, grado, rango.

escamotear birlar, hurtar, sustraer, quitar. **2** Eliminar, suprimir, ocultar, disimular, manipular.

escampar serenar, despejar, abonanzar, calmar, mejorar. —*Llover.*

escandalizar(se) alborotar, gritar, vociferar, molestar. **2** Espantarse, disgustarse, ofenderse, incomodarse.

escándalo alboroto, algarabía, bulla, griterío. —*Silencio.* **2** Pelea, disputa, pendencia, riña, altercado. —*Paz.* **3** Impudicia, desvergüenza.

escáner detector, diagnosticador.

escapar huir, fugarse, escabullirse, evadirse, desaparecer.

escaparate estante, vitrina, mostrador.

escapatoria evasión, fuga, huida, escape. **2** Subterfugio, evasiva, pretexto, excusa, disculpa.

escape evasión, escapada, fuga, huida. **3** Pérdida, derrame, salida. **4** Válvula, llave.

escaramuza pelea, riña, contienda, reyerta, refriega. —*Paz.*

escarbar cavar, excavar, hurgar, remover, raspar, arañar. **2** Escudriñar, indagar, inquirir.

escarceo divagación, digresión, rodeo, simulacro, amago, tanteo, ambigüedad. **2** Amorío, aventura, devaneo.

escarlata granate, rojo, carmesí, colorado.

escarmiento castigo, corrección, pena, sanción. **2** Desengaño, decepción, frustración.

escarnecer ultrajar, afrentar, agraviar, ofender, vilipendiar, humillar, zaherir. —*Alabar.*

escarpado empinado, inclinado, vertical, abrupto, escabroso. —*Llano.*

escaso exiguo, limitado, insuficiente, poco, pobre. —*Abundante.*

escatimar ahorrar, economizar, cicatear, tacañear, regatear. — *Prodigar, derrochar.*

escena vista, panorama, perspectiva, espectáculo, escenario. **2** Hecho, suceso, acontecimiento. **3** Acto, cuadro, parte. **4** Teatro, drama, farándula.

escepticismo incredulidad, duda, incertidumbre, sospecha, desconfianza. —*Credulidad, seguridad.*

escindir cortar, partir, dividir, romper. —*Juntar, unir.*

esclarecer aclarar, iluminar, desenredar, ilustrar, dilucidar, explicar. —*Confundir.*

esclavitud servidumbre, sumisión, vasallaje, sometimiento, sujeción, yugo, tiranía, despotismo, opresión. —*Libertad.*

esclavo siervo, vasallo, forzado, subyugado, cautivo, sometido, prisionero. —*Libre.* **2** Rendido, cautivado.

escocer(se) picar, punzar, arder, doler, irritar. —*Calmar.* **2** Dolerse, ofenderse, enfadarse.

escoger seleccionar, elegir, preferir, optar, entresacar, apartar, separar. —*Mezclar.*

escogido elegido, destacado, seleccionado, designado, selecto, sobresaliente, excelente, notable.

escolar estudiante, alumno, discípulo, colegial, educando. — *Maestro.*

escolta comitiva, cortejo, séquito, compañía, comparsa, acompañamiento, custodia, protección, defensa.

escollo dificultad, tropiezo, obstáculo, problema. **2** Arrecife, bajo, rompiente, banco.

escombros residuos, desechos, restos, ruinas.

esconder ocultar, encubrir, guardar, tapar, fingir, disimular, callar. —*Mostrar, enseñar, exhibir.*

escondite escondrijo.

escopeta rifle, fusil, carabina, mosquete.

escoplo cincel, formón, gubia.

escoria residuo, basura, desecho, sobras, hez.

escote escotadura, abertura.

escozor ardor, picazón, quemazón. **2** Resquemor, resentimiento, disgusto.

escribano escribiente, copista, funcionario, secretario.

escribir redactar, componer, caligrafiar, anotar, apuntar, transcribir, copiar.

escrito texto, composición, documento, manuscrito, apunte, nota, mensaje, comunicado, carta, artículo, libro, crónica, obra.

escritor autor, ensayista, novelista, narrador, prosista.

escritorio buró, bufete.

escritura documento, contrato, protocolo, instrumento público. **2** Grafía, caligrafía.

escrúpulo recelo, aprensión, reparo, duda, temor, cautela. — *Seguridad.* **2** Honradez, honestidad, consideración, miramiento. —*Deshonestidad.* **3** Asco, repugnancia, melindre.

escrupuloso minucioso, exacto, preciso, cuidadoso, esmerado, puntilloso. —*Descuidado, negligente.* **2** Quisquilloso, nimio, remilgado. —*Despreocupado.*

escrutar examinar, escudriñar, indagar, investigar, estudiar, reconocer. **2** Contar, computar.

escuadra flota, unidad, armada.

escuadrón batallón.

escuálido delgado, flaco, enjuto, enclenque, esmirriado, esquelético, macilento. —*Gordo.*

escuchar oír, percibir, atender, prestar atención, enterarse. —*Desoír.*

escudo protección, defensa, cobijo, amparo, resguardo. **2** Emblema, blasón, divisa. **3** Adarga, broquel, rodela.

escudriñar investigar, examinar, escrutar, inquirir, buscar.

escuela colegio, liceo, gimnasio, instituto, academia. **2** Método, sistema, corriente, tendencia, doctrina.

escueto sucinto, breve, conciso, preciso, resumido. —*Extenso, prolijo.*

esculpir tallar, cincelar, labrar, grabar.

escupir expectorar, esputar, expulsar, expeler.

escurridizo resbaloso, rebaladizo, deslizable. **2** Esquivo, astuto, veloz, hábil, ligero.

escurrir(se) gotear, chorrear, destilar, rezumar, secar. —*Mojar.* **2** Escaparse, escabullirse, esquivar, huir.

esencia naturaleza, identidad, substancia. —*Accidente, apariencia.* **2** Fondo, alma, meollo, corazón, carácter. **3** Extracto, perfume, concentrado, fragancia, bálsamo.

esencial propio, peculiar, inherente, distintivo, natural, intrínseco, consubstancial, constitutivo. —

Accesorio, accidental. **2** Fundamental, básico, principal, importante. —*Secundario.*

esfera bola, globo, balón, pelota. **2** Campo, sector, zona, actividad, ámbito. **3** Círculo, ambiente, categoría, clase, condición.

esforzado valeroso, valiente, arrojado, animoso, decidido, denodado. —*Cobarde.*

esfuerzo trabajo, empuje, ánimo, empeño, aliento, lucha, denuedo, brío. —*Desánimo, debilidad.*

esfumar(se) difuminar, esfuminar, atenuar. **2** Escabullirse, desaparecer, huir. —*Aparecer.* **3** Desvanecerse, evaporarse, disiparse.

eslogan lema, expresión, consigna, frase publicitaria.

esmalte barniz, vidriado, laca, recubrimiento.

esmerarse esforzarse, aplicarse, consagrarse, dedicarse. —*Descuidarse.*

esnob petimetre, afectado, cursi, pedante.

esotérico secreto, oculto, enigmático, misterioso, reservado, escondido. —*Exotérico, accesible.*

espacio firmamento, cosmos, infinito, universo, cielo. **2** Capacidad, medida, superficie, dimensión, extensión, distancia, longitud. **3** Amplitud, anchura, holgura, desahogo. —*Estrechez.*

espada sable, alfanje, mandoble, estoque, cimitarra.

espalda dorso, espaldar, lomo, posterior, reverso, envés. —*Frente, cara.*

espantajo esperpento, adefesio, mamarracho, espantapájaros.

espantar aterrar, atemorizar,

asustar, amedrentar, horrorizar, acobardar, amilanar. **2** Alejar, ahuyentar, rechazar, echar, apartar. —*Atraer.*

espantoso pavoroso, aterrador, terrorífico, impresionante, horrible, terrible, horroroso.

español hispano, hispánico, íbero, ibérico.

esparcimiento entretenimiento, diversión, distracción. —*Aburrimiento.*

esparcir diseminar, desperdigar, desparramar, extender, dispersar. —*Reunir, agrupar.* **2** Divulgar, difundir, propagar. —*Ocultar, reservar.*

espasmo contracción, crispación, convulsión, sacudida. —*Relajación.*

especia condimento, aderezo.

especial peculiar, singular, particular, propio, exclusivo. —*Común.*

especialista experto, versado, perito, especializado.

especie género, variedad, familia, raza, grupo, clase, orden, tipo, serie.

especificar detallar, precisar, enumerar, definir, determinar.

espécimen muestra, ejemplar, modelo, tipo.

espectacular asombroso, llamativo, admirable, grandioso, atractivo. —*Insulso.* **2** Aparatoso, ostentoso, fastuoso, pomposo. —*Sencillo.*

espectáculo representación, exposición, ceremonia, función, exhibición, acto, competencia, juego, certamen, muestra. **2** Panorama, escena, visión, cuadro.

espectadores concurrentes, concurrencia, asistentes, oyentes, público, multitud, auditorio.

espectro aparición, fantasma, visión, espíritu, aparecido.

especular lucrarse, beneficiarse, ganar, comerciar, aprovecharse, acaparar, traficar. **2** Reflexionar, teorizar, pensar, meditar, elucubrar, suponer, imaginar, conjeturar.

espejismo ilusión, apariencia, visión, quimera, fantasía, delirio. —*Realidad.*

espeluznante terrorífico, espantoso, horripilante, horrendo, horroroso, aterrador.

esperanza confianza, certeza, fe, seguridad, espera, expectativa, expectación, ilusión, anhelo. —*Desesperanza.*

esperar desear, anhelar, confiar, creer, querer, ilusionarse. —*Desconfiar.* **2** Aguardar, permanecer. —*Desesperar.*

esperpento espantajo, adefesio, mamarracho.

espeso denso, condensado, concentrado, apretado, tupido, cerrado. —*Fluido.*

espesor anchura, grueso, grosor, amplitud.

espesura follaje, bosque, frondas, selva.

espía informador, confidente, agente secreto, delator.

espiar informar, vigilar, investigar.

espigado esbelto, desarrollado, alto, gallardo. —*Rechoncho.*

espina púa, aguijón, puya. **2** Pena, dolor, sufrimiento, pesar, aflicción. **3** Recelo, sospecha, inquietud, duda.

espinazo espina dorsal, columna vertebral, raquis.

espinoso arduo, complicado, embarazoso, peliagudo, difícil, penoso, duro. —*Sencillo, fácil, simple.*

espirar exhalar, expulsar, expeler. —*Aspirar, inhalar.*

espiritista ocultista, médium.

espíritu psiquis, principio vital, mente, conciencia, alma, corazón, interior, inteligencia. — *Materia.* 2 Ánimo, energía, carácter, brío, vitalidad. —*Debilidad, abatimiento.* 3 Sentido, tendencia, talante, actitud. 4 Fantasma, espectro, aparición.

espiritual psíquico, psicológico, íntimo, anímico, sensible, vital. —*Material.*

espléndido magnífico, estupendo, maravilloso, regio, suntuoso, soberbio. —*Modesto.* 2 Generoso, altruista, dadivoso, liberal, desprendido. —*Avaro, tacaño.*

esplendor grandeza, magnificencia, grandiosidad. 2 Apogeo, plenitud, auge, progreso, culminación. —*Decandencia.* 3 Brillo, resplandor. —*Oscuridad.*

espolear aguijonear, incitar, animar, estimular, avivar, excitar. —*Desanimar, contener.*

esponjoso poroso, hueco, blando, inconsistente. —*Duro, macizo.*

esponsales matrimonio, casamiento, boda, nupcias, enlace, compromiso, promesa. —*Divorcio, separación.*

espontáneo franco, natural, sincero, abierto, sencillo, llano. — *Hipócrita, afectado.* 2 Involuntario, indeliberado, inconscien-

te, maquinal, automático, mecánico. —*Consciente, voluntario, deliberado.*

esporádico ocasional, eventual, irregular, casual, circunstancial. —*Constante, regular, habitual.*

esposar atar, encadenar, sujetar. —*Soltar.*

esposo cónyuge, marido, consorte, pareja, compañero.

espuela acicate, incitación, estímulo, apremio, incentivo. —*Freno.* 2 Aguijón, rodaja.

espuma efervescencia, burbujeo, hervor, espumarajo, baba, saliva.

espurio falso, falsificado, adulterado, ilegítimo, bastardo. —*Auténtico, legítimo.*

esputo salivazo, expectoración, escupitajo, gargajo.

esquela mensaje, nota, comunicación, carta, misiva, tarjeta.

esquelético escuálido, consumido, demacrado, descarnado, seco, enjuto. —*Gordo, rollizo.*

esqueleto osamenta, caparazón, armazón, soporte, armadura. 2 Bosquejo, croquis, esbozo.

esquema esbozo, croquis, proyecto, bosquejo, dibujo.

esquilmar arruinar, empobrecer, robar, explotar. —*Enriquecer.* 2 Arrasar, dañar, agotar, destruir. —*Conservar.*

esquina ángulo, vértice, recodo, arista.

esquivar eludir, sortear, soslayar, rehuir, evadir, evitar. —*Enfrentar.*

esquivo arisco, huraño, hosco, áspero, evasivo, huidizo. —*Sociable.*

estable firme, seguro, sólido. — *Inconsistente.* 2 Permanente, duradero, fijo, constante. —*Ines-table.*

establecer(se) fundar, instaurar, instituir, iniciar, implantar, erigir, construir, instalar, asentar, situar, colocar. —*Desmontar, desmantelar.* **2** Determinar, especificar, comprobar, averiguar, investigar, señalar. **3** Decretar, ordenar, mandar, estatuir. **4** Domiciliarse, afincarse. —*Irse, trasladarse.*

establecimiento local, comercio, institución, sociedad, almacén, empresa, firma, entidad, oficina. **2** Asentamiento, instalación, fundación.

establo corral, caballeriza, cuadra.

estaca madero, palo, garrote, tranca.

estacada empalizada, cerca, valla, verja, cercado.

estación temporada, tiempo, época, período, fase. **2** Terminal, parada.

estacionar aparcar, situar, colocar, detener, parar. —*Circular, mover, desplazar.*

estadio campo, cancha, circuito, pista, recinto. **2** Etapa, fase, ciclo.

estadista gobernante, dirigente, presidente, jefe de Estado.

estadística censo, registro, sondeo, clasificación, cálculo.

Estado nación, país, pueblo. **2** Administración, gobierno, autoridad.

estado situación, disposición, circunstancia, aspecto, etapa, fase.

estafa engaño, fraude, robo, timo, defraudación.

estafador timador, tramposo, ladrón, embaucador, bribón, pícaro. —*Honrado.*

estallar explotar, reventar, volar,

restallar, traquear. **2** Prorrumpir, sobrevenir.

estampa imagen, ilustración, lámina, grabado, retrato. **2** Figura, apariencia, porte, aspecto.

estampar imprimir, grabar, marcar.

estampido detonación, estallido, explosión, estruendo.

estampilla timbre, sello de correos.

estancar atascar, empantanar, paralizar, suspender, obstruir, detener, parar. —*Activar, mover, movilizar.*

estancia habitación, aposento, cuarto, alcoba. **2** Estadía, permanencia, detención. **3** Hacienda, finca, rancho, quinta, domicilio, residencia.

estanciero hacendado, dueño, propietario. **2** Capataz, encargado.

estándar modelo, patrón, tipo. **2** Normal, común, típico.

estandarte enseña, insignia, bandera, pabellón.

estanque charca, lago, laguna, pantano, alberca.

estante anaquel, repisa, aparador.

estar permanecer, encontrarse, hallarse, vivir. —*Faltar.*

estático inmóvil, quieto, fijo, detenido, parado, inmutable. —*Móvil, dinámico.* **2** Asombrado, pasmado, atónito.

estatua escultura, talla, figura, efigie, imagen.

estatura altura, alto, talla.

estatuto preceptos, código, normas, decretos, ley, reglamento, régimen jurídico.

este oriente, levante. —*Oeste, occidente.*

estela señal, rastro, huella, marca, vestigio.

estentóreo estruendoso, estridente, retumbante, ruidoso. —*Bajo, débil.*

estepa yermo, erial, planicie, llano, llanura.

estera tapiz, alfombra, tapete.

estéril árido, improductivo, desértico, yermo, infecundo. —*Fecundo, fértil.* 2 Inútil, ineficaz, vano, infructuoso. —*Útil, eficaz.*

estertor agonía, jadeo.

estético artístico.

estibador cargador, peón.

estibar ordenar, disponer, colocar, distribuir, cargar.

estiércol boñiga, excremento, bosta, abono.

estigma señal, marca, huella. 2 Afrenta, mancha, vergüenza, tacha, deshonra.

estilizado fino, delgado, elegante. —*Tosco, grueso.*

estilo modo, manera, forma, peculiaridad, singularidad, carácter, expresión, tipo. 2 Costumbre, uso, moda, práctica, usanza. 3 Punzón, estilete, púa.

estima afecto, aprecio, estimación, consideración. —*Odio, desprecio.*

estimar apreciar, querer, honrar. —*Odiar, despreciar.* 2 Evaluar, valorar, calcular, tasar, juzgar, opinar, considerar, creer.

estimular alentar, incitar, instigar, animar, aguijonear, inspirar, exhortar. —*Desanimar, disuadir.*

estipendio remuneración, pago, honorarios, comisión, salario, sueldo.

estipular convenir, pactar, acordar, concertar, especificar.

estirar extender, ensanchar, alargar, dilatar. —*Encoger.*

estirpe linaje, ascendencia, progenie, casta, origen, alcurnia, abolengo.

estocada cuchillada, herida, pinchazo.

esofado guiso, guisado.

estoico impasible, firme, sereno, imperturbable. —*Impresionable.*

estómago órgano digestivo. 2 Aguante, paciencia.

estorbo traba, obstáculo, inconveniente, molestia, impedimento, freno, dificultad, barrera, tropiezo. —*Ayuda.*

estrado tarima, entarimado, tablado, plataforma.

estrafalario extravagante, raro, extraño, estrambótico, excéntrico. —*Normal.*

estrago destrucción, daño, devastación, ruina, asolamiento. —*Beneficio.*

estrangular ahogar, asfixiar, ahorcar.

estratagema artimaña, celada, treta, ardid, trampa, engaño.

estrategia táctica, maniobra, habilidad, destreza, pericia.

estrechar apretar, oprimir, ceñir, abrazar. —*Aflojar.* 2 Obligar, forzar, apremiar, compeler, constreñir.

estrecho apretado, angosto, reducido, ajustado, ceñido. —*Amplio.* 2 Cercano, íntimo. —*Lejano.* 3 Severo, rígido, riguroso. —*Abierto.* 4 Apocado, escaso, miserable, tacaño, mezquino. —*Generoso.* 5 Paso, garganta, canal.

estrella lucero, astro. **2** Fortuna, suerte, hado, destino, sino. **3** Protagonista, actor.

estrellarse chocarse, colisionar, golpear.

estremecer(se) sacudir, menear, mover, agitar. **2** Sobresaltarse, inquietarse, conmoverse, alterarse, turbarse. —*Tranquilizarse.*

estrenar inaugurar, abrir, iniciar, comenzar. —*Cerrar.*

estrépito estruendo, fragor, ruido. —*Silencio.*

estrés tensión nociva, agotamiento.

estría surco, grieta, hendidura, canal.

estribillo muletilla, repetición, ritornelo, cantinela.

estricto ajustado, preciso, justo, exacto, auténtico, puro. **2** Rígido, inflexible, severo, riguroso. —*Tolerante, flexible.*

estridente chirriante, destemplado, ruidoso, rechinante, discordante. —*Armonioso.*

estropear dañar, deteriorar, averiar, descomponer, arruinar. **2** Frustrar, malograr, echar a perder. **3** Lisiar, tullir, mutilar, lesionar.

estructura armazón, esqueleto, sostén, base, soporte. **2** Distribución, orden, ordenación, organización, configuración, sistema de relaciones.

estruendo V. estrépito.

estrujar apretar, apretujar, comprimir, exprimir.

estuche joyero, cofrecillo, caja, envase.

estudiar aprender, ilustrarse, instruirse, educarse. **2** Examinar,

considerar, observar, investigar, pensar, proyectar.

estudio aprendizaje, educación, análisis, observación, reflexión, consideración, investigación, examen. **2** Tratado, ensayo, monografía, memoria, obra. **3** Boceto, bosquejo, esbozo. **4** Bufete, taller, despacho.

estudioso investigador, aplicado, laborioso, trabajador.

estupefacción estupor, asombro, desconcierto, extrañeza, pasmo, sorpresa.

estupefaciente narcótico, droga.

estupendo excelente, magnífico, admirable, extraordinario, maravilloso, espléndido.

estupidez idiotez, torpeza, sandez, majadería, necedad.

estúpido imbécil, idiota, cretino, necio, torpe, tonto, simple, mentecato. —*Inteligente.*

estupor admiración, pasmo, asombro, sorpresa, desconcierto. **2** Letargo, insensibilidad, sopor, modorra, embotamiento.

estupro violación, abuso sexual.

etapa período, época, fase, ciclo, división, parte, distancia, trayecto, jornada. **2** Alto, parada, detención.

éter firmamento, cielo, espacio.

etéreo sutil, volátil, tenue, incorpóreo, vaporoso, impalpable, vago, elevado, sublime, celeste.

eternidad perpetuidad, inmortalidad, perennidad. —*Fugacidad.*

eternizarse demorarse, retrasarse. —*Agilizar.*

eterno perpetuo, inmortal, perenne, imperecedero, perdurable. —*Fugaz, breve, efímero.*

ética principios del comportamiento, deontología.

etiqueta rótulo, marbete, inscripción, marca. **2** Ceremonial, protocolo, solemnidad, formalidad, ritual, pompa. —*Sencillez.* **3** Calificativo, apelativo.

étnico etnográfico, característico, peculiar, racial.

eucaristía sacramento, consagración, comunión.

eufemismo perífrasis, alusión, ambigüedad, rodeo, disfraz, velo.

eufonía armonía, consonancia. — *Discordancia.*

euforia bienestar, placidez, animación, exaltación, entusiasmo, alegría, optimismo, satisfacción.

euritmia equilibrio, consonancia, armonía, proporción. —*Desproporción.*

evacuar desocupar, desalojar, salir, retirarse, abandonar. —*Ocupar.* **2** Defecar, excretar, deponer, cagar.

evadir(se) eludir, rehuir, evitar, esquivar, soslayar. **2** Fugarse, huir, escaparse, escabullirse.

evaluar calcular, computar, contar, valorar, tasar, cotizar, aquilatar. **2** Calificar, juzgar, conceptuar, apreciar, examinar, estimar.

evangelizar catequizar, predicar, cristianizar, convertir.

evaporar(se) vaporizar, volatilizar, gasificar. **2** Esfumarse, desparecer, huir, fugarse.

evasión huida, escape, fuga, abandono, deserción.

evasiva pretexto, subterfugio, excusa, escapatoria, disculpa, rodeo.

evento suceso, acontecimiento, hecho, incidente, acaecimiento, circunstancia, caso.

eventual circunstancial, accidental, casual, fortuito, incidental, ocasional, incierto, inseguro. — *Permanente, estable, seguro.*

evidente obvio, cierto, palpable, innegable, claro, manifiesto, tangible, patente, visible, incontrovertible. —*Dudoso, oscuro.*

evitar impedir, prever, prevenir. —*Provocar, causar.* **2** Esquivar, eludir, rehuir, evadir, sortear, soslayar, rehusar. —*Enfrentar, afrontar.*

evocar recordar, revivir, rememorar, añorar, invocar. —*Olvidar.*

evolución transformación, progreso, cambio, crecimiento, desarrollo, avance. —*Estancamiento.*

exabrupto grosería, incorrección, descortesía.

exabrupto bruscamente, de improviso.

exacerbar exasperar, irritar, encolerizar, hostigar, agudizar, avivar. —*Calmar, mitigar.*

exacto preciso, correcto, puntual, fiel, verdadero, literal, conforme, cabal. —*Inexacto, impreciso.* **2** Minucioso, estricto, cumplidor. —*Negligente, descuidado.*

exagerar agrandar, aumentar, recargar, inflar, abultar, hinchar. —*Atenuar.*

exaltar enaltecer, elevar, encomiar, ensalzar, loar, glorificar. —*Denigrar.* **2** Enardecer, excitar, entusiasmar, inflamar, apasionar. —*Calmar, serenar.*

examen prueba, concurso, evaluación, comprobación, selección. **2** Investigación, análisis, estudio, observación, exploración, reconocimiento, pesquisa, inspección.

exagüe débil, exhausto, agotado, debilitado, desfallecido, extenuado. —*Fuerte, vigoroso*. 2 Desangrado.

exánime desmayado, yerto, rendido, exhausto, exangüe. —*Vivaz*. 2 Muerto, inanimado. — *Vivo*.

exasperar irritar, enfadar, enardecer, enojar, enfurecer, encolerizar. —*Calmar, aplacar*.

excavar escarbar, cavar, penetrar, ahondar.

excedente sobrante, remanente, resto, residuo.

exceder(se) rebasar, sobrepasar, desbordar, traspasar, sobrepujar, superar, aventajar. 2 Propasarse, extralimitarse, pasarse, desmandarse, abusar. —*Moderarse*.

excelente excepcional, excelso, magnífico, estupendo, extraordinario, sobresaliente, óptimo, excelente, maravilloso. —*Pésimo, malo*.

excéntrico extravagante, estrafalario, raro, peculiar, singular. — *Corriente, normal*. 2 Descentrado. —*Centrado*.

excepción salvedad, exclusión, omisión. —*Inclusión*. 2 Particularidad, singularidad, anomalía, irregularidad.

excepcional raro, extraño, inusual, insólito, irregular, singular. —*Usual, corriente*. 2 Magnífico, extraordinario, maravilloso, excelente, óptimo, estupendo. — *Pésimo, malo*.

excesivo desmedido, exagerado, desmesurado, desproporcionado, colosal, enorme. 2 Demasiado, superabundante, harto. —*Insuficiente*.

exceso demasía, abundancia, exuberancia, plétora, sobrante, excedente. —*Escasez, falta*. 2 Injusticia, abuso, desafuero, desmán, atropello, vicio, libertinaje. —*Moderación, sobriedad*.

excitar estimular, provocar, animar, incitar, aguijonear, apasionar, entusiasmar, arrebatar, enardecer. —*Desanimar, aplacar*.

exclamación interjección, expresión, imprecación, juramento, grito.

exclamar proferir, apostrofar, imprecar, clamar, gritar.

excluir rechazar, apartar, descartar, exceptuar, eliminar, omitir, suprimir, desechar. —*Incluir*.

exclusivo peculiar, especial, distintivo, característico. —*Común, general*. 2 Excluyente, único, sólo. —*Inclusivo*.

excomulgar anatematizar, repudiar, condenar, rechazar.

excremento deposición, defecación, deyección, evacuación, mierda, heces, estiercol, boñiga.

excursión viaje, gira, paseo, caminata.

excusa disculpa, justificación, pretexto, coartada, subterfugio.

excusado baño, servicios, retrete, cuarto de aseo. 2 Exento, libre. —*Obligado*.

excusar disculpar, perdonar, justificar, eximir. —*Acusar, culpar*.

execrar maldecir, abominar, imprecar, censurar, reprobar. — *Alabar*.

exento libre, excluido, dispensa-do, excusado, exonerado. —*Obli-gado.*

exequias funerales, honras fúne-bres, velorio.

exhalar emitir, irradiar, despedir, expulsar, lanzar. —*Absorber.*

exhaustivo completo, minucioso, profundo. —*Superficial.*

exhausto agotado, extenuado, fa-tigado, postrado, debilitado. —*Fuerte, vigoroso.*

exhibir mostrar, enseñar, reve-lar, presentar, descubrir. —*Ocultar.*

exhibición exposición, demostra-ción, presentación. 2 Feria, cer-tamen, muestra.

exhortar estimular, alentar, ani-mar, incitar, impulsar, inducir. —*Desanimar.*

exigir reclamar, requerir, reivin-dicar, ordenar, pedir.

exiguo escaso, insuficiente, re-ducido, insignificante. —*Abun-dante.*

exilio destierro, deportación, ex-patriación. —*Repatriación.*

eximio sobresaliente, excelente, insigne. —*Despreciable.*

eximir librar, excusar, exonerar, dispensar, exceptuar, excluir. —*Obligar.*

existencia vida, ser, ente, criatu-ra. —*Inexistencia.*

existir ser, estar, vivir, subsistir. —*Morir.*

éxito triunfo, victoria, logro. —*Fracaso.* 2 Fama, celebridad, renombre, notoriedad.

éxodo emigración, migración, pe-regrinación, marcha, huida.

exonerar dispensar, eximir, des-cargar, liberar. —*Obligar.* 2 Rele-var, destituir, deponer, suspender.

exorbitante desmedido, excesi-vo, exagerado.

exorcismo conjuro.

exótico extraño, insólito, singu-lar, desusado, curioso, extrava-gante, excéntrico. —*Común.*

expansión dilatación, extensión. —*Contracción.* 2 Desarrollo, cre-cimiento, aumento, propagación, difusión. —*Reducción, limita-ción.* 3 Entretenimiento, esparci-miento, solaz, distracción. —*Aburrimiento.*

expansivo comunicativo, locuaz, expresivo, sociable, abierto, fran-co. —*Reservado.*

expatriar exiliar, desterrar, de-portar, expulsar. —*Repatriar.*

expectativa expectación, pers-pectiva, posibilidad, esperanza, ilusión, interés, confianza. —*Desinterés.*

expectorar escupir, esputar, gargajear, expulsar.

expedición excursión, viaje, gira, exploración. 2 Caravana, tropa, grupo, partida. 3 Envío, remesa, pedido.

expediente documento, registro, sumario, legajo.

expedir enviar, remitir, despa-char, mandar. —*Recibir.*

expedito desembarazado, libre, desahogado, despejado. —*Obs-truido.*

expeler expulsar, lanzar, despe-dir, arrojar. —*Absorber.*

expender vender, despachar. —*Comprar.*

experiencia vivencia, acaeci-miento, trance, suceso, peripecia, lección, enseñanza. **2** Destreza, práctica, habilidad, hábito, pericia, conocimiento. —*Inexperiencia*. **3** Prueba, ensayo, experimento, investigación, comprobación.

experimentar padecer, soportar, sufrir, vivir. **2** Probar, ensayar, investigar, tantear.

experto experimentado, perito, diestro, hábil, ducho, versado. —*Inexperto*.

expiar penar, padecer, purgar, pagar, purificar.

expirar fallecer, morir, perecer, fenecer, finalizar, concluir, acabar, terminar. —*Nacer, comenzar*.

explanada llano, llanura, extensión. —*Montaña*.

explayarse expansionarse, franquearse, confiarse, desahogarse, relatar. —*Contenerse, reprimirse*. **2** Recrearse, entretenerse, divertirse, solazarse. —*Aburrirse*.

explicar esclarecer, dilucidar, aclarar, exponer, especificar, describir, interpretar. —*Callar*.

explícito claro, patente, manifiesto, terminante, sincero, franco. —*Oscuro, ambiguo*.

explorador expedicionario, viajero, excursionista, guía, rastreador, batidor. **2** Investigador, descubridor.

explorar reconocer, rastrear, recorrer, viajar. **2** Estudiar, examinar, investigar.

explosión estallido, detonación, descarga, estampido, estruendo.

explotar estallar, detonar, reventar, volar. **2** Aprovechar, utilizar, emplear, valerse. **3** Abusar, exprimir, embaucar.

exponer(se) manifestar, expresar, enunciar, declarar, explicar. —*Callar*. **2** Exhibir, mostrar, presentar, enseñar, ostentar, revelar. —*Esconder*. **3** Arriesgarse, aventurarse, comprometerse, atreverse.

exportar enviar, expedir. —*Importar*.

exposición exhibición, presentación, muestra, feria, certamen. **2** Explicación, aclaración, descripción.

expósito abandonado, desamparado, huérfano.

expresar explicar, declarar, exponer, formular, decir, enunciar, indicar, opinar, precisar, proferir, exclamar. —*Callar*. **2** Manifestar, exteriorizar, mostrar, reflejar, revelar.

expresión locución, palabra, vocablo, término, frase. **2** Mueca, gesto, ademán, actitud. **3** Manifestación, revelación, testimonio, muestra, señal.

expresivo efusivo, afectivo, cariñoso, comunicativo. —*Inexpresivo*.

expreso claro, explícito, especificado, patente, manifiesto, terminante. **2** Intencionadamente, adrede, expresamente, aposta. **3** Rápido, directo.

exprimir apretar, comprimir, prensar, estrujar. —*Aflojar*. **2** Abusar, embaucar.

ex profeso deliberadamente, adrede, intencionadamente, expresamente, premeditado, aposta. —*Casualmente*.

expuesto arriesgado, comprometido, aventurado, inseguro, peligroso. —*Seguro*.

expulsar arrojar, lanzar, emitir, irradiar, emanar, expeler, echar. — *Atraer*. **2** Destituir, despedir, degradar. —*Admitir*. **3** Desterrar, exiliar, deportar, expatriar, desalojar, alejar. —*Repatriar, recibir*.

exquisito delicioso, sabroso, apetitoso, rico. —*Repugnante*. **2** Excelente, fino. —*Vulgar, basto*.

éxtasis arrobamiento, arrobo, embriaguez, elevación, embeleso, transporte, rapto, exaltación.

extemporáneo intempestivo, inoportuno, inesperado, inconveniente, inapropiado, impropio. — *Oportuno*.

extender dilatar, distender, ensanchar, ampliar, prolongar, aumentar, incrementar. —*Reducir*. **2** Desenvolver, desplegar, desenrollar, tender. —*Envolver, plegar*. **3** Propagar, divulgar, difundir, propalar. —*Reservar, ocultar*. **4** Derramar, dispersar, desparramar, esparcir. —*Recoger*.

extenso vasto, amplio, espacioso, dilatado, inmenso. —*Reducido*.

extenuado agotado, débil, fatigado, exhausto, cansado, debilitado. —*Vigoroso, fuerte*.

exterior manifiesto, externo, visible, aparente. —*Interno*. **2** Apariencia, traza, aspecto, porte, figura, aire, talante, fachada, frente, portada. —*Interior*. **3** Foráneo, extranjero. —*Nacional*.

exterminar aniquilar, eliminar, suprimir, liquidar, matar.

extinguir apagar, ahogar, sofocar. —*Encender*. **2** Agotar, acabar.

extinto finado, fallecido, muerto, difunto. —*Vivo*.

extirpar extraer, arrancar, ampu-

tar, cercenar. —*Implantar*. **2** Erradicar, eliminar, suprimir, acabar. —*Fomentar*.

extorsión chantaje, expoliación, daño, perjuicio, abuso.

extra óptimo, extraordinario, maravilloso, magnífico, excelente. —*Inferior, malo*. **2** Suplemento, aditamento, complemento, añadido. **3** Figurante, comparsa.

extracción origen, cuna, estirpe, linaje. **2** Extirpación.

extracto concentrado, esencia, zumo. **2** Resumen, compendio, sumario, síntesis.

extraer arrancar, retirar, eliminar, sacar, quitar, extirpar, amputar, cercenar.

extralimitarse propasarse, excederse, abusar.

extramuros alrededores, contornos, afueras, inmediaciones, periferia.

extranjero foráneo, forastero, extraño, desconocido. —*Nativo, nacional*.

extrañeza admiración, desconcierto, sorpresa, asombro, pasmo. **2** Singularidad, irregularidad, rareza, anomalía. —*Normalidad*.

extraño raro, irregular, inusitado, insólito, extraordinario, excepcional, curioso. —*Normal*. **2** Extranjero, forastero, foráneo, desconocido. —*Nativo*.

extraordinario maravilloso, asombroso, fabuloso, sorprendente, magnífico, excelente, excepcional, estupendo. —*Ordinario, vulgar*. **2** Extraño, raro, inusitado, insólito, excepcional. — *Normal, común*.

extravagante excéntrico, estrafalario, estrambótico, raro. —*Corriente.*

extraviarse perderse, desorientarse, descaminarse. —*Orientarse.* **2** Corromperse, pervertirse, descarriarse. —*Encaminarse.*

extremidad miembro. **2** Extremo, punta, fin, remate.

extremismo fanatismo, radicalismo, intolerancia, intransigencia. —*Moderación.*

extremo supremo, sumo, elevado, extremado, intenso, colmo. **2**

Límite, borde, remate, orilla, frontera, término, final.

extrínseco accesorio, circunstancial, accidental, superfluo, externo, marginal. —*Intrínseco.*

exuberancia abundancia, exceso, profusión, copia, cantidad. —*Carencia, escasez.*

exudar destilar, rezumar, sudar. —*Absorber.*

exultante eufórico, alegre, jubiloso, contento, exaltado, regocijado. —*Triste, abatido.*

F

fábrica factoría, industria, empresa, planta, taller.

fabricar manufacturar, elaborar, confeccionar, construir, producir. 2 Imaginar, inventar, forjar.

fábula cuento, leyenda, mito, parábola, alegoría, ficción, invención. 2 Habladuría, rumor, chisme, mentira, enredo. —*Verdad.*

fabuloso imaginario, ilusorio, fantástico, ficticio, extraordinario, irreal, increíble, inverosímil, inventado. —*Real, verdadero.* 2 Excelente, magnífico, espléndido, maravilloso. —*Ordinario, común.*

facción bando, grupo, parcialidad, camarilla, partido.

facciones rasgos, fisonomía, líneas, aspecto.

faceta dimensión, matiz, aspecto, circunstancia. 2 Lado, superficie, cara.

facha traza, porte, pinta, apariencia, aspecto, catadura. 2 Mamarracho, espantajo, esperpento, adefesio. —*Belleza, hermosura.*

fachada frente, frontispicio, cara, delantera; portada. 2 Apariencia, aspecto, exterior.

fácil sencillo, cómodo, realizable, posible, manejable, hacedero, factible. —*Difícil.* 2 Claro, inteligible, comprensible, obvio. —*Incomprensible, obscuro.* 3 Liviana, casquivana. —*Recatada.*

facilitar simplificar, favorecer, solucionar, posibilitar. —*Dificul-*

tar. 2 Proveer, suministrar, entregar, proporcionar, procurar, dar. —*Quitar.*

facineroso malhechor, bandido, maleante, delincuente, criminal. —*Honrado.* 2 Canalla, malvado, perverso. —*Bondadoso.*

factible viable, realizable, practicable, hacedero. —*Imposible, irrealizable.*

factor agente, causa; aspecto, elemento. 2 Número, cifra, multiplicador.

factura recibo, cuenta.

facultad capacidad, habilidad, aptitud, virtud, disposición. —*Incapacidad.* 2 Autorización, permiso, licencia; poder, potestad, autoridad.

facultar autorizar, habilitar, permitir. —*Desautorizar.*

facultativo voluntario, discrecional, opcional, libre. —*Obligatorio.* 2 Médico.

facundia locuacidad, fluidez, labia, elocuencia; verbosidad, charlatanería, verborrea. —*Reserva.*

faena labor, tarea, ocupación, trabajo, quehacer. —*Ocio.* 2 Trastada, canallada, mala pasada. —*Beneficio.*

faja ceñidor, corsé; banda, tira, cinta, distintivo. 2 Franja, sector, zona, terreno.

fajar ceñir, envolver. 2 Pegar, golpear, zurrar.

fajo haz, atado.

falacia falsedad, engaño, mentira, fraude, dolo. —*Verdad.* 2 Sofisma, inexactitud, error. —*Exactitud.*

falange legión, cuadrilla, cuerpo, batallón, tropa.

falaz mentiroso, falso, hipócrita, embustero, simulador, tramposo, embaucador. —*Sincero.*

falsedad mentira, embuste, engaño; calumnia, chisme, habladuría. —*Verdad.* 2 Falsía, hipocresía, doblez. —*Sinceridad.* 3 Inexactitud, tergiversación, inverosimilitud. —*Veracidad.*

falso falsario, hipócrita, traicionero, desleal, mentiroso. —*Sincero.* 2 Inexacto, erróneo, equivocado, inventado, ilusorio, equívoco. —*Cierto, verdadero.* 3 Fingido, supuesto, disfrazado, simulado, artificial; espurio, copiado, plagiado, falsificado. —*Genuino, auténtico.*

falta infracción, delito, error; irregularidad, falla, equivocación, deficiencia, descuido, defecto. 2 Carencia, escasez, insuficiencia, privación. —*Abundancia.* 3 Ausencia, vacío, desaparición. —*Presencia.*

faltar infringir, quebrantar, incumplir; agraviar, insultar, ofender, injuriar. 2 Carecer, escasear, necesitar. —*Abundar.* 3 Ausentarse, eludir, evitar. —*Presentarse.*

falla defecto, deficiencia, imperfección. —*Virtud.* 2 Grieta, hendidura, abertura, fisura.

fallar errar, fracasar, malograr. —*Acertar.* 2 Sentenciar, dictaminar, decidir, resolver.

fallecer perecer, morir, expirar, fenecer. —*Nacer.*

fallido frustrado, malogrado, fracasado. —*Exitoso.*

fallo sentencia, veredicto, decisión, dictamen. 2 Error, equivocación, yerro, fracaso. —*Acierto.*

fama reputación, renombre, notoriedad, crédito, popularidad, celebridad. —*Descrédito.*

famélico hambriento, ávido. —*Ahíto, harto.* 2 Escuálido, esquelético, esmirriado. —*Robusto, gordo.*

familia parentela, parientes, familiares. 2 Linaje, cuna, progenie, origen, estirpe, sangre. 3 Prole, descendencia, sucesión.

familiar casero, hogareño; sencillo, informal. 2 Pariente, emparentado, allegado, consanguíneo. —*Extraño.* 3 Conocido, sabido, habitual, común, acostumbrado. —*Extraordinario, desusado.*

familiaridad confianza, amistad, intimidad; sencillez, llaneza, franqueza, libertad. —*Ceremonia, protocolo, pompa.*

famoso célebre, popular, afamado, conocido, renombrado, acreditado, reputado, distinguido. —*Desconocido, ignorado.*

fan (ing.) hincha, aficionado, fanático, admirador, seguidor, partidario, simpatizante.

fanático intransigente, intolerante, obcecado, exaltado. —*Razonable, equilibrado.* 2 Entusiasta, ferviente, aficionado, partidario, admirador, hincha.

fanfarrón presuntuoso, vanidoso, jactancioso, presumido, ostentoso, fantoche, farolero. —*Modesto.* 2 Valentón, bravucón, matasiete.

fango lodo, barro, cieno, légamo.
2 Descrédito, degradación.

fantasía ilusión, ficción, invención, quimera, figuración, imaginación, fábula. —*Realidad.* 2 Capricho, antojo.

fantasma aparición, espectro, visión, espíritu.

fantástico irreal, imaginario, fabuloso, inexistente, quimérico. —*Real, cierto.* 2 Estupendo, maravilloso, excelente, sensacional, magnífico. —*Pésimo.*

fantoche ostentoso, fanfarrón, farolero, presuntuoso, jactancioso, presumido. —*Modesto.* 2 Títere, marioneta, muñeco.

farándula teatro.

fardo bulto, paquete, envoltorio, lío, paca.

farfullar balbucir, mascullar, chapurrear, tartamudear, barbullar. —*Vocalizar.*

farmacia droguería, botica.

farol fanal, farola, lámpara, reflector.

farolero fanfarrón, jactancioso, ostentoso.

farra parranda, jarana, juerga, fiesta.

farragoso desordenado, caótico, confuso, incomprensible. —*Claro, ordenado.* 2 Pesado, aburrido, tedioso, fastidioso. —*Ameno, agradable.*

farsa engaño, enredo, trampa, patraña; simulación, fingimiento. —*Verdad, sinceridad.* 2 Comedia, parodia, pantomima, bufonada.

farsante simulador, embaucador, hipócrita, impostor. —*Veraz, sincero.*

fascinar encantar, cautivar, embelesar, atraer, hechizar, seducir. —*Repeler, disgustar.*

fase ciclo, etapa, período, parte, estado, aspecto, faceta.

fastidio incomodidad, molestia; enfado, disgusto, enojo, hastío. —*Agrado, gusto.*

fastuoso pomposo, ostentoso, suntuoso, lujoso. —*Modesto, sencillo.*

fatal funesto, adverso, perjudicial, nefasto, fatídico, aciago. —*Afortunado, feliz.* 2 Ineludible, inevitable, irremediable, indefectible, inexorable. —*Evitable.*

fatalidad adversidad, infortunio, calamidad, desventura, desgracia, desdicha, infelicidad. —*Fortuna, felicidad.* 2 Suerte, destino, hado, sino.

fatalismo pesimismo, desesperanza, desánimo, desilusión. —*Optimismo, ánimo.*

fatídico funesto, adverso, nefasto, fatal, aciago. —*Propicio.*

fatiga cansancio, agotamiento, extenuación, desaliento, debilitamiento. —*Descanso.* 2 Molestia, sufrimiento, penalidad, penuria.

fatuo vano, necio, ligero, vacuo; engreído, presuntuoso, jactancioso, petulante, presumido. —*Sencillo.*

fausto fastuosidad, pompa, boato, ostentación, lujo, opulencia, derroche. —*Modestia.*

favor ayuda, auxilio, servicio, beneficio, bien, atención, cortesía. —*Perjuicio.*

favorable conveniente, propicio, adecuado, oportuno, benigno. —*Desfavorable, perjudicial.*

favorecer ayudar, beneficiar, apoyar; auxiliar, amparar, socorrer, proteger. —*Perjudicar.*

favorito preferido, predilecto, privilegiado, protegido. —*Desdeñado.*

faz rostro, cara, semblante. **2** Anverso.

fe confianza, convicción, seguridad, convencimiento. —*Desconfianza.* **2** Religión, creencia, ideología. —*Incredulidad.* **3** Certificación, juramento, testimonio.

fealdad desproporción, desfiguración, asimetría, deformidad, imperfección. —*Belleza.*

febril afiebrado, calenturiento, febricitante. **2** Nervioso, impaciente, intranquilo, inquieto, ansioso, agitado. —*Tranquilo.*

fecha día, data, tiempo, momento, término, plazo.

fechar datar, registrar.

fechoría felonía, canallada, maldad, delito, desmán, desafuero.

fécula almidón, harina.

fecundo fértil, feraz, ubérrimo. —*Infecundo, estéril.* **2** Productivo, prolífico, prolífero. —*Improductivo.*

federación confederación, agrupación, liga, coalición, asociación, unión.

feed-back (ing.) retroalimentación.

fehaciente indiscutible, indudable, evidente, fidedigno, palmario, irrefutable. —*Discutible, dudoso.*

felicidad dicha, ventura, bienestar, satisfacción, beatitud. —*Infelicidad, desdicha.* **2** Contento, alegría, placer, júbilo, gozo. —*Tristeza.*

felicitar congratular, cumplimentar, agasajar, alabar, elogiar. —*Criticar.*

feligrés fiel, devoto, creyente, piadoso.

feliz dichoso, venturoso, radiante, gozoso, afortunado, alegre, contento. —*Infeliz, desdichado, triste.* **2** Favorable, propicio; oportuno, acertado, atinado. —*Desafortunado, impropio.*

felonía traición, perfidia, infamia, deslealtad, cobardía, indignidad. —*Lealtad, fidelidad.*

fenecer V. **fallecer.**

fenomenal descomunal, desmedido, monstruoso, colosal, enorme, gigantesco, desmesurado. —*Diminuto, minúsculo.* **2** Estupendo, maravilloso, magnífico. —*Pésimo, desagradable.*

fenómeno manifestación, advenimiento, suceso, hecho, acontecimiento, evento. **2** Prodigio, rareza, anormalidad, anomalía, portento. **3** Engendro, monstruo.

feo desagradable, repulsivo, deforme, horrible, repugnante. —*Bello, hermoso.* **2** Censurable, indigno, reprobable, indecoroso, innoble, indecente. —*Loable, honroso.* **3** Cursi, torpe, inelegante, ridículo. **4** Desaire, afrenta, desprecio, descortesía. —*Cortesía.*

féretro ataúd, sarcófago.

feria exposición, mercado, certamen. **2** Fiesta, festejo.

feroz fiero, violento, bestial, brutal. —*Manso.* **2** Encarnizado, despiadado, implacable, bárbaro.

férreo fuerte, duro, resistente, sólido, firme; tenaz, constante. —*Frágil, débil.*

fértil V. **fecundo**.

fervor devoción, piedad, fe. 2 Pasión, exaltación, apasionamiento, entusiasmo. —*Indiferencia*. 3 Cuidado, celo, interés, esmero, dedicación, eficacia. —*Desinterés*.

festejar conmemorar, celebrar; agasajar.

festín banquete, convite, comilona.

festival concurso, certamen, muestra, exposición. 2 Fiesta, festejo.

festivo divertido, chistoso, ocurrente, agudo. 2 Alegre, jocoso, gozoso, jovial. —*Triste*.

fetiche ídolo, tótem; talismán.

fétido hediondo, maloliente, pestilente, apestoso, nauseabundo. —*Aromático, perfumado*.

feto embrión; aborto.

feudal medieval.

fianza garantía, aval, prenda, depósito.

fiar(se) prestar. 2 Garantizar, avalar, responder, obligarse. 3 Confiar, tener fe. —*Desconfiar*.

fiasco chasco, fracaso, frustración, decepción. —*Éxito*.

ficción fantasía, invención, quimera, ilusión, fábula. —*Realidad*. 2 Disimulo, fingimiento, simulación.

fidedigno verdadero, auténtico, fiable, verídico, veraz. —*Falso, dudoso*.

fidelidad lealtad, devoción. —*Infidelidad*. 2 Constancia, puntualidad; precisión, exactitud. —*Inconstancia, imprecisión*.

fiebre calentura, temperatura, hipertermia. —*Hipotermia*. 2 Entusiasmo, ardor, arrebato, apasionamiento, agitación.

fiel leal, devoto. —*Infiel*. 2 Constante, cumplidor, perseverante, asiduo; puntual, exacto. —*Inconstante, inexacto*. 3 Creyente, feligrés, religioso.

fiera depredador, mamífero carnicero.

fiero feroz, bravío. —*Manso*.

fiesta festividad, festejo, celebración, conmemoración; parranda, alegría, regocijo, diversión. 2 Asueto, descanso, vacación.

figura imagen, forma, efigie, configuración, estampa, símbolo. 2 Cara, fisonomía, rostro, faz; aspecto, catadura, facha, traza, presencia.

figurar(se) concurrir, hallarse, asistir, participar. —*Ausentarse*. 2 Delinear, simbolizar, representar, dibujar, configurar. 3 Aparentar, fingir, simular. 4 Imaginarse, conjeturar, sospechar, suponer, creer.

fijar asegurar, sujetar, afianzar; pegar, adherir. —*Soltar*. 2 Definir, establecer, resolver, determinar, precisar.

fijarse observar, mirar, contemplar, notar. 2 Establecerse, habitar, afincarse, domiciliarse, residir. —*Marcharse*.

fijo firme, estable, asegurado, sujeto. —*Inestable*. 2 Inmóvil, inalterable, invariable, inmutable, permanente; seguro. —*Móvil, variable*.

fila hilera, cola, columna, alineación.

filántropo altruista, humanitario, benefactor, caritativo. —*Misántropo*.

filete bisté, bistec, lonja, tajada de carne.

filial sucursal, agencia, dependencia, delegación. —*Central.*

filibustero pirata, corsario, bucanero.

filigrana adorno, decorado, floritura; exquisitez, delicadeza.

filípica diatriba, reprimenda, amonestación, invectiva. —*Elogio, alabanza.*

filme película, cinta cinematográfica.

filo borde, arista.

filología lexicología, lingüística.

filón veta, vena, mina, yacimiento.

filoso afilado, filudo.

filosofar analizar, pensar, profundizar, reflexionar, razonar, discurrir.

filósofo pensador.

filtrar colar, cribar; purificar, refinar. **2** Rezumar, infiltrar, pasar.

filtro colador, tamiz, criba. **2** Brebaje, bebedizo, pócima.

fin final, conclusión, terminación, consumación, cese, remate. —*Comienzo, inicio.* **2** Límite, punta, orilla, cabo, margen. —*Principio, origen.* **3** Propósito, intención, designio, objetivo, meta, mira, finalidad.

finado difunto, extinto, fallecido, muerto.

finalidad objetivo, intención, meta, propósito, fin, designio.

finalista contendiente, competidor, oponente, rival.

finalizar concluir, terminar, acabar, cumplir, cesar, completar. —*Empezar.*

financiero económico, mercantil. **2** Inversionista, inversor, bolsista.

finanzas hacienda pública; caudales, bienes.

finca hacienda, propiedad, posesión, inmueble.

fineza atención, cumplido, cortesía, amabilidad. —*Descortesía.*

fingir simular, aparentar, ocultar, disimular, disfrazar.

fino delicado, exquisito, sutil, suave; elegante. —*Tosco, ordinario.* **2** Delgado, esbelto. —*Grueso.* **3** Cortés, atento, amable, educado. —*Descortés.* **4** Agudo, hábil, sagaz. —*Torpe.*

firma signatura, rúbrica, autógrafo. **2** Empresa, compañía, sociedad, industria, razón social.

firmamento cielo, espacio, cosmos.

firmar signar, rubricar. **2** Aprobar, certificar, legalizar.

firme fuerte, consistente, compacto, macizo, duro; resistente, vigoroso. —*Frágil, débil.* **2** Erguido, erecto, derecho, rígido. —*Doblado, torcido.* **3** Permanente, estable, fijo, invariable, inmóvil, inmutable, inalterable, constante. —*Móvil, variable.* **4** Sereno, tranquilo, impávido, seguro. —*Inseguro.*

fiscalizar inquirir, inspeccionar, indagar, comprobar, vigilar.

fisco hacienda pública, erario, tesoro, bienes nacionales.

fisgar fisgonear, curiosear, espiar, husmear, indagar.

físico concreto, material, orgánico, corporal, real. —*Anímico.* **2** Cuerpo; apariencia, presencia, fisonomía, exterior. —*Mente.*

fisonomía

fisonomía rostro, semblante, cara, facciones, rasgos. **2** Apariencia, aspecto, aire.

fisura grieta, hendidura, falla, fractura, rendija.

fláccido blando, flojo, fofo, inconsistente. —*Duro, firme.*

flaco delgado, enjuto; demacrado, descarnado. —*Gordo.*

flagelar azotar, vapulear, fustigar, castigar, golpear. **2** Recriminar, censurar.

flagelo peste, plaga, epidemia; catástrofe, tragedia, desastre. **2** Látigo, azote, fusta, vara.

flagrante manifiesto, patente, evidente, actual, palpable, palmario, claro, obvio.

flamante esplendoroso, deslumbrante, resplandeciente, rutilante. —*Ajado.* **2** Reciente, nuevo. —*Viejo.*

flamear ondear, ondular.

flanco costado, borde, lado, ala, orilla, extremo. —*Centro.* **2** Grupa, cadera, anca.

flaquear decaer, cejar, ceder, claudicar, debilitarse, aflojar. —*Resistir, perseverar.*

flaqueza debilidad, claudicación, decaimiento, desaliento, quebranto. —*Energía, fortaleza.* **2** Desliz, equivocación, error.

flas destello, fogonazo, resplandor.

flecha saeta, dardo, venablo.

flema parsimonia, lentitud, cachaza, tranquilidad, calma, pachorra. —*Prisa, presteza, excitación.* **2** Mucosidad, esputo, escupitajo, gargajo.

flete precio, importe, costo, pago. **2** Carga, cargamento, mercancía, embarque.

flexible elástico, dúctil, maleable, plegable, blando. —*Rígido, duro.* **2** Tolerante, abierto, comprensivo, complaciente. —*Inflexible, severo.*

flirtear cortejar, galantear, coquetear.

flojo blando, suelto, laxo, fláccido. —*Firme, apretado.* **2** Desanimado, agotado, cansado, desalentado; perezoso, negligente. —*Animado, activo.*

flor galantería, cumplido, piropo. —*Insulto.*

florecer brotar, abrirse, retoñar, crecer. **2** Prosperar, progresar, avanzar, mejorar, desarrollarse. —*Decaer.* **3** Existir, vivir.

florero jarrón, maceta, búcaro.

floresta arboleda, frondas, bosque, espesura.

florido florecido, exuberante, poblado, profuso. **2** Multicolor, abigarrado; adornado.

flota convoy, escuadra, armada.

flotar sobrenadar, nadar. —*Hundirse.* **2** Ondear, ondular, flamear.

fluctuar variar, alternar, oscilar. **2** Titubear, vacilar, dudar.

fluir manar, brotar, correr, salir, circular.

flujo circulación, corriente, marea, oleada, marejada.

fluorescente luminoso, brillante, refulgente, fosforescente.

fobia temor, pánico; repugnancia, aversión, antipatía. —*Afición, simpatía.*

foco núcleo, centro, meollo, corazón, eje. **2** Farol, lámpara.

fogata hoguera, pira, fuego.

fogonazo destello, llamarada, chispazo, resplandor.

fogoso ardiente, impetuoso, vehemente, apasionado, entusiasta. — *Frío, calmado.*

folclor tradiciones, costumbres, creencias.

folclórico tradicional, vernáculo, característico, típico, representativo.

follaje frondas, frondosidad, espesura, floresta.

folleto impreso, folletín; prospecto.

fomentar impulsar, promover, respaldar, apoyar, desarrollar. — *Obstaculizar.*

fonda mesón, hostería, figón, posada, albergue, hostal.

fondeadero bahía, ensenada, cala, embarcadero, ancladero, puerto.

fondo base, asiento, lecho; profundidad, sima, abismo. —*Superficie.* **2** Fundamento, apoyo, sostén, cimiento, raíz; núcleo. **3** Interior, intimidad, índole, personalidad, carácter, condición. — *Exterior.* **4** Entorno, ambiente, atmósfera, marco, ámbito.

fonógrafo gramófono.

forajido bandido, malhechor, delincuente, bandolero, facineroso.

forastero extranjero, foráneo, desconocido, extraño.—*Compatriota.*

forcejear pugnar, debatirse, luchar.

forjar fraguar, moldear. **2** Construir, crear, formar; tramar, inventar, urdir, maquinar.

forma figura, imagen, efigie, contorno, aspecto, conformación; molde, horma, modelo. **2** Mane-

ra, medio, método, modo, procedimiento. **3** Estilo, tono.

formal sensato, juicioso, prudente; educado, correcto. **2** Explícito, expreso, claro, definitivo. — *Indeterminado.*

formalidad requisito, condición, exigencia, formulismo. **2** Sensatez, prudencia; compostura, corrección.

formalizar legalizar, oficializar, legitimar. **2** Concretar, precisar, fijar, determinar, establecer.

formar moldear, conformar, configurar, modelar, labrar. **2** Crear, producir, hacer. —*Destruir.* **3** Organizar, fundar, establecer, constituir. —*Disolver.* **3** Educar, instruir, enseñar. **4** Componer, figurar, integrar.

formidable descomunal, enorme, colosal, gigantesco. —*Minúsculo, diminuto.* **2** Espantoso, aterrador, tremendo, pavoroso. **3** Magnífico, estupendo, excelente, admirable. —*Corriente.*

fórmula enunciado, expresión, término. **2** Método, ley, técnica, pauta; receta.

fornicación cópula, coito, apareamiento.

fornido corpulento, robusto, musculoso, fuerte, recio.—*Enclenque.*

forro revestimiento, funda, envoltura, cubierta.

fortalecer fortificar, robustecer, vigorizar, tonificar; reanimar, alentar, reconfortar, animar. — *Debilitar.*

fortaleza fuerte, fortín, fortificación, baluarte, reducto. **2** Fuerza, firmeza, poder, resistencia, ánimo; corpulencia, vigor. —*Debilidad.*

fortificar amurallar, parapetar, blindar, atrincherar; guarnecer, defender, proteger. —*Debilitar.* 2 Fortalecer, vigorizar, robustecer; animar, reconfortar, alentar.

fortuito accidental, eventual, imprevisto, casual, adventicio, esporádico, ocasional, incidental. —*Premeditado, deliberado.*

fortuna sino, suerte, azar, casualidad, hado, ventura. —*Desdicha.* 2 Riqueza, capital, patrimonio, bienes, dinero.

forzar presionar, obligar, coaccionar, imponer, constreñir, apremiar. 2 Romper, violentar. 3 Violar, abusar sexualmente.

forzoso obligatorio, obligado, inevitable, ineludible, necesario. —*Voluntario.*

fosa tumba, sepulcro, sepultura. 2 Hueco, cavidad, hoyo.

fosforescente luminoso, brillante, fluorescente, refulgente, reluciente, fulgurante. —*Obscuro.*

foso hueco, hoyo, agujero, pozo.

fotocopia copia, reproducción, xerocopia.

fotografía foto, retrato, reproducción.

fracasar frustrarse, errar, fallar, malograrse, arruinarse. —*Triunfar.*

fracción fragmento, trozo, parte, porción, pedazo. —*Todo, conjunto.* 2 Quebrado, decimal. —*Entero.*

fractura rompimiento, ruptura, quebradura; lesión.

fragante perfumado, balsámico, aromático, oloroso. —*Maloliente, hediondo.*

frágil inconsistente, débil, endeble, quebradizo, delicado. —*Fuerte.*

fragmento parte, pedazo, trozo, fracción, segmento, porción, partícula. —*Totalidad.*

fragor estrépito, estruendo, clamor, ruido, rumor. —*Silencio.*

fragua forja, fogón, horno.

fraguar maquinar, tramar, planear, urdir, idear. 2 Forjar, moldear, formar. 3 Endurecerse, solidificarse, cuajar.

fraile fray, monje, sacerdote, religioso.

francachela festín, banquete, comilona; fiesta, parranda, juerga, jolgorio.

franco sincero, espontáneo, llano, veraz, abierto. —*Hipócrita.* 2 Dadivoso, generoso, desprendido, liberal. 3 Exento, dispensado, libre. —*Gravado.*

franja faja, banda, tira, ribete, cinta.

franquear despejar, desembarazar, desobstruir, abrir. —*Obstruir.* 2 Eximir, exceptuar, librar, redimir. —*Gravar.*

franqueza sinceridad, llaneza, naturalidad, claridad, sencillez. —*Hipocresía.*

frasco botella, envase, recipiente.

frase enunciado, oración, expresión, proposición, locución; axioma, aforismo, sentencia, adagio.

fraternidad confraternidad, hermandad, solidaridad, unión, afecto. —*Enemistad.*

fraterno fraternal, solidario, entrañable.

fraude estafa, dolo, engaño, trampa, robo, timo, defraudación, desfalco.

frecuencia reiteración, asiduidad, regularidad.

frecuentar acostumbrar, soler; visitar.

frecuente habitual, usual, acostumbrado, corriente, continuo, común, periódico, reiterado. —*Irregular, desusado.*

fregar limpiar, lavar, bañar. —*Ensuciar.* 2 Restregar, frotar, friccionar.

freír sofreír, cocinar, cocer.

frenar detener, inmovilizar, parar, aquietar, refrenar. —*Acelerar.*

frenesí desenfreno, arrebato, ardor, exaltación, apasionamiento, enardecimiento. —*Calma.* 2 Locura, enajenación, extravío, furia, violencia, delirio. —*Cordura.*

freno contención; impedimento, obstáculo, traba, estorbo. —*Acicate.*

frente fachada, cara, anverso, delantera, portada. —*Reverso.* 2 Vanguardia, avanzada, —*Retaguardia.* 3 Testera.

fresco frescura, frescor; frío, moderado. —*Cálido.* 2 Nuevo, reciente. —*Viejo, pasado.* 3 Impávido, sereno, impasible, inmutable, tranquilo. —*Intranquilo.* 4 Desvergonzado, procaz, descarado, insolente, desfachatado. —*Tímido.*

fricción frote, frotamiento, frotación; roce, rozamiento. 2 Discrepancia, desavenencia. —*Armonía, acuerdo.*

frigorífico refrigerador, congelador, nevera.

frío enfriamiento, frialdad. —*Ca-*

lor. 2 Gélido, helado, congelado, glacial. —*Caliente, caluroso.* 3 Indiferente, apático, desdeñoso, insensible. —*Interesado, animado.*

frito fritanga, fritura, fritada. 2 Cocinado, guisado.

frívolo intrascendente, trivial, superficial, insustancial, anodino. —*Trascendental.* 2 Voluble, veleidoso, inconstante, caprichoso. —*Sensato.*

frondas espesura, follaje, frondosidad, ramaje, arboleda.

frontera límite, linde, lindero, borde, confín, línea divisoria.

frotar friccionar, fregar, restregar, refregar, masajear, pulir, lustrar.

fructífero fértil, fecundo, productivo, feraz, exuberante, fructuoso. —*Infecundo.* 2 Provechoso, beneficioso, útil, ventajoso. —*Inútil.*

fructificar producir, rendir, redituar, rentar; dar frutos.

frugal moderado, sobrio, mesurado, parco, templado. —*Goloso, glotón.*

fruición deleite, goce, placer, satisfacción, complacencia. —*Sufrimiento.*

fruncir arrugar, plegar, reducir, encoger. —*Desplegar.*

fruslería insignificancia, nimiedad, minucia, pequeñez; bagatela, baratija, chuchería, bicoca.

frustrar malograr, estropear, echar a perder; desilusionar, defraudar.

fruto fruta; cosecha, producto. 2 Beneficio, ganancia, rendimiento, obra, provecho, logro, resultado, lucro. —*Pérdida.*

fuego ignición, incandescencia, combustión, llama, llamarada. **2** Hoguera, fogata, pira; incendio, quema, conflagración. **3** Ardor, exaltación, vehemencia, vivacidad, pasión, ímpetu. —*Apatía.* **4** Disparo, estallido.

fuente surtidor, fontana, pila; manantial, venero, hontanar, arroyo. **2** Origen, germen, comienzo, principio, causa, motivo, antecedente. **3** Bandeja, plato.

fuero privilegio, exención, prerrogativa, concesión. **2** Jurisdicción, poder. **3** Conciencia.

fuerte recio, resistente, sólido; robusto, fornido, corpulento, vigoroso. —*Débil, enclenque.* **2** Enérgico, tenaz, animoso, firme, valiente. —*Pusilánime.* **3** Irascible, temperamental, excitable. —*Apacible.* **4** Alto, agudo, sonoro, penetrante. —*Bajo.* **5** Áspero, escabroso, fragoso, accidentado. —*Liso.* **6** Fortaleza, fortificación, reducto.

fuerza potencia, energía, poder. **2** Resistencia, firmeza, solidez, fortaleza, pujanza, impetuosidad, vigor, ímpetu, brío, aliento. —*Debilidad.* **3** Coerción, coacción, presión.

fuga huida, evasión, escapada, escape. —*Detención.* **2** Filtración, derrame, salida, pérdida.

fugaz transitorio, pasajero, efímero, momentáneo, breve, fugitivo, corto. —*Permanente, duradero.*

fugitivo prófugo, evadido, fugado.

fulano individuo, sujeto, persona. **2** Mengano, zutano.

fulgor resplandor, brillo, luz, claridad, destello, centelleo. —*Obscuridad.*

fulminante súbito, repentino, inesperado, rápido. —*Lento, gradual.* **2** Detonante, explosivo.

fulminar exterminar, liquidar, aniquilar, eliminar, matar.

funámbulo equilibrista, saltimbanqui, volatinero, acróbata, trapecista.

función espectáculo, representación, velada, ceremonia, fiesta. **2** Ocupación, actividad, empleo, cargo, oficio, puesto; misión, cometido.

funcional práctico, cómodo, eficaz, útil.

funcionar trabajar, andar, actuar, moverse, ejecutar, realizar. —*Fallar.*

funcionario empleado, oficinista, agente, burócrata.

funda envoltura, forro, cubierta, recubrimiento, vaina.

fundación constitución, instauración, creación, establecimiento. **2** Institución, organismo.

fundamental primordial, esencial, básico, importante, principal, cardinal. —*Secundario.*

fundamento base, cimiento, apoyo, sostén; fundamentación. **2** Causa, origen, raíz; razón, motivo. **3** Antecedente, precedente.

fundar instaurar, instituir, establecer, implantar, crear, erigir, asentar. **2** Fundamentar, apoyar, basar; razonar, justificar.

fundir derretir, disolver, licuar. —*Solidificar.* **2** Mezclar, fusionar, juntar, reunir, unir. —*Separar, disgregar.*

fúnebre funerario, mortuorio, necrológico. **2** Triste, luctuoso, funesto; lúgubre, tétrico, tenebroso. —*Alegre.*

funerales funeral, exequias, sepelio, entierro, honras fúnebres.

furia ira, rabia, cólera, furor, frenesí, saña. —*Calma, placidez.*

furioso iracundo, furibundo, rabioso, irritado, arrebatado, frenético, fuera de sí. —*Calmado, tranquilo, plácido.*

furtivo cauteloso, sigiloso, oculto, solapado, disimulado, taimado, escondido. —*Visible.*

fusil rifle, escopeta, carabina, trabuco, mosquete.

fusilar ejecutar, acribillar, ajusticiar, matar. **2** Plagiar, copiar.

fusión fundición, disolución, licuefacción. —*Solidificación.* **2** Agrupación, unificación, unión. —*Separación, disgregación.*

fusta látigo, azote.

fustigar azotar, vapulear, flagelar, pegar. **2** Reprender, censurar, condenar, recriminar, criticar. —*Elogiar.*

fútbol balompié.

futesa fruslería, pequeñez, insignificancia, nadería.

fútil insignificante, baladí, pueril, nimio, trivial, anodino. —*Importante, trascendental.*

futuro mañana, porvenir, perspectiva, destino. —*Pasado.* **2** Venidero, eventual, pendiente, posterior.

G

gabán abrigo, sobretodo; gabardina.

gabinete alcoba, cuarto, aposento, recibidor, estancia. **2** Ministerio, gobierno.

gaceta publicación, boletín, impreso, diario, periódico.

gafas anteojos, lentes.

gajes molestias, dificultades, vicisitudes, incomodidades.

gala(s) ceremonia, solemnidad, velada, festejo. **2** Ostentación, alarde. **3** Atavíos, atuendos, vestimenta.

galán apuesto, atractivo, guapo, gallardo. —*Feo.* **2** Estrella, protagonista, actor, personaje. **3** Novio, pretendiente, cortejador, enamorado.

galante cortés, educado, atento, amable. —*Descortés.*

galantear cortejar, enamorar, coquetear, flirtear, piropear. —*Desairar.*

galardón condecoración, premio, distinción, recompensa.

galeón galera, bajel, carabela, barco, nave.

galeote condenado, penado, forzado.

galería corredor, pasillo, pasadizo, pasaje. **2** Pinacoteca, museo, colección.

galimatías jerga, jeringonza. **2** Embrollo, enredo, lío, confusión.

galo francés.

galopar cabalgar; correr, trotar.

galpón cobertizo, barraca, depósito, almacén.

gallardo apuesto, airoso, garboso, esbelto, elegante. —*Desgarbado.* **2** Valiente, esforzado, animoso, audaz, osado, bizarro. —*Pusilánime.*

gallina cobarde, pusilánime, miedoso, temeroso.—*Valiente.*

gallinero corral, nidal, ponedero.

gama sucesión, progresión, serie, gradación, escala.

gamberro alborotador, escandaloso, vándalo, pendenciero, camorrista, pandillero.

gana deseo, ansia, anhelo, afán, ambición.—*Desgana.* **2** Apetito, hambre, voracidad.—*Inapetencia.*

ganadero hacendado, ranchero, estanciero, criador.

ganado rebaño, manada, hato, reses, vacada.

ganancia beneficio, provecho, rendimiento, utilidad, lucro, producto.—*Pérdida.*

ganar beneficiarse, obtener, adquirir, lucrarse, cobrar, devengar. **2** Triunfar, vencer, derrotar, conquistar, aventajar, dominar.—*Perder.*

gancho garfio; sujetador, grapa.

gandul holgazán, ocioso, haragán, perezoso, vago.—*Trabajador.*

ganga rebaja, ocasión, oportunidad, ventaja, beneficio.

gangoso nasal.

gangster (ing.) delincuente, bandido, malhechor, pistolero, matón, criminal.

ganso ánsar, oca.

gañán labrador, labriego, jornalero, bracero, peón.

gañir aullar, gemir, bramar; graznar.

garabato garfio, gancho.

garaje aparcadero, cochera.

garantía fianza, aval, depósito, prenda, obligación.

garantizar avalar, obligarse, fiar, comprometerse, certificar, asegurar.

garbo gracia, soltura, desenvoltura, gallardía, donaire, elegancia.—*Desgarbo.*

garfio gancho.

gargajo escupitajo, expectoración, esputo, flema.

garganta cuello, pescuezo, gaznate, gañote, gargüero. 2 Cañón, desfiladero, paso, angostura.

garita caseta, cabina, casilla.

garito casa de juego, timba. 2 Antro, cubil, cuchitril.

garra zarpa, garfa.

garrafa bombona, damajuana, botellón, vasija, recipiente.

garrafal tremendo, monstruoso, descomunal, desmesurado, colosal, exorbitante.—*Mínimo.*

garrote tranca, palo, estaca, vara, cachiporra.

gárrulo charlatán, parlanchín, hablador, indiscreto, lenguaraz, locuaz.—*Parco, discreto.*

gas emanación, efluvio, vapor. 2 Flatulencia, ventosidad, pedo.

gasolina combustible, carburante, bencina.

gastar pagar, desembolsar, sufragar, comprar; despilfarrar, derrochar, dilapidar.—*Ahorrar.* 2 Desgastar, deslucir, usar, estro-

pear, ajar, carcomer.—*Conservar.*

gatear arrastrarse, deslizarse, reptar, trepar, andar a gatas.

gato minino, micifuz. 2 Elevador, cric.

gaucho jinete, vaquero, pastor.

gaveta cajón, compartimiento, división.

gavilla haz, manojo, atado. 2 Pandilla, caterva, cuadrilla, banda.

gazapo disparate, error, descuido, desliz, equivocación.—*Acierto.*

gaznate V. garganta.

gélido álgido, helado, glacial, frío.—*Cálido.*

gema piedra preciosa, alhaja, joya.

gemelo(s) mellizo; igual, idéntico, exacto. 2 Prismáticos, anteojos, binoculares.

gemir gimotear, sollozar, quejarse, lamentarse, plañir.

genealogía ascendencia, origen, cuna, linaje, estirpe.

generación engendramiento, procreación, fecundación. 2 Concepción, creación. 3 Progenie, descendencia, prole, sucesión.

general universal, total, absoluto.—*Particular.* 2 Usual, frecuente, común, habitual, corriente.—*Inusual.* 3 Oficial superior.

generalizar universalizar, pluralizar, popularizar, extender, difundir.—*Restringir, limitar, particularizar.*

generar procrear, engendrar. 2 Producir, causar, originar, ocasionar, suscitar.—*Impedir.*

género(s) especie, orden, clase, tipo, variedad. 2 Naturaleza, carácter, condición, índole. 3 Tela, tejido. **4** Mercancías, productos, artículos, mercaderías.

generosidad altruismo, bondad, liberalidad, prodigalidad, benevolencia.—*Avaricia, mezquindad.*

génesis principio, nacimiento, origen, comienzo, germen.—*Fin.*

genio carácter, temperamento, condición, índole; humor, tendencia, inclinación. **2** Ingenio, talento, capacidad; disposición, inclinación, aptitud. **3** Espíritu, fantasma.

gente personas, sujetos, individuos; gentío, multitud, muchedumbre, masa, aglomeración.

gentil apuesto, gallardo, guapo, bien parecido.—*Feo.*

gentuza chusma, plebe, populacho.

genuino auténtico, verdadero, legítimo; propio, representativo, característico.—*Falso, inauténtico.*

gerente administrador, director, jefe.

germen simiente, semilla; embrión. **2** Origen, génesis, principio, raíz, causa.

germinar nacer, surgir, brotar, desarrollarse, gestarse, originarse.

gesta hazaña.

gestación embarazo, preñez. **2** Desarrollo, formación, principio.

gestión trámite, diligencia, papeleo, encargo, misión, cometido. **2** Administración, dirección, manejo, gobierno.

gesto gesticulación, mueca, ademán, seña, guiño, manoteo, mohín. **2** Expresión, aspecto, apariencia, actitud, aire, semblante.

giba joroba, corcova, chepa, protuberancia.

gigante coloso, titán, cíclope.—*Enano.*

gigantesco descomunal, colosal, monumental, inmenso, desmesurado, titánico, ciclópeo, formidable, enorme.—*Minúsculo, diminuto.*

gimnasia ejercicio, entrenamiento, adiestramiento.

gimotear V. **gemir**.

gira viaje, recorrido, excursión.

girar rotar, virar, doblar; revolotear, moverse, torcerse, dar vueltas.

giro rotación, viraje, vuelta; revoloteo, movimiento. **2** Expresión, construcción, locución. **3** Orientación, sesgo, cariz, sentido, aspecto, dirección, matiz, curso. **4** Envío, libranza, remesa, pago.

gitano cíngaro, calé, cañí. **2** Nómada, errante, trashumante.
—*Sedentario.*

glacial álgido, gélido, helado, frío.—*Caliente, cálido.* **2** Insensible, impasible, indiferente.—*Apasionado.*

global integral, general, total, completo.—*Parcial.*

globo esfera, balón, pelota, bola. **2** Planeta, tierra, orbe, mundo. **3** Dirigible, aeróstato.

gloria bienaventuranza, beatitud, dicha, plenitud. **2** Fama, celebridad, reputación, renombre, crédito. **3** Deleite, satisfacción, gusto, placer. **4** Esplendor, magnificencia, brillo.

glosar apostillar, explicar, comentar, aclarar.

glotón goloso, comilón, voraz, tragón.—*Inapetente.*

gnomo duende, genio, elfo.

gobernador gobernante, mandatario, dirigente, autoridad.—*Gobernado.*

gobernar dirigir, regir, mandar, conducir, administrar, representar. —*Obedecer.*

gobierno dirección, administración, manejo, conducción, guía; autoridad.

gol punto, tanto.

golfo bahía, rada, ensenada, cala, abra, abrigo. **2** Pícaro, pillo, bribón, granuja.

golosina confite, dulce, caramelo. **2** Manjar, exquisitez, delicia.

goloso V. **glotón**.

golpe choque, colisión, embate, topetazo, porrazo, caída. **2** Puñetazo, bofetón, bofetada, trompada. **3** Garrotazo, azote, latigazo. **4** Moretón, contusión, magulladura, cardenal.

golpear chocar, pegar, percutir; tropezar, caer. **2** Maltratar, castigar, zurrar, aporrear; apalear, azotar.

golpiza paliza, zurra, tunda.

goma pegante, pegamento, adhesivo, cola. **2** Caucho.

gomina fijador.

gong batintín, tantán.

gordo obeso, grueso, carnoso, voluminoso, rollizo, adiposo, rechoncho, gordinflón, regordete.—*Flaco, delgado.*

gorjear trinar, gorgoritear.

gorra gorro, bonete, boina, birrete.

gorrón vividor, parásito, pedigüeño.

gota ápice, pizca, partícula, migaja, poco, fracción.

gotear chorrear, rezumar, escurrir, filtrarse, destilar, fluir.

gourmet (fr.) gastrónomo, catador, conocedor.

gozar deleitarse, disfrutar, recrearse, regocijarse, complacerse, divertirse.—*Sufrir.* **2** Tener, poseer.—*Carecer.*

gozne pernio, charnela, bisagra.

gozo goce, deleite, placer, satisfacción, agrado.—*Disgusto.* **2** Júbilo, alegría, contento, diversión.—*Tristeza, sufrimiento.*

grabado lámina, imagen, ilustración, estampa.

grabar labrar, esculpir, tallar, cincelar. **2** Imprimir, registrar, reproducir.—*Borrar.* **3** Retener, aprender, recordar.

gracia encanto, garbo, apostura, donaire, elegancia, gracejo, chispa, hechizo. —*Desgarbo, tosquedad.* **2** Ocurrencia, agudeza, chiste; jocosidad, jovialidad. —*Sosería.* **3** Favor, beneficio, concesión, don, dádiva, merced.—*Castigo.* **4** Perdón, indulto, absolución, amnistía.—*Condena.*

gracias agradecimiento, reconocimiento, gratitud.—*Ingratitud.*

grácil esbelto, delgado, fino; ligero, tenue, delicado, sutil.—*Tosco, voluminoso.*

gracioso chistoso, ocurrente, agudo, divertido, bromista, alegre.—*Serio, aburrido.* **2** Bonito, agradable, encantador, elegante, primoroso.—*Feo, desagradable.*

grada escalinata, peldaño, escalón; pedestal, tarima, estrado.

grado graduación; título, rango, jerarquía, categoría. **2** Nivel, margen, límite, punto, extremo, alcance, altura, estado, calidad, valor.

gradual progresivo, paulatino, creciente.

graduar(se) regular, nivelar, medir, ajustar. **2** Diplomarse, licenciarse, titularse.

gráfico representación, diagrama, esquema, cuadro, bosquejo, plano, dibujo. **2** Descriptivo, expresivo, explícito, claro, manifiesto. —*Confuso.*

gragea píldora, pastilla, comprimido, tableta, medicamento.

gramófono fonógrafo, tocadiscos, gramola.

granada bomba, proyectil.

granate encarnado, colorado, carmesí.

grande extenso, amplio, vasto, considerable, espacioso, crecido, enorme; descomunal, desmesurado, colosal.—*Pequeño, reducido.* **2** Sobresaliente, notable, destacado, insigne, excelso.

granero depósito, almacén.

granja finca, hacienda, alquería, rancho, quinta.

granjero hortelano, labrador, cultivador, agricultor.

grano semilla, simiente. **2** Ápice, pizca, migaja, porción. **3** Inflamación, hinchazón, forúnculo, quiste.

granuja bribón, pícaro, bellaco, tunante, pillo.

grasa manteca, sebo, adiposidad; aceite, lubricante.

graso grasiento, seboso, mantecoso, aceitoso, oleoso, adiposo, lipoideo.

gratificar premiar, recompensar, retribuir, remunerar.

gratis gratuitamente.

gratitud agradecimiento, recono-

cimiento, retribución.—*Ingratitud.*

grato placentero, agradable, satisfactorio, gustoso, deleitoso, amable, bueno.—*Ingrato.*

grava gravilla, cascajo.

gravamen impuesto, tributo, derecho, carga, obligación.

grave enfermo, delicado, débil, moribundo.—*Sano.* **2** Espinoso, embarazoso, peligroso, arduo, difícil, importante, trascendental.—*Baladí, nimio.* **3** Serio, circunspecto, formal, severo.

gravitar apoyarse, sustentarse, descansar, reclinarse, pesar.

graznar crascitar, crocitar.

greda arcilla.

gregario adocenado, impersonal.—*Personal.*

gremio asociación, agrupación, corporación, grupo, cofradía, sindicato.

greñudo melenudo; despeinado.

gresca pelea, riña, pendencia, reyerta, trifulca, pelotera. **2** Alboroto, algazara, bulla.—*Calma.*

grey congregación, hermandad, comunidad, grupo, conjunto. **2** Rebaño, manada, hato.

griego heleno; helénico.

grieta abertura, hendidura, fisura, resquicio, resquebrajadura.

grifo llave, válvula.

grilletes grillos, cadenas, esposas.

gringo extranjero, forastero, extraño. **2** Anglosajón, inglés, estadounidense.

gripe resfriado, catarro.

gris plomizo, ceniciento. **2** Triste, apagado, lánguido, monótono, melancólico.—*Animado, alegre.* **3** Borroso, difuso, nebuloso;

insignificante, anodino.—*Vivo. colorido.*

gritar vocear, desgañitarse, vociferar, alzar la voz, alborotar, chillar, aullar.—*Callar.*

grito alarido, chillido, vociferación, clamor, lamento, queja.

grosería incorrección, insolencia, descomedimiento, ordinariez, indecencia, tosquedad, descortesía, desatención.—*Cortesía, atención.*

grosor grueso, espesor, dimensión, calibre, cuerpo.

grotesco estravagante, estrafalario, ridículo, risible, chocante.

grueso robusto, corpulento, rollizo, obeso, gordo.—*Flaco.* **2** Espesor, calibre, grosor, dimensión, anchura, amplitud.

grumo coágulo, apelmazamiento, apelotonamiento.

gruñir rugir, bufar. **2** Refunfuñar, murmurar, rezongar. **3** Rechinar, chirriar.

grupa anca, cadera, flanco.

grupo agrupación, asociación, congregación, reunión, unión; montón, colección, conjunto.

gruta cueva, caverna, subterráneo.

guano estiercol, excremento, abono.

guapo apuesto, atractivo, gallardo, bien parecido. —*Feo.* **2** Bravucón, valentón, pendenciero, fanfarrón.—*Sensato.*

guardaespaldas escolta, protector, acompañante.

guardar(se) almacenar, ahorrar, atesorar.—*Extraer.* **2** Cuidar, custodiar, conservar, proteger, preservar.—*Abandonar, desamparar.* **3** Cumplir, acatar, obede-

cer, observar.—*Infringir.* **4** Evitar, eludir, prevenirse, abstenerse.—*Exponerse.*

guardarropa ropero, armario. **2** Vestidos, atuendos, vestuario, trajes.

guardería jardín infantil.

guardia guardián, vigilante, defensor, protector, escolta, agente, policía. **2** Vigilancia, defensa, salvaguardia, amparo, asistencia. **3** Patrulla, destacamento.

guarecerse cobijarse, resguardarse, protegerse, defenderse. —*Exponerse.*

guarida cueva, cubil, madriguera; refugio, albergue.

guarnecer adornar, decorar, ornamentar, embellecer, engalanar. **2** Proveer, abastecer, equipar, aprovisionar, dotar, surtir, suministrar.—*Desposeer.*

guarnición accesorio, adorno, aderezo. **2** Tropa, guardia, destacamento.

guarro cerdo, marrano, puerco, lechón, cochino.

guasa chanza, burla, mofa, chacota, broma.

gubernamental gubernativo, administrativo, estatal, oficial, público. —*Privado.*

guerra conflicto, contienda, lucha, combate, batalla, choque, encuentro.—*Paz.* **2** Pleito, hostilidad, rivalidad, pugna, violencia, discordia, discrepancia.—*Concordia.*

guerrero combatiente, militar, soldado.—*Civil.* **2** Aguerrido, batallador, combativo; belicoso.

guía orientación, enseñanza, consejo. **2** Maestro, consejero, asesor.

3 Batidor, rastreador; cicerone. **4** Conductor, piloto. **5** Manual, folleto; índice, horario, mapa.

guiar orientar, indicar, encauzar, encaminar.—*Desorientar.* **2** Dirigir, gobernar, regir; encabezar, acaudillar.—*Obedecer.* **3** Educar, enseñar, adiestrar, asesorar.—*Descarriar.* **4** Pilotar, conducir, manejar.

guijarro pedrusco.

guiñapo harapo, colgajo, piltrafa, andrajo, desgarrón, jirón.

guiño gesto, seña, mueca, aviso.

guión raya, línea, trazo. **2** Argumento, libreto, tema.

guirnalda corona, diadema, aureola.

guisa modo, manera, estilo, forma.

guisar cocinar, cocer, preparar, aderezar, estofar.

guiso guisado, estofado, cocido.

gula glotonería, avidez, voracidad.

gusano lombriz, helminto.

gustar probar, paladear, saborear, catar; ingerir, comer, tomar. **2** Agradar, placer, atraer, cautivar, deleitar, complacer, satisfacer.—*Desagradar, disgustar.* **3** Codiciar, ambicionar, desear, apetecer.—*Desdeñar.*

gusto sabor, regusto, sazón, sensación. **2** Agrado, deleite, satisfacción, complacencia, contento, gozo. —*Desagrado, disgusto.* **3** Voluntad, gana, antojo, arbitrio, capricho. **4** Sentido estético, apreciación, discernimiento.

H

habano cigarro, puro, tabaco.

haber poseer, tener. —*Carecer.* 2 Acaecer, ocurrir, sobrevenir.

haberes bienes, posesiones, hacienda, caudal, capital. 2 Sueldo, honorarios paga, salario, ingresos.

habilidad destreza, aptitud, capacidad, competencia, maestría, pericia, ingenio. —*Incompetencia.*

habilitar capacitar, facultar, investir; permitir, licenciar, autorizar. —*Inhabilitar, prohibir.*

habitación cuarto, pieza, aposento, cámara. 2 Vivienda, residencia, domicilio, casa.

habitante residente, morador, poblador, ciudadano, vecino.

hábito costumbre, usanza, uso, rutina. 2 Vestido, traje, atavío, vestimenta.

habitual corriente, usual, común, ordinario, frecuente. —*Desusado, desacostumbrado.*

habituarse acostumbrarse, familiarizarse, aclimatarse, avezarse. —*Desacostumbrarse.*

hablador charlatán, parlanchín, locuaz, lenguaraz, chismoso, cotorra. —*Callado, silencioso.*

hablar decir, comunicar, expresar, manifestar, declarar. —*Callar.* 2 Conversar, platicar, conferenciar, discutir. —*Callar.*

hacendado potentado, rico, acaudalado. 2 Terrateniente, latifundista.

hacendoso diligente, solícito, cuidadoso, trabajador, laborioso. —*Perezoso, haragán.*

hacer crear, formar, elaborar, fabricar, producir, construir. —*Deshacer, destruir.* 2 Ejecutar, realizar, obrar, llevar a cabo. 3 Causar, ocasionar, determinar. 4 Obligar, constreñir, coercer.

hacienda cortijo, finca, tierra, granja, predio, propiedad. 2 Bienes, riquezas, fortuna, caudal, capital, posesiones. 3 Erario, fisco, tesoro.

hacinar amontonar, apilar, aglomerar, acumular, reunir.

hada hechicera, adivina, maga, encantadora.

hado destino, sino, providencia, suerte, fortuna.

halagar adular, lisonjear, agasajar, elogiar, cortejar. —*Desdeñar.*

halar tirar de, atraer, recoger.

hálito aliento, vaho, soplo; resuello, respiración.

halo aureola, resplandor. 2 Cerco, corona.

hall (ing.) vestíbulo, zaguán, recibimiento, entrada.

hallar(se) encontrar, descubrir; dar con, tropezar, topar. 2 Estar, encontrarse.

hallazgo descubrimiento, invención, encuentro. —*Pérdida.*

hambre apetito gana. —*Inapetencia.* 2 Deseo, anhelo, ansia, codicia, avidez, afán.

hampa hez, chusma, pillería, golfería, delincuencia.

handicap(ing.) desventaja.

hangar cobertizo, tinglado, barracón.

haragán V. **holgazán**.

harapo andrajo, guiñapo, colgajo, piltrafa, pingajo.

harén serrallo.

hartar saciar, llenar, atiborrar, empachar, atracar. 2 Hastiar, fastidiar, molestar, importunar.

hastiado aburrido, harto, cansado, repugnado, empalagado, hasta la coronilla. —*Satisfecho, contento.*

hato rebaño, manada, hatajo, ganado. 2 Bulto, lío, fardel.

haz fajo, atado, manojo, paquete.

hazaña proeza, gesta, valentía, faena, acción.

hebilla broche, pasador, fíbula, imperdible.

hebra filamento, hilo, fibra, hilacha.

hebreo semita, israelita, judío.

hecatombe matanza, mortandad, carnicería, sacrificio; desastre, catástrofe, siniestro.

heces excrementos, desperdicios, desechos , inmundicias, escoria, mierda.

hechicero brujo, mago, encantador, nigromante, agorero adivino, augur.

hechizar embrujar, encantar, ensalmar. 2 Cautivar, seducir, fascinar, deleitar, atraer.

hecho acto, obra, acción. 2 Suceso, acontecimiento, incidente, caso, asunto. 3 Constituido, formado, dispuesto.

hechura forma, composición, conformación; imagen, figura. 2 Confección, corte.

heder apestar, oler mal.

hediondo fétido, pestilente, pestífero, apestoso, maloliente, nauseabundo. —*Aromático, perfumado.*

hegemonía supremacía, superioridad, preponderancia, predominio. —*Inferioridad.*

helado gélido, glacial. 2 Atónito, suspenso, pasmado, estupefacto, sobrecogido.

helar(se) congelar, enfriar, cuajar. 2 Aterirse, amoratarse.

hematoma V. **moretón**.

hembra mujer, fémina. —*Macho.*

henchir llenar, rellenar, atestar, inflar, hinchar. —*Vaciar.*

hender Agrietar, abrir, rajar, partir, resquebrajar, cuartear.

hendidura grieta, abertura, fisura, corte, ranura, surco, raja.

heno forraje, pienso, pasto, hierba, paja.

heraldo mensajero, enviado, correo.

hercúleo fornido, fuerte, forzudo, corpulento, vigoroso. —*Débil.*

heredar suceder, recibir, obtener, adquirir. 2 Parecerse, semejarse.

heredero sucesor, beneficiario, legatario, legitimario, fiduciario.

hereje apóstata, incrédulo, impío, infiel, heterodoxo. —*Ortodoxo, creyente, fiel.*

herencia sucesión, legado, beneficio, transmisión . 2 Patrimonio, bienes. 3 Propensión, inclinación, atavismo, consanguinidad.

herida lesión, traumatismo, contusión, cortadura, llaga, excoriación, corte. 2 Ofensa, agravio.

hermafrodita andrógino, bisexual, bisexuado.

hermanar unir, armonizar, uniformar, equiparar, igualar. **2** Fraternizar, ahermanar.

hermandad cofradía, comunidad, fraternidad, congregación. **2** Amistad, compenetración, armonía, simpatía.

hermético impenetrable, sellado, cerrado. —*Abierto.*

hermoso bello, lindo, bonito, apuesto, precioso, encantador, atractivo, guapo, agraciado; elevado, divino, sublime. —*Feo.*

héroe campeón, epónimo, paladín. **2** Semidios, titán. **3** Protagonista, estrella, actor.

heroico audaz, valeroso, intrépido, osado, hazañoso, valiente. —*Cobarde.*

herramienta instrumento, utensilio, artefacto, aparato, máquina.

herrería forja, ferrería, fragua, taller.

herrumbre óxido, orín, moho.

hervidero muchedumbre, multitud, agolpamiento, remolino, hormiguero, cantidad.

hervir bullir, borbotear, burbujear; cocer, fermentar. **2** Agitarse, alborotarse, levantarse. —*Calmarse.*

hervor efervescencia, ebullición. **2** Fogosidad, impetuosidad, ardor, animosidad. —*Tranquilidad.*

heterodoxo hereje, disconforme, disidente, infiel, impío. —*Ortodoxo.*

heterogéneo diverso, mezclado, híbrido, variado, plural, múltiple. —*Homogéneo.*

hez sedimento, poso, depósito . **2** Chusma, hampa, vulgo.

híbrido mestizo, cruzado, mezclado, mixto, heterogéneo. —*Puro.*

hidalgo noble, caballero, aristócrata, señor, distinguido. —*Plebeyo.*

hiel bilis, humor, secreción. **2** Amargura, irritación, desabrimiento.

hierba césped, prado. **2** Pasto, forraje, heno, pienso, paja.

higiénico puro, limpio, desinfectado, aseado, sano. —*Antihigiénico, sucio.*

hijo vástago, descendiente, retoño, niño. **2** Natural, nativo, originario, oriundo.

hilar inferir, discurrir, trazar, relacionar.

hilaridad risa, alegría, jocosidad, regocijo. —*Tristeza.*

hilera fila, línea, cola, columna.

hilo hebra, filamento, hilacha, fibra, hilaza. **2** Continuidad, continuación, progresión, secuencia, trama.

hilvanar esbozar, proyectar, trazar, bosquejar. **2** Coser, zurcir.

himeneo casamiento, boda, nupcias, esponsales.

himno canción, cántico, poema.

hincar(se) clavar, enterrar, introducir, empotrar. **2** Arrodillarse, prosternarse. —*Incorporarse.*

hincha partidario, fanático, seguidor, apasionado. **2** Odio, antipatía, enemistad, hostilidad, ojeriza.

hinchar(se) inflar, henchir, abultar, inflamarse, congestionar. —*Deshinchar.* **2** Envanecerse. —*Humillarse.*

hinchazón inflamación, intumescencia, abultamiento, tumor, chichón.

hindú indio, oriental.

hinterland (al.) entorno, zona de influencia.

hipérbole exageración, ponderación, amplificación, exceso.

hipersensible susceptible, irritable, delicado.

hípico ecuestre, caballar, equino.

hipnotizar sugestionar, magnetizar, dormir. **2** Fascinar, seducir, hechizar.

hipocondríaco triste, melancólico, lúgubre, sombrío, fúnebre. —*Alegre.*

hipócrita falso, fingido, farsante, impostor, fariseo, mojigato. — *Sincero, franco.*

hipoteca gravamen, carga, obligación, compromiso, deuda.

hipótesis suposición, supuesto, conjetura, presunción, teoría, creencia, sospecha.

hipotético dudoso, incierto, infundado, teórico, supuesto. —*Comprobado.*

hiriente ofensivo, ultrajante, injurioso; sarcástico, cínico. —*Amable.*

hirsuto enmarañado, híspido, áspero, duro, tieso, despeinado. —*Suave.*

hispano ibérico, peninsular, celtíbero, hispánico, español.

hispanoamericano latinoamericano, iberoamericano, hispánico.

histeria histerismo, excitación, perturbación, agitación, nerviosismo. —*Calma.*

historia crónica, narración, gesta, leyenda; relato, cuento, suceso, anécdota. **2** Chisme, habladuría, enredo. —*Verdad.*

historial antecedentes, reseña, referencias, datos.

histórico comprobado, fidedigno, real, auténtico, verdadero.

historieta fábula, anécdota, aventura.

hito mojón, poste, señal, marca.

hobby (ing.) pasatiempo, entretenimiento, afición.

hocico jeta, morro; boca, labios.

hogar casa, morada, domicilio, vivienda. **2** Chimenea, fuego, estufa, fogón, lumbre.

hogareño familiar, casero, doméstico, íntimo, sencillo. —*Protocolario.*

hogaza pan.

hoguera fogata, candelada, fuego, lumbre, pira, llamas.

hoja página, papel, folio, cuartilla, plana. **2** Pétalo, hojuela; follaje. **3** Cuchilla, espada, filo. **4** Lámina, plancha, placa.

hojear repasar, examinar, revisar, leer.

holgado amplio, ancho, espacioso, dilatado, abierto. —*Estrecho.*

holgazán vagabundo, haragán, gandul, perezoso, vago, ocioso. —*Trabajador.*

holgazanería ociosidad, acidia, flojedad, pereza, inactividad.

holgorio regocijo, fiesta, bullicio, diversión, juerga, parranda. —*Quietud, tristeza.*

holocausto matanza, masacre, exterminio. **2** Sacrificio, ofrenda.

hollar pisar, pisotear. **2** Abatir, humillar, atropellar, agraviar.

hombre varón, macho, individuo, señor, mortal, sujeto. **2** Humanidad, especie humana, género humano.

hombría entereza, integridad, honradez, honorabilidad, valor, buena fe. —*Deslealtad.*

homenaje ofrenda, dedicatoria, celebración, exaltación. **2** Respeto, sumisión, obediencia.

homicida asesino, criminal, delincuente, bandido, reo.

homogéneo uniforme, suave, terso parejo. —*Heterogéneo.* **2** Semejante, similar, parecido, homólogo. —*Heterogéneo.*

homólogo equivalente, análogo, concordante, parecido, paralelo, conforme. —*Distinto.*

homosexual sodomita, invertido, marica, maricón, amanerado, afeminado.

hondo profundo, recóndito, abismal, misterioso, insondable. —*Superficial.*

hondanada depresión, valle, barranco, hondura. —*Meseta.*

hondura profundidad, abismo, sima, precipicio.

honesto honrado, decoroso, decente, moderado. **2** Recatado, pudoroso, púdico, casto. —*Lujurioso, libertino.* **3** Justo, recto, equitativo. —*Injusto.*

hongo seta, champiñón.

honor honra, dignidad, pundonor, prez. —*Deshonra.* **2** Pudor, recato, decencia, decoro, castidad. —*Indecencia.* **3** Fama, reputación renombre. **4** Distinción, título, dignidad, homenaje.

honorable venerable, honorífico, distinguido, respetable. —*Despreciable.*

honorario(s) honorífico, honroso. **2** Remuneración, sueldo, salario, estipendio, paga, retribución.

honra V. **honor**.

honrado honesto, íntegro, recto, honorable, leal, virtuoso. —*Deshonesto.* **2** Venerado, respetado, apreciado, enaltecido. —*Deshonrado.*

hora tiempo, momento, lapso, intervalo.

horadar perforar, agujerear, taladrar, atravesar, calar.

horario programa, itinerario, guía.

horca patíbulo, cadalso, soga.

horda turba, tropel, chusma, populacho, pandilla.

horizontal extendido, acostado, plano, yacente, tendido. —*Vertical.*

horizonte límite, confín, lejanía, distancia, extensión, espacio.

horma forma, molde, plantilla, módulo.

hormigón concreto, cemento, mezcla, argamasa.

hormigueo cosquilla, picazón, comezón, picor, molestia.

horno cocina, hogar, fogón, chimenea.

horóscopo oráculo, predicción, pronóstico, profecía, vaticinio, augurio.

horrendo V. **horrible**.

horrible horripilante, horroroso, espantoso, monstruoso, espeluznante, pavoroso, siniestro. —*Agradable.*

horripilar horrorizar, espantar, espeluznar, aterrar, estremecer, asustar.

horror terror, miedo, espanto, angustia, pánico, pavor, aversión, repulsión, odio, fobia. —*Simpatía, agrado.*

horrorizar V. **horripilar.**

horroroso V. **horrible.**

hortaliza verdura, vegetal, legumbre.

hortelano horticultor, labrador, agricultor, labriego, campesino.

hosco áspero, intratable, huraño, adusto, ceñudo, antipático, seco. —*Simpático, ameno.*

hospedaje V. **hotel.**

hospedar alojar, albergar, acoger, amparar.

hospicio asilo, albergue, refugio, orfanato, casa cuna.

hospital clínica, sanatorio, policlínico, enfermería, lazareto.

hospitalario acogedor, protector; amable, generoso, caritativo.

hospitalidad amparo, asilo, refugio, abrigo, albergue, protección, generosidad, acogida, bienvenida.

hostería hospedaje, posada, hostal, hotel, fonda, mesón, albergue.

hostia Pan Eucarístico, Sagrada Forma, Forma, Cuerpo de Cristo.

hostigar acosar, perseguir, molestar, fustigar, fastidiar, atosigar.

hostil adverso, contrario, opuesto, discrepante, enemigo. —*Amistoso.*

hostilizar hostigar, mortificar, acosar, molestar, agobiar, agredir, perseguir.

hotel hostería, hospedaje, posada, alojamiento, albergue, hostal, fonda, mesón, refugio.

hoy ahora, actualmente, en el presente, en estos momentos, en la actualidad.

hoyo hoya, pozo, depresión, concavidad, agujero, zanja, bache. **2** Sepultura, huesa, hoya, fosa, tumba.

hoz guadaña, segadera, hoja, segur, falce.

hucha alcancía, caja, arca, cofre.

hueco hoyo, depresión, agujero, concavidad, hendidura. **2** Cóncavo, vacío, ahuecado, agujereado. —*Lleno* . **3** Presumido, vanidoso, hinchado, ensoberbecido, pomposo. —*Sencillo.*

huelga paro, alto, suspensión o cese de actividades.

huella pisada, rastro, impresión, vestigio, marca, cicatriz, estigma.

huérfano desamparado, solo, abandonado; falto, carente, desprovisto. —*Asistido.*

huero vano, vacío, vacuo, insubstancial.

huerto cultivo, regadío, vergel, jardín, plantación, sembrado.

huésped invitado, comensal, convidado, visitante, visita, pensionista.

hueste ejército, tropa, banda, grupo, horda, tropel.

huesudo esquelético, flaco, escuálido, demacrado. —*Rollizo.*

huevo óvulo, embrión, germen.

huir fugarse, escapar, evadirse, desertar, largarse, desaparecer, escabullirse, tomar las de Villadiego. —*Permanecer.*

humanidad género humano, naturaleza humana, hombre. **2** Humanitarismo, bondad, compasión, misericordia, sensibilidad, piedad, benevolencia. —*Crueldad.* **3** Corpulencia, mole, obesidad, cuerpo.

humanitario bondadoso, caritativo, sensible, piadoso, benévolo, misericordioso. —*Cruel.*

humanizarse ablandarse, suavizarse, aplacarse, dulcificarse.

humano humanitario. **2** Terrenal, mortal, perecedero, efímero. — *Celestial.*

humedad vapor, rocío, agua, sereno, remojo. —*Sequedad.*

humedecer humectar, remojar, impregnar, rociar, empapar. — *Secar.*

humildad modestia, sencillez, reserva, timidez, docilidad, obediencia, acatamiento. —*Vanidad.*

humillar avergonzar, abatir, rebajar, apocar, deshonrar, ofender, lastimar, herir, abochornar. —*Enaltecer.*

humor gracia, ingenio, agudeza, humorismo, chispa, ocurrencia, gracejo. **2** Secreción, serosidad.

hundir(se) sumir, sumergir, abismar, desplomar, aplastar, destruir. —*Levantar, poner a flote.* **2** Arruinarse, desmoronarse, derrumbarse. **3** Naufragar, zozobrar, irse a pique, desaparecer.

huracán ciclón, tifón, tornado, torbellino, vendaval, borrasca. —*Calma.*

huraño esquivo, hosco, arisco, insociable, intratable, retraído. —*Sociable.*

hurgar escarbar, remover, cavar, revolver, arañar.

hurtadillas (a) furtivamente, sigilosamente, secretamente, solapadamente, por lo bajo, a escondidas.

hurtar robar, quitar, sustraer, despojar, saquear. —*Devolver.*

husmear olfatear, oler, oliscar; sospechar, presentir. **2** Fisgonear, curiosear, rastrear, escudriñar, indagar.

I

ibérico íbero, iberio, español, hispano.

iberoamericano hispanoamericano, latinoamericano, hispánico.

iceberg témpano, hielo, masa flotante.

icono imagen, efigie, símbolo.

ida marcha, viaje, desplazamiento, visita, regreso, llegada.

idea representación, imagen, concepto, percepción, noción, conocimiento, pensamiento, juicio. **2** Plan, trazo, diseño, proyecto, esbozo, bosquejo, croquis.

ideal perfecto, sublime; único, elevado, supremo, ejemplar. **2** Modelo, prototipo, arquetipo, molde, patrón, tipo, ejemplo. **3** Irreal, inmaterial, incorpóreo, imaginario, fantástico. —*Real*. **4** Ilusión, deseo, sueño, esperanza, anhelo, ambición. —*Realidad*.

idéntico exacto, equivalente, igual, gemelo, homólogo. —*Distinto*.

identificar reconocer, establecer, determinar. **2** Igualar, asemejar, equiparar.

ideología creencia, doctrina, ideario, convicción, credo.

idilio noviazgo, romance, amorío, coloquio, galanteo.

idioma lengua, lenguaje, habla, dialecto, jerga.

idiosincrasia individualidad, carácter, temperamento, personalidad, modo de ser.

idiota tonto, bobo, necio, imbé-

cil, lelo, zoquete, majadero. —*Listo, inteligente*.

idolatría fetichismo, paganismo, superstición. **2** Adoración, veneración, amor, culto, pasión.

ídolo fetiche, tótem, efigie, figura, amuleto, imagen, reliquia.

idóneo apto, competente, hábil, capacitado, capaz, dispuesto. —*Incapaz*. **2** Apropiado, conveniente, adecuado. —*Inadecuado*.

iglesia templo, parroquia, basílica, capilla, casa de Dios, catedral, oratorio. **2** Congregación, comunidad, grey.

ígneo ardiente, encendido, flagrante, abrasador, incandescente, fulgurante. —*Apagado*.

ignición combustión, incandescencia, quema.

ignominia afrenta, humillación, deshonor, deshonra, oprobio, vergüenza. —*Honorabilidad, honra*.

ignorancia incultura, desconocimiento, analfabetismo, incompetencia, incapacidad, impericia, ineptitud. —*Conocimiento, sabiduría, cultura*.

ignorar desconocer, no saber, no comprender. —*Conocer, saber*. **2** Repudiar, desentenderse, omitir, rechazar. —*Reconocer*.

ignoto desconocido, inexplorado, ignorado, remoto. —*Conocido*.

igual idéntico, exacto, equivalente, análogo, homólogo, paralelo, gemelo, hermanado, par. —*Desigual, distinto*. **2** Constante, invariable, uniforme, regular, liso, parejo. —*Abrupto, desigual.*

igualar allana, nivelar, emparejar, aplanar. **2** Identificar, equiparar, uniformar, asemejar, parear.

igualdad identidad, uniformidad, equivalencia, exactitud, similitud, sinonimia, correspondencia. —*Desigualdad.* **2** Justicia, equidad, ecuanimidad, imparcialidad. —*Injusticia.*

iguana lagarto, reptil, saurio.

ilegal ilícito, ilegítimo, prohibido, indebido, clandestino, subrepticio. —*Legal.*

ilegible indescifrable, incomprensible, ininteligible, confuso, embrollado. —*Legible, claro.*

ilegitimo bastardo, natural, fraudulento, falso, incierto, ilegal. —*Legítimo.*

ileso indemne, incólume, intacto, sano y salvo. —*Lesionado, leso.*

ilícito V. **ilegal.**

ilimitado V. **infinito.**

ilógico absurdo, desatinado, infundado, descabellado, disparatado, incongruente. —*Lógico.*

iluminar alumbrar, encender, aclarar. —*Oscurecer.* **2** Irradiar, destellar, resplandecer, relucir. **3** Inspirar, infundir, revelar.

ilusión esperanza, anhelo, deseo, sueño. **2** Imaginación, fantasía, ficción, quimera, sueño, engaño. —*Realidad.*

ilusionar(se) entusiasmar, esperanzar, animar. —*Desanimar.* **2** Confiar, creer, esperar, soñar. —*Desanimarse.*

ilusionista mago, prestidigitador.

ilustración imagen, estampa, figura, lámina, grabado, dibujo. **2** Instrucción, educación, saber, cultura, civilización.

ilustrado erudito, culto, instruido, sabio, docto, documentado. —*Ignorante.*

ilustrar instruir, educar, enseñar, formar, guiar. **2** Explicar, aclarar, esclarecer, informar. **3** Dibujar, pintar, grabar.

ilustre célebre, egregio, grande, renombrado, prestigioso, famoso, insigne, eminente. —*Desconocido.*

imagen representación, idea, concepto, figuración, noción. **2** Figura, efigie, retrato, modelo, emblema. **3** Lámina, estampa, dibujo, grabado; reproducción, copia, imitación. **4** Metáfora, descripción, explicación.

imaginación inventiva, fantasía, intuición. **2** Ilusión, ficción, alucinación, quimera, espejismo, fábula.

imaginar crear, idear, inventar, forjar, concebir, proyectar. **2** Presumir, suponer, pensar, figurarse.

imaginario irreal, falso, utópico, ficticio, fantástico, inexistente, fabuloso. —*Real.*

imán caramida, calamita, magnetita. **2** Atractivo, hechizo, embeleso, seducción.

imbécil idiota, retrasado, tonto, alelado, estúpido, bobo, necio. —*Listo.*

imbuir infundir, inculcar, infiltrar, contagiar.

imitación copia, reproducción, duplicado, facsímil, plagio, parodia. —*Original.*

impaciencia inquietud, ansiedad,

intranquilidad, zozobra, prisa.

impacto golpe, colisión, choque; impresión.

impalpable intangible, imperceptible, sutil, tenue, fino, incorpóreo, etéreo. —*Tangible.*

impar non, desigual, dispar. —*Par.*

imparcial neutral, ecuánime, justo, recto, íntegro. —*Parcial, injusto.*

impartir repartir, comunicar, dar, distribuir.

impasible imperturbable, inalterable, impávido, indiferente, displicente, apático. —*Impaciente, nervioso.*

impávido impasible, sereno, valeroso, imperturbable, indiferente. —*Nervioso.*

impecable perfecto, intachable, puro, correcto, irreprochable, pulcro. —*Defectuoso.*

impedido imposibilitado, lisiado, inválido, incapacitado, tullido, anquilosado, inútil. —*Apto, sano.*

impedimento estorbo, obstáculo, traba, escollo, tropiezo, obstrucción, freno, prohibición.

impeler impulsar, empujar, propulsar, aventar, arrojar, empellar. —*Frenar.*

impenetrable hermético, cerrado, misterioso, reservado, incomprensible, inaccesible, incognoscible. —*Accesible.*

impenitente incorregible, reincidente, terco, obstinado. —*Contrito.*

impensado inesperado, insospechado, imprevisto, inadvertido, repentino, súbito. —*Previsto.*

imperar predominar, prevale-

cer, reinar, dominar, mandar, someter.

imperativo imperioso, perentorio, conminatorio, obligatorio, categórico.

imperdible broche, prendedor, fíbula, aguja, alfiler.

imperdonable inexcusable, inaceptable, injustificable, irremisible. —*Excusable.*

imperfecto defectuoso, deforme, incompleto, inacabado, feo, deficiente, deteriorado, anormal. —*Perfecto.*

imperial real, soberano, regio, majestuoso.

impericia incompetencia, inhabilidad, incapacidad, ineptitud, inexperiencia, torpeza. —*Pericia, destreza.*

imperio potencia, Estado, reino, monarquía. **2** Autoridad, dominio, mando, señorío. **3** Altanería, orgullo, soberbia, altivez. —*Humildad.*

imperioso altanero, dominante, autoritario, soberbio, despótico, arrogante. —*Humilde.*

impermeable impenetrable, estanco, aislado, hermético. —*Permeable.* **2** Gabardina, gabán, trinchera.

impertinente indiscreto, insolente, molesto, pesado. —*Cortés, respetuoso, educado.*

imperturbable impávido, impasible, inconmovible, inalterable, inmutable, sereno, indiferente. —*Nervioso, inquieto.*

impetrar suplicar, rogar, implorar, solicitar, pedir.

ímpetu vehemencia, impulso, fuerza, violencia, arranque, brusquedad, frenesí, ardor, furia. — *Calma, placidez.*

impío irreligioso, incrédulo, descreído, irreverente, ateo, infiel, hereje, anticlerical, sacrílego. — *Devoto, pío, fiel, creyente.*

implacable inflexible, inexorable, intolerable, inclemente, cruel, brutal, tiránico, despiadado, inhumano. —*Compasivo, razonable, benévolo.*

implantar instituir, establecer, fundar, instaurar, constituir, crear.—*Abolir, destruir.* 2 Insertar, incrustar.

implicar enredar, envolver, comprometer, enzarzar, liar, complicar. 2 Significar, contener.

implícito tácito, incluido, manifiesto, sobreentendido, expreso, virtual. —*Explícito.*

implorar rogar, suplicar, clamar, pedir, impetrar.

impoluto limpio, inmaculado, intachado, puro.

imponderable(s) inestimable, inmejorable, insuperable, perfecto, excelente. —*Defectuoso.* 2 Imprevistos, contingencias, riesgos, azar, eventualidades. —*Previsto.*

imponente grandioso, sobrecogedor, descomunal, impresionante, inmenso, formidable. — *Insignificante.*

impopular desprestigiado, desacreditado, odiado.—*Popular.*

importancia trascendencia, significación, magnitud, valor, alcance, categoría, precio, interés. — *Intrascendencia.* 2 Vanidad, presunción, fatuidad, orgullo.—*Sencillez, humildad.*

importante fundamental, valioso,

considerable, significativo, primordial, trascendente, notable, famoso. —*Insignificante.*

importar convenir, interesar, atañer, concernir, competer, afectar, tener que ver. 2 Introducir, entrar. —*Exportar.*

importe cuantía, monto, precio, costo, valor, saldo.

importunar incomodar, molestar, fastidiar, irritar, cargar, asediar, acosar. —*Agradar.*

imposibilitado V. **impedido**.

imposibilidad V. **impedimento**.

imposible irrealizable, impracticable, inejecutable, difícil, absurdo, utópico, quimérico, improbable. —*Factible, posible, realizable.*

imposición obligación, carga, tributo, impuesto, gravamen. 2 Coacción, coerción, orden, mandato, exigencia.

impostor farsante, simulador, embaucador, suplantador, mentiroso, falsario. —*Auténtico, leal, honesto.* 2 Difamador, calumniador, murmurador.

impotente infecundo, estéril. — *Fecundo.* 2 Débil, decaído, agotado, desvalido. —*Fuerte, vigoroso, enérgico.*

imprecación maldición, condenación, insulto, invectiva.—*Alabanza.*

impreciso indefinido, indeterminado, incierto, vago, confuso. — *Determinado, claro, preciso.*

impregnar empapar, embeber, mojar, humedecer, bañar. —*Exprimir, secar.*

imprescindible indispensable, irreemplazable, insustituible, ineludible, esencial. —*Innecesario, prescindible.*

impresión efecto, sensación, emoción, sobrecogimiento. **2** Huella, marca, rastro, vestigio, señal. **3** Estampación, edición, tirada.

impresionable emotivo, sensible, susceptible, excitable, delicado, nervioso. —*Indiferente, insensible.*

impresionar emocionar, conmover, excitar, alterar, sobrecoger, afectar.

impreso escrito, folleto, panfleto, libro, diario, revista, volante, hoja.

imprevisión descuido, negligencia, impremeditación, inadvertencia, imprudencia. —*Previsión.*

imprevisto inesperado, insospechado, repentino, súbito, fortuito, casual. —*Previsto.*

imprimir estampar, editar, publicar, grabar, fijar, marcar.

improbable incierto, dudoso, impracticable, imposible. —*Probable, cierto.*

ímprobo abrumador, pesado, agotador, penoso, trabajoso. —*Fácil.*

improductivo infecundo, infértil, estéril, baldío, inútil, yermo. —*Fértil.*

improperio injuria, insulto, invectiva, grosería, dicterio. —*Alabanza.*

impropio inadecuado, indebido, inoportuno, inconveniente, improcedente, incorrecto, disonante. —*Correcto, adecuado, propio.*

improrrogable V. **inaplazable.**

improvisado espontáneo, inventado, natural, repentino. —*Previsto.*

imprudencia impremeditación, imprevisión, despreocupación, descuido, riesgo, irreflexión, ligereza. —*Prudencia, cautela.*

impúdico desvergonzado, impudente, deshonesto, licencioso, indecente, obsceno. —*Púdico, honesto, pudoroso.*

impuesto tributo, carga, obligación, gravamen, contribución.

impugnar combatir, contradecir, refutar, rechazar, oponer. —*Aprobar.*

impulsar impeler, empujar, propulsar, empellar. —*Frenar.* **2** Estimular, fomentar, incitar. —*Desanimar.*

impulsivo impetuoso, arrebatado, vehemente, efusivo, precipitado. —*Calmado.*

impureza turbiedad, adulteración, sedimento, residuo. —*Pureza.* **2** Indecencia, impudicia, mancha, deshonestidad. —*Castidad, pureza.*

imputar atribuir, achacar, reprochar, cargar, tachar, inculpar. —*Exonerar, excusar, disculpar.*

inabarcable inalcanzable, inmenso.

inaccesible inabordable, inalcanzable, impracticable, intrincado, abrupto, escarpado. **2** Ininteligible, difícil, incomprensible. —*Comprensible.*

inaceptable inadmisible, impropio, injusto. —*Admisible.*

inactivo inerte, inmóvil, quieto, detenido, parado, estático. —*Activo, dinámico.* **2** Ocioso, desocupado, holgazán, vago. —*Trabajador.*

inadecuado impropio, inconveniente, inapropiado, indebido, incorrecto. —*Apropiado, propio*.

inadmisible inaceptable, impropio, ilógico, insostenible, improbable.

inadvertido atolondrado, distraído, descuidado, negligente, imprudente. —*Atento, prudente*. **2** Desapercibido, ignorado, omitido.

inagotable inacabable, inextinguible, infinito, indefinido, eterno, perpetuo. —*Finito*.

inaguantable insoportable, insufrible, intolerable, pesado, fastidioso, cargante. —*Ameno, divertido*.

inalcanzable V. **inaccesible**.

inalterable invariable, imperturbable, inmutable, impertérrito, permanente, fijo, constante, eterno. —*Inestable*.

inanición desfallecimiento, debilidad, extenuación. —*Fortaleza*.

inanimado desmayado, inmóvil, insensible, muerto. —*Vivo, animado*.

inapelable irremediable, inevitable, inexorable, indiscutible.

inapetencia desgana, hastío, indiferencia, saciedad. —*Hambre*.

inaplazable improrrogable, impostergable, fijo, definitivo, ineludible. —*Diferible*.

inapreciable insignificante, trivial, imperceptible, minúsculo. **2** Valioso, precioso, inestimable. —*Baladí*.

inasequible V. **inaccesible**.

inaudito increíble, sorprendente, insólito, inconcebible, extraordinario. —*Normal, corriente*. **2** Monstruoso, atroz, vituperable.

inaugurar estrenar, iniciar, abrir, principiar, comenzar, empezar. —*Terminar, clausurar*.

incalculable inconmensurable, incontable, innumerable, inapreciable, indefinido, infinito.

incalificable vituperable, vergonzoso, censurable, reprochable, indigno. —*Encomiable, loable*. **2** Inconmensurable, indefinido, indeterminable.

indandescente candente, encendido, ígneo, fulgurante. —*Apagado*.

incansable infatigable, inagotable, invencible, vigoroso, tenaz, resistente.

incapacitar inhabilitar, invalidar, descalificar, eliminar, inutilizar, anular. —*Habilitar*.

incapaz torpe, inepto, inhábil, incompetente, nulo, ignorante. —*Hábil, competente*.

incautarse confiscar, apropiarse, retener, decomisar, despojar, usurpar. —*Devolver*.

incauto ingenuo, cándido, inocente, simple, imprudente. —*Cauto, prudente*.

incendiar quemar, inflamar, encender, conflagrar, abrasar, incinerar. —*Apagar*.

incendio fuego, quema, inflamación, ignición, abrasamiento. **2** Desastre, siniestro, percance.

incentivo estímulo, incitamiento, aliciente, acicate. —*Paliativo*.

incertidumbre indecisión, indeterminación, inseguridad, vacilación, duda, inestabilidad. —*Certeza*. **2** Perpetuo, continuo, persistente, eterno, perenne. —*Efímero, breve*.

incidente incidencia, suceso, caso; disputa, riña, discusión, litigio.

incierto inseguro, dudoso, confuso, inconstante, vago, nebuloso. —*Cierto, seguro.*

incinerar quemar, calcinar, abrasar, incendiar.

incipiente naciente, inicial; novicio, novato, principiante. —*Consumado.*

incisión corte, hendedura, cisura, tajo, punción.

incisivo cortante, tajante, agudo, penetrante, mordaz, sarcástico. —*Benevolente.*

incitar estimular, inducir, animar, instigar, tentar, excitar. —*Desanimar, disuadir.*

incivil descortés, grosero, incorrecto, rudo, mal educado.—*Educado, cortés.*

inclemencia crueldad, severidad, rigor, dureza. —*Bondad.*

inclinación pendiente, declive, talud, caída, ángulo. —*Llanura.* **2** Tendencia, predisposición, propensión, afección. **3** Reverencia, saludo, ademán.

inclinar desviar, ladear, tumbar, torcer, doblar, sesgar. —*Enderezar.*

incluir contener, encerrar, comprender, abarcar, englobar, reunir. —*Separar.*

inclusa hospicio, asilo, orfanato.

incógnita misterio, enigma, secreto, encubrimiento.

incógnito desconocido, ignorado, anónimo, oculto. —*Conocido.*

incoherente contradictorio, inconexo, ilógico, incomprensible, confuso, embrollado. —*Coherente.*

incoloro desteñido, descolorido, apagado, transparente. —*Coloreado.*

incólume ileso, sano, indemne, intacto, sano y salvo. —*Perjudicado.*

incomible incomestible, indigerible, desabrido, insípido, indigesto. —*Sabroso, comestible.*

incómodo molesto, desagradable, enfadoso, fastidioso, irritante, mortificante. —*Agradable, cómodo.*

incomparable imparangonable, inconmensurable, inmensurable, insuperable.

incompatible opuesto, discordante, desacorde, inconciliable, disconforme, contrario. —*Compatible.*

incompetencia incapacidad, inhabilidad, impericia, ineptitud, ineficacia. —*Competencia, habilidad.*

incompleto imperfecto, deficiente, falto, insuficiente, carente. —*Completo, acabado.*

incomprensible inexplicable, ininteligible, inescrutable, indescifrable, impenetrable, misterioso, oscuro, difícil. —*Comprensible, claro.*

incomunicar aislar, separar, apartar, confinar, excluir. —*Relacionar, unir, juntar.*

inconcebible incomprensible, inexplicable. **2** Inadmisible, sorprendente, extravagante, fenomenal. —*Normal, corriente.*

inconcluso incompleto, inacabado. —*Completo.*

incondicional absoluto, ilimitado. —*Condicionado.* **2** Leal, seguidor, adepto, partidario. —*Adversario.*

inconexo incoherente, incongruente, inarticulado, discontinuo. —*Coherente.*

inconfesable abominable, deshonesto, indigno, reprensible. —*Honorable.*

inconfundible claro, distinto, característico, peculiar, singular, personal.

incongruente V. **incoherente.**

inconmensurable inmenso, infinito, ilimitado, inmensurable. —*Finito.*

inconmovible inalterable, impasible, imperturbable, firme. —*Inestable, tornadizo.*

inconsciente involuntario, maquinal, subconsciente, automático. —*Consciente, deliberado.* **2** Irreflexivo, irresponsable, atolondrado, aturdido, ligero. —*Sensato.* **3** Desmayado, desfallecido, desvanecido. —*Consciente.*

inconsecuente ilógico, casual, fortuito. —*Consecuente.* **2** Inconstante, irreflexivo, voluble, aturdido.

inconsiderado V. **desconsiderado.**

inconsistente frágil, endeble, blando, débil, deleznable, dúctil, flojo. —*Duro.*

inconsolable desconsolado, apesadumbrado, afligido, apenado, dolorido, abatido. —*Alegre.*

inconstante inestable, inconsecuente, voluble, versátil, mudable, variable, incierto. —*Seguro, estable.*

incontable V. **innumerable.**

incontestable irrefutable, indudable, incontrovertible, indiscutible, incuestionable, innegable. —*Discutible, falso.*

incontinente libertino, desenfrenado, libidinoso, sensual, lascivo.

incontrovertible V. **incontestable.**

inconveniente dificultad, complicación, impedimento, molestia, transtorno, obstáculo. —*Facilidad.* **2** Incorrecto, imprudente, indiscreto, descortés, grosero. —*Cortés, atento.*

incorporar(se) unir, reunir, agregar, añadir, fusionar, asociar, mezclar. —*Separar, desunir.* **2** Levantarse, erguirse, enderezarse. —*Acostarse.*

incorpóreo inmaterial, etéreo, incorporal, intangible, impalpable. —*Material.*

incorrecto errado, equivocado, erróneo, defectuoso, imperfecto. —*Correcto, perfecto.* **2** Desatento, grosero, inconveniente, descortés, insolente. —*Atento, cortés, educado.*

incorregible reincidente, obstinado, terco, testarudo, impenitente, contumaz. —*Dócil, razonable.*

incorruptible inalterable, invariable. **2** Firme, virtuoso, íntegro, recto, insobornable. —*Deshonesto.*

incrédulo desconfiado, receloso, suspicaz, malicioso, escéptico. —*Confiado, crédulo.* **2** Impío, ateo, irreligioso, descreído. —*Creyente, religioso.*

increíble inaudito, inverosímil, inconcebible, imposible, absurdo. —*Verosímil.*

incrementar aumentar, acrecentar, intensificar, añadir, agregar, adicionar. —*Disminuir, reducir.*

increpar reprender, amonestar, sermonear, regañar, corregir. —*Alabar.*

incriminar V. **inculpar**.

incrustar embutir, encajar, empotrar.

incubar empollar, enclocar. **2** Desarollarse, extenderse, fomentarse.

incuestionable V. **incontestable**.

inculcar infundir, imbuir, infiltrar, introducir, persuadir. —*Disuadir.*

inculpar incriminar, acriminar, acusar, culpar, atribuir, recriminar. —*Disculpar.*

inculto indocto, iletrado, ignorante, analfabeta, tosco, grosero. —*Culto, educado.*

incumbir competer, atañer, concernir, tocar, pertenecer, interesar. —*Desinteresar.*

incumplir infringir, quebrantar, violar, desobedecer, vulnerar, contravenir. —*Cumplir.*

incurable insanable, irremediable, desahuciado, gravísimo. —*Curable.*

incuria negligencia, apatía, descuido, desidia, indiferencia. —*Interés, cuidado.*

incurrir incidir, caer, tropezar, cometer, pecar.

incursión invasión, irrupción, penetración, correría, ataque. —*Huida.*

indagar investigar, inquirir, explorar, averiguar, buscar, inspeccionar, escudriñar.

indebido ilícito, ilegal, prohibido, vedado. —*Permitido.*

indecente deshonesto, obsceno, impúdico, indecoroso, incorrecto, sucio. —*Decoroso.*

indecible inexpresable, indescriptible, inefable, inenarrable.

indeciso irresoluto, incierto, vacilante, titubeante, dudoso, inseguro. —*Seguro, resuelto.*

indecoro V. **indecente.**

indefenso desamparado, inerme, desvalido, impotente, desarmado. —*Protegido.*

indefinido indeterminado, impreciso, ilimitado, incierto, dudoso, vago. —*Concreto, determinado.*

indeleble imborrable, indestructible, permanente, indisoluble, inextinguible. —*Pasajero, efímero.*

indeliberado involuntario, impensado, irreflexivo, imprevisto, fortuito. —*Consecuente, consciente.*

indemne exento, incólume, intacto, libre, ileso, limpio. —*Afectado, perjudicado.*

indemnizar resarcir, compensar, reparar, subsanar, remunerar, desagraviar. —*Perjudicar.*

independencia emancipación, liberación, autodeterminación, autonomía. —*Sometimiento.*

indescifrable V. **incoprensible.**

indescriptible inexpresable, inenarrable, inexplicable, indecible; fabuloso, extraordinario. —*Explicable, corriente.*

indeseable desagradable, perjudicial, peligroso, maleante, villano.

indestructible inalterable, invulnerable, inconmovible, inquebrantable. —*Perecedero, frágil.*

indeterminado indefinido, impreciso, incierto, vago, confuso. —*Seguro, definido.*

indicar señalar, mostrar, advertir, significar, avisar, guiar. — *Esconder, omitir.*

índice lista, catálogo, tabla, relación, guía. **2** Indicio, señal, muestra.

indicio signo, señal, manifestación, marca, muestra, vestigio.

indiferencia despreocupación, desinterés, displicencia, apatía, insensibilidad, frialdad, escepticismo. —*Pasión, interés.*

indígena originario, nativo, oriundo, natural, autóctono, aborigen. —*Extranjero, forastero.*

indigencia pobreza, miseria, hambre, penuria, necesidad. —*Opulencia, riqueza.*

indigestión empacho, hartura, saciedad.

indigesto nocivo, dañino, incomible, pesado. —*Saludable.*

indignar irritar, enojar, enfadar, enfurecer, encolerizar. —*Agradar.*

indignante enfadoso, enojoso, irritante, ultrajante, ofensivo. — *Satisfactorio.*

indio hindú, indostánico.

indirecta alusión, puntada, eufemismo, insinuación, rodeo.

indirecto desviado, oblicuo, ambiguo, disimulado. —*Directo, recto.*

indisciplina desobediencia, indocilidad, rebeldía, insubordinación, desorden. —*Disciplina, docilidad, orden.*

indiscreto imprudente, indelicado, impertinente, intruso, fisgón, curioso, entrometido. —*Reservado, delicado.*

indiscutible incontrovertible, indisputable, irrebatible, irrefu-

table, incuestionable, innegable, inconcuso. —*Dudoso.*

indispensable imprescindible, esencial, insustituible, inevitable, necesario. —*Prescindible.*

indisponer(se) enemistar, desavenir, malquistar, desunir, azuzar. —*Amigar.* **2** Enfermarse, padecer, sufrir. —*Curarse, estar bien.*

indistinto confuso, borroso, imperceptible, indiscernible, indistinguible. —*Claro.*

individual personal, particular, propio, singular, característico. —*General, colectivo.*

individuo sujeto, tipo, persona, ente, ser, fulano, prójimo.

indivisible infraccionable, inseparable, entero. —*Fraccionable.*

índole naturaleza, condición, carácter, propensión, personalidad, genio, inclinación.

indolente flojo, perezoso, apático, haragán, desganado. —*Diligente, activo.*

indomable indómito, rebelde, ingobernable, arisco, indócil, terco, fiero. —*Manso, dócil.*

inducir incitar, instigar, excitar, persuadir, estimular. —*Desanimar, disuadir.*

indudable V. **indiscutible.**

indulgente misericordioso, benévolo, condescendiente, tolerante, compasivo, transigente, paciente. —*Inflexible.*

indulto perdón, amnistía, gracia, absolución. —*Condena.*

indumentaria vestimenta, atavío, traje, vestido, prenda, ropaje.

industria elaboración, manufactura, fabricación, producción, construcción. **2** Destreza, habilidad, pericia, ingenio.

inédito desconocido, original, nuevo, reciente. *—Conocido, divulgado, publicado.*

ineficaz incompetente, incapaz, infructuoso, infructífero, inútil, inepto. *—Eficaz, útil, fructífero.*

ineludible inevitable, irrevocable, forzoso, necesario, obligatorio. *—Aleatorio.*

inepto incompetente, incapaz, inhábil, inexperto, torpe, improductivo. *—Competente, apto.*

inequívoco V. **indiscutible**.

inercia flojedad, inacción, pereza, letargo, desidia, pasividad. *—Actividad.*

inerme indefenso, desarmado, solo. *—Armado.*

inescrutable V. **inpenetrable**.

inesperado imprevisto, insospechado, repentino, súbito, impensado. *—Previsto.*

inestable variable, inseguro, cambiante, precario, inconstante, frágil. *—Fijo, estable, seguro.*

inestimable inapreciable, valioso, precioso.

inexacto incorrecto, erróneo, falso, imperfecto, disparatado. *—Correcto, fiel, exacto.*

inexcusable imperdonable, indisculpable, injustificable, inaceptable, inadmisible. *—Justificado.*

inexistente irreal, ilusorio, imaginario, ficticio, quimérico utópico. *—Real, verdadero.*

inexorable V. **implacable**.

inexperto novato, principiante, neófito, inexperimentado, inepto, torpe. *—Hábil, ducho, experimentado.*

inexplicable inaudito, inconcebible, increíble, incomprensible, extraño, misterioso. *—Lógico, explicable.*

inexplorado ignoto, remoto, lejano, desconocido, deshabitado, virgen. *—Conocido.*

inexpresivo seco, adusto, imperturbable, frío, reservado, indiferente. *—Comunicativo, elocuente, expresivo.*

inexpugnable invencible, inconquistable, inasequible, inabordable, invicto. *—Débil.*

inextinguible infinito, eterno, inagotable, inacabable, inapagable, interminable. *—Finito, breve.*

inextricable confuso, intrincado, enmarañado, complejo, confuso. *—Claro.*

infalible seguro, cierto, incontestable, verdadero, acertado. *—Inseguro, dudoso.*

infamar denigrar, desacreditar, deshonrar, calumniar, difamar, afrentar, ultrajar. *—Honrar, alabar.*

infame malo, vil, perverso, bajo, ruin, malvado. *—Bondadoso, honorable.*

infamia vileza, ofensa, afrenta, deshonra, perversidad, bajeza, ruindad. *—Bondad, honradez.*

infancia niñez, pequeñez, puericia, menor edad. *—Vejez.*

infantil pueril, aniñado, inocente, cándido, inofensivo. *—Senil.*

infatigable V. **incansable**.

infatuar pavonear, engreír, envanecer, hinchar.

infausto V. **infortunado**.

infectar contagiar, contaminar, propagar, pegar. *—Desinfectar.*

infecundo estéril, infértil, improductivo, infructuoso, árido, agotado. —*Fértil.*

infeliz desdichado, desventurado, desafortunado, miserable, afligido. —*Dichoso.*

inferior defectuoso, irregular, menor, peor, malo. —*Mejor.* 2 Subalterno, subordinado, dependiente, auxiliar. —*Superior.*

inferir deducir, obtener, colegir, derivar, razonar, argumentar.

infernal satánico, diabólico, demoníaco, endemoniado, maléfico, nocivo. —*Celestial, angelical, bueno.*

infidelidad deslealtad, ingratitud, traición, vileza, engaño. —*Lealtad, fidelidad.* 2 Incredulidad, impiedad, irreligiosidad. —*Religiosidad.*

infierno averno, tártaro, báratro, orco, érebo, fuego eterno, perdición, condenación. —*Cielo.*

ínfimo mínimo, bajo, último, inferior, despreciable, miserable. —*Alto, noble.*

infinito interminable, ilimitado, inagotable, inacabable, inextinguible, incalculable, indefinido, inmenso, eterno. —*Limitado, finito.*

inflamar(se) incendiar, abrasar, encender, quemar, incinerar. —*Apagar.* 2 Acalorar, apasionar, excitar, irritar, exasperar. 3 Hincharse, congestionarse, abultarse. —*Deshincharse.*

inflar soplar, hinchar, ahuecar, abultar. —*Desinflar, reducir.*

inflexible inquebrantable, inconmovible, inexorable, duro, rígido, firme. —*Tolerante.*

infligir imponer, aplicar, produ-

cir, causar, ocasionar. —*Perdonar.*

influencia poder, autoridad, influjo, predominio, dominio, peso, prestigio.

influir actuar, afectar, apoyar, contribuir, ayudar, respaldar.

informal irregular, inconvencional. 2 Inconsecuente, inconstante, ligero, negligente. —*Puntual, cumplidor.*

informar(se) comunicar, anunciar, notificar, avisar, reseñar, poner al corriente. 2 Estudiar, investigar, documentarse, sondear, buscar. —*Ignorar, omitir.*

infortunado desdichado, desgraciado, desventurado, infeliz, mísero. —*Dichoso.*

infracción quebrantamiento, incumplimiento, transgresión, violación. —*Acatamiento.*

infranqueable intransitable, insuperable, insalvable, inaccesible, escarpado, abrupto. —*Accesible, fácil.*

infrecuente raro, desusado, excepcional, insólito, extraordinario. —*Habitual, corriente.*

infringir transgredir, quebrantar, contravenir, violar, vulnerar. —*Cumplir, obedecer.*

infructuoso infructífero, infecundo, inútil, improductivo, infértil, estéril. —*Fecundo, productivo.*

ínfulas presunción, vanidad, orgullo, engreimiento, fatuidad. —*Modestia.*

infundado injustificado, infundamentado, inaceptable, falso, absurdo, insostenible. —*Fundado, real.*

infundir inculcar, imbuir, infiltrar, inducir, introducir.

infusión tisana, extracto, brebaje.

ingeniar(se) inventar, idear, imaginar, planear, trazar. 2 Arreglárselas, componérselas, darse maña, bandearse.

ingenio talento, inteligencia, inventiva, destreza, habilidad, agudeza. 2 Máquina, aparato, artefacto, utensilio, instrumento.

ingenuo cándido, inocente, candoroso, sincero, sencillo. —*Astuto, ladino.*

ingerir introducir, comer, tragar. —*Arrojar.*

ingrato desagradecido, infiel, desleal, olvidadizo. —*Agradecido.*

ingrediente componente, substancia, elemento, constituyente.

ingresar entrar, asociarse, afiliarse, incorporarse, suscribirse.

inhábil incapaz, incompetente, inapto, torpe, inexperto. —*Experto, ducho.*

inhabilitar V. **incapacitar.**

inhalar aspirar, absorber. —*Expulsar.*

inhibirse abstenerse, retraerse, apartarse, alejarse, refrenarse. —*Actuar, participar.*

inhospitalario inhumano, inabordable, rudo, duro, áspero. 2 Inhóspito, inhabilitable, agreste, desolado, deshabitado. —*Grato, acogedor.*

inhumano malo, despiadado, perverso, inclemente, cruel. —*Humanitario, benévolo.*

inhumar sepultar, enterrar, soterrar. —*Exhumar.*

iniciar comenzar, empezar, principiar, emprender, incoar, promover. —*Acabar, terminar.* 2 Instruir, formar, enseñar, educar.

iniciativa delantera, anticipación. 2 Decisión, impulso, ingenio, inventiva, dinamismo, capacidad. —*Pereza, ineptitud.*

inicuo injusto, ignominioso, malvado, vil, malo, infame, perverso. —*Noble, bueno.*

inimitable irrepetible, único, original, singular, particular.

ininteligible V. **incomprensible.**

injerencia indiscreción, entrometimiento, intrusión, intromisión, fisgonería. —*Discreción.*

injerir (se) incluir, introducir, insertar, entretejer, intercalar. 2 Entremeterse, inmiscuirse, introducirse, intervenir, meterse, mezclarse. —*Abstenerse.*

injertar injerir, incluir, introducir, insertar, agregar.

injuria insulto, agravio, ultraje, ofensa, afrenta, improperio. —*Alabanza.*

injusticia arbitrariedad, iniquidad, abuso, ilegalidad, irregularidad, atropello. —*Justicia.*

inmaculado limpio, límpido, puro, impoluto. —*Poluto.*

inmaduro incipiente, verde, tierno, bisoño, inexperimentado. —*Maduro.*

inmaterial incorpóreo, intangible, impalpable, etéreo. —*Material, real.*

inmediaciones alrededores, contornos, cercanías, proximidades, vecindad. —*Lejanía.*

inmediatamente en el acto, en seguida, acto seguido, seguidamente, luego.

inmediato cercano, vecino, próximo, lindante, adjunto. —*Alejado, lejano.*

inmenso infinito, incalculable, enorme, colosal, descomunal, desmedido, vasto, extenso. —*Minúsculo.*

inmersión zambullida, sumersión, buceo, descenso. —*Ascenso.*

inmiscuirse entremeterse, interponerse, intervenir, injerirse, meter cuchara. —*Desinteresarse.*

inmoderado intemperante, desenfrenado, desmedido, incontinente, excesivo, exagerado. —*Mesurado.*

inmolar sacrificar, matar, degollar, eliminar, ofrendar, ofrecer.

inmoral indecente, indecoroso, impúdico, indigno, deshonesto. —*Decoroso, honesto.*

inmortal imperecedero, eterno, perpetuo, sempiterno, perenne, perdurable. —*Mortal, perecedero.*

inmóvil inamovible, invariable, inactivo, fijo, quieto, firme, estático. —*Móvil, movible, variable.*

inmovilizar parar, detener, paralizar, retener. —*Mover, poner en marcha.* **2** Asegurar, fijar, afianzar, afirmar.

inmundo nauseabundo, asqueroso, puerco, repugnante, sucio. —*Limpio.*

inmune libre, invulnerable, exento, protegido. —*Vulnerable.*

inmunidad exención, liberación, exoneración, privilegio, protección. —*Vulnerabilidad.*

inmutable V. **inalterable.**

innato congénito, natural, propio, personal, individual, característico. —*Adquirido.*

innecesario inútil, superfluo, fútil, infundado, excesivo. —*Imprescindible, necesario, útil.*

innegable V. **indiscutible.**

innoble indigno, despreciable, vil, ruin, infame, bajo. —*Noble.*

innovación novedad, invención, creación, descubrimiento.

innumerable incontable, incalculable, ilimitado, infinito, múltiple, numeroso, copioso. —*Finito, escaso.*

inocente ingenuo, candoroso, honrado, sencillo, simple. —*Astuto, malicioso.* **2** Exento, indultado, absuelto, libre. —*Culpable.*

inocular vacunar, inmunizar; infectar, contagiar.

inofensivo inocuo, inerme, inocente, desarmado, pacífico. —*Perjudicial, peligroso.*

inolvidable imborrable, indeleble, eterno, permanente, inmortal. —*Pasajero.*

inoperante V. **ineficaz.**

inopia pobreza, miseria, indigencia. —*Riqueza.*

inoportuno inesperado, imprevisto, inadecuado, impertinente, extemporáneo, a deshora. —*Oportuno, adecuado, justo.*

inquebrantable inalterable, invariable, infrangible, inflexible, constante. —*Benevolente, frágil, débil.*

inquietar intranquilizar, impacientar, importunar, incomodar, angustiar, atormentar, alarmar, conturbar. —*Tranquilizar, sosegar.*

inquilino arrendatario, ocupante, habitante, vecino.

inquina aversión, antipatía, ojeriza, odio, malquerencia, animosidad, aborrecimiento. —*Simpatía.*

inquirir indagar, averiguar, escudriñar, examinar, preguntar.

insaciable insatisfecho, ansioso, ávido, ambicioso; glotón, tragón. —*Satisfecho.*

insano V. **loco.**

insatisfecho V. **descontento.**

inscribir grabar, trazar. **2** Apuntar, anotar, escribir, registrar, enrolar, matricular.

inscripción cartel, rótulo, leyenda, letrero.

inseguridad incertidumbre, indecisión, inestabilidad, vacilación, duda. —*Certidumbre.* **2** Riesgo, peligro. —*Seguridad.*

insensato disparatado, desatinado, descabellado, necio, irreflexivo. —*Juicioso, cauto.*

insensible indiferente, impasible, frío, cruel, brutal. —*Tierno, piadoso.* **2** Inanimado, adormecido, inconsciente; entorpecido. —*Sensible.*

inseparable íntimo, entrañable; pegado, adjunto. —*Separado, desunido.*

insertar injerir, introducir, implantar, engastar, injertar; publicar. —*Excluir, extraer.*

inservible inútil, deteriorado, descompuesto, averiado. —*Útil.*

insidia acechanza, intriga, traición, estratagema, engaño, maquinación. —*Franqueza.*

insigne ilustre, célebre, distinguido, renombrado, famoso. —*Vulgar, ignorado.*

insignia emblema, distintivo, marca, divisa. **2** Bandera, estandarte, pendón, pabellón.

insignificante minúsculo, irrisorio, mezquino, despreciable, trivial, pueril. —*Importante.*

insinuar sugerir, indicar, aludir, apuntar, dar a entender.

insípido insulso, desabrido, soso, insubstancial, inexpresivo.

insistir perseverar, porfiar, reincidir, repetir, hacer hincapié. —*Desistir.*

insociable intratable, huraño, retraído, esquivo, hosco. —*Sociable, comunicativo.*

insolente atrevido, descarado, desvergonzado, irreverente, desfachatado, insultante. —*Respetuoso.*

insomnio desvelo, vigilia, vela. —*Sueño.*

insoportable intolerante, inaguantable, insufrible, irritante, enojoso, fastidioso, pesado. —*Agradable.*

inspeccionar investigar, examinar, verificar, observar, revisar, comprobar.

inspiración iluminación, soplo, sugestión, intuición, numen.

instalar montar, colocar, apostar, situar. —*Desmontar, desarmar, deshacer.*

instancia petición, solicitud, apelación, ruego, memorial.

instantáneo momentáneo, breve, súbito, repentino, rápido, fugaz. —*Lento.*

instante segundo, momento, minuto, soplo, santiamén, relámpago. —*Eternidad.*

instar solicitar, pedir, suplicar, urgir, insistir, apremiar. —*Renunciar.*

instaurar establecer, crear, organizar, implantar, erigir, fundar. —*Abolir.*

instigar incitar, inducir, impeler, impulsar, estimular, animar, provocar, hostigar. —*Frenar, desanimar, disuadir.*

instintivo irreflexivo, involuntario, maquinal, automático, inconsciente, reflejo. —*Deliberado, consciente.*

instinto inclinación, impulsión, propensión, automatismo, naturaleza, reflejo. —*Reflexión.*

instituto institución, fundación, establecimiento, centro, organización. **2** Liceo, colegio, escuela, academia.

instituir crear, establecer, fundar, erigir, instaurar, estatuir. —*Destruir.*

institutriz maestra, educadora, aya, tutora, guía.

instructor monitor, maestro, tutor, educador.

instruido docto, sabio, leído, culto, erudito, ilustrado, educado, cultivado, preparado. —*Inculto, ignorante.*

instruir enseñar, aleccionar, adoctrinar, educar; divulgar, difundir. —*Descarriar, descuidar.*

instrumento herramienta, aparato, utensilio, máquina; arma.

insubordinación indisciplina, indocilidad, rebeldía, insurrección, amotinamiento. —*Sumisión.*

insuficiente carente, escaso, pobre, defectuoso, deficiente, falto, privado. —*Suficiente.*

insufrible V. **inaguantable.**

insulso V. **insípido.**

insultar agraviar, ofender, injuriar, afrentar, humillar, herir. —*Honrar, alabar.*

insuperable inmejorable, óptimo, magnífico, excelente, espléndido. —*Mejorable, pésimo.* **2** Insalvable, infranqueable, difícil, imposible. —*Fácil.*

insurrección sublevación, revuelta, alzamiento, levantamiento, rebelión, insubordinación, amontonamiento. —*Calma, sumisión.*

insurgente insubordinado, insurrecto, rebelde, sedicioso, amotinado. —*Sumiso.*

intacto entero, completo, íntegro, ileso, indemne, incólume, salvo. —*Dañado, perjudicado.*

intachable recto, íntegro, honrado, probo, honorable, honroso, irreprochable. —*Vituperable, censurable.*

intangible intocable, impalpable, incorporal, inmaterial. —*Vulnerable.*

integrar componer, constituir, completar, formar, totalizar, añadir. —*Separar.*

íntegro honrado, recto, irreprochable, virtuoso, justo, desinteresado, incorruptible.

intelectual erudito, estudioso, ilustrado, instruido. —*Inculto.* **2** Mental, cerebral. —*Material, corporal.*

inteligencia intelecto, entendimiento, mente, razonamiento, juicio, conocimiento, talento, perspicacia. —*Torpeza, idiotez.*

inteligente talentoso, perspicaz, experimentado, lúcido, docto, sabio, juicioso. —*Estúpido.*

inteligible comprensible, asequible, penetrable, legible. —*Incomprensible.*

intemperancia desenfreno, exceso, inmoderación, incontinencia, libertinaje. —*Moderación, templanza.*

intempestivo inesperado, impensado, inoportuno, extemporáneo. —*Oportuno.*

intención propósito, determinación, voluntad; pensamiento, idea. —*Renuncia, abstención.*

intencional premeditado, deliberado, voluntario, pensado, preconcebido, adrede. —*Involuntario.*

intendencia cuidado, dirección, administración, gobierno.

intensidad fuerza, energía, vigor, vehemencia, tensión, intensificación.

intentar ensayar, probar, tantear, pretender, proyectar, sondear. —*Renunciar.*

intercalar insertar, interponer, introducir, alternar, superponer, interpolar, entrelinear. —*Entresacar.*

intercambio cambio, permuta, trueque, canje, reciprocidad.

interceder mediar, intervenir, respaldar, defender, abogar. —*Desentender, culpar.*

interceptar interrumpir, entorpecer, detener, aislar, incomunicar. —*Despejar.*

interés provecho, utilidad, beneficio, ganancia, rendimiento, lucro, dividendo. —*Pérdida.* 2 Propensión, inclinación, afecto, apego. —*Desinterés.*

interesante cautivante, fascinante, atractivo, encantador, notable. —*Indiferente.*

interesar cautivar, atraer, impresionar, encantar, maravillar, seducir. —*Aburrir.* 2 Importar, concernir, tocar, competer, corresponder. —*Abandonar.*

interferir V. **interceptar.**

interino provisional, transitorio, provisorio, suplente, accidental. —*Perpetuo, permanente.*

interior interno, secreto, íntimo, profundo, recóndito. —*Exterior.*

interjección grito, exclamación, imprecación.

intermediario mediador, intercesor, negociador, comisionista, comerciante.

intermedio interludio, entreacto, descanso, intervalo, pausa.

interminable inacabable, inagotable, infinito, perpetuo, eterno, largo, sin fin. —*Finito, limitado.*

intermisión interrupción, dilación, cesación.

intermitente discontinuo, irregular, esporádico, entrecortado, interrumpido. —*Regular, seguido, continuo.*

internacional universal, mundial, cosmopolita. —*Local, nacional, regional.*

internar(se) aislar, recluir, encerrar, apartar. —*Liberar.* 2 Adentrarse, meterse, introducirse, penetrar. —*Salir.*

interpelar demandar, solicitar, instar, preguntar, requerir.

interpolar V. **intercalar.**

interponer V. **intercalar.**

interpretar explicar, analizar, deducir, descifrar, traducir, parafrasear.

intérprete guía, traductor. 2 Músico, ejecutante, solista, cantante.

interrogar preguntar, inquirir, indagar, escudriñar, examinar, sondear, averiguar. —*Responder*.

interrumpir suspender, cortar, detener, atajar, frenar, interceptar, obstaculizar, impedir. —*Continuar*.

intersección cruce, encuentro, encrucijada, unión. —*Bifurcación, desviación*.

intersticio grieta, hendidura, rendija, fisura, surco, corte.

intervalo lapso, espacio, distancia, duración. 2 Intermedio, pausa, descanso, tregua.

intervenir interponerse, entremeterse, mediar, actuar, maniobrar. —*Abstenerse*.

intimidad amistad, adhesión, apego, familiaridad, confianza. —*Enemistad, desconfianza*.

intimidar asustar, amedrentar, atemorizar, amenazar, aterrorizar. —*Animar, incitar*.

íntimo interior, personal, reservado, particular, secreto, subjetivo. —*Público, general, externo*.

intolerable inadmisible, insoportable, insufrible, fastidioso, abusivo. —*Apropiado, justo*.

intolerancia intransigencia, obcecación, obstinación, fanatismo, testarudez. —*Tolerancia*.

intoxicar envenenar, emponzoñar, infectar, corromper. —*Desintoxicar*.

intraducible inexplicable, indescifrable, indecible, incomprensible. —*Comprensible*.

intranquilizar inquietar, perturbar, agitar, alarmar, desasosegar, atormentar. —*Calmar, sosegar*.

intransigente intolerante, obce-

cado, terco, obstinado, fanático, testarudo. —*Tolerante*.

intratable insocial, incivil, huraño, arisco, esquivo, hosco. —*Cortés, amable*.

intrépido temerario, audaz, osado, valiente, atrevido, denodado, arriscado. —*Cobarde*.

intriga treta, ardid, artimaña, complot, trampa, maquinación, confabulación.

intrincado embrollado, difícil, enredado, complicado, oscuro, inescrutable. —*Sencillo*.

intrínseco íntimo, esencial, interno, propio, idiosincrático. —*Extrínseco*.

introducción preámbulo, prólogo, prefacio, principio. —*Epílogo*. 2 Entrada, inclusión, admisión, penetración, implantación. —*Extracción*.

introducir insertar, incluir, encajar, clavar, meter, infiltrar. —*Sacar, extraer*.

intruso entremetido, indisuelto, importuno, curioso. —*Discreto*.

intuición percepción, clarividencia, visión, conocimiento, presentimiento. —*Ceguera*.

inundación desbordamiento, anegación, riada, creciente, subida. —*Sequía*. 2 Abundancia, plétora, multitud, muchedumbre. —*Escasez*.

inusitado inusual, insólito, extraño, extravagante, inhabitual. —*Corriente, común, habitual*.

inútil incompetente, inexperto, inepto, ineficaz, inservible, improductivo. —*Competente, capaz*.

inutilizar incapacitar, invalidar, inhabilitar, desautorizar, abolir.

invadir ocupar, asaltar, violentar, irrumpir, penetrar. —*Abandonar, retirarse.*

invalidar anular, incapacitar, abolir, desautorizar. —*Convalidar.*

inválido inhabilitado, lisiado, inútil, impedido, tullido, imposibilitado. —*Útil, sano.*

invariable V. **inalterable.**

invasión entrada, irrupción, incursión, ocupación. —*Retirada.*

invencible invicto, invulnerable, indomable, insuperable, inquebrantable. —*Derrotado, vencido.*

inventar descubrir, crear, hallar, imaginar, concebir, idear. —*Imitar, copiar, plagiar.* **2** Fingir, urdir, engañar.

inventario lista, catálogo, relación, repertorio, registro.

inventiva talento, imaginación, genio, perspicacia, ingenio, inteligencia.

inventor descubridor, creador, padre, autor, productor. —*Imitador.*

invernal helado, frío, crudo, desapacible, rígido, duro. —*Cálido.*

inverosímil increíble, imposible, inimaginable, fantástico, absurdo improbable. —*Verosímil, probable.*

invertir trocar, trastocar, trastornar, voltear, subvertir, cambiar, alterar. —*Ordenar.* **2** Emplear, colocar, gastar, financiar, comprar. —*Ahorrar.*

investigar indagar, averiguar, explorar, inspeccionar, escudriñar, sondear, buscar.

invicto invencible, victorioso, triunfador, vencedor, campeón. —*Vencido.*

inviolable sagrado, respetable, venerable, santo; incorruptible, inquebrantable. **2** Invulnerable, inexpugnable, resistente.

invisible incorpóreo, inmaterial, impalpable, intangible, inapreciable, imperceptible. —*Visible.*

invitar convidar, ofrecer, brindar, agasajar. —*Despedir.* **2** Incitar, instigar, inducir, animar. —*Disuadir.*

invocar llamar, apelar, implorar, rogar, impetrar, suplicar, solicitar, pedir.

involucrar envolver, enredar, complicar, insertar, mezclar.

involuntario instintivo, maquinal, automático, indeliberado, inconsciente, espontáneo. —*Consciente, reflexivo, voluntario.*

invulnerable invencible, indestructible, inquebrantable, inexpugnable, inatacable, resistente. —*Débil, vulnerable.*

inyectar introducir, inocular, aplicar, irrigar. —*Extraer.*

ir dirigirse, trasladarse, encaminarse, desplazarse, acudir, asistir. —*Venir.*

ira furia, cólera, rabia, indignación, irritación, enojo, enfado. —*Calma, serenidad, placidez.*

irisado tornasolado, iridiscente.

irónico sarcástico, mordaz, cínico, satírico, sardónico, burlesco. —*Bondadoso.*

irracional absurdo; lógico, insensato. —*Lógico.* **2** Bruto, bestia, animal. —*Racional.*

irradiar destellar, emitir, despedir, proyectar, emanar, fulgurar.

irreal inexistente, ilusorio, aparente, ficticio. —*Verdadero.*

irrealizable inejecutable, impracticable, imposible, quimérico, absurdo, improbable. —*Hacedero.*

irrebatible irrefutable, inexcusable, incuestionable, indiscutible, incontestable, innegable, irrecusable. —*Dudoso, hipotético.*

irreemplazable V. **imprescindible.**

irreflexivo atolondrado, aturdido, precipitado, irresponsable. —*Sensato,* cauto. **2** Instintivo, inconsciente, involuntario, impensado, maquinal, automático. —*Deliberado.*

irrefutable V. **irrebatible.**

irregular anormal, desusado, raro, desacostumbrado, variable, desigual. —*Normal, corriente, justo, exacto, regular.*

irreligioso descreído, impío, hereje, ateo, infiel. —*Piadoso, devoto, religioso.*

irremediable irreparable, insalvable, irremisible. —*Reparable, posible.*

irreparable V. **irremediable.**

irreprochable intachable, incorruptible, inmaculado, impecable, irreprensible, perfecto, inmaculado. —*Imperfecto.*

irresistible invencible, poderoso, dominante, inexorable. —*Débil.*

irresoluto indeciso, incierto, vago, vacilante, inseguro, titubeante. —*Resuelto, decidido.*

irrespetuoso desconsiderado, descarado, desatento, desvergonzado, atrevido. —*Respetuoso, cortés.*

irresponsable insensato, desjuiciado, inmaduro, fuera de sí. —*Responsable.*

irreverente irrespetuoso, profano, sacrílego, atrevido, desvergonzado. —*Respetuoso.*

irrevocable inapelable, inmutable, invariable, determinado, fijo, resuelto. —*Anulable.*

irrigar regar, rociar, bañar.

irrisorio ridículo, risible, cómico, insignificante, absurdo. —*Relevante,* serio.

irritable irascible, iracundo, colérico. —*Tranquilo.*

irritar indignar, exasperar, enfurecer, encolerizar, enojar, sulfurar, impacientar, alterar, exacerbar, indignar. —*Calmar, serenar.*

irrumpir entrar, penetrar, introducirse, meterse, invadir. —*Salir, huir.*

islámico musulmán, islamita, mahometista, mahometano.

iterar repetir, reiterar, insistir.

itinerario recorrido, camino, ruta, trayecto, dirección.

izar alzar, subir, levantar, enarbolar. —*Bajar.*

izquierdo zurdo. —*Diestro, derecho.*

J

jabalina lanza, pica, venablo.

jaca yegua, potro, caballo.

jactancia vanagloria, presunción, petulancia, arrogancia, vanidad, ostentación, pedantería. —*Humildad, modestia.*

jadear acezar, resollar, sofocarse, fatigarse.

jalar halar, arrastrar, tirar de.

jalea gelatina, emulsión.

jaleo bullicio, alboroto, desorden, algarabía, jarana, diversión, jolgorio. —*Silencio, orden.*

jamás nunca, ninguna vez, de ningún modo.

jaqueca neuralgia, migraña, dolor de cabeza.

jardín parque, prado, vergel.

jarra vasija, recipiente, jarro, jarrón, vaso, búcaro.

jeans (ing.) pantalones vaqueros.

jefe superior, patrón, director, dirigente, principal, autoridad. —*Subordinado.*

jerarquía rango, grado, escalafón, subordinación, escala.

jerga jerigonza, dialecto, habla, galimatías.

jeroglífico acertijo, rompecabezas, pasatiempo, grafía.

Jesucristo Jesús, Cristo, Cordero de Dios, Mesías, Redentor, Hijo de Dios, Nazareno, Señor.

jet (ing.) reactor, avión, aeronave.

jeta hocico, morro, boca. 2 Cara, rostro.

jinete caballista, cabalgador, vaquero, yóquey, yoqui.

jirón andrajo, harapo, guiñapo, trozo, colgajo.

jockey (ing.) yóquey, yoqui, jinete, caballista.

jocoso gracioso, humorístico, jovial, cómico, divertido. —*Triste, trágico.*

jolgorio V. jaleo.

jornada camino, ruta, viaje, trayecto, correría, excursión, marcha. 2 Tiempo, lapso.

jornal estipendio, sueldo, pago, salario, remuneración.

jornalero trabajador, operario, obrero, artesano, labriego.

joroba giba, corcova, deformidad, chepa.

jorobar molestar, fastidiar, importunar, mortificar.

joven muchacho, mozo, mancebo, chico, jovenzuelo, adolescente. —*Viejo.* 2 Nuevo, reciente, actual. —*Viejo.*

jovial alegre, divertido, festivo, animado, optimista, risueño, jaranero. —*Triste.*

joya alhaja, aderezo, gema, presea.

jubilar retirar, pensionar, subvencionar, licenciar.

júbilo alegría, regocijo, gozo, alborozo, entusiasmo, felicidad. —*Tristeza, congoja.*

judía alubia, habichuela, fríjol.

judío israelita, hebreo, semita, sionista.

juego recreo, diversión, distracción, entretenimiento, esparcimiento, pasatiempo. **2** Colección, serie, surtido, combinación. **3** Unión, coyuntura, articulación, gozne.

juerga jarana, parranda, bullicio, jolgorio, escándalo, diversión. —*Tristeza.*

juez magistrado, consejero, árbitro, mediador.

jugada lance, tirada, mano, tanda, turno. **2** Treta, ardid, jugarreta, trastada, artimaña.

juglar bardo, rapsoda, coplero.

jugo zumo, caldo, extracto, néctar, esencia.

juguetón inquieto, travieso, retozón, revoltoso, bullicioso, alocado. —*Quieto, pacífico.*

juicio discernimiento, apreciación, criterio, entendimiento, razón, intelecto. —*Torpeza.* **2** Proceso, pleito, caso, litigio. **3** Veredicto, sentencia, dictamen, decisión.

jumento asno, burro, pollino, rucio, borrico.

junta asamblea, reunión, congregación, comité, consejo, sesión.

juntar reunir, unir, acoplar, aproximar, casar, ensamblar, ligar, atar, pegar, fusionar, agrupar. —*Separar.*

junto unido, cercano, contiguo, adyacente, adjunto, anexo, yuxtapuesto. —*Separado.*

juntura coyuntura, articulación, unión, empalme, acopladura.

jurado tribunal, comité, comisión, grupo, junta.

juramentarse confabularse, conspirar, maquinar, tramar, unirse. —*Desligarse.*

juramento promesa, compromiso, palabra, voto. **2** Imprecación, blasfemia, insulto, maldición, palabrota. —*Bendición.*

jurar prometer, certificar, asegurar, afirmar. **2** Renegar, blasfemar, insultar.

jurisdicción distrito, territorio, término, comarca, zona, circunscripción.

justa pelea, combate, torneo, certamen, competencia.

justicia equidad, imparcialidad, igualdad, moralidad, razón, neutralidad, ley. —*Injusticia, parcialidad.*

justificar probar, demostrar, evidenciar, acreditar, documentar, verificar. **2** Defender, exculpar, vindicar, paliar. —*Acusar.*

justo ecuánime, recto, imparcial, objetivo, honesto, íntegro, neutro. —*Parcial, injusto.*

juvenil V. **joven.**

juventud adolescencia, mocedad, pubertad, inexperiencia, años mozos. —*Ancianidad, senectud, vejez.*

juzgado tribunal, audiencia, magistratura, corte.

juzgar dictaminar, sentenciar, fallar, enjuiciar, condenar. **2** Creer, estimar, opinar, apreciar, considerar, pensar.

K

kermés   feria, fiesta, verbena.

kilométrico   inacabable, interminable, eterno. —*Breve.*

kindergarten (al.)   jardín de infancia.

kiosco   quiosco, pabellón, caseta.

L

laberinto dédalo; complicación, caos, lío, maraña.

labia verbosidad, verborrea, elocuencia, facundia. —Silencio, circunspección.

labor tarea, trabajo, obra, quehacer, actividad, cometido. —Ocio. 2 Costura, bordado, punto, encaje, cosido.

laborable (día) hábil, no festivo.

laborioso trabajador, diligente, aplicado, estudioso, activo, dinámico, hacendoso. —Perezoso, haragán. 2 Trabajoso, difícil, arduo, complicado, peliagudo. —Fácil.

labrador agricultor, cultivador, labriego, campesino, granjero.

labrar arar, cultivar, remover, surcar, trabajar. 2 Grabar, esculpir, cincelar, tallar.

labriego V. labrador.

lacayo criado, sirviente, servidor, doméstico. —Amo.

lacerar magullar, lesionar, herir, desgarrar, lastimar, excoriar, llagar, golpear. —Curar.

lacio marchito, ajado, mustio. —Lozano. 2 Flojo, desmadejado, débil, decaído. —Vivaz. 3 Suelto, liso. —Encrespado.

lacónico breve, conciso, resumido, corto, abreviado. —Retórico.

lacra vicio, defecto, achaque, deficiencia, imperfección. —Virtud.

lactar amamantar, criar, nutrir, alimentar.

ladear inclinar, torcer, sesgar, terciar, oblicuar. —Enderezar.

ladera pendiente, talud, falda, cuesta, declive, inclinación. —Llano.

ladino astuto, taimado, sagaz, marrullero, pillo, cazurro. —Sincero, noble.

lado costado, flanco, borde, banda, margen, extremo, cara, arista.

ladrar latir, aullar, gruñir, amenazar.

ladrón ratero, caco, carterista, despojador, hurtador, estafador, pillo, bandido, delincuente. —Honrado.

lago laguna, pantano, estanque, depósito, embalse.

lágrimas llanto, sollozo, lloro, lloriqueo, gimoteo. —Risas.

laguna lago, pantano, estanque. 2 Olvido, omisión, lapso, hueco, vacío.

laico seglar, secular, lego, civil, profano. —Clerical; clérigo, religioso.

lamentable lastimoso, deplorable, doloroso, desgarrador, desolador, triste, penoso. —Gozoso, alegre.

lamentar quejarse, dolerse, sentir, arrepentirse, afligirse, añorar, plañir, llorar. —Alegrarse.

lamento queja, gemido, lamentación, llanto, clamor, plañido, sollozo, suspiro. —Risa.

lamer relamer, lengüetear, chupar.

lámina ilustración, estampa, figura, dibujo, reproducción. **2** Plancha, placa, hoja, película.

lámpara foco, farol, linterna, candil, quinqué, luz.

lampiño imberbe, barbilampiño, impúber. —*Barbudo.*

lance percance, incidente, suceso, acontecimiento, trance, episodio. **2** Encuentro, riña, contienda, querella.

lancha bote, barca, embarcación.

lánguido decaído, desalentado, extremado, debilitado, apático, postrado. —*Vigoroso, enérgico.*

lanudo lanoso, velloso, peludo, velludo.

lanza alabarda, pica, asta, chuzo, vara, palo.

lanzar arrojar, tirar, despedir, impeler, proyectar, disparar. —*Retener.*

lápida losa, piedra, mármol.

lapso espacio, período, intervalo, momento, etapa. **2** Lapsus, error, falta, desliz, errata.

largar(se) soltar, aflojar, desatar, liberar. —*Atrapar.* **2** Marcharse, irse, ausentarse, escabullirse. —*Quedarse.*

largo prolongado, extenso, dilatado, amplio, grande, interminable. —*Corto, pequeño.*

largometraje película, filme.

lascivo sensual, lujurioso, libidinoso, obsceno, libertino, voluptuoso, incontinente, licencioso. —*Casto, púdico.*

lastimar herir, dañar, lesionar, perjudicar, vulnerar, damnificar, contusionar. —*Curar.* **2** Ofender, injuriar, agraviar, incomodar, despreciar. —*Honrar, alabar.*

lastimoso V. **lamentable.**

lastre contrapeso, peso, plomo, sobrecarga; obstáculo, estorbo, impedimento.

lata hojalata, lámina. **2** Bote, tarro, envase, recipiente.

latente oculto, escondido, encubierto, disimulado, secreto, velado. —*Manifiesto.*

lateral limítrofe, adyacente, contiguo, pegado, anexo, tangente. —*Frontal, separado.*

latido pulsación, palpitación, contracción, dilatación.

látigo fusta, tralla, zurriago, correa, cinto.

latinoamericano hispanoamericano, iberoamericano.

latir palpitar, pulsar, percutir, golpear, dilatarse, contraerse. **2** Ladrar, aullar.

latitud amplitud, ancho, anchura.

lato dilatado, extendido, amplio, extenso, vasto.

latoso pesado, fastidioso, molesto, aburrido, cargante. —*Entretenido, divertido.*

laudable loable, digno, meritorio. —*Censurable.*

laurear honrar, enaltecer, coronar, galardonar, premiar.

lavamanos aguamanil, lavabo, palangana, jofaina.

lavar bañar, limpiar, fregar, higienizar, purificar, blanquear, duchar, enjuagar. —*Secar; ensuciar.*

laxante purgante, laxativo, depurativo, diarreico.

laxo flojo, distendido, relajado, desmadejado. —*Rígido, inflexible, tenso.*

lazo cordón, cuerda, lazada, atadura, ligadura. **2** Vínculo, amistad, parentesco, unión, alianza. —*Alejamiento, desunión.*

leal fiel, franco, sincero, honrado, noble, devoto. —*Traidor.*

lección clase, conferencia, enseñanza, instrucción, explicación. **2** Ejemplo, consejo, amonestación, aviso, advertencia.

lecho cama, catre, litera, camastro, tálamo, jergón. **2** Cauce, álveo, madre, cuenca.

leer deletrear, hojear, descifrar, profundizar, interpretar, comprender.

legado herencia, sucesión, transmisión, beneficio. **2** Enviado, comisionado, representante, mensajero.

legal lícito, reglamentario, permitido, auténtico, promulgado, constitucional, autorizado. —*Ilegal, ilegítimo.*

legar ceder, donar, transmitir, transferir, transpasar, dar. —*Desheredar.*

legendario fabuloso, quimérico, épico, fantástico, maravilloso, utópico. —*Real, sencillo, común.*

legible leíble, descifrable, claro, comprensible. —*Ilegible.*

legión cohorte, ejército, falange, tropa, batallón. **2** Muchedumbre, multitud, tropel, cantidad.

legislar reglamentar, decretar, dictar, promulgar, estatuir.

legítimo legal, lícito. —*Ilegal, ilícito.* **2** Auténtico, fidedigno, cierto, verdadero, genuino. —*Ilegítimo, falso.*

legumbre hortaliza, verdura, planta, vegetal.

lejano distante, alejado, apartado, retirado, remoto. —*Próximo, cercano.*

lelo bobo, pasmado, simple, tonto, idiota, necio. —*Avispado, listo.*

lema mote, título, consigna, contraseña, encabezamiento.

lengua idioma, lenguaje, habla, dialecto, jerga, jerigonza.

lenguaraz lengüilargo, descarado, desvergonzado, malhablado, inverecundo, atrevido.

lenidad benevolencia, suavidad, blandura, benignidad, apacibilidad. —*Severidad.*

lente(s) cristal, lupa, ocular, objetivo, vidrio. **2** Anteojos, antiparras, gafas, impertinentes.

lento tardío, despacioso, pausado, parsimonioso; torpe, lerdo, perezoso. —*Rápido, activo.*

leño madero, tabla, tronco, tablón, palo, listón.

lerdo V. **lento**.

lesbiana homosexual.

lesión herida, contusión, golpe, daño, magulladura, traumatismo, equimosis.

letal mortal, mortífero.

letanía retahíla, sarta, serie, sucesión; súplica, invocación.

letargo modorra, torpeza, entorpecimiento, aturdimiento, sopor, sueño. —*Desvelo, actividad.*

letra signo, carácter, símbolo, grafía, tipo. **2** Giro, documento, pagaré.

letrero anuncio, cartel, aviso, leyenda, inscripción, pancarta.

letrina retrete, excusado.

leva reclutamiento, alistamiento, enganche.

levantamiento insurrección, alzamiento, motín, sedición, revolución. —*Paz, orden.*

levantar(se) elevar, alzar, izar, erguir, encaramar, empinar. —*Bajar.* **2** Construir, erigir, edificar, fundar. —*Destruir, derruir.* **3** Amotinarse, alzarse, sublevarse, revelarse, agitarse. —*Aplacarse, reprimirse.*

levante oriente, este, saliente, naciente.

léxico vocabulario, terminología, repertorio, glosario.

ley estatuto, decreto, regla, norma, precepto, mandato, disposición.

leyenda gesta, mito, epopeya, tradición, fábula, narración; fantasía, ficción, cuento. **2** Inscripción, letrero, lema, rótulo.

liar atar, ligar, amarrar, anudar, trabar. —*Desatar, soltar.* **2** Envolver, empaquetar, enrollar, fajar. —*Desatar, soltar.* **3** Burlar, engañar, embrollar, confundir.

libar probar, catar, saborear, gustar.

liberar libertar, salvar, librar, soltar, exonerar, manumitir, emancipar, dispensar. —*Condenar, encadenar, oprimir.*

libertad independencia, autonomía, libre albedrío. **2** Licencia, permiso, exención, privilegio, facultad. —*Prohibición.*

libertino inmoral, licencioso, desvergonzado, impúdico, libidinoso, desenfrenado, lascivo, vicioso. —*Casto.*

libidinoso V. **libertino.**

libre autónomo, independiente, voluntario, espontáneo. —*Dependiente.* **2** Emancipado, liberado, manumitido. —*Esclavo, sumiso.* **3** Exento, desembarazado, abierto, indemne, inmune. **4.** Desocupado, vacante, disponible, vacío. —*Ocupado.*

librería estantería, biblioteca, anaquel, repisa.

libreta cuaderno, librillo, cartilla, cartapacio.

libretista guionista, argumentista, autor, escritor.

libro obra, volumen, tomo, ejemplar, texto.

licencia permiso, consentimiento, autorización, aprobación, asentimiento. —*Negación, prohibición.* **2** Salvoconducto, pase, documento, patente, certificado.

licenciado graduado, diplomado, titulado.

licencioso V. **libertino.**

liceo instituto, gimnasio, colegio, academia, escuela.

lícito V. **legal.**

licor elixir, alcohol, bebida, brebaje, poción.

licuar desleír, deshacer, fluidificar, derretir, disolver. —*Solidificar.*

lid combate, lucha, pelea, batalla, conflicto. —*Paz.* **2** Disputa, controversia, altercado, polémica, debate, discusión. —*Acuerdo.*

lidia lucha, batalla, pelea. **2** Pleito, litigio. **3** Corrida, becerrada, novillada.

lidiara V. **luchar.**

lienzo tela, paño, tejido. **2** Pintura, cuadro.

liga asociación, federación, alianza, agrupación. **2** Venda, faja.

ligar atar, liar, anudar, amarrar, unir. —*Desatar, soltar.*

ligero liviano, leve, ingrávido, etéreo. —*Pesado.* 2 Ágil, veloz, rápido, raudo, presuroso. —*Lento.*

limar raspar, raer, pulir, alisar, desgastar, frotar. 2 Corregir, enmendar, retocar, mejorar, completar, perfeccionar.

limitar restringir, delimitar, demarcar, circunscribir, obstaculizar, ceñir; lindar, acotar, amojonar. —*Ampliar, extender.*

límite frontera, lindero, borde, periferia, marco. 2 Meta, fin, culminación, término; máximo, mínimo. —*Principio.*

limo lodo, cieno, barro, fango, légamo.

limosna caridad, socorro, providencia, donación, ayuda, auxilio, regalo, óbolo.

limpiar asear, lavar, higienizar, fregar, lustrar, frotar, barrer, purificar. —*Ensuciar.* 2 Ahuyentar, expulsar, eliminar, suprimir. —*Dejar.*

limpieza aseo, higiene, pulcritud, pureza; lavado, fregado, barrido, cepillado, ducha, enjuague. —*Suciedad.*

linaje ascendencia, estirpe, casta, raza, familia, genealogía, abolengo, alcurnia.

lindar confinar, limitar, colindar.

lindo bonito, gracioso, hermoso, bello, delicado, atractivo, primoroso, exquisito. —*Feo.*

línea raya, lista, trazo, rasgo, marca. 2 Renglón, hilera, fila. 3 Límite, confín, linde.

linimento bálsamo, ungüento.

linterna V. **lámpara.**

lío embrollo, confusión, desorden, maraña, caos. —*Orden.* 2 Fardo, paca, envoltorio, atadijo.

liquidar terminar, rematar, concluir, extinguir; eliminar, suprimir, matar. —*Conservar.* 2 Rebajar, saldar, realizar, vender. 3 Pagar, saldar, ajustar, arreglar. —*Deber.*

líquido fluido, humor, acuosidad, licor. —*Sólido, gaseoso.*

lírico poético, idílico, bucólico, épico, romántico. —*Prosaico.*

lisiar lesionar, herir, lastimar, tullir, impedir, mutilar. —*Curar, sanar.*

liso igual, llano, suave, parejo, chato, plano. —*Desigual, arrugado, áspero.*

lisonja alabanza, adulación, halago, elogio, piropo, zalamería, exaltación, insulto, crítica.

lista cinta, franja, banda, faja, ribete. 2 Catálogo, índice, relación, repertorio, inventario, registro.

listo despierto, astuto, sagaz, avispado, perspicaz, inteligente, despabilado. —*Tonto, lento.* 2 Dispuesto, preparado, alerta, atento.

listón V. **madero.**

litera camastro, hamaca, catre, cama.

literal textual, exacto, fiel, preciso, recto, propio.

literato escritor, autor, hombre de letras, prosista, ensayista, novelista, dramaturgo, poeta, creador.

literatura letras. 2 Escritos, obras, textos, publicaciones.

litigio pleito, querella, denuncia, demanda, juicio, proceso, contienda, disputa. —*Acuerdo.*

litoral costa, ribera, playa, orilla, margen. —*Interior, continental.*

liviano ligero, leve, lene, ingrávido. —*Pesado.* **2** Trivial, superficial, insignificante, anodino. —
Importante, profundo. **3** Versátil,
voluble, tornadizo, inseguro,
cambiable. —*Constante, firme.*

lívido amoratado, morado, cárdeno, descolorido, cadavérico, demacrado. —*Rozagante, sano.*

llaga herida, úlcera, fístula, pústula, lesión.

llama flama, llamarada, lumbre,
fuego. **2** Ardor, pasión, vehemencia, apasionamiento, entusiasmo, fogosidad. —*Indiferencia, frialdad.*

llamar gritar, clamar, vociferar,
vocear, advertir, hacer gestos. —
Callar, guardar silencio. **2** Nombrar, designar, denominar, ape-
llidar, titular. **3** Golpear, tocar.

llamativo atrayente, interesante, sugestivo, atractivo. —*Insignificante.* **2** Exagerado, sobrecargado,
estridente, recargado. —*Sobrio.*

llamear arder, incendiarse, inflamarse, centellear, brillar, relucir.
—*Apagarse, extinguirse.*

llano plano, liso, uniforme, parejo, suave, recto. —*Escarpado,
sinuoso.* **2** Accesible, sencillo,
franco, tratable, natural, sincero,
espontáneo. —*Protocolario,
afectado.*

llanto lloro, plañido, sollozo,
lloriqueo, gimoteo, lamentación.
—*Risa, alegría.*

llanura planicie, explanada, sabana, pampa, meseta, estepa.

llegar arribar, aparecer, presentarse, venir, aterrizar. —*Partir, salir.*
3 Conseguir, obtener, alcanzar.

llenar(se) colmar, atiborrar, ocu-

par, henchir, atestar, abarrotar,
saturar, colmar, impregnar. —
Vaciar. **2** Hartarse, saciarse,
atiborrarse. —*Ayunar.*

llevadero soportable, tolerable,
aguantable, sufrible. —*Insufrible, insoportable.*

llevar transportar, trasladar, acarrear, conducir, guiar. —*Traer.* **2**
Vestir, ponerse, lucir.

llorar lloriquear, gimotear, plañir,
sollozar, gemir, lamentarse, dolerse. —*Reír, alegrarse.*

llorón plañidero, lloroso, quejoso, lacrimoso, sollozante. —*Alegre.*

llover lloviznar, gotear, diluviar,
mojar. —*Escampar.*

lluvia chaparrón, llovizna, aguacero, chubasco, temporal, borrasca, diluvio, tormenta. —*Sequía.*
2 Abundancia, raudal, profusión.
—*Escasez.*

lluvioso encapotado, borrascoso,
tormentoso, oscuro, triste, gris.
—*Despejado.*

loar alabar, elogiar, enaltecer,
aplaudir, encomiar, exaltar, glorificar. —*Criticar, reprobar.*

lóbrego V. **lúgubre.**

local lugareño, regional, departa-
mental, particular, territorial,
nacional. —*Internacional.* **2** Recinto, sala, aposento, tienda.

localidad lugar, población, comarca, territorio, paraje, sitio,
municipio, departamento. **2**
Asiento, puesto, plaza, sitio.

localizar situar, ubicar, emplazar,
delimitar, fijar, determinar, orientar, colocar. —*Indeterminar.*

loco demente, lunático, insano,
ido, chiflado, enajenado, deliran-

te, maniático. —*Cuerdo.* **2** Imprudente, irreflexivo, insensato, aturdido, atolondrado, disparatado. —*Prudente, sensato.*

locomoción traslación, traslado, transporte.

locuaz hablador, verboso, charlatán, palabrero, parlanchín. —*Callado.*

lodo cieno, barro, légamo, limo, fango.

lógico racional, natural, evidente, indudable, legítimo, justo, correcto. —*Absurdo.*

lograr alcánzar, obtener, conseguir, disfrutar, ganar, conquistar. —*Perder.*

loma cerro, colina, cuesta, altozano, altura. —*Llano.*

lombriz gusano, oruga, larva.

lomo dorso, espinazo, espalda, espina dorsal.

lona tela, lienzo, toldo.

loncha rebanada, tajada, rodaja, lonja.

longevidad supervivencia, duración, perennidad, conservación.

longevo anciano, viejo, avejentado, vejestorio. —*Joven.*

longitud largo, amplitud, extensión, distancia, alcance.

lonja V. **loncha.**

lontananza distancia, lejanía.

lord señor, noble.

loro papagayo, perico.

losa lápida, piedra, placa, plancha.

lote parte, porción, partición, división, parcela, territorio.

lotería rifa, tómbola, juego.

loza porcelana, cerámica; vajilla.

lozano verde, frondoso, fresco. —*Marchito.* **2** Vigoroso, vivaz,

robusto, jovial, animoso. —*Viejo.* **3** Altivo, orgulloso.

lubricar engrasar, aceitar.

lúbrico V. **lascivo.**

lucero estrella, astro, planeta; brillo, esplendor.

lucha combate, batalla, conflicto, lid, guerra, pelea, contienda, altercado, riña, disputa. —*Paz, concordia.* **2** Brega, trabajo, tenacidad. —*Pereza.*

luchador combatiente, contendiente, batallador, campeador, rival, contrincante, oponente, adversario. **2** Trabajador, batallador, emprendedor, tenaz. —*Perezoso.*

lúcido perspicaz, sagaz, penetrante, clarividente, inteligente, claro. —*Torpe, obtuso.*

lucifer V. **demonio.**

lucir(se) exhibir, mostrar, enseñar, ostentar, presumir. —*Disimular, esconder.* **2** Brillar, iluminar, resplandecer, fulgurar. **3** Destacarse, sobresalir, triunfar.

lucro ganancia, utilidad, beneficio, producto, logro, provecho. —*Pérdida.*

lucubrar crear, planear, trabajar, estudiar (durante la noche).

lugar sitio, espacio, zona, puerto, punto, paraje, terreno, localidad. **2** Pueblo, aldea, ciudad, villa, distrito, población.

lugareño aldeano, paisano, campesino.

lúgubre triste, fúnebre, sombrío, melancólico, lóbrego. —*Alegre.*

lujo ostentación, exceso, pompa, esplendor, magnificencia, esplendidez, suntuosidad. —*Humildad, pobreza.*

lujurioso lascivo, sensual, libidinoso, lúbrico, liviano, incontinente, libertino, obsceno. —*Virtuoso, casto.*

lumbre fogata, llama, fuego, hoguera, ascua, rescoldo. **2** Esplendor, claridad, fulgor, luz. —*Oscuridad.*

lumbrera claraboya, tragaluz, escotilla, lucerna, abertura. **2** Genio, sabio, eminencia. —*Bruto, analfabeto.*

luminoso fulgurante, resplandeciente, brillante, refulgente, radiante, centelleante. —*Oscuro, opaco.*

lunar mancha, peca, verruga. **2** Defecto, falta, tacha, falla. —*Cualidad.*

lunático V. **loco.**

lunch (ing.) merienda, colación, refrigerio, almuerzo.

lustrar pulir, frotar, restregar, abrillantar, sacar brillo. —*Deslucir, ensuciar.*

luto duelo, pena, aflicción, dolor, tristeza. —*Alegría.*

luxación dislocación, torcedura.

luz resplandor, claridad, fulgor, luminosidad, esplendor, brillo, claridad, refulgencia, fosforescencia. —*Tinieblas.* **2** Lámpara, faro, farol, foco, candil, bombilla.

luzbel V. **demonio.**

M

macabro fúnebre, tétrico, lúgubre, espectral, espeluznante. — *Alegre, grato.*

macanudo magnífico, excelente, estupendo, extraordinario.

macerar machacar, aplastar, ablandar, estrujar, exprimir. — *Endurecer.*

maceta tiesto, pote, receptáculo, vasija.

machacar triturar, pulverizar, moler, desmenuzar, macerar, desintegrar. —*Apelmazar.* **2** Insistir, repetir, reiterar. —*Ceder.*

machete cuchillo, hoja.

macho semental, reproductor. **2** Varón, hombre, individuo masculino. —*Hembra.* **3** Viril, fuerte, vigoroso, firme, varonil. —*Afeminado.*

machucar magullar, herir, golpear.

macilento flaco, descolorido, mustio, desmejorado, triste. — *Robusto.*

macizo robusto, sólido, denso, compacto, pesado, fuerte, grueso, recio. —*Hueco, endeble.*

macula mancha, tacha, lunar.

madeja ovillo, carrete, cadejo.

madero tablón, tabla, leño, palo, listón.

madre mamá, mama, progenitora, señora. —*Padre.* **2** Causa, origen, principio. **3** Religiosa, monja, hermana, sor, superiora.

madriguera refugio, guarida, cubil, huronera, ratonera, escondrijo.

madrugada aurora, amanecer, alba, alborada. —*Atardecer, ocaso.*

madrugar alborecer, alborear. **2** Anticiparse, adelantarse, prever. —*Tardar.*

madurar desarrollarse, medrar, sazonar, florecer, fructificar. **2** Crecer, curtirse, endurecerse. **3** Reflexionar, meditar, pensar.

maduro desarrollado, formado, sazonado. —*Verde.* **2** Sensato, juicioso, prudente, veterano, reflexivo, curtido. —*Inmaduro.*

maestría destreza, arte, ingenio, habilidad, pericia, industria. — *Impericia.*

maestro profesor, preceptor. **2** Diestro, experto, hábil, perito, ducho. —*Inexperto.* **3** Músico, compositor, intérprete.

magia encantamiento, brujería, hechicería, ocultismo. **2** Atractivo, encanto, embeleso, hechizo.

mágico sobrenatural, encantado, hechicero, misterioso, embrujado, cabalístico. —*Normal, real.* **2** Maravilloso, sorprendente, pasmoso, misterioso. —*Natural.*

magistrado juez, consejero, árbitro, censor, tribuno.

magistral superior, magnífico, soberbio, perfecto, notable, colosal. —*Defectuoso, deficiente.*

magnanimidad V. **magnificiencia.**

magnetizar imanar, imantar, atraer, hipnotizar, fascinar, seducir. —*Repeler.*

magnificiencia nobleza, generosidad, liberalidad, longanimidad, magnanimidad, grandeza de alma. —*Mezquindad.* **2** Esplendor, grandeza, pompa, opulencia, lujo, ostentación. —*Penuria.*

magnífico espléndido, suntuoso, grandioso, pomposo, regio, estupendo, maravilloso, magistral. —*Pobre, insignificante.*

magnitud tamaño, dimensión, medida, grandor, extensión, capacidad, volumen. **2** Trascendencia, importancia, grandeza, alcance.

magno V. **magnífico.**

mago hechicero, encantador, brujo, adivino, nigromante, vidente.

magro flaco, seco, enjuto, delgado, descarnado. —*Gordo, obeso.*

magulladura moretón, cardenal, contusión, lesión, golpe.

magullar lastimar, amoratar, herir, golpear, aporrear, zurrar.

mahometano V. **musulman.**

majadero necio, porfiado, tonto, mentecato, estúpido, sandío, badulaque. —*Listo.*

majestad magnificencia, soberanía, solemnidad, pompa, esplendor.

majo guapo, hermoso, lindo, vistoso; ataviado, lujoso, adornado, acicalado. —*Dejado, feo.*

mal daño, perjuicio, ofensa, lesión. —*Beneficio.* **2** Enfermedad, dolencia, padecimiento, molestia, sufrimiento. —*Bienestar.* **3** Desgracia, calamidad, aflicción, desolación. —*Consuelo.*

malabarista equilibrista, ilusionista, prestidigitador, funámbulo.

malandrín malvado, bellaco, ruin, perverso, maligno. —*Bueno.*

malcriado mimado, consentido, descortés, caprichoso, malacostumbrado, grosero, desatento. —*Educado, cortés.*

maldad malicia, perversidad, sevicia, crueldad, inmoralidad; daño, maleficio. —*Bondad.*

maldecir imprecar, condenar, reprobar, blasfemar, execrar. —*Bendecir.* **2** Calumniar, ofender, denigrar. —*Alabar.*

maldición V. **maldecir.**

maldito condenado, endemoniado, malvado, perverso. —*Benévolo.*

maleable flexible, dócil, suave, elástico. —*Resistente.*

maleante salteador, burlador, maligno, criminal, delincuente, malhechor. —*Hombre de bien, bienhechor.*

malecón dique, muralla, terraplén, rompeolas.

maledicencia murmuración, denigración, habladuría, chismorreo. —*Adulación.*

maleficio hechizo, encantamiento, sortilegio, embrujo, magia, brujería, maldición. —*Bendición, exorcismo.*

maléfico nocivo, perjudicial, dañino, maligno, maldito. —*Benéfico.*

malestar inquietud, desasosiego, pesadumbre, ansiedad, indisposición, fastidio, angustia. —*Bienestar.*

maleta valija, maletín, cofre, bulto, equipaje.

maleza hojarasca, frondas, broza, matorral, espesura.

malgastar derrochar, despilfarrar, dilapidar, disipar, tirar. —*Ahorrar, escatimar.*

malhablado desvergonzado, deslenguado, lenguaraz. —*Bienhablado.*

malhechor criminal, delincuente, maleante, salteador. —*Bienhechor.*

malhumorado enojado, enfadado, irritado, molesto, impaciente, hastiado. —*Contento.*

malicia astucia, picardía, ardid, recelo, hipocresía, desconfianza, disimulo. —*Confianza.*

malla red, tejido, cota.

malo malvado, maligno, malévolo, bajo, ruin, bellaco, depravado, pérfido, inicuo, maldito. —*Bueno.* 2 Dañoso, peligroso, nocivo, perjudicial. —*Beneficioso.* 3 Enfermo, doliente, indispuesto, postrado, delicado, afectado. —*Sano.* 4 Travieso, revoltoso, inquieto, malcriado. —*Sosegado, educado.*

malograr echar a perder, estropear, fracasar, perder. —*Aprovechar.*

maloliente fétido, pestilente, hediondo, nauseabundo, enrarecido, repugnante. —*Aromático.*

malsano insano, insalubre, nocivo, dañino. —*Saludable.*

maltratar pegar, zurrar, deteriorar, estropear, castigar, tratar, mal, malparar. —*Tratar bien, proteger.*

maltrecho maltratado, estropeado, perjudicado, zurrado. —*Indemne, sano.*

malvado V. **malo.**

mama seno, pecho, busto, teta, ubre.

mamá V. **madre.**

mamar succionar, chupar. —*Devolver, escupir.*

mamarracho espantajo, adefesio, esperpento, moharracho, pelele. 2 Ridículo, grotesco, extravagante, estrambótico, raro. —*Elegante, apuesto.*

mampara cancel, pantalla.

manada rebaño, hato, vacada, tropa, piara.

manantial fuente, fontana, manadero, surtidor. 2 Origen, principio, nacimiento, comienzo. —*Final.*

manar surgir, brotar, salir, fluir, rezumar, surtir. —*Estancarse.*

mancebo mozo, joven, muchacho, adolescente, imberbe, chico. —*Adulto, anciano.*

mancha mácula, tizne, lunar, borrón, sombra, lamparón, marca, señal, huella. 2 Tacha, manilla, deshonra, estigma. —*Honra.*

mancillar manchar, deshonrar, ultrajar, agraviar, deslucir, deslustrar, tildar. —*Enaltecer, honrar.*

manco lisiado, mutilado; defectuoso, incompleto.

mancomunar unir, asociar, federar, aunar. —*Desunir, separar.*

mandamiento orden, precepto, mandato, ley, ordenanza, regla.

mandar ordenar, disponer, establecer, prescribir, imponer, obligar, dictar, decretar. —*Obedecer.* 2 Enviar.

mandíbula maxilar, quijada.

mando poder, autoridad, dominio, gobierno.

mandón mandamás, imperioso, autoritario, dominante, mangoneador, despótico.

manejar manipular, maniobrar,

operar, utilizar, usar, empuñar, blandir, asir. **2** Gobernar, dirigir, conducir, guiar, dirigir. — *Obedecer.*

manera forma, modo, procedimiento, método, sistema, proceder, técnica, estilo.

mango V. **manija.**

mangonear manipular, dominar, obligar, gobernar, fiscalizar, mandar. —*Obedecer.*

manguera tubo, conducto.

manía idea fija, tema, extravagancia, monomanía, capricho, chifladura. —*Cordura, sensatez.*

maniático loco, chiflado, lunático, tocado, perturbado, enajenado.

manido trillado, manoseado, usado, conocido, vulgar. —*Nuevo, original.*

manifestar declarar, expresar, notificar, divulgar, declarar, exponer, opinar. —*Callar.*

manifiesto evidente, patente, visible, indudable, palpable, claro. —*Dudoso.* **2** Declaración, proclama, alocución.

manija asa, empuñadura, asidero, mango, manubrio, puño, manezuela.

maniobra operación, manipulación. **2** Ejercicio, práctica, instrucción, evolución. **3** Ardid, treta, maquinación, estratagema, trama, artificio.

manipular manejar, maniobrar, operar, emplear, usar, utilizar. **2** Mangonear, gobernar, fiscalizar.

maniquí muñeco, figurilla.

manivela manubrio, manija, empuñadura, eje.

manjar exquisitez, delicia, delicadeza, vianda.

mano extremidad, palma. **2** Capa, baño, recubrimiento, pintura. **3** Lado, costado, ala. **4** Juego, turno, tanda, vuelta, jugada.

manojo haz, fajo, atado, ramillete, puñado.

manosear sobar, tocar, tentar, palpar, acariciar, ajar, deslucir.

mansedumbre suavidad, dulzura, docilidad, apacibilidad, tranquilidad, benevolencia. —*Intemperancia, orgullo.*

mansión residencia, palacio, palacete, caserón, morada, edificio. —*Choza.*

manso dócil, suave, apacible, tranquilo, sosegado, reposado, obediente. —*Rebelde, indomable.*

manta frazada, cobertor, colcha, abrigo.

manteca grasa, cebo, gordo, mantequilla.

mantener proveer, cuidar, proteger, alimentar, nutrir, sustentar, sostener, apoyar. —*Abandonar.* **2** Conservar, amparar, defender, vigilar. —*Descuidar.*

mantenida querida, concubina, manceba.

manto túnica, capa, clámide, veste, chal, abrigo.

manual compendio, texto, sumario, libro. **2** Ejecutable, sencillo, fácil; casero, artesano. —*Difícil.*

manubrio V. **manivela.**

manufactura obra, producto. **2** Fábrica, taller, industria, factoría.

manuscrito documento, pergamino, códice, escrito.

manutención alimentación, sostén, sustento, alimento, apoyo, mantenimiento.

manzana poma. **2** Bloque, isla, cuadra.

maña destreza, pericia, habilidad, maestría, aptitud, ingenio, industria. —*Inhabilidad, torpeza.* **2** Astucia, marrullería, picardía, vicio, capricho.

mañana alba, aurora, amanecer, madrugada. —*Tarde.* **2** En el futuro, después, al día siguiente. —*Ayer, antes.*

mapa plano, carta, atlas, mapamundi, planisferio.

maqueta modelo, bosquejo, diseño.

maquiavélico astuto, pérfido, solapado. —*Noble.*

maquillar hermosear, pintar, afeitar, acicalar, retocar, embellecer. —*Afear.*

máquina aparato, artefacto, artificio, armatoste, artilugio, herramienta.

maquinación conspiración, complot, confabulación, ardid, intriga, treta, asechanza, enredo.

maquinal involuntario, automático, instintivo, reflejo, inconsciente, espontáneo, natural. —*Deliberado, consciente.*

mar océano, piélago. **2** Abundancia, cantidad, plétora.

maraña maleza, espesura, zarzal, matorral, broza. —*Claro.* **2** Enredo, embrollo, confusión, lío, desorden. —*Orden.*

maravilla prodigio, milagro, fenómeno, admiración, pasmo, asombro, estupefacción. —*Espanto, horror.*

marca nombre, rúbrica, etiqueta, rótulo, marbete, inscripción, timbre. **2** Señal, huella, rastro, cicatriz, mancha.

marcar señalar, distinguir, trazar, imprimir, rotular, denominar. —*Borrar.*

marcha movimiento, velocidad, paso, tren, celeridad. —*Inmovilidad.* **2** Salida, partida, encaminamiento, traslado. —*Llegada.*

marchar andar, caminar, ir, dirigirse, trasladarse, encaminarse, recorrer, circular, transitar. —*Detenerse.* **2** Partir, salir, abandonar, irse, trasladarse, emigrar. —*Llegar.*

marchito mustio, ajado, agostado, apergaminado, viejo, seco. —*Lozano.*

marcial militar, bélico, guerrero, castrense. —*Civil.* **2** Viril, intrépido, aguerrido, valiente. —*Cobarde.*

marco cuadro, recuadro, cerco, guarnición.

marear fastidiar, molestar, importunar, irritar, agobiar, turbar.

mareo vértigo, vahído, desmayo, desfallecimiento.

margen borde, orilla, canto, perfil, lado, arista. —*Centro.*

marica V. **homosexual.**

maridaje unión, enlace, acoplamiento, armonía, casamiento. —*Desunión.*

marido esposo, cónyuge, consorte, compañero. —*Esposa.*

marina armada, escuadra, flotilla, buques, navíos. **2** Navegación, náutica.

marioneta títere, fantoche, muñeco, pelele.

marisco molusco, crustáceo.

marisma ciénaga, pantano, charca, laguna.

marmita olla, puchero, pote, cacerola, cazo, perol.

maroma volantín, voltereta, pirueta, acrobacia. 2 Cuerda, cordel, cable, amarra.

marrano cerdo, puerco, lechón, cochino. 2 Sucio, desaseado, asqueroso, verraco. —*Limpio.*

marrón castaño, pardo, café, cobrizo.

marrullero astuto, tramposo, ladino, truhán, pícaro. —*Leal, sincero.*

martillo mazo, maza, macillo. 2 Subasta, remate.

martingala artimaña, trampa, marrullería.

mártir víctima, sacrificado, inmolado, caído.

martirio padecimiento, sufrimiento, tormento, suplicio, tortura. 2 Agobio, angustia, molestia, irritación. —*Placer, diversión.*

masa volumen, materia, cuerpo. 2 Pasta, masilla, argamasa, plasta, papilla. 3 Multitud, pueblo.

masacre matanza, degollina, exterminio, aniquilamiento, carnicería.

masaje fricción, frote, amasamiento.

mascar V. **masticar.**

máscara antifaz, careta, disfraz.

mascota talismán, amuleto, fetiche.

masculino varonil, viril, macho, fuerte, hombruno. —*Femenino.*

mascullar murmurar, farfullar, musitar, susurrar, cuchichear, bisbisar. —*Hablar claro.*

masticar mascar, rumiar, triturar, comer, desmenuzar, mordisquear.

mástil palo, asta, vara, puntal, poste.

mata arbusto, matojo, planta, matorral.

matanza masacre, degollina, carnicería, exterminio, mortandad, aniquilamiento, matazón.

matar eliminar, liquidar, suprimir, destruir, asesinar, exterminar.

match (ing.) competencia, contienda, encuentro, juego, partido.

mate apagado, opaco, amortiguado, atenuado, sin brillo. —*Brillante.*

matemáticas ciencias exactas, cálculo, cómputo, cuenta.

matemático exacto, preciso, justo, riguroso, puntual, cronométrico. —*Inexacto.*

materia sustancia, elemento, principio, ingrediente, componente, material, cuerpo, parte. 2 Asunto, tema, objeto, motivo, razón. 3 Asignatura, disciplina, curso, estudio, campo.

material(es) elemento, componente, parte. 2 Tangible, sensible, sustancial, corpóreo, físico. —*Inmaterial, espiritual.* 3 Instrumentos, utensilios, implementos, enseres, equipo.

materialista práctico, utilitario, egoísta, ávido, codicioso. —*Idealista.*

maternal materno, cuidadoso, afectuoso, solícito.

matinal matutino, mañanero, tempranero. —*Vespertino.*

matiz tono, gradación, tinte, viso, tonalidad, color.

matizar graduar, combinar, diversificar, variar. —*Uniformar.*

matón valentón, bravucón, jactancioso, fanfarrón, guapetón. — *Humilde.*

matorral maleza, maraña, espesura, zarzal, broza.

matrícula registro, catálogo, lista, inscripción.

matrimonial marital, conyugal, nupcial, familiar, íntimo.

matrimonio boda, casamiento, nupcias, enlace, unión, connubio, himeneo, casorio. —*Divorcio.*

matriz molde, patrón, troquel. **2** Útero, seno.

matrona dama, señora, ama, mujer, madre. **2** Comadrona, partera.

mausoleo sepulcro, panteón, tumba, sepultura, túmulo.

máximo extremo, límite, tope, fin. **2** Inmenso, enorme, mayúsculo, colosal. —*Mínimo.*

mayor grande, extenso, enorme, inmenso. —*Menor.* **2** Superior, jefe, principal, cabeza, decano. —*Menor.* **3** Viejo, anciano, veterano, maduro, añoso. —*Menor, joven.* **4** Oficial, militar.

mayoría ventaja, superioridad, diferencia. —*Desventaja.* **2** Generalidad, pluralidad, totalidad, colectividad, multiplicidad. — *Minoría.*

mayúsculo inmenso, considerable, enorme, colosal, inmenso. —*Minúsculo, mínimo.*

maza porra, cachiporra, garrote, mazo, clava.

mazacote pegote, maza, pasta.

mazmorra celda, prisión, calabozo, cárcel.

mazo martillo, maza.

mazorca chócolo, panoja, panocha.

mear orinar, evacuar, excretar.

mecánico automático; maquinal, inconsciente, instintivo, involuntario. —*Consciente.* **2** Técnico, experto, operario, obrero.

mecanismo artificio, artilugio, ingenio, dispositivo, maquinaria, artefacto.

mecenas protector, defensor, bienhechor, patrocinador, filántropo, benefactor.

mecer columpiar, balancear, acunar, hamaquear, oscilar. —*Detener.*

mechero encendedor, chisquero.

mechón bucle, rizo, mecha, guedeja, greña.

medalla condecoración, distinción, galardón, premio, honor.

médano duna, montículo, colina.

mediano intermedio, regular, razonable, módico, moderado. — *Superior, inferior.*

mediar negociar, intervenir, terciar, arbitrar, interceder.

medicamento medicina, remedio, pócima, potingue, mejunje.

medicina V. **medicamento.**

médico doctor, galeno, facultativo, cirujano.

medida dimensión, extensión, magnitud, medición.

mediocre mediano, deficiente, limitado, regular, ordinario, imperfecto. —*Superior, excelente.*

medios bienes, recursos, caudal, capital, hacienda, patrimonio, dinero.

medir calcular, calibrar, evaluar, estimar, valuar, juzgar, determinar.

meditabundo pensativo, absorto,

abstraído, ensimismado. —*Distraído.*

meditar pensar, reflexionar, cavilar, rumiar, considerar. —*Distraerse.*

medrar mejorar, aumentar, prosperar, progresar, acrecentar. —*Detenerse.*

medroso V. **miedoso**.

medula meollo, sustancia, pulpa, tuétano, esencia, base.

megáfono altavoz, altoparlante.

mejilla pómulo, cachete, moflete, carrillo.

mejor superior, excelente, supremo, alto, sumo, principal, preferible. —*Peor.*

mejora mejoría, adelanto, progreso, perfeccionamiento.

mejorar(se) prosperar, adelantar, perfeccionar, progresar, aumentar, acrecentar. —*Empeorar.* 2 Sanarse, aliviarse, restablecerse, recuperarse, curarse. —*Empeorar.*

mejunje mezcla, pócima, potingue, poción, brebaje.

melancolía tristeza, abatimiento, languidez, pesadumbre, decaimiento, pena, aflicción.

melena cabellera, pelambrera, mechas, guedejas.

melindroso amanerado, afectado, escrupuloso, cursi, ridículo, remilgado.

mella hendidura, rotura, entrante, hueco, raja, deterioro.

mellizo gemelo, hermanado, equivalente, igual, semejante, mielgo.

melodrama tragicomedia, drama, tragedia, farsa, sainete.

meloso empalagoso, melifluo, dulzón, almibarado. —*Agrio.* 2

Afectado, melindroso, suave, tierno. —*Hosco.*

membrana tela, capa, película.

membrete encabezamiento, título, rótulo, nombre.

memo tonto, simple, mentecato, lelo, bobo, necio, majadero.

memorable renombrado, destacado, famoso, célebre, ilustre, inolvidable, glorioso. —*Insignificante.*

memorándum comunicación, informe, nota, circular, aviso, parte.

memoria recuerdo, rememoración, remembranza, reminiscencia, evocación. —*Olvido.* 2 Relación, escrito, exposición, estudio.

menaje moblaje, equipo, atalaya, ajuar.

mencionar citar, nombrar, referirse, aludir, evocar, mentar. —*Omitir.*

mendigar limosnear, pordiosear, pedir, suplicar, solicitar. —*Dar.*

mendigo pordiosero, mendicante, menesteroso, indigente, necesitado, mísero. —*Rico, potentado.*

menear sacudir, mover, agitar, oscilar, balancear. —*Inmovilizar.*

menester carencia, falta, necesidad, apuro. —*Abundancia.* 2 Empleo, ejercicio, profesión, trabajo, tarea, desempeño, ocupación.

mengano fulano, zutano, perengano.

menguar(se) mermar, disminuir, decrecer, aminorar, reducir, contraerse, achicarse. 2 Debilitarse. —*Aumentar.*

menor pequeño, mínimo, menudo, reducido, inferior. —*Mayor.*

2 Criatura, niño, impúber. — *Adulto.*

menos excepto, salvo. **2** Baja, descenso. —*Más.*

menoscabar disminuir, reducir, acortar, mermar, decrecer. — *Aumentar.* **2** Deteriorar, deslucir, deslustrar, dañar, ajar. — *Arreglar, mejorar.* **3** Desprestigiar, desacreditar, mancillar. — *Honrar.*

menospreciar desdeñar, despreciar, humillar, degradar, subestimar. —*Apreciar.*

mensaje recado, misiva, aviso, escrito, comunicación, nota, anuncio.

mensajero comisionario, recadero, delegado, heraldo, enviado, correo.

menstruación período, regla.

mensualidad salario, mesada, sueldo, pago, honorarios.

mentar V. **mencionar.**

mente cerebro, cabeza, intelecto, entendimiento, imaginación.

mentecato majadero, insensato, simple, necio, idiota, bobo, memo, estúpido. —*Listo, inteligente, sensato.*

mentir falsear, engañar, fingir, embustir, calumniar, desvirtuar. —*Confesar, decir la verdad.*

mentira engaño, embuste, farsa, falsedad, cuento, ficción, invención. —*Verdad.*

mentón barbilla, barba.

menú carta, lista, minuta.

menudencia minucia, nadería, pequeñez, insignificancia. — *Enormidad.*

menudo pequeño, minúsculo, chico, diminuto. —*Enorme.*

meollo sustancia, núcleo, fundamento, centro, base. **2** Juicio, entendimiento, cordura.

mercader comerciante, negociante, traficante, vendedor, tratante, mercachifle.

mercado plaza, feria.

mercar traficar, comprar, adquirir, negociar, comerciar.

merced gracia, don, favor, dádiva, regalo, beneficio, concesión.

merecer meritar, lograr, conseguir, ser digno. —*Desmerecer.*

merecido justo, meritorio. —*Inmerecido.*

meridiano claro, luminoso, diáfano. —*Oscuro.*

meridional austral, antártico, del sur. —*Septentrional, del norte.*

merienda refrigerio, piscolabis, tentempié.

meritorio loable, laudable, digno, plausible. —*Represible.*

mermar menguar, disminuir, reducir, aminorar, decrecer. —*Aumentar.*

mermelada confitura, jalea, compota, dulce.

merodear vagar, deambular, recorrer.

meseta altiplanicie, altiplano, llano, llanura, estepa, sabana. — *Serranía.*

mesón posada, fonda, hostal, hospedaje, albergue, taberna.

meta término, final, fin, objetivo, culminación, remate. —*Origen, principio.*

metafísico obscuro, difícil, abstruso. —*Fácil.*

metáfora alegoría, imagen, tropo, figura, símbolo. —*Realidad.*

metamorfosis transformación,

239

cambio, alteración, transmutación, mutación.

meteorito aerolito, astrolito, estrella fugaz.

meter introducir, insertar, empotrar, penetrar, encajar, embutir, ensartar. —*Extraer, sacar*.

meticuloso metódico, minucioso, detallista, escrupuloso, puntilloso, quisquilloso. —*Negligente*.

metódico cuidadoso, sistemático, ordenado, minucioso, regular, meticuloso. —*Desordenado*.

método modo, forma, hábito, práctica, procedimiento, uso, norma, sistema. —*Desorden*.

metrópoli urbe, ciudad, capital, población. —*Aldea*.

mezcla combinación, amalgama, mixtura, aleación, amasijo, mejunje. —*Separación*.

mezquino tacaño, avaro, cicatero, egoísta, ruin. —*Derrochador*. **2** Pobre, necesitado, indigente, miserable. —*Rico*.

mico mono, macaco, simio, tití.

microbio microorganismo, bacteria, germen.

miedo temor, aprensión, ansiedad, susto, horror, terror, espanto, pavor. —*Valor*.

miembro extremidad, órgano, porción, parte. **2** Socio, afiliado, adepto. —*Extraño*. **3** Pene, falo, verga.

mierda excremento, heces, defecación.

mies(es) cereal, trigo. **2** Cosecha, siega.

miga migaja, pedazo. **2** Substancia, meollo, gravedad.

milagroso maravilloso, asombroso, pasmoso, extraordinario, sobrenatural, prodigioso. —*Natural*.

milicia tropa, ejército, guardia.

militar soldado, guerrero, combatiente, mercenario. **2** Castrense, marcial. —*Civil*.

millonario acaudalado, potentado, poderoso, ricachón, magnate. —*Pobre*.

mimar consentir, malcriar, acariciar, halagar. —*Disciplinar*.

mímica gesto, expresión, ademán, pantomima, remedo.

mina túnel, galería, yacimiento, perforación, explotación.

minar horadar, perforar, excavar, socavar. —*Rellenar*. **2** Debilitar, consumir, abatir, desgastar, agotar. —*Vigorizar, reforzar*.

miniatura menudencia, pequeñez. —*Enormidad*.

mínimo diminuto, minúsculo, microscópico, ínfimo, menudo. —*Gigantesco*.

ministerio departamento, cartera, gabinete. **2** Ejercicio, función, cargo, ocupación, servicio.

ministro secretario, consejero, funcionario. **2** Enviado, embajador, representante, delegado, agente.

minucia menudencia, nimiedad, insignificancia, pequeñez, nadería, futilidad.

minucioso V. **meticuloso**.

minúsculo V. **mínimo**.

minusválido inválido, lisiado, impedido.

minuta anotación, apunte, relación, nota, extracto.

minutero manecilla, aguja, saeta.

mirada vistazo, ojeada, atisbo, contemplación.

mirador balcón, terraza, galería, tribuna, corredor.

miramiento circunspección, cuidado, consideración, atención, respeto, prudencia, cautela. —*Desconsideración.*

mirar observar, ver, examinar, inquirir, escrutar, ojear, divisar.

miriada multitud, legión, inmensidad. —*Finitud.*

misántropo huraño, arisco, insociable, sombrío, retraído. —*Sociable.*

miscelánea mezcla, combinación, revoltillo, variedad. —*Homogeneidad.*

miserable desdichado, infortunado, desgraciado, desventurado. —*Feliz.* 2 Necesitado, indigente, pobre, menesteroso. —*Rico.* 3 Avaro, tacaño, mezquino, cicatero, ruin. —*Generoso.* 4 Perverso, malvado, abyecto, infame, criminal. —*Honrado, bondadoso.*

misericordia compasión, piedad, conmiseración, humanidad, caridad, lástima. —*Impiedad.*

mísero V. **miserable.**

misión tarea, comisión, encargo, cometido, gestión. 2 Embajada, delegación, comisión.

misionero misionario, predicador, evangelizador, apóstol, propagador.

misiva nota, carta, aviso, esquela, mensaje.

mismo igual, idéntico, exacto, semejante.

misterioso oculto, recóndito, secreto, oscuro, impenetrable, indescifrable, incomprensible, hermético. —*Claro, evidente.*

místico espiritual, contemplativo, religioso, piadoso, devoto.

mitad centro, medio, promedio. —*Lado.*

mítico legendario, fabuloso, ficticio.

mitigar moderar, aminorar, aplacar, calmar, dulcificar, suavizar, atemperar. —*Exacerbar.*

mitin asamblea, reunión, junta, concentración.

mito leyenda, fábula, relato, tradición, ficción. —*Realidad.*

mixto mezclado, combinado, compuesto, heterogéneo, misceláneo. —*Simple.*

mobiliario enseres, ajuar, moblaje, menaje.

mocedad V. **juventud.**

mochila morral, bolsa, saco, zurrón, macuto.

moda usanza, boga, costumbre, hábito, actualidad. —*Desuso.*

modales educación, maneras, crianza, ademanes, conducta, acciones.

modalidad modo, manera, particularidad, característica, peculiaridad.

modelar crear, formar, esculpir, cincelar.

modelo prototipo, ejemplar, muestra, ejemplo, molde, regla, pauta, patrón. —*Reproducción, copia.*

moderación mesura, sobriedad, templanza, discreción, cordura, prudencia. —*Exageración, exceso.*

moderar atenuar, aplacar, refrenar, tranquilizar, mitigar, suavizar. —*Exagerar.*

modernizar rejuvenecer, renovar, actualizar.

moderno actual, renovado, nuevo, remozado, contemporáneo, presente. —*Antiguo, pasado.*

modestia recato, humildad, moderación, sencillez, reserva. —*Inmodestia.*

módico moderado, escaso, reducido, parco. —*Exagerado.*

modificar reformar, cambiar, variar, transformar, rectificar. —*Mantener, conservar.*

modismo giro, locución, expresión, dicho.

modista diseñadora, creadora, costurera, sastra.

modo manera, forma, guisa, procedimiento, proceder, método, técnica, regla.

modorra letargo, soñolencia, pesadez, sopor, flojera. —*Actividad, vigilia.*

mofarse burlarse, agraviar, ofender. —*Respetar.*

moflete mejilla, cachete, pómulo, carrillo.

mohín gesto, mueca, ademán, monería, aspaviento.

mohino triste, melancólico, cabizbajo, sombrío, descontento. —*Alegre.*

moho hongo. **2** Herrumbre, orín, verdín, cardenillo.

mojar humedecer, remojar, bañar, empapar, calar, duchar, impregnar, sumergir. —*Secar.*

mojigato hipócrita, santurrón, beato.

mojón hito, poste, señal, marca, indicación.

molde troquel, horma, matriz. **2** Tipo, modelo, muestra, ejemplo, base.

mole bulto, corpulencia, masa, cuerpo.

moler triturar, desmenuzar, machacar, pulverizar, picar, romper. **2** Maltratar, tundir. —*Curar.*

molestar estorbar, fastidiar, desagradar, disgustar, incordiar, atormentar, agobiar, mortificar, enojar. —*Deleitar.*

momentáneo instantáneo, breve, rápido, fugaz, efímero, pasajero, transitorio. —*Prolongado, eterno.*

momento instante, minuto, segundo, santiamén, soplo. —*Eternidad.* **2** Circunstancia, ocasión, oportunidad.

momificar embalsamar, desecar, disecar.

monarca soberano, rey, emperador, príncipe, señor, majestad.

monasterio convento, claustro, abadía, priorato, noviciado, cenobio.

mondar pelar, descascarar, despellejar, descortezar. **2** Podar, limpiar, quitar.

mondongo tripas, intestinos, panza, barriga.

moneda dinero, caudal, divisas, metálico; efectivo, cambio. **2** Pieza, disco, sello.

monería gracia, monada, melindre, zalamería.

monigote muñeco, títere, marioneta, pelele, polichinela.

monitor instructor, tutor, profesor, guardián, custodio.

monja religiosa, hermana, sor.

monje fraile, religioso, cenobita, hermano, cartujo.

mono simio, antropoide, macaco, mico, primate. **2** Bonito, lindo, gracioso, primoroso, bello. —*Feo.*

monólogo soliloquio, razonamiento. —*Coloquio.*

monomanía paranoia, manía, idea fija, extravagancia, capricho.

monopolio exclusiva, privilegio, concesión, consorcio. —*Venta libre.*

monopolizar acaparar, centralizar.

monótono igual, uniforme, invariable, regular, continuo. pesado, enojoso, aburrido. —*Variado, diverso.*

monstruo quimera, espantajo.

monstruoso desproporcionado, espantoso, horroroso, grotesco, colosal, disforme. 2 Cruel, inhumano, infame, perverso. —*Humano.*

montaña monte, cordillera, sierra, colina, pico, cerro, cumbre, cima, macizo, elevación, serranía. —*Llano, depresión.*

montar subir, ascender, encaramar, levantar. —*Bajar.* 2 Cabalgar, jinetear, aupar. —*Apearse.* 3 Armar, ensamblar, ajustar, disponer, preparar, construir. —*Desarmar.*

montaraz agreste, arisco, salvaje, bravío, montés. —*Domado.*

monte frondas, espesura, zarzal, bosque. —*Claro, desierto.* 2 Montaña, colina, cerro, cima. — *Llano, llanura.*

montón pila, cúmulo, rimero, aglomeración, masa, hacinamiento. 2 Infinidad, sinnúmero, multitud.

montura silla, arreos, arnés, aperos, bridas. 2 Cabalgadura, corcel, animal, caballería.

monumental grandioso, magnífico, colosal, enorme, descomunal, majestuoso, extraordinario. —*Minúsculo, pequeño.*

monumento estatua, obra, construcción, sepulcro, mausoleo.

moño rodete, rosca, tocado, peinado.

mora demora, tardanza, retraso, dilación.

morada vivienda, residencia, domicilio, hogar, habitación.

morado violáceo, cárdeno, violeta, amoratado, purpúreo, carmíneo.

moral ético, espiritual, decoroso, honorable. —*Inmoral.* 2 Ética, delicadeza. —*Inmoralidad.*

moraleja enseñanza, lección, consejo, máxima.

moralizar aleccionar, reformar, corregir. —*Corromper.*

morar habitar, vivir, residir.

morboso malsano, insalubre, nocivo. —*Saludable.* 2 Perverso, inmoral, anormal, retorcido. —*Puro.*

mordaz irónico, sarcástico, incisivo, ácido, cínico.

mordedura mordisco, dentellada, tarascada, bocado.

morder dentellear, masticar, mordisquear, triturar, roer, desgarrar.

moreno bronceado, tostado, trigueña, atezado, cobrizo, oscuro. —*Rubio, claro.*

moretón cardenal, morado, magulladura, contusión, equimosis.

morir expirar, fallecer, fenecer, perecer, extinguirse, sucumbir, dejar este mundo. —*Nacer.*

moro marroquí, mauritano, sarraceno, mahometano, musulmán, agareno, morisco.

moroso deudor, mal pagador. **2** Lento, atrasado, tardío.

morral V. **mochila.**

morro hocico, jeta, boca.

mortaja sudario, lienzo.

mortal letal, fatal, mortífero, funesto. —*Vivificador.* **2** Hombre, humano, ser, individuo, ente. —*Inmortal.* **3** Fatigoso, abrumador, penoso, monótono, cruel. —*Fácil.*

mortecino moribundo, apagado, tenue, débil, amortiguado. —*Intenso.*

mortífero V. **mortal.**

mortificar atormentar, torturar, lastimar, humillar, apesadumbrar, ultrajar, ofender. —*Halagar, complacer.*

mosquearse resentirse, ofenderse, picarse, sentirse.

mosquetón carabina, mosquete, rifle, fusil, espingarda.

mostrar exhibir, enseñar, exponer, presentar, descubrir. —*Ocultar, esconder.* **2** Señalar, indicar, explicar, dar a conocer.

mota pelusa, partícula, hilacha.

mote apodo, sobrenombre, alias, seudónimo. **2** Lema, emblema, divisa, sentencia.

motejar calificar, tildar, tachar, criticar, censurar. —*Alabar.*

motel hotel, parador, albergue.

motín revuelta, rebelión, sedición, levantamiento, insubordinación. —*Disciplina, orden.*

motivo razón, causa, fundamento, móvil, finalidad. —*Efecto, consecuencia.* **2** Tema, argumento, asunto, trama, materia.

motor máquina, aparato, dispositivo, artefacto.

mover(se) trasladar, desplazar, deslizar, mudar, apartar, empujar. —*Inmovilizar.* **2** Persuadir, inducir, incitar, inclinar, empujar. —*Disuadir.* **3** Menear, agitar, zarandear, estremecer. —*Detener.* **4** Andar, caminar, marchar, afanarse. —*Detenerse.*

móvil movedizo, moviente, mueble, portátil; vehículo. —*Inmóvil.* **2** Motivo, impulso, causa, razón. —*Efecto.*

movimiento actividad, desplazamiento, traslado, alteración, traslación, marcha, conmoción. —*Inmovilidad.* **2** Alzamiento, rebelión, levantamiento, insurrección.

mozo joven, chico, niño, muchacho, chiquillo, mozuelo, zagal, mancebo. —*Viejo, adulto.* **2** Criado, sirviente, doméstico, camarero.

muchacho V. **mozo.**

muchedumbre gentío, masa, horda, turba, aglomeración, multitud.

mucho abundante, bastante, numeroso, extremado, exagerado. —*Poco.* **2** Cúmulo, cantidad, profusión, montón, exceso. —*Falta.*

mudar(se) alterar, cambiar, trocar, transformar, variar, modificar. —*Mantener, conservar.* **2** Trasladarse, cambiarse, marcharse, irse. —*Permanecer.*

mudo callado, taciturno, silencioso, reservado, sigiloso. —*Hablado.* **2** Sordomudo, incapacitado, afónico.

mueble enser, trasto, utensilio, mobiliario, bártulo, cachivache.

mueca gesto, monería, visaje, contorsión, ademán, aspaviento.

muelle embarcadero, descargadero, dique, malecón, andén, rompeolas. **2** Resorte, elástico, espiral, suspensión. **3** Delicado, suave, blando, lene. —*Duro, recio, áspero.*

muerte fallecimiento, defunción, expiración, óbito, fenecimiento, fin. —*Vida.* **2** Asesinato, homicidio, crimen, matanza. **3** Destrucción, ruina, aniquilamiento, desolación. —*Fundación, reconstrucción.*

muerto difunto, extinto, finado, fallecido, occiso, víctima. —*Vivo, resucitado.* **2** Apagado, mortecino, marchito, desolado, arruinado. —*Vivaz.*

muesca corte, incisión, hendedura, ranura, surco.

muestra ejemplar, modelo, prototipo, ejemplo. —*Copia.* **2** Prueba, indicio, señal, demostración, testimonio.

muestrario selección, colección, repertorio, catálogo.

mugir bramar, rugir, bufar, resonar.

mugre suciedad, grasa, porquería, inmundicia, cochambre. —*Higiene, limpieza,*

mujer hembra. **2** Señora, dama, matrona. —*Varón, hombre.* **3** Esposa, compañera, consorte, cónyuge, pareja, costilla, media naranja.

mujeriego donjuán, faldero, tenorio, conquistador, mujerero. —*Misógino.* **2** Mujeril, femenino. —*Varonil, masculino.*

muladar estercolero, basurero.

mulato mestizo, híbrido, cruzado, mezclado.

mulero arriero.

muletilla estribillo, repetición, insistencia.

mullido suave, blando, esponjoso, muelle, fofo, cómodo. —*Duro.*

multa sanción, pena, castigo, punición. —*Indulto.*

multicolor policromo, colorido, cromático, irisado. —*Unicolor.*

multimillonario acaudalado, potentado, magnate, pudiente. —*Pobre.*

múltiple complejo, diverso, pluriforme, variado, mezclado, heterogéneo. —*Único.*

multiplicar reproducir, propagar, difundir, proliferar, acrecentar. —*Dividir, reducir.*

multitud V. **muchedumbre.**

mundano terrenal, terreno. **2** Elegante, galante, frívolo.

mundial universal, internacional, general, global. —*Local, nacional.*

mundo orbe, universo, cosmos. **2** Tierra, planeta, globo; género humano.

munición balas, proyectiles, perdigones, carga. **2** Armamento, pertrechos, provisión.

municipal comunal, urbano.

municipio ayuntamiento, concejo, cabildo, municipalidad. **2** Ciudad, ayuntamiento, vecindad.

muñeco muñeca, figurilla, monigote, títere, fantoche, pelele, maniquí.

muralla muro, paredón, tapia, barrera, fortificación, defensa.

murga banda, comparsa, orquestina.

murmurar susurrar, rumorear, balbucear, rezongar, bisbisar, cuchichear, farfullar. **2** Criticar, chismorrear, intrigar, calumniar. —*Alabar*.

muro V. **muralla.**

musa inspiración, numen, soplo, vena; poesía.

musculoso fornido, robusto, membrudo, vigoroso, corpulento, atlético, fuerte. —*Enclenque, débil*.

museo galería, pinacoteca, exposición, colección, muestra, exhibición.

música melodía, armonía, concierto, canto, cadencia, modulación. —*Estridencia, cacofonía*.

musitar V. **murmurar.**

musulmán mahometano, islamita, sarraceno, moro, islámico, morisco, agareno.

muslo pernil, anca, pierna, pospierna.

mutación cambio, mudanza, variación, transformación, metamorfosis, alteración. —*Permanencia*.

mutilado lisiado, tullido, incapacitado, impedido, minusválido.

mutismo silencio, mudez, discreción, reserva, sigilo. —*Charlatanería*.

mutualidad cooperativa, asociación, agrupación.

mutuo recíproco, bilateral, equitativo, correlativo, solidario. alterno. —*Unilateral*.

muy bastante, harto, demasiado, abundante, excesivo. —*Poco*.

N

nacarado irisado, tornasolado, brillante, nacarino.

nacer salir, brotar, germinar, surgir, aparecer, originarse, venir al mundo. —*Morir*.

nación país, pueblo, territorio, Estado, patria, reino, comarca. 2 Ciudadanía, pueblo, raza, familia.

nacional patrio, territorial, regional, local. —*Foráneo, internacional*. 2 Estatal, oficial, gubernativo.

nacionalidad ciudadanía, origen, procedencia, raza, naturaleza, origen, estirpe.

nadar flotar, bracear, sobrenadar, mantenerse a flote. —*Hundirse, sumergirse*.

naipes cartas, barajas.

nalgas trasero, asentaderas, posaderas, culo.

narcótico estupefaciente, droga, soporífero, sedante, somnífero, dormitivo. —*Estimulante*.

nariz naso, narices, napias.

narración cuento, relato, historia, redacción, reseña.

nata crema. 2 Excelencia, notabilidad, exquisitez, refinamiento. —*Inferioridad*.

nativo natural, oriundo, nato, originario, propio, aborigen, indígena. —*Extranjero*. 2 Innato, propio, espontáneo. —*Adquirido*.

natural nativo, originario, aborigen, indígena. 2 Corriente, común, regular, normal, habitual, acostumbrado. —*Extraño*. 3 Puro, auténtico, verdadero, legítimo, original. —*Artificial*. 4 Sencillo, sincero, espontáneo, llano, abierto. —*Artificioso*. 5 Genio, carácter, temperamento, talante.

naturaleza esencia, propiedad, virtualidad, sustancia, virtud, materia, principio. 2 Propensión, inclinación, tendencia, instinto. 3 Genio, disposición, carácter, temperamento, talante, índole, constitución. 4 Elementos, ambiente, medio natural.

naturalidad simplicidad, sencillez, sinceridad, espontaneidad, franqueza, ingenuidad. —*Afectación*.

naturalizarse nacionalizarse, establecerse, habituarse, aclimatarse.

naufragar zozobrar, sumergirse, hundirse, irse a pique, perderse. —*Flotar*. 2 Fracasar, fallar, malograrse. —*Lograrse*.

naufragio hundimiento, siniestro, desgracia.

náusea arcada, basca, ansia, vértigo, vahído, mareo. 2 Fastidio, repugnancia, asco, aversión.

náutico marítimo, naval, oceánico, transatlántico. —*Terrestre*.

navaja cuchillo, hoja, cuchilla, faca, daga, cortaplumas.

nave navío, embarcación, buque, barco, bajel, nao. 2 Salón, recinto, espacio, pabellón.

navío V. **nave**.

nebuloso brumoso, nublado, neblinoso. —*Despejado.* **2** Confuso, impreciso, incierto, vago, oscuro, difícil. —*Diáfano.*

necedad majadería, estupidez, idiotez, sandez, tontería, desatino, disparate.

necesario imprescindible, indispensable, inexcusable, obligatorio, ineludible, forzoso. —*Prescindible.* **2** Provechoso, útil, importante. —*Inútil.*

necesidad obligación, menester, exigencia. —*Facultad.* **2** falta, carencia, escasez; indigencia, miseria, pobreza. —*Abundancia.*

necesitar precisar, requerir, hacer falta, carecer. —*Sobrar.*

necio tonto, bobo, torpe, majadero, estúpido, simple, inepto, mentecato, idiota, imbécil, obtuso, asno. —*Listo, inteligente.*

néctar elixir, licor, zumo, jugo.

nefasto funesto, ominoso, desgraciado, catastrófico, fatídico, triste. —*Alegre.*

negar desmentir, contradecir, oponerse, rehusar, refutar. —*Afirmar.* **2** Impedir, prohibir, privar, obstaculizar, vedar. —*Permitir.* **3** Retractarse, desdecirse, apartarse. —*Ser fiel.*

negativo nocivo, perjudicial, dañino, pernicioso, maligno. —*Positivo.* **2** Película, placa, imagen.

negligencia descuido, desidia, distracción, olvido, omisión, abandono, dejadez. —*Diligencia.*

negociar comerciar, mercar, tratar, traficar, intercambiar. **2** Convenir, tratar, acordar, pactar, comprometerse.

negro oscuro, bruno, atezado, moreno, azabache, tostado, retinto. —*Blanco.* **2** Africano, moreno, mulato. **3** Triste, melancólico, sombrío. —*Dichoso, alegre.* **4** Desventurado, infausto, aciago.

nema sello, cierre, lacre.

neófito novato, novel, novicio, principiante, bisoño, aprendiz, iniciado. —*Experto.*

nervio energía, ímpetu, fuerza, vigor, vitalidad. —*Apatía.*

nervioso agitado, excitado, exaltado, angustiado, alterado, intranquilo, irritable, impresionable, sensible. —*Tranquilo, sereno.*

neto limpio, puro, terso, nítido, claro. —*Sucio, empañado.* **2** Líquido, saldo, deducido. —*Bruto.*

neumático llanta, cubierta, cámara.

neurasténico V. neurótico.

neurótico neurasténico, transtornado, perturbado, maniático, nervioso, anormal.

neutral imparcial, ecuánime, equitativo, justo. —*Parcial.*

neutralizar contrarrestar, igualar, compensar, equilibrar, contraponer.

nevera refrigerador, frigorífico.

nexo vínculo, lazo, enlace, nudo, unión. —*Separación.*

nicho concavidad, celda, bóveda, hueco, hornacina.

nido madriguera, guarida, celdilla, nidal, hueco. **2** Hogar, morada, habitación.

niebla bruma, neblina, calina, calígine.

nigromante brujo, hechicero, mago, adivino, augur.

nimbo aureola, halo, corona, diadema, cerco.

nimio insignificante, pequeño, banal. —*Importante.*

ninfa nereida, náyade, ondina, dríada, sirena, sílfide.

niñera nodriza, aya, criada, institutriz, chacha.

niño nene, pequeño, chiquillo, chico, párvulo, infante, crío. —*Adulto.*

nítido limpio, terso, claro, puro, resplandeciente.

nivel altura, altitud, elevación, cota. 2 Horizontalidad, plano, superficie. —*Desnivel.*

nivelar allanar, aplanar, emparejar, explanar, alisar. —*Desnivelar.* 2 Igualar, equilibrar, equiparar, emparejar.

níveo blanco, lechoso, claro. —*Negro.*

no de ningún modo, nunca, de ninguna manera, en absoluto. —*Sí.*

noble ilustre, pleclaro, caballeroso. —*Deshonroso.* 2 Aristocrático, distinguido, linajudo, encopetado, señorial, hidalgo. —*Plebeyo.* 3 Honroso, estimable, elevado, digno, augusto. —*Vil, bajo, deshonrado.*

noche oscuridad, tinieblas, sombra, vigilia. —*Día.*

noción idea, conocimiento, fundamento, principio.

nocivo perjudicial, dañino, malo, pernicioso, insalubre. —*Beneficioso, saludable.*

nodriza V. **niñera.**

nómada ambulante, errante, vagabundo, trashumante.

nombrar llamar, nominar, designar, denominar, bautizar, apodar, motejar, mentar. 2 Elegir, asignar, escoger, designar, proclamar. —*Destituír.*

nombre denominación, apelativo, patronímico, apellido, título, apodo, sobrenombre, seudónimo, alias.

nómina lista, catálogo, plantilla, registro, enumeración, relación, padrón.

non impar, desigual, dispar. —*Par.*

nórdico septentrional, ártico, boreal, hiperbóreo. —*Meridional.*

norma regla, precepto, pauta, guía, método, patrón, principio, sistema, canon. —*Desorden.*

normal habitual, usual, corriente, acostumbrado, común, ordinario, frecuente. —*Insólito.* 2 Estatutario, sistemático, regulado. —*Anormal.*

norte septentrión, ártico, boreal. —*Sur.* 2 Ideal, objetivo, meta, fin, dirección, finalidad.

nostalgia añoranza, melancolía, tristeza, pesar, aflicción, pena.

nota anotación, apunte, apostilla, llamada, glosa, escolio, comentario, observación. 2 Señal, marca, aviso, advertencia. 3 Calificación, evaluación, valoración, resultado.

notable grande, importante, considerable, sobresaliente, superior, extraordinario, distinguido. —*Insignificante.*

notar advertir, observar, reparar, apreciar, percibir, ver, percatarse, darse cuenta. —*Pasar por alto, omitir.*

notario escribano, actuario.

notorio manifiesto, evidente, patente, claro, palpable, visible, conocido, público. —*Desconocido.*

noticia novedad, nueva, comunicación, suceso, anuncio, reporte, informe, parte, reseña.

noticiero informativo. **2** Reportero, informador, notificativo.

notificar anunciar, declarar, comunicar, informar, manifestar, avisar, hacer saber. .

novato principiante, inexperto, aprendiz, novel, novicio, neófito, bisoño. —*Veterano, experto.*

novedad Innovación, invención, primicia, creación. **2** Cambio, alteración, modificación, variación. **3** Noticia, nueva, anuncio, informe, comunicación.

novela narración, relato, romance, historia, cuento, folletín. **2** Mentira, ficción, farsa, patraña, fábula. —*Verdad.*

novelesco irreal, fantástico, romántico, soñador, sentimental. —*Realista.*

noviazgo idilio, amorío, devaneo, cortejo, flirteo.

novillo becerro, torillo, eral.

novio prometido, pretendiente, enamorado, cortejador, comprometido, desposado.

nube nubarrón, barda. **2** Multitud, muchedumbre, tropel, cantidad, abundancia. —*Escasez.*

nublado encapotado, cerrado, oscuro, nebuloso, velado, gris. —*Despejado.*

nuca cerviz, cogote, testuz, cuello

núcleo centro, corazón, médula, foco, meollo.

nudo atadura, vínculo, unión, ligamento, nexo. **2** Trama, intriga; enlace, sucesión.

nuevo recién hecho, reciente, actual, fresco, moderno, naciente, inédito. —*Usado, antiguo.* **2** Novel, novato, neófito, principiante.

nulo anulado, cancelado, abolido, revocado, suprimido. —*Válido.* **2** Incapaz, inepto, inútil, impotente, ignorante, torpe, inservible. —*Hábil, útil, competente.*

numerar cifrar, contar, ordenar, enumerar, clasificar.

número cifra, signo, símbolo, guarismo. **2** Cantidad, cuantía, conjunto.

numeroso copioso, abundante, múltiple, nutrido, incontable, infinito, inagotable. —*Escaso, limitado.*

nunca jamás, de ningún modo, no. —*Siempre.*

nupcias V. **matrimonio**.

nutrir alimentar, sustentar, mantener, robustecer. —*Debilitar, hacer ayunar.*

nutritivo alimenticio, sustancioso, reconstituyente, vigorizante, fortificante. —*Insubstancial.*

Ñ

ñato chato, romo.

ñoñería tontería, melindre, remilgo, cortedad, simpleza.

ñoño apocado, remilgado, melindroso, tímido, tonto, delicado, necio. —*Sensato*.

O

oasis descanso, refugio, tregua, alivio, consuelo.

obcecación ofuscamiento, ceguera, obnubilación.

obcecarse cegarse, empeñarse, obstinarse, ofuscarse.

obedecer cumplir, acatar, someterse, respetar, subordinarse, supeditarse, conformarse. —*Desobedecer.*

obediente dócil, disciplinado; manso, suave, manejable, sumiso. —*Desobediente.*

obertura introducción, preludio, sinfonía.

obeso gordo, grueso, corpulento, pesado, rollizo, rechoncho. —*Flaco, delgado.*

óbice obstáculo, impedimento, estorbo, inconveniente, dificultad, tropiezo. —*Facilidad.*

obispo prelado, patriarca.

óbito V. **muerte.**

objeción reparo, crítica, observación, impugnación, tacha, censura. —*Aprobación.*

objetar reparar, replicar, oponer, refutar, contradecir, censurar. —*Aprobar.*

objetivo meta, finalidad, fin, objeto, mira. **2** Imparcial, neutral, desinteresado, recto, justo. —*Parcial.*

objeto cosa, ente, elemento, sujeto, sustancia. **2** Asunto, materia, tema. **3** Objetivo, finalidad, meta.

oblicuo sesgado, inclinado, torci-

do, desviado, desnivelado, diagonal. —*Recto, derecho.*

obligación deber, imposición, exigencia, carga, necesidad, responsabilidad. —*Facultad, libertad.* **2** Título, deuda, documento.

obligar exigir, constreñir, compeler, imponer, apremiar, abrumar, coaccionar. —*Liberar, permitir.*

obligatorio forzoso, imprescindible, ineludible, insoslayable, coactivo, impuesto. —*Libre, voluntario.*

oblongo alargado, alongado, prolongado.

obra producto, producción, resultado, fruto. **2** Trabajo, labor, faena, tarea, ocupación. —*Ocio.* **3** Libro, tratado, volumen, texto, escrito. **4** Construcción, edificación.

obrar proceder, actuar, portarse, conducirse, comportarse. **2** Operar, maniobrar, trabajar, manipular.

obrero operario, trabajador, jornalero, asalariado, menestral, peón.

obsceno impúdico, indecente, deshonesto, licencioso, libidinoso, indecoroso, pornográfico, lascivo. —*Casto.*

obscurecer atardecer, anochecer. —*Amanecer.* **2** Ensombrecer, nublarse, cerrarse, entenebrecer. —*Aclarar.* **3** Apagar, deslumbrar, sombrear, teñir. —*Aclarar.*

obscuro opaco, sombrío, lóbrego, tenebroso, nebuloso, nublado, negro. —*Despegado.* **2** Incomprensible, indescifrable, embrollado, misterioso, enigmático. —*Claro, comprensible.*

obsequio regalo, don, presente, dádiva, ofrenda, agasajo.

obsequioso amable, servicial, cortés, atento, lisonjero, complaciente, galante. —*Descortés.*

observación opinión, anotación, indicación, advertencia, reparo, corrección, objeción. **2** Examen, vigilancia, escrutinio, análisis.

observar examinar, contemplar, vigilar, estudiar, mirar. **3** Cumplir, respetar, obedecer, acatar. —*Desobedecer.* **3** Advertir, reparar, corregir, indicar. **4** Espiar, atisbar, acechar.

obsesión idea fija, tema, manía, monomanía, desvelo, preocupación, neurosis.

obstáculo barrera, escollo, impedimento, inconveniente, freno, traba, atasco, complicación. —*Facilidad.*

obstinación terquedad, testarudez, tozudez, obcecación, insistencia, empeño. —*Docilidad.*

obstruir cerrar, tapar, taponar, atascar, trabar, obturar, impedir. —*Destapar, abrir.*

obtener alcanzar, lograr, conseguir, ganar, conquistar, adquirir, extraer. —*Perder.*

obturar V. **obstruir.**

obtuso romo, despuntado. **2** Torpe, lerdo, tonto, estúpido, tardo. —*Listo.*

obviar evitar, rehuir, eludir, apartar.

obvio visible, manifiesto, claro, innegable, patente, palmario, evidente. —*Difícil, obscuro.*

ocasión oportunidad, coyuntura, circunstancia, situación. **2** Ganga, ventaja. **3** Motivo, causa.

ocasional azaroso, fortuito, accidental. —*Determinado.*

ocasionar originar, causar, producir, motivar, provocar, mover. —*Impedir.*

ocaso crepúsculo, atardecer, anochecer, puesta, vespertina. —*Amanecer.* **2** Decadencia, declinación, postrimería. —*Auge, esplendor.*

occidente oeste, poniente. —*Oriente.*

oceánico marítimo, náutico, marino, naval.

océano mar, inmensidad, piélago, vastedad.

ocio descanso, reposo, inacción, holganza, desocupación, pereza. —*Actividad.*

ocioso perezoso, haragán, holgazán, gandul, vago, apático, indolente. —*Trabajador.*

ocluir cerrar, obturar, obstruir, tupir. —*Abrir.*

ocultar encubrir, esconder, disimular, velar, cubrir, tapar. —*Mostrar, descubrir.*

ocupación trabajo, quehacer, faena, actividad, deber, labor, empleo. —*Ocio, desocupación.*

ocupado atareado, agobiado, abrumado. —*Desocupado.* **2** Lleno, completo. —*Vacío.* **3** Conquistado, tomado.

ocupar(se) adueñarse, apoderarse, posesionarse, apropiarse, invadir, tomar, asaltar. —*Dejar,* *abandonar, ceder.* **2** Vivir, habitar, instalarse. *—Abandonar, dejar.* **3** Emplearse, ejercer, desarrollar, dedicarse.

ocurrencia chiste, agudeza, gracia, ingenio, salida. **2** Suceso, acontecimiento, coyuntura, circunstancia, encuentro.

ocurrir acontecer, acaecer, suceder, sobrevenir, pasar.

oda poema, loa, cántico, verso, glorificación.

odiar detestar, aborrecer, abominar, execrar. *—Querer, amar.*

odio antipatía, aversión, desprecio, repugnancia, animadversión, execración, inquina, animosidad. *—Amor.*

odisea aventura, hazaña, riesgo.

oeste occidente, poniente, ocaso. *—Este.*

ofender(se) agraviar, insultar, afrentar, injuriar, ultrajar. *—Elogiar, alabar.* **2** Resentirse, enojarse, enfadarse, sentirse, picarse.

ofensiva ataque, arremetida, embestida, asalto, avance. *—Fuga.*

oferta proposición, propuesta, ofrecimiento, promesa.

oficial gubernativo, gubernamental, estatal, público, legal. **2** Militar, jefe, comandante. *—Soldado.* **3** Trabajador, menestral, artesano. **4** Funcionario, empleado, secretario.

oficina despacho, oficio, escritorio, bufete.

oficio profesión, ocupación, empleo, cargo, tarea, quehacer, actividad, menester. **2** Documento, escrito, nota, instancia.

oficioso solícito, servicial, diligente, hacendoso, cuidadoso. *—Negligente.*

ofrecer ofrendar, prometer, presentar, dar, donar, regalar. *—Pedir.*

ofuscar cegar, deslumbrar, turbar, perturbar, oscurecer. *—Iluminar.* **2** Trastornar, alucinar, confundir, obstinar. *—Esclarecer.*

ogro gigante, monstruo.

oído oreja; percepción, audición, escucha.

oír escuchar, percibir, auscultar, atender, enterarse, prestar atención. *—Ignorar.*

ojear mirar, examinar, observar, trasojar.

ojo agujero, abertura, orificio.

oleada ola. **2** Muchedumbre, tropel, gentío, horda, multitud, torbellino.

oleaje marejada, oleada, cabrilleo, ondulación.

oler olfatear, oliscar, husmear, percibir.

olla pote, cazo, tartera, perol, marmita, puchero.

olor aroma, perfume, fragancia, esencia, emanación.

olvidadizo desmemoriado, distraído, despistado, aturdido, atolondrado, descuidado. *—Atento.*

olvidar desatender, descuidar, negligir, omitir, pasar, dejar de lado, abandonar. *—Recordar.*

omitir descuidar, desatender, olvidar, prescindir, pasar, relegar, excluir, dejar. *—Recordar.*

ómnibus autobús, carruaje, vehículo.

omnipotente todopoderoso, supremo, sumo, Dios. *—Impotente.*

onda ola. **2** Ondulación, curvatura, curva, sinuosidad.

ondear ondular, serpentear, flamear, culebrear, oscilar, mecerse, agitarse.

ondulado rizado, ensortijado, encrespado, festoneado, serpenteado, flexible. —*Liso, recto.*

oneroso costoso, caro, dispendioso. —*Barato.* **2** Molesto, gravoso, pesado, enojoso, fastidioso. —*Cómodo.*

opaco oscuro, sombrío, nebuloso, velado, turbio, gris, lúgubre. —*Brillante, diáfano, transparente.*

opción preferencia, elección, adopción, alternativa.

operación actuación, trabajo, acción, manipulación, realización. **2** Negociación, contrato, trato, convenio, especulación. **3** Intervención quirúrgica.

operar ejecutar, realizar, elaborar, actuar, obrar, manipular, ejercitar. **2** Negociar, especular, tratar.

operario obrero, trabajador, oficial, menestral, mecánico, artesano.

opinión juicio, concepto, parecer, criterio, creencia, sentimiento, manifestación, dictamen.

opíparo copioso, abundante, suculento, espléndido, sustancioso, apetitoso. —*Escaso, repugnante.*

oponente rival, contrincante, competidor. —*Partidario.*

oponer enfrentar, encarar, resistir, rechazar, objetar, dificultar, opugnar. —*Facilitar.*

oportunidad ocasión, coyuntura, circunstancia, congruencia, conveniencia. —*Inoportunidad.*

oportunista aprovechado, astuto, sagaz, utilitario.

oportuno pertinente, conveniente, preciso, adecuado, apropiado, propio. —*Inoportuno.*

oposición antagonismo, antítesis, contradicción, desacuerdo, disconformidad, disparidad. —*Acuerdo, conformidad.*

opresión dominio, subyugación, sujeción, tiranía, absolutismo, despotismo. —*Libertad.* **2** Presión, contricción, asfixia, ahogo. —*Alivio.*

opresor autócrata, tirano, déspota, dictador.

oprimir apretar, comprimir, estrujar, aplastar. —*Soltar.* **2** Dominar, esclavizar, tiranizar, ahogar, subyugar, avasallar. —*Liberar.*

oprobio deshonor, deshonra, afrenta, ignominia, humillación, vergüenza. —*Honor.*

optar escoger, elegir, preferir, adoptar, inclinarse, decidir.

optimismo confianza, esperanza, ánimo, entusiasmo, fe, ilusión. —*Pesimismo.*

óptimo insuperable, perfecto, excelente, maravilloso, superior, inmejorable. —*Pésimo.*

opuesto contrario, divergente, adverso, antagónico, contrapuesto. —*Coincidente, propio, igual.*

opulencia abundancia, exuberancia, profusión, copiosidad, plétora, generosidad. —*Escasez.* **2** Riqueza, hacienda, fortuna, bienestar. —*Pobreza.*

oquedad depresión, hueco, hoyo, concavidad, seno, agujero, orificio.

oración plegaria, rezo, súplica,

ruego, imploración, jaculatoria, invocación. **2** Frase, locución, enunciado, proposición.

oráculo vaticinio, augurio, profecía, predicción, pronóstico, adivinación.

orador disertador, predicador, conferenciante, declamador.

orar rezar, implorar, suplicar, rogar, pedir, invocar, impetrar.

oratoria elocuencia, retórica, dialéctica, verbosidad, elocución.

orbe esfera, mundo, globo, planeta, universo, creación.

órbita curva, trayectoria, recorrido, elipse, circunferencia. **2** Cuenca, concavidad, hueco. **3** Ámbito, área, espacio, zona.

orden mandato, precepto, ordenanza, exigencia, imposición, disposición, obligación, ley. **2** Disposición, sucesión, relación, subordinación, gradación, colocación, distribución. —*Desorden*. **3** Comunidad, cofradía, hermandad, hábito.

ordenador computador, computadora, procesador de datos.

ordenar mandar, decretar, preceptuar, disponer. **2** Arreglar, disponer, organizar, preparar, coordinar, armonizar. —*Desordenar*.

ordinario corriente, común, frecuente, usual, normal, habitual, acostumbrado, frecuente. —*Extraordinario*. **2** Vulgar, bajo, grosero, tosco, rústico, inculto, soez. —*Fino, distinguido*.

orear airear, ventilar, ventear.

orfanato hospicio, asilo, hogar.

organismo cuerpo, ser, criatura, especimen, ente. **2** Institución,

entidad, corporación, establecimiento.

organización orden, arreglo, distribución, clasificación, disposición. —*Desorden*. **2** Organismo, institución, asociación, entidad, sociedad, establecimiento.

orgasmo climax, eyaculación, espasmo.

orgía festín, banquete, bacanal, saturnal, escándalo, desenfreno.

orgullo soberbia, vanidad, engreimiento, arrogancia, altivez, jactancia, suficiencia. —*Humildad, modestia*. **2** Satisfacción, honor, dignidad, honra. —*Deshonor*.

orientar situar, colocar, acomodar, disponer, emplazar. **2** Dirigir, guiar, encaminar, encauzar, encarrilar, enderezar, aconsejar. —*Desencaminar*.

oriente este, naciente, levante.

orificio abertura, agujero, boquete, boca, ojo, hueco. —*Tapón*.

origen nacimiento, principio, comienzo, génesis, germen, motivo, fundamento. —*Término, fin*.

original insólito, singular, único, infrecuente, novedoso, peculiar, particular. —*Conocido*. **2** Modelo, ejemplar, patrón, prototipo.— *Copia, reproducción*. **3** Auténtico, prístino. —*Copia*. **4** Manuscrito, borrador, boceto, folio. — *Tirada*.

originar provocar, producir, causar, engendrar, ocasionar, determinar. —*Impedir, terminar*.

orilla litoral, costa, ribera, playa. **2** Borde, término, límite, extremo, canto, arista.

orín moho, herrumbre, óxido, verdete, cardenillo.

oriundo originario, procedente, nativo.

orla adorno, ornamento, cenefa. **2** Borde, ribete, contorno, filete.

ornamento adorno, decoración, ornamentación, aderezo, guarnimiento, embellecimiento, gala.

orondo presumido, engreído, presuntuoso, ufano, orgulloso. —*Modesto.* **2** Hinchado, esponjado, hueco, vacío. —*Macizo.*

orquesta conjunto, agrupación, grupo musical. —*Solista.*

ortodoxo conforme, dogmático, fiel, íntegro, leal, adecuado. —*Heterodoxo.*

oruga larva, gusano, lombriz.

osadía atrevimiento, intrepidez, temeridad, resolución, ánimo, brío, coraje. —*Cobardía.*

oscilar balancearse, moverse, mecerse, fluctuar, ondular, bambolearse, flamear. —*Quedarse quieto, inmovilizarse.*

oscurecer V. **obscurecer.**

ostensible manifiesto, patente, palpable, visible, claro, público. —*Secreto.*

ostentación pompa, fausto, lujo, magnificencia, suntuosidad, exhibición, alarde. —*Modestia, sencillez.* **2** Jactancia, vanagloria, presunción, vanidad. —*Humildad.*

ostentar exhibir, manifestar, mostrar, enseñar, exteriorizar. —*Ocultar, esconder.* **2** Alardear, lucir, pavonearse, hacer gala. —*Ser discreto.*

ostracismo destierro, exilio, alejamiento, relegación, postergación. —*Acogimiento.*

otear escudriñar, mirar, observar, avizorar, percibir, distinguir, descubrir.

otero cerro, loma, colina, montículo, altozano.

otorgar consentir, acordar, condescender, conceder, ceder, dar, permitir. —*Negar.*

otro distinto, diferente, diverso.

ovación aplauso, aclamación, alabanza, vivas, palmas, hurras. —*Silbidos, abucheo.*

oveja cordero, borrego, carnero.

overol mono, traje de mecánico.

ovillo bola, madeja, lío, enredo.

oxidar enmohecer, herrumbrar, dañar, estropear.

óxido orín, herrumbre, verdín, cardenillo, moho.

P

pabellón bandera, insignia, estandarte. **2** Nave, ala, edificio.

pábilo pabilo, mecha.

pacer pastar, apacentar, rumiar, herbajar, comer.

paciencia tolerancia, conformidad, mansedumbre, calma, resignación, transigencia, condescendencia. —*Impaciencia.*

paciente tolerante, conforme, manso, resignado, transigente, condescendiente. —*Impaciente.* **2** Enfermo, doliente, convaleciente. —*Sano.*

pacificar apaciguar, sosegar, tranquilizar, calmar, aquietar, aplacar. —*Intranquilizar.*

pacto convenio, tratado, alianza, acuerdo, contrato, compromiso, convención, arreglo.

padecer sufrir, soportar, aguantar, tolerar, penar. **2** Sentir, experimentar, notar.

padecimiento mal, dolor, dolencia, enfermedad, agravio.

padre progenitor, procreador, papá. **2** Creador, autor, inventor.

padrino protector, bienhechor, amparador, patrocinador.

paga sueldo, salario, remuneración, honorarios, jornal, estipendio, mesada.

pagano incrédulo, infiel, idólatra, irreligioso. —*Creyente.*

pagar desembolsar, abonar, remunerar, saldar, amortizar, entregar, sufragar. —*Cobrar.*

página hoja, folio, carilla, plana.

país nación, patria, territorio, comarca, región, tierra, reino, paraje.

paisaje panorama, vista. **2** Pintura, dibujo, cuadro.

paisano compatriota, coterráneo, conciudadano. **2** Campesino, aldeano, lugareño.

paja hierba, broza, brizna, forraje, hojarasca.

pájaro ave, alado, volátil.

paje criado, escudero, fámulo.

palabra vocablo, voz, término, dicción, expresión. **2** Promesa, juramento, ofrecimiento, compromiso.

palabrería charlatanería, cháchara, verborrea, garla, charla, labia. —*Silencio.*

palabrota grosería, insulto, blasfemia.

palacio alcázar, mansión, caserón. —*Choza.*

paladear gustar, saborear, catar, probar, degustar.

paladín héroe, guerrero, defensor, campeón.

paladino público, patente, manifiesto, evidente, claro. —*Escondido.*

palafrén caballo, corcel, cabalgadura, montura.

palanca barra, alzaprima, barrote, varilla, pértiga.

palangana jofaina, lavamanos, aguamanil, lavabo.

palanquín litera, andas, angarillas, silla de manos, camilla.

paleto V. **palurdo**.

paliar mitigar, atenuar, suavizar, aminorar atemperar, endulzar, aquietar.

pálido descolorido, blanquecino, deslucido, desvaído, incoloro. —*Vivo, coloreado*. **2** Decaído, desanimado, macilento, débil, cadavérico. —*Sano*.

palillo mondadientes, escarbadientes.

paliza zurra, tunda, azotaina, castigo, vapuleo.

palizada empalizada, cercado, valla, estacada, alambrada.

palmas aplausos, palmadas, ovación, aclamación, vivas, hurras. —*Abucheo*.

palmotear aplaudir, palmear.

palo barrote, bastón, cayado, báculo, vara, mastil, poste, asta, viga. **2** Golpe, garrotazo, bastonazo, trancazo. —*Caricia*.

palpable evidente, manifiesto, tangible, real, perceptible, material. —*Intangible, inmaterial*.

palpar tocar, sobar, manosear, tentar, manipular.

palpitación latido, pulsación, contracción. **2** Estremecimiento, angustia, ahogo.

palurdo tosco, grosero, paleto, rústico, zafio.

pampa llanura, llano, sabana, pradera.

pamplina tontería, nadería, bagatela, futilidad. **2** Remilgo, capricho, necedad.

pan hogaza.

pancarta cartel, anuncio, aviso, letrero.

pandemónium confusión, bulla, ruido, gritería, algarabía. —*Paz, tranquilidad*.

panegírico alabanza, elogio, loa, encomio, enaltecimiento, exaltación, homenaje, apología. —*Ofensa*.

pánico espanto, terror, pavor, miedo, susto, estremecimiento. —*Valor*.

panorama V. **paisaje**.

pantano ciénaga, fangal, lodazal, marisma, laguna, marjal.

panteón mausoleo, sepulcro, monumento, sepultura, cripta, tumba.

pantomima imitación, mímica, remedo, representación.

pantufla chinela, babucha, zapatilla, alpargata, chancleta.

panza barriga, vientre, abdomen, tripa, estómago.

paño fieltro, lienzo, tela, género, tejido.

papa Sumo Pontífice, Santo Padre, Obispo de Roma, Vicario de Cristo, Sumo Pastor.

papá padre, progenitor, creador.

papagayo guacamayo, loro, cotorra, cacatúa.

papanatas badulaque, mentecato, tonto, bobo, simple. —*Listo*.

papel hoja, pliego. **2** Documento, escrito, periódico, folleto, impreso. **3** Representación, actuación, ministerio, encargo, labor.

paquete envoltorio, atado, fardo, lío, bulto, saco.

par pareja, duplo, dos, ambos, yunta. **2** Igual, semejante, equivalente, simétrico. —*Dispar, desigual*.

parábola alegoría, metáfora, enseñanza, fábula, moraleja.

parachoques defensa, protección, resguardo.

parada alto, pausa, detención, interrupción. —*Continuación.* **2** Estación, paradero. **3** Desfile, exhibición, marcha, revista.

paradero destino, término, fin, refugio.

parado detenido, inmóvil, quieto, estático. —*Móvil.* **2** Desocupado, cesante, inactivo, ocioso. —*Activo.* **3** Tímido, remiso, corto, indeciso. —*Presto, osado.*

paradoja contradicción, contrasentido, absurdo, extravagancia.

parador hospedaje, posada, hostería, hostal, fonda, mesón.

paráfrasis explicación, comentario, escolio, amplificación.

paraguas sombrilla, parasol, quitasol.

paraíso edén, cielo, nirvana, elíseo, gloria, bienaventuranza, olimpo.

paraje lugar, sitio, estancia, punto, espacio, zona, territorio, región.

paralelo semejante, correspondiente, comparable, afín, equidistante. —*Divergente, diferente.* **2** Comparación, parangón, analogía, semejanza.

parálisis inmovilización, atrofia, agarrotamiento. —*Movimiento.*

paralítico impedido, tullido, lisiado, inmovilizado, atrofiado.

paralizar inmovilizar, detener, obstaculizar, parar, suspender, estancar, impedir. —*Promover, facilitar.*

páramo desierto, sabana, estepa, yermo, pedregal.

parapeto muro, pared, resguardo, defensa, barrera, trinchera, barricada. **2** Baranda, balaustrada, antepecho, pretil, brocal.

parar detener, suspender, atajar, impedir, obstaculizar, interrumpir, inmovilizar. —*Promover.* **2** Cesar, concluir, acabar, terminar. —*Reanudar, comenzar.*

parasol quitasol, sombrilla, guardasol. **2** Paraguas.

parcela terreno, porción, zona, lote.

parcial incompleto, fragmentario, fraccionario, imperfecto. —*Total.* **2** Injusto, arbitrario. —*Imparcial, ecuánime.*

parco moderado, frugal, mesurado, abstemio, abstinente. —*Desenfrenado, inmoderado.*

parche remedio, emplasto, pegote

pardo grisáceo, terroso, sombrío, ceniciento, plomizo, oscuro. —*Vivaz, claro.*

parecer(se) opinión, dictamen, concepto, juicio, idea, creencia, entender. **2** Creer, opinar, pensar, juzgar, considerar. **3** Asemejarse, asimilarse, recordar a, parangonarse, equipararse. —*Diferenciarse.*

parecido semejanza, similitud, aire, afinidad, parentesco. —*Diferencia.* **2** Semejante, similar, análogo, paralelo, pariente, afín, comparable. —*Diferente.*

pared muro, tapia, parapeto, tabique, paredón, muralla.

pareja par, duplo, dúo, yunta. —*Unidad.* **2** Compañero, compañera, acompañante.

parentela familia, allegados, parientes, deudos. —*Extraños.*

parentesco consanguinidad, conexión, relación, afinidad, alianza, vínculo, cognación.

paréntesis interrupción, suspensión, digresión.

pariente allegado, familiar, consanguíneo, deudo. —*Extraño.*

parir dar a luz, alumbrar, traer al mundo, crear, procrear, producir.

parlamentar hablar, dialogar, conferenciar, discutir, debatir, entrevistarse, concertar, pactar.

parlamento congreso, senado, cámara, asamblea, diputación.

parlanchín charlatán, hablador, garlador, cotorra, lenguaraz, locuaz. —*Silencioso, callado.*

parlar hablar, parlotear, charlar, garlar, chacharear. —*Callar.*

paro suspensión, interrupción, detención, cesación, huelga. —*Movimiento, acción, continuación.*

parodia imitación, reproducción, remedo, copia, simulacro, disfraz, caricatura.

parque jardín, vergel, campo.

parquear estacionar, aparcar.

párrafo parágrafo, aparte, división, apartado, artículo.

parranda fiesta, juerga, jolgorio, festín, jarana.

parroquia feligresía, congregación, fieles; iglesia.

parsimonia lentitud, pachorra, calma, tranquilidad. —*Dinamismo.* 2 Moderación, parquedad, prudencia, frugalidad, circunspección. —*Inmoderación, exceso.*

parte fragmento, trozo, porción, partícula, segmento, fracción, sección, división. —*Totalidad.* 2 Lugar, sitio, paraje, punto, zona. 3 Noticia, aviso, comunicado, orden. 4 Etapa, fase, período. .

partera comadrona, matrona.

partición división, repartición, distribución, fraccionamiento. —*Unión.*

participar colaborar, cooperar, contribuir, compartir, intervenir, asociarse. —*Abstenerse.* 2 Notificar, avisar, informar, comunicar, hacer saber, advertir.

partícula parte, porción, migaja, brizna, molécula, átomo, corpúsculo.

particular peculiar, característico, propio, personal, privado, individual. —*General.*

particularidad propiedad, rasgo, peculiaridad, singularidad, personalidad, originalidad, idiosincracia.

partida marcha, salida, ida, viaje, retirada, despedida. —*Llegada.* 2 Registro, fe, certificación. 3 Cuadrilla, guerrilla, pandilla, banda, facción. 4 Juego, mano, partido, jugada.

partidario simpatizante, adepto, seguidor, aficionado, incondicional. —*Rival, enemigo.*

partido agrupación, asociación, secta, grupo, bando, congregación. 2 Ventaja, beneficio, utilidad, provecho, conveniencia, lucro. —*Pérdida.* 3 Juego, mano, partida, competición.

partir cortar, dividir, romper, fragmentar, quebrar, separar, fraccionar, escindir. —*ir, pegar.*

2 Marcharse, irse, salir, ausentarse, largarse. —*Llegar, volver, quedarse.*

parto nacimiento, alumbramiento.

párvulo niño, chiquillo, criatura, infante, pequeño, crío. —*Adulto.*

pasadero aceptable, llevadero, soportable, admisible, tolerable. —*Insoportable.*

pasadizo pasillo, corredor, pasaje, angostura.

pasado remoto, lejano, anterior, pretérito, caducado. —*Actual.* 2 Antigüedad, ayer, leyenda, historia. —*Presente.* 3 Estropeado, ajado, rancio, podrido, marchito. —*Sano, fresco.*

pasador cerrojo, pestillo, falleba, picaporte, barra.

pasaje pasadizo, estrecho, angostura, paso. 2 Texto, antífona, fragmento.

pasajero viajero, turista, excursionista, transeunte. 2 Breve, corto, fugaz, efímero, momentáneo, temporal, transitorio.

pasamano barandal, barandilla, balaustrada, asidero.

pasaporte permiso, salvoconducto, pase, licencia.

pasar acontecer, acaecer, suceder, ocurrir, devenir. 2 Transitar, circular, recorrer, desfilar, cruzar. —*Detenerse.* 3 Aventajar, sobrepasar, exceder, rebasar. 4 Colar, filtrar, tamizar, cerner. 5 Perdonar, dispensar, admitir, tolerar. —*Rechazar.*

pasarse excederse, desmedirse, extralimitarse, exagerar. —*Comedirse.* 2 Estropearse, podrirse, marchitarse, ajarse.

pasarela puente, escala, planchada.

pasatiempo entretenimiento, diversión, distracción, esparcimiento, juego.

pase permiso, autorización, licencia, salvoconducto, pasaporte.

pasear caminar, andar, callejear, deambular, rondar, circular.

paseo caminata, salida, excursión, viaje. 2 Avenida, calle, vía, ronda, camino.

pasillo pasadizo, corredor, pasaje, paso.

pasión ardor, ímpetu, entusiasmo, frenesí, vehemencia, delirio, emoción, arrebato. —*Indiferencia.*

pasivo inactivo, inerte, indiferente, neutral, estático. —*Activo.*

pasmar asombrar, maravillar, extasiar, embelesar, alelar, enajenar, adarvar.

paso zancada, tranco, trancada, marcha. 2 Camino, vereda, senda, desfiladero.

pasta masa, mezcla, mazacote.

pastar apacentar, pacar, rumiar, herbajar, tascar.

pastel torta, bollo, empanada, dulce.

pastilla tableta, gragea, comprimido, píldora, medicamento.

pasto hierba, forraje, prado, pastizal, pábulo.

pastor cabrero, ovejero, vaquero, zagal. 2 Cura, eclesiástico, sacerdote, obispo.

pastoso viscoso, espeso, denso, fangoso, grumoso. —*Duro, seco.*

pata pierna, zanca, gamba, extremidad, remo.

patada puntapié, coz, golpe.

patán grosero, tosco, ordinario, zafio, inculto, rústico. —*Educado, refinado.*

patatús ataque, soponcio, síncope, vahído, desfallecimiento.

patear cocear, patalear, agredir, aporrear, sacudir.

patente licencia, cédula, registro, certificado, documento. **2** Manifiesto, visible, evidente, palpable, perceptible, notorio. —*Incierto, oculto.*

paternal benigno, afectuoso, benévolo, comprensivo, indulgente. —*Intransigente, severo.*

patético dramático, conmovedor, emocionante, trastornador, impresionante. —*Alegre, gozoso.*

patibulario horripilante, terrible, espantoso, horroroso, siniestro.

patíbulo tablado, cadalso, estrado, plataforma.

patinar deslizarse, resbalar, esquiar.

patio cercado, corral, impluvio.

pato ganso, ánade, ansar, oca, ave.

patraña mentira, embuste, invención, farsa, engaño, enredo, calumnia. —*Verdad.*

patria país, tierra, nación, pueblo, cuna.

patriarca jefe, autoridad, cabeza.

patricio prócer, aristócrata, noble, señor, notable. —*Plebeyo.*

patrimonio bienes, riqueza, hacienda, fortuna, capital. **2** Herencia, sucesión, propiedad.

patrocinar auspiciar, amparar, proteger, favorecer, socorrer, defender. —*Desamparar.*

patrón dueño, señor, jefe, patro-no, director. **2** Molde, modelo, horma, pauta, norma, ejemplo, prototipo.

patrono V. **patrón.**

patrulla ronda, cuadrilla, escuadra, pelotón, partida.

paulatino gradual, lento, pausado, despacioso, acompasado, lerdo.

paupérrimo misérrimo, pobre.

pausa interrupción, intervalo, alto, tregua, detención, parada. —*Continuación.*

pausado lento, tardo, lánguido, paulatino, calmoso, flemático, pesado.

pauta V. **patrón.**

pavimento suelo, piso, asfalto, enladrillado, empedrado, calzada.

pavonearse envanecerse, vanagloriarse, jactarse, engreírse, presumir, fanfarronear. —*Humillarse.*

pavor terror, temor, horror, miedo, espanto.

payaso bufón, caricato, gracioso, cómico, clon.

paz calma, tranquilidad, sosiego, quietud, serenidad. —*Agitación.* **2** Concordia, armonía, acuerdo, amistad, avenencia. —*Guerra, discordia.*

peatón transeúnte, caminante, paseante, andante. —*Automovilista.*

pecado falta, culpa, infracción, caída, tentación. —*Virtud.*

pecador culpable, infractor, penitente.

pecar errar, faltar, caer, ofender a Dios.

pecho(s) torso, torax, busto. **2**

Senos, tetas, mamas, busto, escote.

peculiar característico, particular, singular, propio, distintivo, típico. —*Corriente, vulgar.*

pedagogo V. **profesor**.

pedante presumido, encopetado, afectado, fatuo, engolado, vano. —*Sencillo.*

pedazo fragmento, trozo, porción, fracción, parte. —*Totalidad.*

pedestal base, cimiento, soporte, plataforma, podio, zócalo.

pedir solicitar, demandar, requerir, exigir, ordenar, rogar, instar, suplicar, rezar, orar. —*Dar, ofrecer.*

pegajoso adherente, viscoso, untuoso, gelatinoso, aceitoso, grasoso. **2** Meloso, afectuoso, blando, obsequioso. —*Repelente.*

pegamento cola, goma, adhesivo, engrudo.

pegar maltratar, aporrear, castigar, zurrar, asestar. —*Acariciar.* **2** Adherir, aglutinar, encolar, engomar, soldar, fijar, unir.—*Despegar.* **3** Contagiar, transmitir, infectar, contaminar.

peinar desenredar, alisar, cardar, carmenar. —*Despeinar.*

pelado desnudo, despojado, calvo, mondo, lirondo, lampiño. —*Peludo.* **2** Árido, desértico, desnudo, yermo, infértil. —*Fértil.* **3** Indigente, pobre. —*Rico.*

pelafustán holgazán, perezoso, haragán, gandul, vago. —*Diligente.*

pelar rapar, afeitar, trasquilar, motilar, depilar. **2** Mondar, descascarar, descortezar.

pelea contienda, disputa, lucha, combate, riña, lid, pugna, enfrentamiento. —*Paz, concordia.*

pelele monigote, muñeco, fantoche, títere, marioneta. **2** Simple, tonto, bobo, estúpido, inútil.

peliagudo difícil, complicado, arduo, intrincado, enrevesado. —*Fácil.*

película cinta, filme. **2** Membrana, tela, piel, cutícula.

peligro riesgo, amenaza, contingencia, exposición, inseguridad. —*Seguridad.*

pellejo cuero, piel, cutis, hollejo; odre.

pelo cabello, vello, melena, pelambrera, pelaje, mechón, hebra, cerda, fibra.

pelota bola, balón, esfera, esférico.

peluca postizo, bisoñé, peluquín, añadido.

peludo velludo, lanoso, cabelludo, hirsuto, enmarañado.

pena tristeza, aflicción, dolor, pesar, sufrimiento, congoja, duelo, angustia, pesadumbre. —*Alegría.* **2** Castigo, condena, sanción, correctivo. —*Indulto.*

penacho copete, cimera, plumero, airón.

penalty (ing.) falta, sanción, castigo, pena máxima.

penar sufrir, padecer, soportar, tolerar.

pender colgar, suspender, oscilar.

pendiente cuesta, subida, inclinación, rampa, declive, bajada, caída. —*Llano.* **2** Arete, zarcillo, colgante. **3** Suspenso, diferido, prorrogado, incompleto, indefinido. —*Acabado, concluso.*

pendón estandarte, insignia, bandera, enseña.

pene falo, verga, miembro.

penetrante agudo, fuerte, subido, elevado, estrepitoso, ensordecedor. —*Débil*.

penetrar meter, introducir, entrar, insertar, impregnar, calar. —*Sacar, salir*.

penitencia pena, castigo, condena, mortificación.

penoso duro, difícil, arduo, trabajoso, laborioso, fatigoso. —*Fácil*.

pensamiento intelecto, mente, inteligencia, razón, raciocinio, cogitación; máxima, proverbio, frase, sentencia, refrán.

pensar reflexionar, meditar, razonar, imaginar, cavilar, examinar, discurrir. **2** Opinar, juzgar, creer, suponer, entender, sospechar.

pensativo absorto, ensimismado, caviloso, cabizbajo, meditabundo, preocupado.

pensión renta, subsidio, compensación, retiro, subvención. **2** Fonda, hospedaje, alojamiento, albergue.

penumbra sombra, crepúsculo, medialuz.

penuria escasez, carencia, falta, ausencia, miseria, pobreza, indigencia. —*Abundancia, riqueza*.

peña roca, peñasco, piedra, risco, morro. **2** Grupo, círculo, tertulia, club.

peón jornalero, obrero, bracero, trabajador, operario.

peonza trompo, perinola, peón.

peor malo, inferior, desdeñable, deficiente. —*Mejor*.

pequeñez tontería, minucia, nadería, insignificancia, fruslería, pamplina. —*Importancia*.

pequeño diminuto, minúsculo, menudo, mínimo, reducido, corto; enano, liliputiense, pigmeo. —*Grande*. **2** Niño, infante, párvulo, crío, criatura. —*Adulto*.

percance contratiempo, contrariedad, accidente, desgracia, incidente.

percatar(se) advertir, notar, reparar, considerar. **2** Enterarse, conocer, saber, darse cuenta. —*Ignorar*.

percepción impresión, aprehensión, conocimiento, sensación. **2** Idea, imagen, representación. **3** Discernimiento, inteligencia, penetración.

percibir percatarse, sentir, aprehender, apreciar, experimentar. **2** Entender, comprender, intuir. —*Ignorar*. **3** Recaudar, recoger, recibir.

percudir ensuciar, manchar, deslustrar, empañar, deslucir. —*Limpiar*.

percusión golpe, choque, batimiento, porrazo.

percha gancho, perchero, colgadero.

perder(se) extraviar, olvidar, dejar, descuidar. —*Encontrar*. **2** Extraviarse, confundirse, descarriarse, desviarse, desorientarse. —*Encarrilarse*.

perdición ruina, caída, desgracia, infortunio.

perdido desorientado, extraviado, despistado, errante. **2** Corrompido, depravado, inmoral, vicioso, condenado.

perdón indulto, absolución, gracia, amnistía, indulgencia, clemencia, compasión. —*Condena.*

perdurar durar, subsistir, permanecer, continuar. —*Terminar.*

perecer morir, fallecer, fenecer, expirar, sucumbir, extinguirse. —*Nacer.*

peregrinación romería, viaje, trayecto.

peregrino penitente. **2** Viajero, caminante.

perenne eterno, perpetuo, incesante, permanente, imperecedero. —*Efímero, perecedero.*

perentorio terminante, decisivo, definitivo, concluyente. **2** Urgente, apremiante, apresurado.

perezoso haragán, ocioso, descuidado, negligente, indolente, gandul, vago, zángano. —*Trabajador, diligente.*

perfeccionar mejorar, refinar, pulir, consumar, ultimar, terminar.

perfecto insuperable, irreprochable, excelente, superior, magistral. —*Imperfecto.*

pérfido desleal, traidor, infiel, insidioso, engañoso, falso. —*Leal, fiel.*

perfil silueta, figura, contorno.

perforar agujerear, taladrar, horadar, cavar.

perfume fragancia, aroma, esencia, bálsamo, buen olor. —*Hedor.*

pericia habilidad, destreza, aptitud, maestría, capacidad, experiencia. —*Impericia.*

periferia borde, contorno, circunferencia, perímetro. —*Centro.*

perímetro periferia, contorno, límite, borde, circunferencia. —*Centro.*

periódico diario, gaceta, heraldo, noticiero, boletín. **2** Regular, habitual, fijo, reiterado. —*Irregular.*

periodista reportero, redactor, corresponsal, cronista.

período lapso, ciclo, fase, etapa, espacio, época. **2** Menstruación, regla, menstruo, ciclo menstrual.

peripecia accidente, incidente, suceso, lance.

peripuesto compuesto, acicalado, ataviado, endomingado.

perito experto, técnico, conocedor, competente, habil, diestro. —*Inexperto.*

perjudiciar dañar, averiar, arruinar, lesionar, deteriorar. —*Beneficiar.*

perjudicial malo, nocivo, dañino, peligroso, pernicioso, desfavorable. —*Beneficioso.*

permanecer quedarse, persistir, perdurar, durar, continuar, residir, fijarse, establecerse. —*Partir, marcharse.*

permanente firme, estable, fijo, constante, invariable, inmutable, eterno, perenne. —*Transitorio, pasajero.*

permeable filtrable, penetrable, traspasable. —*Impermeable.*

permiso autorización, consentimiento, aprobación, licencia, tolerancia, concesión. —*Prohibición, denegación.*

permutar cambiar, canjear, trocar, intercambiar.

pernicioso V. **perjudicial**.

pernoctar alojarse, hospedarse, dormir, detenerse, parar. — *Viajar.*

pero mas, no obstante, sino, aunque, sin embargo.

perpendicular normal, vertical, recto, en ángulo recto. —*Oblícuo.*

perpetuo V. perenne.

perplejo dudoso, incierto, confuso, vacilante, asombrado, extrañado. —*Resuelto, seguro.*

perro can, cachorro, dogo, sabueso.

perseguir acosar, acechar, rastrear, seguir, hostigar, pisar los talones. 2 Molestar, importunar, atormentar, provocar.

perseverante tenaz, constante, asiduo, firme, insistente. —*Inconstante.*

perseverar persistir, insistir, obstinarse, proseguir. —*Renunciar, abandonar.*

persiana celosía, enjaretado.

persistir V. perseverar.

persona individuo, ente, ser, sujeto, hombre, mujer, personalidad, personaje.

personaje pesonalidad, notabilidad, figura, eminencia, dignatario. 2 Actor, protagonista, figura, intérprete, estrella.

personal peculiar, privado, individual, propio, íntimo. —*General, público.*

personalidad carácter, temperamento, particularidad, distintivo, sello. 2 Personaje, figura.

perspectiva apariencia, aspecto, faceta, matiz.

perspicaz sutil, penetrante, agudo, inteligente, clarividente, lúcido. —*Torpe, obtuso.*

persuadir convencer, inducir, su-

gestionar, incitar, seducir, inspirar, atraer. —*Disuadir.*

pertenecer concernir, atañer, corresponder, competer, incumbir, tocar.

pertenencia propiedad, dominio, posesión.

pertinaz tenaz, insistente, obstinado, terco, testarudo, tozudo. —*Inconstante.*

pertinente oportuno, adecuado, propio, conveniente, conforme, apto. —*Inoportuno.* 2 Referente, concerniente, relativo, perteneciente. —*Ajeno.*

pertrechar abastecer, suministrar, proveer, disponer, preparar.

perturbar alamar, inquietar, trastornar, desasosegar, alterar, intranquilizar. —*Tranquilizar.*

perversión corrupción, degeneración, vicio, depravación, maldad. —*Virtud.*

pesadez impertinencia, molestia, fatiga, carga, terquedad, flema.

pesadilla delirio, alucinación, visión, ensueño. 2 Congoja, angustia, opresión.

pesado grave, macizo, plomizo, cargado. —*Liviano.* 2 Fastidioso, fatigoso, cargante, molesto, importuno, desagradable, abrumador, enojoso, penoso, insoportable. —*Ameno, agradable.* 3 Profundo, intenso, adormecedor, languideciente. —*Ligero.* 4 Lento, lerdo, tardo, calmoso. —*Rápido.*

pésame condolencia, sentimiento, duelo, compasión. —*Felicitación.*

pesar aflicción, dolor, pena, remordimiento, arrepentimiento, sentimiento. —*Gozo, alegría.* **3** Cargar, lastrar, gravitar. **3** Afligir, remorder, doler, apesadumbrar, congojar.

pescar coger, agarrar, atrapar, apresar, capturar.

pescuezo cogote, cuello, cerviz, garganta.

pesebre establo, caballería, cuadra.

pesimista melancólico, abatido, consternado, desilusionado, triste, hipocondríaco, desanimado. —*Optimista.*

pésimo malísimo, atroz, lo peor. —*Magnífico.*

peso carga, lastre, masa, gravedad. —*Ligereza.* **2** Influencia, trascendencia, fuerza. —*Intrascendencia.*

pesquisa investigación, indagación, averiguación, búsqueda, inquisición.

pestaña borde, orilla, saliente.

peste plaga, epidemia, flagelo, azote, contagio. —*Salubridad.* **2** Fetidez, pestilencia, hedor, hediondez.

pestilente fétido, hediondo, nauseabundo, apestoso, maloliente. —*Aromático.*

pestillo cerrojo, pasador, falleba, picaporte.

petardo cohete, volador, buscapiés, triquitraque.

petición pedido, solicitud, ruego, súplica, imploración, demanda, exigencia.

petimetre presumido, coqueto, acicalado, amanerado, figurín, lechuguino. —*Dejado.*

pétreo duro, inquebrantable, recio. —*Blando.* **2** Pedregoso, rocoso, granítico, peñascoso.

petulante vanidoso, vano, fatuo, pedante, presumido, encopetado, presuntuoso. —*Modesto.*

pez espada jifia, espadarte, emperador.

piadoso misericordioso, caritativo, benigno, bondadoso, humano. —*Cruel, inmisericorde.* **2** Religioso, devoto, ferviente, pío, fiel. —*Impío.*

piar cantar, trinar, chillar, llamar.

picadura picada, mordedura, punzada, puntura.

picante condimentado, sazonado, fuerte. **2** Mordaz, satírico, punzante, cáustico, picaresco. —*Suave.*

picaporte aldaba, aldabón, llamador.

picar punzar, pinchar, clavar, aguijonear, acribillar. **2** Desmenuzar, partir, cortar, dividir. —*Unir.* **3** Incitar, espolear, aguijonear, estimular. —*Disuadir.* **4** Inquietar, provocar, enojar. —*Tranquilizar.*

pícaro travieso, pilluelo, astuto, bribón, ladino. **2** Bajo, ruin, villano, granuja, desvergonzado, rufián.

picazón comezón, prurito, urticaria, desazón.

picnic (ing.) merienda, excursión, paseo.

pico boca, lengua. **2** Picacho, cresta, cúspide, cima, cumbre.

pie pata, extremidad. **2** Base, fundamento. **3** Motivo, ocasión, razón.

piedad misericordia, compasión, lástima, clemencia, conmiseración. —*Impiedad, crueldad.* **2**

Devoción, veneración, religiosidad. —*Irreligiosidad.*

piedra roca, peña, peñasco, risco, pedrasco, laja.

piel cutis, epidermis, dermis, membrana, cutícula. **2** Cuero, pellejo, odre. **3** Corteza, cáscara.

pienso heno, forraje, paja, pasto, herbaje.

pierna pata, zanca, gamba, remo, muslo, pernil, extremidad.

pieza trozo, parte, fragmento, pedazo. **2** Habitación, cuarto, sala, aposento, estancia. **3** Moneda, ficha.

pifia error, desacierto, yerro, desatino, equivocación. —*Acierto.*

pigmeo enano, gnomo, liliputiense, pequeño, diminuto. —*Gigante.*

pignorar empeñar, hipotecar.

pila fuente, abrevadero, bebedero, cuenca, bañera, artesa, lavabo. **2** Montón, cúmulo, rimero, acopio, caterva. **3** Generador, batería.

pilar columna, pilastra, poste, mojón, hito, base.

píldora gragea, pastilla, tableta, comprimido.

pillaje rapiña, botín, saqueo, robo, despojo.

pillar agarrar, atrapar, aprehender, sorprender, pescar, capturar. —*Liberar.* **2** Robar, hurtar, saquear, desvalijar.

pillo pícaro, ladino, bribón, granuja, canalla, tramposo.

pilotar conducir, guiar, dirigir, tripular, navegar.

piloto conductor, chofer, guía, timonel.

pinacoteca galería, museo, exposición, sala.

pináculo cima, cumbre, pico, altura, remate, ápice.

pinchar picar, punzar, aguijonear, ensartar, clavar, atravesar. **2** Incitar, hostigar, molestar, provocar, excitar, enojar.

pincho punta, púa, aguja, aguijón, clavo, espina.

pinta mancha, peca, luna, mota. **2** Aspecto, apariencia, facha, figura.

pintar dibujar, trazar, representar, colorear. —*Borrar.* **2** Describir, narrar, contar, representar, explicar.

pintor artista, retratista, paisajista, maestro, creador.

pintoresco colorido, vivo, expresivo, atractivo, animado. —*Monótono, aburrido.*

pintura cuadro, lienzo, tabla, lámina, paisaje. **2** Color, tinte.

pío V. **piadoso.**

piola cuerda, hilo, bramante.

pionero precursor, colonizador, fundador, explorador.

pira V. **hoguera.**

pirata corsario, filibustero, bucanero, contrabandista, aventurero.

piratería pillaje, robo, hurto, rapiña, saqueo.

piropo alabanza, adulación, lisonja, requiebro, flor, galantería. —*Insulto.*

pirueta voltereta, cabriola, bote, gambeta, salto, brinco.

pisada huella, holladura, rastro, vestigio, señal.

pisar hollar, pisotear, apisonar, taconear, marcar, aplastar, andar.

piscina estanque, alberca.

piso suelo, pavimento, asfalto,

adoquinado. **2** Cuarto, habitación, apartamento, vivienda.

pisotear pisar, hollar, aplastar, apisonar. **2** Humillar, maltratar, agraviar, ofender, abatir. — *Enaltecer.*

pista huella, señal, rastro, indicio, signo, vestigio. **2** Circuito, campo.

pistolero atracador, asaltante, asesino, bandido, malhechor.

pizarrón pizarra, encerado.

placa plancha, lámina, película, hoja. **2** Insignia, distintivo.

placer satisfacción, agrado, deleite, gozo, regocijo, júbilo. —*Desagrado.*

plácido placentero, apacible, sosegado, sereno, tranquilo, pacífico, afable, calmado. —*Intranquilo, inquieto.*

plaga calamidad, infortunio, desgracia, catástrofe, peste, ruina, epidemia, flagelo. **2** Abundancia, cantidad, multitud, copia, raudal, lluvia, enjambre.

plagio imitación, copia, calco, reproducción, robo. —*Original.*

plan idea, proyecto, designio, programa, esquema, esbozo.

plancha lámina, placa, hoja, tabla, chapa.

planchar alisar, estirar, prensar, allanar.

planeta astro, cuerpo celeste.

planicie llanura, llano, planada, estepa, sabana, meseta. —*Cordillera.*

plano liso, llano, nivelado, raso, uniforme. —*Abrupto, desigual.* **2** Superficie, cara, lado, extensión. **3** Mapa, carta, croquis, plan.

planta mata, arbusto, árbol, vegetal, hortaliza, verdura.

plantar(se) sembrar, cultivar, poblar. **2** Hincar, introducir, meter, fijar, poner, clavar, asentar. — *Extraer, sacar.* **3** Burlar, desairar, abandonar, dejar. **4** Detenerse, encararse, pararse, rebelarse.

plantear proponer, sugerir, demostrar, exponer, presentar.

plañido sollozo, gemido, llanto, lamentación, gimoteo, queja, súplica.

plasmar formar, crear, concretar, figurar, moldear, concebir.

plata dinero, moneda, riqueza.

plataforma tarima, estrado, tablado, pedestal.

plátano banano, banana.

platería orfebrería, argentería, joyería.

plática charla, conversación, diálogo, coloquio, conciliábulo. **2** Sermón, discurso, conferencia, homilía.

plato bandeja, escudilla, cuenco, fuente. **2** Manjar, vianda, comida.

platónico ideal, romántico, sentimental, puro.

plausible admisible, aceptable, recomendable, probable. —*Inadmisible.* **2** Loable, laudable, meritorio.

playa costa, ribera, litoral, arenal, orilla.

plaza glorieta, plazoleta, ágora. **2** Mercado, feria, zoco. **3** Espacio, lugar, asiento, puesto, sitio. **4** Población, ciudad, villa.

plazo término, tiempo, período, intervalo, lapso. **2** Vencimiento, cuota, pago, mensualidad.

plebeyo popular, vulgar, ordinario, grosero. —*Distinguido.* **2** Villano, humilde, proletario. — *Noble, aristócrata.*

plegar doblar, plisar, cerrar, fruncir, arrugar. —*Desplegar.*

plegaria oración, rezo, súplica, rogativa, invocación, adoración.

pleito litigio, juicio, demanda, querella, riña, disputa.

pleno lleno, colmado, atestado, ocupado, completo. —*Vacío.* **2** Reunión, junta, asamblea, comité.

pleonasmo redundancia, repetición.

plétora abundancia, exceso, caudal, pluralidad, demasía. —*Escasez, falta.*

pliegue doblez, alforza, plisado, dobladura, dobladillo, arruga.

pluralidad diversidad, multiplicidad, variedad, numerosidad.

población habitantes, vecinos, residentes, ciudadanos. **2** Ciudad, poblado, villa, aldea, pueblo, localidad, municipio.

poblador habitante, morador, ciudadano, vecino, residente.

pobre menesteroso, necesitado, desvalido, indigente, miserable. —*Rico.* **2** Escaso, corto, falto, carente, árido. —*Abundante.*

pobreza indigencia, miseria, carencia, necesidad, estrechez, escasez, menester, falta. —*Riqueza, abundancia.*

pocilga porqueriza, chiquero, establo, corral.

pócima poción, brebaje, potingue, cocimiento, julepe.

poco escaso, limitado, insuficiente, corto, parco, reducido. —*Mucho.*

podar cortar, talar, cercenar.

poder mando, dominio, autoridad, supremacía, imperio, potestad, jurisdicción. —*Subordinación.* **2** Vigor, potencia, fuerza, energía. —*Debilidad.* **3** Lograr, obtener, conseguir. **4** Documento, licencia, autorización, pase.

poderoso rico, adinerado, opulento, acaudalado, potentado, pudiente. —*Humilde.* **2** Vigoroso, enérgico, potente, fuerte, pujante, eficaz. —*Débil.*

podrido descompuesto, putrefacto, corrompido, alterado, infectado. —*Fresco.*

poesía poema, verso, balada, trova, estrofa, copla.

poeta vate, rapsoda, trovador, versificador, bardo.

polémica controversia, discusión, disputa, argumento. — *Acuerdo.*

policía autoridad, orden, vigilancia, seguridad. **2** Guardia, agente, vigilante, autoridad.

polichinela muñeco, títere, arlequín, fantoche, pelele.

político hombre público, gobernante, dirigente, estadista. **2** Cortés, urbano, atento, diplomático. —*Impolítico, rudo.*

polución contaminación, degradación, corrupción, suciedad. — *Pureza.*

poluto contaminado, manchado, sucio, maculado. —*Limpio.*

pomada ungüento, crema, bálsamo, potingue.

pompa suntuosidad, magnificiencia, ostentación, lujo, esplendor, fastuosidad. —*Humildad.*

ponderado equilibrado, sensato,

justo, sobrio, mesurado. —*Desmesurado.*

ponderar examinar, considerar, evaluar, pensar. **2** Elogiar, enaltecer, alabar, encomiar.

poner(se) colocar, situar, acomodar, depositar, ubicar, establecer. —*Quitar.* **2** Ataviarse, vestirse, arreglarse. —*Quitarse.* **3** Ocultarse, trasladarse.

ponzoña veneno, tóxico, toxina. —*Antídoto.*

populacho plebe, chusma, vulgo, turba.

popular querido, estimado, admirado, respetado, renombrado. —*Desconocido, impopular.* **2** Público, común, habitual, vulgar. —*Individual, selecto.*

popularidad fama, crédito, estima, gloria, admiración, renombre. —*Impopularidad.*

populoso numeroso, frecuentado, bullicioso. —*Solitario.*

porción pedazo, trozo, parte, fragmento, fracción, segmento, sección. —*Totalidad.*

porche atrio, cobertizo, soportal, vestíbulo, zaguán, pórtico.

pordiosero V. **mendigo.**

porfiado obstinado, obcecado, empecinado, insistente, testarudo, terco, importuno. —*Condescendiente.*

pormenor detalle, pequeñez, nimiedad, particularidad.

pornográfico inmoral, licencioso, grosero, obsceno, verde, sicalíptico. —*Casto, decente.*

poroso esponjoso, permeable, agujereado. —*Impermeable.*

porqué motivo, razón, causa, fundamento, origen.

porquería suciedad, mugre, inmundicia, roña, mierda, desechos, desperdicios, excrementos.

porra maza, cachiporra, clava, garrote, mazo, bastón.

porrazo golpe, trastazo, costalada, caída, topetazo.

portada fachada, frontispicio, frente, exterior, cara.

portafolio cartera, carpeta.

portar(se) llevar, transportar. **2** Comportarse, conducirse, proceder, actuar, obrar.

portátil movil, manejable, transportable, manual, ligero, cómodo. —*Fijo.*

portavoz vocero, cabecilla, líder, director, delegado, representante.

porte aspecto, apariencia, presencia, postura, aire. **2** Transporte, traslado, acarreo.

portento prodigio, maravilla, milagro, asombro, fenómeno, esplendor.

portero guardián, conserje, cuidador. **2** Guardameta, defensor, arquero, guardavalla.

pórtico portal, atrio, vestíbulo, entrada, zaguán, porche.

porvenir futuro, destino, mañana. —*Pasado, presente.*

posada hostería, hostal, mesón, hospedería, fonda, albergue, parador.

posaderas nalgas, asentaderas, trasero, culo, nalgatorio.

posadero hostelero, mesonero, fondista.

posar(se) dejar, soltar, depositar, colocar. **2** Alojarse, hospedarse, guarecerse, pernoctar. **3** Pararse, descansar, reposar, descender.

poseedor propietario, dueño, amo, titular.

poseer tener, dominar, gozar, disfrutar, usufructuar. —*Carecer.*

poseído endemoniado, embrujado, hechizado, poseso, satánico.

posesión (es) propiedad, dominio, usufructo, goce, dominio. 2 Hacienda, bienes, tierras, predios.

posibilidad probabilidad, potencialidad, aptitud.

posible probable, viable, realizable, concebible, creíble, verosímil, factible, dable. —*Imposible, improbable.*

posición postura, situación, disposición, actitud, colocación, ademán.

positivo cierto, real, verdadero, auténtico, seguro, innegable, indudable. —*Dudoso, falso.*

posponer postergar, aplazar, prorrogar, diferir, retardar, demorar. —*Adelantar.* 2 Menospreciar, desdeñar, despreciar. —*Apreciar.*

poste palo, madero, columna, pilar, mojón, tronco.

postergar V. **posponer**.

posterior trasero, último, postrero, siguiente. —*Anterior.*

postigo contrapuerta, contraventana, portezuela, puerta falsa.

postín afectación, vanidad, jactancia, ostentación, alarde. —*Sencillez.*

postizo falso, engañoso, artificial, fingido, añadido. —*Real, verdadero.* 2 Peluca, bisoñé.

postrarse arrodillarse, hincarse, prosternarse, humillarse. —*Erguirse.* 2 Debilitarse, languidecer, desfallecer.

postular solicitar, demandar, pedir, pretender.

postura V. **posición.**

potaje sopa, caldo, brebaje, bebida. 2 Guiso, mezcolanza, revoltijo.

pote tarro, bote, lata, vasija, recipiente. 2 Tiesto, maceta.

potencia fortaleza, vigor, poder, fuerza, imperio, dominación. 2 Posibilidad, probabilidad.

potentado magnate, millonario, acaudalado, opulento, rico. —*Pobre.*

potente enérgico, vigoroso, fuerte, robusto, pujante. —*Débil, impotente.*

potestad dominio, poder, jurisdicción, autoridad, facultad.

potingue pócima, brebaje, mejunje, mezcolanza, revoltijo, bebida.

potrero parcela, campo, solar.

potro jaco, potrillo, caballo, corcel, montura.

pozo hoyo, hueco, depresión, bache, sumidero, foso.

práctica costumbre, rutina, experiencia, ejercicio, hábito, uso. 2 Destreza, habilidad, industria, facilidad, aptitud. —*Ineptitud.*

práctico útil, cómodo, funcional, provechoso. —*Inútil.* 2 Experto, conocedor, diestro, hábil, versado, avezado. —*Inexperto.*

pradera prado, campo, terreno, pastizal.

preámbulo prólogo, preludio, introducción, prefacio, principio, comienzo. —*Epílogo.*

precario inseguro, inestable, frágil, incierto, transitorio, efímero. —*Estable, duradero.*

precaución cautela, reserva, prudencia, moderación, cordura, sensatez. —*Imprudencia, imprevisión.*

precavido prudente, sagaz, prevenido, cauteloso, receloso, discreto. —*Imprudente.*

preceder anteceder, anteponer, anticipar, adelantar, encabezar, prefijar. —*Seguir.* **2** Presidir, superar, aventajar, predominar, sobresalir, destacarse. —*Suceder.*

precepto orden, regla, mandamiento, norma, obligación, canon, máxima, ley.

preciado estimable, predilecto, preferido, precioso, excelente. —*Desdeñado, aborrecido.* **2** Presumido, vano, fatuo, jactancioso. —*Modesto.*

precinto cierre, sello, lacre.

precio valor, estimación, tasa, costo, monto, evaluación.

precioso hermoso, primoroso, bello, lindo, sublime, gracioso. —*Feo.* **2** Valioso, imponderable, rico, importante.

precipicio barranco, abismo, despeñadero, acantilado, talud.

precipitación prisa, apresuramiento, rapidez, brusquedad, atropellamiento, ímpetu. —*Calma, serenidad.*

precipitar(se) arrojar, derribar, empujar, lanzar, despeñar. **2** Apresurarse, abalanzarse, arrojarse, tirarse, dispararse. —*Contenerse.*

precisar necesitar, requerir, faltar, carecer. —*Tener.* **2** Determinar, concretar, fijar, establecer, detallar.

preciso exacto, fiel, puntual, jus-

to, acertado, matemático, regular. —*Impreciso.* **2** Indispensable, imprescindible, necesario, esencial, forzoso. —*Innecesario.*

preconcebido meditado, reflexionado, prejuzgado, pensado. —*Irreflexivo.*

precoz adelantado, prematuro, temprano; prodigio. —*Retrasado.*

precursor predecesor, antecesor, pionero, anterior, antepasado, ascendiente, mayor, progenitor.

predador depredador, cazador, carnicero.

predecesor V. **precursor**.

predecir antedecir, anunciar, profetizar, pronosticar, adivinar, vaticinar, augurar, anticipar.

predestinado señalado, destinado, nacido, elegido.

predicar evangelizar, catequizar, instruir, sermonear, platicar. **2** Reprender, exhortar, amonestar.

predilección preferencia, prelación, inclinación, propensión, favoritismo. —*Aversión.*

predio dominio, posesión, heredad, tierra, finca, hacienda.

predisposición propensión, inclinación, tendencia, disposición. —*Indisposición.*

predominar preponderar, imperar, prevalecer, dominar, reinar. **2** Sobresalir, aventajar, surgir, exceder.

preferencia inclinación, predilección, parcialidad, favor. —*Imparcialidad, menosprecio.* **2** Ventaja, superioridad, preeminencia, supremacía, preponderancia. —*Inferioridad.*

preferido predilecto, favorito,

elegido, privilegiado, protegido, mimado. —*Odiado, menospreciado.*

pregonar proclamar, promulgar, divulgar, vocear, avisar, notificar, publicar. —*Callar.*

preguntar interrogar, demandar, interpelar, inquirir, consultar, averiguar, examinar. —*Responder.*

prejuicio aprensión, prevención, recelo, parcialidad, arbitrariedad. —*Imparcialidad.*

preliminar anterior, inicial, preparatorio, antecedente, preámbulo. —*Final, conclusivo.*

preludio introducción, prólogo, preámbulo, inicio, entrada, comienzo. —*Epílogo, final.*

prematuro temprano, precoz, anticipado, adelantado, verde. —*Retrasado.*

premeditado planeado, deliberado, pensado, meditado, madurado, preparado, urdido. —*Improvisado.*

premio galardón, distinción, medalla, laurel, recompensa, retribución, remuneración. —*Castigo.*

premonición presentimiento, corazonada, presagio, síntoma.

premura prisa, apuro, urgencia, aprieto, prontitud, rapidez. —*Lentitud, calma.*

prenda vestido, ropa, atavío, traje. 2 Garantía, fianza, empeño, prueba, vale. 3 Virtud, cualidad, perfección, capacidad.

prendarse enamorarse, encariñarse, aficionarse, derretirse, chiflarse. —*Repeler, aborrecer.*

prender sujetar, agarrar, coger,

apresar, detener, encarcelar, aprisionar. —*Soltar.* 2 Incendiar, quemar, arder, inflamar. —*Apagar.*

prensa compresora, estampadora, impresora, imprenta. 2 Periódicos, diarios, publicaciones.

prensar comprimir, apretar, estrujar, aprensar, exprimir, oprimir. —*Soltar.*

preñada embarazada, encinta, gestante, fecundada.

preocupar intranquilizar, inquietar, turbar, alarmar, desasosegar, agitar, afligir, angustiar. —*Despreocupar, tranquilizar.*

preparar arreglar, disponer, organizar, ordenar, aprestar, acondicionar, planear. —*Improvisar.*

preponderar predominar, prevalecer, sobresalir, aventajar, dominar.

presa botín, captura, trofeo, caza, pillaje. 2 Represa, dique, acequia.

presagio presentimiento, augurio, profecía, pronóstico, vaticinio, oráculo, señal.

presbítero párroco, cura, sacerdote.

prescindir omitir, excluir, dejar, repudiar, evitar, rehuir. —*Considerar, incluir.*

prescribir ordenar, mandar, dictar, determinar, disponer. —*Obedecer.* 2 Recetar, formular.

presencia apariencia, aspecto, aire, facha, pinta, figura, talante. 2 Asistencia, audiencia, comparecencia, permanencia. —*Ausencia.*

presenciar asistir, estar presente. —*Ausentarse.* 2 Contemplar, mirar, observar, ver. —*Ignorar.*

presentar(se) mostrar, exhibir, exponer, ostentar, enseñar, dar a conocer. —*Ocultar*. **2** Introducir, relacionar, vincular, saludar. **3** Manifestar, exponer, explicar. —*Callar*. **4** Comparecer, asistir, aparecer, acudir, ir. —*Marcharse*.

presente regalo, obsequio, don, dádiva, ofrenda. **2** Concurrente, asistente, espectador. —*Ausente*. **3** Actual, contemporáneo, ahora, vigente, moderno, reciente. —*Pasado, antiguo*.

presentimiento corazonada, sospecha, augurio, suposición, conjetura, intuición.

preservar conservar, mantener, resguardar, amparar, cuidar, defender. —*Abandonar*.

presidente gobernante, rector, principal, cabeza, superior, jefe, directivo.

presidiario preso, prisionero, recluso, condenado.

presidio prisión, cárcel, penitenciaría, penal.

presidir dirigir, mandar, gobernar, regir, encabezar, guiar. —*Obedecer*.

presión tensión, opresión, compresión, aprisionamiento, estrujón. —*Relajación*.

presionar comprimir, apretar, estrujar, forzar, aplastar, empujar. —*Relajar*. **2** Imponer, forzar.

préstamo anticipo, adelanto, ayuda, prestación, garantía. —*Deuda*.

prestancia elegancia, distinción, porte, dignidad, excelencia, garbo. —*Vulgaridad*.

prestar facilitar, ayudar, antici-

par, ofrecer, proporcionar. —*Negar*.

presteza velocidad, rapidez, celeridad, ligereza, prontitud. —*Lentitud*.

prestidigitador ilusionista, mago, escamoteador.

prestigio crédito, renombre, reputación, fama, popularidad. —*Descrédito*.

presto veloz, raudo, rápido, pronto, presuroso, diligente, apresurado. —*Lento, tardo*. **2** Dispuesto, preparado, listo.

presumido engreído, vanidoso, jactancioso, presuntuoso, ostentoso, fatuo, ufano. —*Humilde, modesto*.

presumir suponer, sospechar, conjeturar, imaginar, prever. **2** Vanagloriarse, engreirse, jactarse, envanecerse, ostentar, ufanarse. —*Humillarse*.

presuroso apresurado, rápido, raudo, presto, febril, activo, diligente. —*Lento, calmoso*.

pretender ambicionar, anhelar, aspirar, ansiar, desear, aspirar. —*Renunciar*.

pretendiente galán, enamorado, cortejador, galanteador, novio. **2** Candidato, aspirante, postulante, solicitante, pretensor.

pretexto disculpa, excusa, evasiva, motivo, razón, argumento.

prevalecer predominar, preponderar, sobresalir, imperar, aventajar, reinar.

prevención preparación, medida, providencia, disposición, organización. **2** Recelo, sospecha, suspicacia, desconfianza, prejuicio.

prevenir avisar, advertir, informar, alertar, notificar, apercibir. **2** Disponer, preparar, aprestar, prever. **3** Impedir, obstaculizar, dificultar. —*Facilitar.*

prever anticipar, prevenir, precaver, predecir, presagiar, adivinar.

previo anterior, preliminar, precedente, preparatorio, inicial. —*Posterior.*

previsión precaución, prevención, prudencia, cautela, preparación, atención. —*Imprevisión.*

prima premio, recompensa, indemnización, regalo, gratificación.

primacía predominio, superioridad, preponderancia, supremacía, ventaja. —*Inferioridad.*

primaveral fresco, lozano, reciente, joven. —*Otoñal, viejo.*

primero Inicial, primigenio, inaugural, prístino, principal. —*Segundo, postrero.* **2** Sobresaliente, excelente, grande, superior. —*Inferior.* **3** Antes, primeramente, al principio, al comienzo. —*Después.*

primogénito heredero, mayorazgo, hijo mayor.

primor esmero, cuidado, finura, perfección, maestría, exquisitez, gracia, pulcritud. —*Imperfección.*

primordial inicial, fundamental, primitivo, primario, esencial. —*Secundario.*

principal fundamental, vital, esencial, sustancial, capital. —*Secundario, accesorio.* **2** Noble, ilustre, distinguido, aristocrático.

principiante novato, aprendiz,

novicio, neófito, bisoño. —*Experto, ducho.*

principio comienzo, inicio, introducción, preámbulo, inauguración, origen, génesis. —*Final.*

prioridad preferencia, primacía, preeminencia, anterioridad, precedencia. —*Posterioridad.*

prisa urgencia, rapidez, prontitud, celeridad, premura, apremio. —*Calma.*

prisión cárcel, presidio, penal, correccional, calabozo, reformatorio. —*Libertad.* **2** Pena, cautiverio, arresto, condena. —*Liberación.*

prisionero preso, cautivo, detenido, recluso, presidiario, encarcelado, rehén. —*Libre.*

primáticos binoculares, gemelos, largavistas, anteojos.

prístino primitivo, primero, antiguo, original. —*Posterior.*

privación falta, carencia, ausencia, necesidad, penuria, escasez. —*Abundancia.*

privado personal, particular, familiar, íntimo. —*Público.*

privar despojar, quitar, usurpar, desposeer, confiscar, prohibir. —*Devolver.*

privilegiado favorecido, afortunado, escogido, predilecto, preferido, favorito. —*Desgraciado, desafortunado.*

privilegio ventaja, favor, gracia, dispensa, prerrogativa, concesión

probable posible, plausible, potencial, factible, admisible, viable, verosímil. —*Improbable.*

probar ensayar, intentar, experimentar, tantear. **2** Catar, gustar, saborear, paladear, libar. **3** Demostrar, comprobar, verificar, evidenciar, atestiguar, confirmar.

problema dificultad, conflicto, contrariedad, dilema, enigma, rompecabezas. —*Facilidad, solución.*

procaz desvergonzado, atrevido, descarado, insolente, sinvergüenza. —*Honesto.*

procedencia fuente, origen, naturaleza, ascendencia, raíz, principio, fundamento. —*Destino.*

proceder provenir, derivar, originar, dimanar, arrancar. **2** Actuación, conducta, comportamiento, maneras, modos. **3** Comportarse, portarse, obrar, actuar, conducirse.

procedimiento método, sistema, forma, manera, fórmula, costumbre.

procesar encausar, enjuiciar, condenar, incriminar, acusar, inculpar. —*Indultar.*

procesión comitiva, desfile, marcha, séquito, acompañamiento.

proceso juicio, pleito, caso, sumario. **2** Transcurso, desarrollo, paso, evolución, marcha, sucesión.

proclama notificación, pregón, publicación, aviso, edicto, cartel, letrero, anuncio.

proclamar publicar, pregonar, notificar, anunciar. **2** Aclamar, nombrar, elegir, destacar.

procrear engendrar, fecundar, fructificar, producir, criar.

procurar intentar, pretender, tantear, proponer, gestionar, tratar.

prodigio milagro, portento, maravilla, fenómeno, asombro. —*Banalidad.*

pródigo generoso, derrochador, despilfarrador, dadivoso, manirroto. —*Avaro.*

producir procrear, gestar, dar fruto, crear, inventar. **2** Fabricar, elaborar, manufacturar, hacer.

productivo provechoso, lucrativo, beneficioso, remunerativo. —*Improductivo.* **2** Fértil, fecundo, fructífero. —*Estéril.*

producto rendimiento, beneficio, utilidad, lucro, ganancia. **2** Fruto, resultado, obra.

proeza osadía, hazaña, heroicidad, valentía, hombría. —*Cobardía.*

profanación sacrilegio, blasfemia, violación, deshonra, escarnio, irreverencia. —*Veneración.*

profano irreligioso, impío, sacrílego, impiadoso. —*Piadoso, reverente.* **2** Mundano, terrenal, temporal, seglar. —*Espiritual, sagrado.*

profecía predicción, presagio, vaticinio, anuncio, augurio, adivinación.

proferir decir, pronunciar, exclamar, articular, gritar. —*Callar.*

profesar creer, reconocer, confesar, declarar, seguir. —*Renegar.* **2** Ejercer, practicar, ocuparse. **3** Enseñar, explicar, adoctrinar.

profesión carrera, ocupación, oficio, actividad, quehacer.

profesor maestro, educador, instructor, mentor, preceptor, catedrático. —*Discípulo.*

profeta enviado, adivino, pronosticador, vaticinador, clarividente.

prófugo desertor, fugitivo, huido, evadido.

profusión abundancia, exceso,

plétora, riqueza, exuberancia, copia, raudal. —*Escasez.*

progenie abolengo, casta, linaje, familia, padres, progenitores, antepasados. —*Herederos, descendientes.*

programa plan, proyecto, sistema, exposición, diseño. **2** Edicto, proclama, aviso.

progreso mejora, adelanto, perfeccionamiento, avance, desarrollo, evolución. —*Retroceso.*

prohibir vedar, negar, impedir, privar, limitar, interdecir. —*Consentir, autorizar.*

prójimo semejante, hermano, pariente, vecino.

prole descendencia, hijos, sucesión, familia, progenie.

proliferar abundar, pulular, difundirse, multiplicarse. —*Escasear.*

prolijo largo, amplio, dilatado, extendido, extenso. —*Conciso.* **2** Cuidadoso, esmerado, escrupuloso. —*Descuidado.*

prólogo preámbulo, prefacio, introducción, preludio. —*Epílogo.*

prolongar alargar, dilatar, extender, estirar, desarrollar. —*Estrechar, acortar.* **2** Retrasar, retardar, postergar, demorar. —*Abreviar.*

prometer ofrecer, proponer, dar palabra, comprometerse. **2** Asegurar, aseverar, afirmar, ratificar.

prominente saliente, protuberante, abultado, abombado. —*Cóncavo.*

promiscuidad mezcla, mezcolanza, confusión, heterogeneidad. —*Selección.*

promocionar impulsar, fomentar, desarrollar.

promover ascender, elevar, levantar, impulsar. —*Detener.* **2** Iniciar, originar, engendrar.

promulgar publicar, divulgar, difundir, propagar, proclamar.

pronosticar V. **predecir.**

prontitud presteza, celeridad, velocidad, urgencia, diligencia, prisa, apresuramiento. —*Retardo, lentitud.*

pronto rápido, veloz, apresurado, acelerado, presto, raudo. —*Lento.* **2** Dispuesto, preparado, listo, alerta. —*Desprevenido, descuidado.*

pronunciar proferir, articular, modular, enunciar, decir. —*Callar.*

propagar difundir, divulgar, esparcir, contagiar, transmitir, publicar, pregonar, avisar. —*Limitar, restringir.*

propasarse excederse, desmedirse, desaforarse, abusar, extralimitarse. —*Comedirse, moderarse.*

propensión tendencia, inclinación, predisposición, vocación, proclividad, devoción, simpatía. —*Aversión.*

propicio favorable, adecuado, útil, oportuno, conforme, dispuesto. —*Inadecuado.*

propiedad posesión, pertenencia, dominio. **2** Hacienda, bienes, patrimonio, heredad, finca, predio, latifundio. **3** Esencia, cualidad, característica, atributo, rasgo, nota, peculiaridad. **4** Semejanza, exactitud, precisión, rigor. —*Impropiedad.*

propietario dueño, amo, señor, hacendado, terrateniente, titular. —*Inquilino*.

propina gratificación, recompensa, compensación.

propio característico, peculiar, específico, exclusivo, privativo, individual. —*Ajeno*. 2 Adecuado, conveniente, oportuno, conforme, justo, apto. —*Inadecuado*.

proponer(se) insinuar, sugerir, presentar, exponer, procurar. —*Disuadir*. 2 Aspirar, ensayar, intentar, procurar.

proporción armonía, equilibrio, simetría, correspondencia, relación, conformidad. —*Desproporción, desequilibrio*.

proporcionar dar, suministrar, facilitar, proveer, entregar. —*Quitar*. 2 Equilibrar, ajustar, adecuar. —*Desproporcionar*.

propósito intención, idea, intento, finalidad, aspiración, proyecto, voluntad.

prorrogar aplazar, dilatar, demorar, retrasar, diferir, suspender. —*Adelantar, anticipar*.

prosaico vulgar, común, insulso, grosero, tosco. —*Poético, elevado*.

proscrito desterrado, expatriado, expulsado, excluido.

proseguir continuar, seguir, avanzar, reanudar, perpetuar. —*Interrumpir*.

prosperidad progreso, adelanto, auge, florecimiento, éxito, bienandanza. —*Desdicha*.

próspero venturoso, rico, radiante, floreciente, boyante. —*Infeliz*.

prosternarse arrodillarse, hincarse, humillarse.

prostíbulo burdel, lupanar, lenocinio, casa de citas, mancebía.

prostituta ramera, puta, meretriz, hetera, zorra, callejera, buscona, esquinera, copera, hetaira.

protagonista figura principal, estrella, galán, héroe, personaje, intérprete, actor.

proteger amparar, defender, resguardar, cuidar, apoyar, ayudar, auxiliar, velar. —*Perseguir*.

protestar reclamar, refutar, declarar, negar, oponerse, rebelarse, sublevarse. —*Aceptar, admitir*.

protocolo ceremonia, etiqueta, ritual, pompa, rito.

prototipo modelo, ejemplo, muestra, tipo, ideal, patrón, horma, molde. —*Copia*.

protuberancia prominencia, bulto, saliente, relieve, turgencia, realce, abombamiento. —*Depresión*.

provecho beneficio, utilidad, fruto, ganancia, conveniencia, lucro, renta. —*Pérdida*.

proveer surtir, abastecer, suministrar, dotar, aprovisionar, proporcionar. —*Privar, negar, quitar*.

provenir proceder, originarse, nacer, descender, derivar, surgir, emanar, venir.

proverbial acostumbrado, habitual, conocido, tradicional, sabido. —*Desconocido*.

proverbio refrán, adagio, sentencia, máxima, dicho, pensamiento, moraleja.

providencia destino, hado, fatalidad, azar, estrella. 2 Prevención, precaución, disposición, medida.

provincia departamento, comarca, localidad, distrito, territorio.

provisión abastecimiento, depósito, reserva, acopio, almacenamiento.

provisional temporal, momentáneo, pasajero, transitorio, interino. —*Definitivo.*

provocar retar, desafiar, incitar, hostigar, molestar. —*Tranquilizar.* 2 Causar, suscitar, originar, promover, inducir. —*Impedir, parar.*

próximo cercano, vecino, contiguo, lindante, fronterizo, adyacente. —*Lejano.*

proyectar idear, planear, preparar, concebir, imaginar, forjar, tramar, bosquejar. 2 Lanzar, arrojar, tirar, despedir. —*Retener, frenar.*

proyectil bala, munición, perdigón, tiro, dardo, granada, cohete, bomba.

proyecto idea, plan, designio, intento, proposición, maquinación. 2 Esbozo, bosquejo, esquema, diseño, borrador.

prudencia discreción, moderación, sensatez, mesura, cordura, precaución, cautela. —*Imprudencia.*

prueba experimento, ensayo, investigación, examen, comprobación, sondeo. 2 Testimonio, argumento, evidencia, indicio, comprobación, confirmación, demostración.

psíquico anímico, inmaterial, espiritual. —*Material, corporal.*

púa espina, punta, aguja, puya, pincho, aguijón.

pub (ing.) bar, cervecería.

publicar editar, estampar, imprimir, lanzar. 2 Divulgar, difundir, proclamar, anunciar, revelar. —*Ocultar.*

publicidad propaganda, aviso, anuncio, pregón, difusión.

público conocido, difundido, popular, divulgado, sabido. —*Secreto, privado.* 2 Estatal, oficial, gubernativo. —*Privado.* 3 Espectadores, asistentes, oyentes, concurrencia, auditorio.

puchero marmita, olla, cazuela, pote, vasija, perol.

pudiente opulento, rico, próspero, acaudalado, potentado. —*Pobre, desvalido.*

pudor recato, modestia, decoro, honestidad, decencia, castidad. —*Indecencia.*

pudrirse descomponerse, estropearse, desintegrarse, corromperse, alterarse. —*Conservarse.*

pueblo poblado, villa, aldea, caserío. —*Ciudad.* 2 País, nación, Estado, patria. 3 Raza, tribu, clan, casta, familia.

puente pasarela, paso, viaducto, acueducto.

puerco cerdo, cochino, marrano, lechón; tocino. 2 Sucio, desaseado, mugriento, desidioso, asqueroso. —*Limpio, aseado.*

pueril fútil, trivial, vano, infundado, baladí. —*Importante.* 2 Infantil, aniñado, inocente, cándido, ingenuo. —*Maduro, malicioso.*

puerta portón, entrada, acceso, portal, ingreso.

puerto desembarcadero, fondeadero, dársena, bahía, rada. 2 Desfiladero, paso, garganta, angostura.

puesto sitio, lugar, paraje, punto, situación, posición. **2** Tienda, tenderete, quiosco, barraca. **3** Cargo, empleo, oficio, función, plaza.

púgil boxeador, luchador.

pugna pelea, combate, contienda, batalla, lucha, enfrentamiento. —*Acuerdo, concordia.*

pujante vigoroso, potente, fuerte, poderoso. —*Débil.*

pulcro limpio, aseado, esmerado, prolijo, cuidadoso, escrupuloso. —*Desaseado, descuidado.*

pulido liso, terso, lustroso, brillante, aseado, acicalado, pulcro. **2** Educado, cortés, amable, atento, fino. —*Descortés.*

pulir pulimentar, alisar, lustrar, bruñir, limar, alijar, suavizar. **2** Refinar, perfeccionar, aderezar, adornar.

pulla burla, broma, mofa, escarnio, afrenta.

pulpa médula, tuétano, carne.

pulpería tienda, abastos, negocio, comercio.

pulsera brazalete, manilla, argolla, ajorca, aro, esclava.

pulso palpitación, latido, pulsación. **2** Seguridad, firmeza, tino, acierto.

pulular multiplicarse, proliferar, abundar, bullir, hormiguear. —*Escasear.*

pulverizar triturar, moler, atomizar, fraccionar, desmenuzar, polvificar.

puma león americano.

pundonor decoro, dignidad, honor, orgullo. —*Desvergüenza.*

punible condenable, reprochable, consurable, vituperable. —*Elogiable.*

punta púa, aguja, clavo, espina, aguijón. **2** Extremo, cabo, vértice, extremidad, arista. **3** Promontorio, pico, cima, cumbre, cabo. —*Falda, ladera.*

puntapié patada, coz, pataleo, golpe.

puntería tino, acierto, habilidad, destreza.

puntiagudo afilado, agudo, aguzado, punzante, penetrante, picudo. —*Romo.*

punto sitio, lugar, puesto, paraje, localidad, situación. **2** Tema, asunto, cuestión, materia.

puntual cumplidor, regular, preciso, metódico, exacto, matemático, estricto. —*Impreciso.*

punzante doloroso, lacerante, agudo, intenso, fuerte, picante, mordaz.

punzar pinchar, picar, herir.

punzón buril, estilo, clavo, pincho, aguja, punta.

puñado conjunto, grupo, porción.

puñal daga, navaja, cuchillo, estilete, arma blanca, facón.

puñetazo bofetón, trompada, guantada, mamporro.

puño mango, empuñadura, asidero, manubrio.

pupilo interno, residente, pensionista, alumno.

pupitre escritorio, bufete.

puré papilla, pasta, crema.

purgar purificar, limpiar, depurar. **2** Expiar, pagar. **3** Evacuar, eliminar, expeler.

purificar refinar, limpiar, depurar, purgar, filtrar. —*Ensuciar.*

puritano austero, rígido, severo,

inflexible, riguroso, intransigente. —*Tolerante.*

puro casto, inmaculado, incorrupto, pudoroso. —*Impuro.* 2 Legítimo, recto, correcto, natural. —*Adulterado, artificial, incorrecto.*

púrpura escarlata, granate, carmesí, rojo.

pus materia, humor, supuración.

pusilánime temeroso, miedoso, tímido, apocado, medroso. —*Osado, valiente.*

putrefacto podrido, corrompido, descompuesto, desintegrado, alterado, fermentado, rancio, inmundo. —*Fresco.*

puya pica, púa, vara, lanza, asta.

Q

quebrada desfiladero, cañón, angostura, garganta, paso, cañada.

quebradizo frágil, endeble, débil, vidrioso, delicado. —*Resistente, fuerte.*

quebrado escabroso, montañoso, abrupto, áspero, escarpado, fragoso. —*Llano.*

quebra tar infringir, vulnerar, transgredir, violar, desobedecer, profanar. —*Cumplir.* 2 Quebrar, romper, despedazar, separar, dividir. —*Unir, juntar.*

quebrar romper, despedazar, fragmentar, dividir, separar. —*Unir, juntar.* 2 Arruinarse, fracasar.

quedar(se) acordar, pactar, convenir, decidir. 2 Permanecer, detenerse, durar, persistir, resistir. —*Irse.* 3 Instalarse, establecerse, arraigarse, residir. —*Mudarse.*

quehacer ocupación, trabajo, tarea, labor, actividad, función, deber.

quejarse lamentarse, dolerse, gemir, sollozar. 2 Protestar, demandar, reclamar, reprochar.

quemar incendiar, incinerar, abrasar, arder, chamuscar, achicharrar, consumir. —*Apagar.*

querella pleito, litigio, denuncia, demanda, acusación, reclamación. 2 Riña, pelea, disputa, pendencia, discordia, contienda, altercado. —*Reconciliación.*

querer desear, apetecer, ambicionar, anhelar, ansiar, pretender. —*Rechazar.* 2 Amar, estimar, ado-

rar, venerar, idolatrar. —*Odiar.* 3 Determinar, resolver, tener voluntad. 4 Pedir, exigir, requerir.

querida amante, manceba, concubina.

querosén queroseno, combustible, carburante.

quiebra bancarrota, ruina, hundimiento, fracaso, pérdida. —*Prosperidad.* 2 Grieta, raja, hendidura, abertura.

quieto inmóvil, detenido, inerte, paralizado, estático, inanimado, firme, inactivo. —*Móvil, activo.* 2 Calmado, reposado, sosegado, apacible, pacífico, tranquilo, silencioso. —*Intranquilo.*

quimera delirio, fantasía, ilusión, desvarío, fábula, utopía, leyenda. —*Realidad.*

quinta finca, villa, chalé, estancia.

quiosco templete, pabellón, cenador. 2 Tenderete, puesto, barraca.

quisquilloso susceptible, puntilloso, meticuloso, exigente, delicado. —*Descuidado.*

quiste tumor, bulto, protuberancia, hinchazón.

quitar despojar, privar, robar, usurpar, hurtar. —*Devolver.* 2 Retirar, extraer, eliminar, suprimir, extirpar, librar, desembarazar. —*Agravar, imponer.* 3 Destituir, derrocar, despachar. —*Nombrar.*

quizá tal vez, acaso, puede ser. —*Indudablemente.*

R

rabia irritación, enfado, furia, enojo, coraje, cólera, ira. —*Serenidad, calma.* **2** Hidrofobia.

rabo cola, apéndice.

racha etapa, período, lapso, momento. **2** Ráfaga, vendaval, soplo.

racimo manojo, ramillete, grupo, conjunto.

raciocinio razonamiento, juicio, lógica, pensamiento, deducción. —*Absurdo.*

ración medida, porción, parte, cuota. —*Totalidad.*

racional lógico, coherente, razonable, justo, correcto. —*Ilógico, irracional.* **2** Humano, inteligente. —*Irracional.*

racionar distribuir, repartir, suministrar, proveer.

rada bahía, ensenada, golfo, puerto, cala.

radiante dichoso, alegre, feliz, contento, jubiloso. —*Infeliz.* **2** Luminoso, resplandeciente, brillante, centelleante, rutilante, fulgurante. —*Apagado, oscuro.*

radiar brillar, centellear, resplandecer, refulgir, irradiar. **2** Difundir, divulgar, emitir, transmitir, publicar.

radical absoluto, tajante, violento, excesivo, drástico.

raer raspar, rasar.

ráfaga vendaval, torbellino, ventolera, borrasca, tromba, ciclón.

raído gastado, usado, viejo, ajado, marchito, deteriorado. —*Nuevo.*

raigambre arraigo, firmeza, seguridad, base, raíz, estabilidad. —*Inestabilidad.*

raíz rizoma, tubérculo, cepa, radícula. **2** Origen, principio, causa, fundamento, base.

raja grieta, hendedura, abertura, fisura, resquicio. **2** Tajada, rebanada, corte.

rajar abrir, partir, resquebrajar, agrietar.

ralea linaje, raza, clase, casta, calaña, género.

rallar triturar, desmenuzar, pulverizar, restregar, lijar, frotar.

ralo gastado, raído, deteriorado, poroso, espaciado, disperso. —*Tupido.*

rama vara, vástago, ramo, gajo, tallo. **2** Ramificación, bifurcación, ramal, subdivisión.

ramaje enramada, follaje, broza, frondas.

ramera V. **prostituta.**

ramificarse dividirse, subdividirse, esparcirse, separarse, divergir.

ramo manojo, atado, ramillete. **2** Departamento, sector, sección, parte.

rampa pendiente, desnivel, declive, cuesta, talud, ladera. —*Llano.*

ramplón ordinario, vulgar, tosco, inculto, grosero, chabacano. —*Fino, distinguido.*

rancho granja, hacienda; ganadería.

rancio añejo, antiguo, arcaico, vetusto. —*Nuevo.* **2** Pasado, podrido, descompuesto, alterado. —*Fresco.*

rango nivel, categoría, jerarquía, condición.

ranking (ing.) clasificación, rango, lista.

ranura estría, surco, raja, hendidura, canal, grieta.

rapar rasurar, pelar, afeitar.

rapaz codicioso, ambicioso, ávido, usurero. —*Generoso.*

rapidez velocidad, celeridad, prontitud, ligereza, apresuramiento, diligencia. —*Lentitud.*

rapiña robo, pillaje, saqueo, ratería, despojo, usurpación.

raptar secuestrar, retener, recluir, forzar. —*Liberar.*

raquítico enclenque, débil, anémico, endeble, mísero, mezquino. —*Vigoroso.*

raro extravagante, extraordinario, excepcional, singular, original, sorprendente, insólito. —*Normal.*

rasar nivelar, igualar.

rascar frotar, fregar, restregar, arañar, escarbar.

rasgar desgarrar, despedazar, destrozar, deshilar, romper.

rasgo(s) cualidad, carácter, atributo, distinción, nota, propiedad. **2** Trazo, línea, raya, plumazo. **3** Facciones, semblante, fisionomía, talante.

rasguñar arañar, rasgar, marcar, escarbar.

raso liso, plano, despejado, pelado, desnudo, calvo. —*Des-*

igual, accidentado. **2** Común, simple, corriente, vulgar. —*Extraordinario.*

raspar raer, frotar, limar, arañar, rayar.

rastrear buscar, indagar, explorar, perseguir, escudriñar.

rastrero vil, despreciable, indigno, innoble, bajo. —*Noble, digno.*

rastro señal, vestigio, indicio, signo, pista, huella.

ratificar corroborar, revalidar, reafirmar, confirmar, aprobar.

rato momento, instante, soplo, tiempo, período, etapa, pausa, lapso.

raudal abundancia, cantidad, copia, diluvio, aluvión. —*Escasez.*

raudo rápido, veloz.

raya línea, trazo, rasgo, lista. **2** Límite, confín, frontera, linde, extremo.

rayar trazar, marcar, tachar, delinear, subrayar.

rayo relámpago, centella, destello, fulgor. **2** Radio, línea, varilla.

raza linaje, casta, ralea, abolengo, género, especie.

razón raciocinio, inteligencia, discernimiento, entendimiento, juicio. **2** Causa, motivo, porqué, fundamento, fin. —*Consecuencia.* **3** Buen sentido, racionalidad, equidad, juicio. **4** Argumento, prueba, explicación, demostración.

razonable sensato, lógico, racional, justo, equitativo. —*Insensato* . **2** Moderado, suficiente, mediano, regular, conveniente. —*Desproporcionado.*

razonar reflexionar, argumentar, dilucidar, discurrir, pensar, analizar, colegir. —*Disparatar.*

reacción resistencia, oposición, rebeldia. —*Sometimiento.*

reacio rebelde, indócil, renuente, reluctante, testarudo, difícil. —*Dócil, obediente.*

real verdadero, auténtico, verídico, innegable, cierto, positivo. —*Irreal.* 2 Regio, soberano, imperial, principesco, noble. —*Plebeyo.*

realce grandeza, esplendor, lustre, brillo.

realeza majestad, nobleza, soberanía, majestuosidad, magnificencia. —*Plebeyez.*

realidad objetividad, materialidad, existencia, autenticidad, certeza. —*Fantasía, irrealidad.*

realizar construir, crear, ejecutar, elaborar, hacer, formar, efectuar. —*Destruir.* 2 Vender.

realzar elevar, levantar, alzar, subir. 2 Enaltecer, engrandecer, acentuar, aumentar, elevar. —*Rebajar.*

reanimar reconfortar, reavivar, fortalecer, restablecer, vigorizar. —*Debilitar.* 2 Animar, consolar, alentar. —*Desanimar.*

reanudar continuar, seguir, proseguir, renovar. —*Interrumpir.*

reata correa, cuerda, soga. 2 Recua, caballería, grupo.

rebajar aminorar, disminuir, reducir, bajar, deducir. —*Aumentar, subir.* 2 Abaratar, descontar, desvalorizar. —*Encarecer.* 3 Humillar, degradar, envilecer, abatir. —*Enaltecer.*

rebanada tajada, rodaja, loncha, rueda, trozo.

rebaño tropel, hato, manada, bandada, jauría, vacada.

rebasar sobrepasar, superar, exceder, aventajar, ganar.

rebatir impugnar, refutar, argüir, contradecir, rechazar, oponerse. —*Admitir.*

rebelarse sublevarse, amotinarse, insurreccionarse, levantarse, conspirar, protestar. —*Acatar, obedecer.*

rebelde insurrecto, insurgente, sublevado, sedicioso. 2 Desobediente, indómito, indócil, indisciplinado, insumiso, terco, reacio. —*Obediente, sumiso.*

rebelión alzamanto, levantamiento, sublevación, insurrección, resurrección, revolución, sedición, motín.

reblandecer ablandar, suavizar, enternecer, emblandecer, debilitar. —*Endurecer.*

reborde cornisa, saliente, pestaña, orillo, margen.

rebosar verterse, derramarse, salirse, caer, exceder.

rebotar saltar, brincar, repercutir, retroceder.

rebuscado afectado, artificial, complicado, repulido, artificioso. —*Sencillo, directo.*

recabar alcanzar, obtener, lograr, conseguir.

recado mensaje, encargo, aviso, anuncio, misiva, cometido.

recaer reincidir, repetir. 2 Agravarse, empeorar, desmejorar. —*Mejorar.*

recalcitrante obstinado, terco, rebelde, insubordinado, indisciplinado, pertinaz. —*Disciplinado, obediente.*

recapacitar reflexionar, recapitular, meditar, pensar.

recargado sobrecargado, abigarrado, excesivo, barroco, pomposo, complicado. —*Sencillo.*

recargar agravar, aumentar, encarecer, subir, elevar. —*Rebajar.*

recatado púdico, casto, moderado, modesto, decoroso, honesto, pudoroso. —*Deshonesto.*

recaudar cobrar, percibir, recolectar, recibir. —*Pagar.*

recelar sospechar, desconfiar, dudar, temer, abrigar, sospechas. —*Confiar.*

recepción bienvenida, recibimiento, acogida. —*Despedida.* **2** Ingreso, recibimiento, admisión, entrada. **3** Reunión, fiesta, festejo, homenaje, celebración.

recesión depresión, reducción, descenso.

receso descanso, recreo, vacación.

recetar prescribir, ordenar, formular, aconsejar.

rechazar negar, desechar, despreciar, rehusar, alejar, expulsar. —*Aceptar, aprobar.*

rechinar chirriar, crujir, chillar, crepitar, resonar.

rechoncho gordo, barrigón, regordete, rollizo, gordinflón, grueso, obeso. —*Delgado.*

recibir admitir, acoger, aprobar, aceptar, tomar, adoptar. —*Dar.*

recibo comprobante, documento, garantía, vale, resguardo.

reciclar rehacer, recuperar, regenerar.

reciente nuevo, fresco, moderno, actual, naciente. —*Antiguo.*

recinto espacio, cámara, celda, cubículo, habitación.

recio duro, áspero. —*Blando.* **2** Robusto, vigoroso, fuerte, poderoso, enérgico, corpulento. —*Débil.*

recipiente receptáculo, vaso, vasija, pote, olla, bote.

recíproco mutuo, bilateral, correlativo, correspondiente. —*Unilateral.*

recitar declamar, repetir, narrar.

reclamar exigir, pedir, protestar, solicitar, quejarse, clamar, demandar.

reclinarse apoyarse, recostarse, descansar, inclinarse. —*Erguirse.*

recluir aislar, encerrar, encarcelar, internar, aprisionar. —*Soltar.*

recluta soldado, quinto, bisoño.

reclutar alistar, enrolar, enganchar, incorporar.

recobrar rescatar, recuperar, readquirir, restaurar. —*Perder.*

recodo revuelta, esquina, ángulo, rincón, curva.

recoger(se) juntar, acumular, reunir, congregar, acopiar. —*Disgregar.* **2** Cosechar, recolectar, coger. **3** Encerrarse, apartarse, recluirse, retirarse, abstraerse.

recogido aislado, apartado, abstraído, recluido, retraído.

recolectar cosechar, reunir, acumular, aglomerar, almacenar. —*Dispersar.*

recomendar encomendar, encargar, confiar. **2** Aconsejar, advertir, sugerir, avisar, exhortar. **3** Elogiar, alabar, halagar. —*Censurar.*

recompensa premio, gratificación, galardón, condecoración, retribución, remuneración. — *Castigo.*

reconcentrar juntar, reunir, congregar. —*Disgregar.*

reconciliarse amistarse, hacer las paces, aliarse, olvidar. —*Enemistarse.*

recóndito escondido, oculto, reservado, incognoscible, hondo, profundo. —*Superficial.*

reconocer aceptar, admitir, conceder, confesar. —*Negar.* 2 Recordar, acordarse, evocar, distinguir. —*Olvidar.* 3 Estudiar, examinar, investigar, escrutar, sondear, explorar. —*Desconocer.*

reconquistar recobrar, recuperar, rescatar, liberar. —*Perder.*

reconstruir reedificar, restaurar, restablecer, rehacer, arreglar. — *Derribar.*

reconvención recriminación, reproche, cargo, admonición, regaño. —*Aprobación.*

recopilar compendiar, coleccionar, reunir, resumir, compilar, seleccionar. —*Dispersar.*

récord marca, resultado, hazaña.

recordar acordarse, rememorar, evocar, revivir. —*Olvidar.*

recorrer transitar, deambular, andar, atravesar.

recorrido itinerario, ruta, trayecto, viaje, curso, camino, tránsito.

recortar podar, cercenar, cortar, partir, rebajar.

recoveco recodo, revuelta, rodeo, curva, vuelta.

recrear entretener, divertir, deleitar, alegrar. —*Aburrir.*

recreo distracción, diversión, en-

tretenimiento, juego, esparcimiento, ocio, asueto.

recriminar amonestar, reprobar, censurar, reprender, reprochar, acusar, regañar. —*Elogiar, aprobar.*

rectificar corregir, modificar, enmendar, reformar.

recto derecho, rectilíneo, tieso. — *Curvo.* 2 Íntegro, justo, imparcial, razonable, ecuánime. —*Injusto.*

recubrir revestir, vestir, forrar, tapar, cubrir. —*Descubrir.*

recuerdo memoria, reminiscencia, remembranza, evocación. — *Olvido.*

recuperar(se) recobrar, rescatar, salvar, redimir, reconquistar. — *Perder.* 2 Restablecerse, reponerse, aliviarse, sanarse, mejorar. —*Agravarse.*

recurrir acudir, apelar, litigar, pleitear.

recurso(s) medio, manera, procedimiento, modo. 2 Dinero, hacienda, bienes, medios, fortuna.

red malla, tejido, trama, punto. 2 Trampa, ardid, engaño, celada. 3 Organización.

redactar componer, escribir, concebir, representar, reflejar.

redención salvación, liberación, emancipación, independencia, libertad. —*Esclavitud.*

redimir salvar, exonerar, desobligar, liberar, rescatar. —*Oprimir.*

redondo circular, esférico, abombado, curvo, cilíndrico, elíptico, discoidal. —*Cuadrado, recto.*

reducir disminuir, mermar, bajar, aminorar, rebajar, abreviar. —*Aumentar.*

redundancia repetición, reiteración. **2** Abundancia, exceso, copia, demasía, plétora. —*Falta, escasez.*

reembolsar reintegrar, devolver, restituir, compensar. —*Retener.*

reemplazar sustituir, suplantar, suplir, relevar, cambiar.

refaccionar restaurar, reparar, rehabilitar, restablecer, reconstruir.

referencia(s) alusión, observación, advertencia, nota, cita, comentario. **2** Informes, recomendaciones, datos.

referéndum votación, elecciones, plebiscito.

referir narrar, relatar, explicar, exponer, detallar. **2** Relacionar, conectar, ligar, concatenar, enlazar. —*Desvincular.*

refinado delicado, distinguido, fino, elegante, alambicado. —*Vulgar, ordinario.*

refinar purificar, depurar, filtrar, lavar, mejorar.

refirmar ratificar, confirmar, aseverar, corroborar. —*Negar.*

reflejo destello, centelleo, fulgor, irradiación. **2** Involuntario, instintivo, inconsciente, automático, espontáneo. —*Voluntario, deliberado.*

reflexionar recapacitar, considerar, meditar, pensar, cogitar, discurrir, cavilar, examinar.

reformar modificar, arreglar, renovar, cambiar, restaurar, alterar, transformar.

reforzar fortalecer, fortificar, vigorizar, robustecer. —*Debilitar.*

refrán proverbio, sentencia, máxima, precepto, moraleja, aforismo, pensamiento.

refrenar contener, reprimir, moderar, corregir, detener. —*Incitar.*

refrescar enfriar, atemperar, congelar, hacer aire. —*Calentar.*

refresco bebida, sorbete.

refriega pelea, riña, combate, escaramuza, encuentro. —*Paz.*

refrigerio refresco, colación, piscolabis, tentempié, aperitivo.

refuerzo ayuda, socorro, auxilio, asistencia.

refugiarse resguardarse, guarecerse, albergarse, cobijarse, defenderse, esconderse. —*Exponerse.*

refulgir brillar, fulgurar, resplandecer, relumbrar, esplender.

refunfuñar rezongar, murmurar, mascullar, gruñir, hablar entre dientes. —*Gritar.*

refutar rebatir, negar, objetar, replicar, contradecir, confutar. —*Aprobar.*

regalar obsequiar, donar, dar, ofrecer, gratificar. —*Recibir.*

regañar reprender, amonestar, reconvenir, sermonea. —*Elogiar, aplaudir.* **2** Reñir, disputar, pelear, enemistarse, enojarse. —*Amigarse.*

regar rociar, irrigar, asperjar, duchar, humedecer, humectar, mojar, bañar. —*Secar.*

regenerar reconstituir, restablecer, recuperar, rehabilitar.

régimen sistema, método, regla, orden, plan. **2** Dieta, tratamiento.

regio majestuoso, suntuoso, espléndido, ostentoso, fastuoso. —*Humilde.* **2** Real, imperial, principesco. —*Plebeyo.*

región comarca, territorio, zona, provincia, país.

regir mandar, gobernar, dirigir, regentar, administrar.

registrar matricular, inscribir, anotar. 2 Examinar, inspeccionar, escudriñar, revolver, mirar.

regla mandato, precepto, orden, ley, reglamento, principio.

reglamentario protocolario, establecido, regular, normal, legal, lícito. —*Irregular, antirreglamentario.*

reglamento ordenanza, estatuto, pauta, regla, norma, precepto, mandato, ley.

regocijo alegría, júbilo, contento, alborozo, jovialidad, entusiasmo. —*Tristeza.*

regresar retornar, reintegrarse, volver, tornar. —*Alejarse.*

regular ordenar, reglamentar, sistematizar. —*Desordenar.* 2 Normal, corriente, mediano, moderado, mediocre. —*Extraordinario.*

rehabilitar restituir, reponer, reinvidicar.

rehacer reconstruir, restaurar, restablecer, reedificar. —*Destruir.*

rehén prisionero, secuestrado; prenda, fianza, garantía.

rehuir eludir, evitar, esquivar, apartar, sortear, rehusar. —*Afrontar.*

rehusar negarse, rechazar, desdeñar, repudiar. —*Aceptar.*

reinar regir, dominar, gobernar, imperar, regentar. 2 Predominar, prevalecer.

reincidir recaer, repetir, reiterar.

reino imperio, dominio, país, soberanía.

reintegrar reponer, devolver, reingresar, regresar, restituir, restablecer. —*Apropiarse, conservar.*

reír carcajearse, desternillarse, estallar, burlarse. —*Llorar.*

reivindicar reclamar, demandar, recuperar. —*Renunciar.*

reja verja, enrejado, cancela.

rejuvenecer remozar, renovar, refrescar, vigorizar, restaurar, reparar. —*Envejecer.*

relación correspondencia, conexión, vínculo, enlace, concordancia. —*Desconexión, independencia.* 2 Trato, amistad, familiaridad, intimidad. —*Enemistad.* 3 Lista, índice, catálogo.

relacionar enlazar, conectar, vincular, encadenar. 2 Narrar, relatar, contar.

relajar distender, aflojar, soltar, ablandar, suavizar. —*Atirantar.*

relajo indisciplina, desorden, barullo, desenfreno.

relámpago centella, rayo, resplandor, fulgor, descarga.

relatar narrar, contar, describir, referir, explicar, expresar. —*Callar.*

relativo referente, tocante, relacionado, perteneciente, concerniente. —*Ajeno, extraño.* 2 Variable, dependiente, condicional, subordinado. —*Absoluto.*

relato narración, descripción, informe, cuento, historia.

relegar apartar, despreciar, rechazar, desplazar, postergar.

relevante importante, significativo, trascendental. —*Irrelevante.* 2 Sobresaliente, extraordinario, superior, excelente. —*Ordinario, corriente.*

relevar reemplazar, sustituir, cambiar, suplantar. **2** Perdonar, eximir, excusar, absolver, exonerar. —*Acusar.*

relieve prominencia, abultamiento, realce, saliente. —*Hendidura.*

religión doctrina, creencia, dogma, fe, devoción, fervor. —*Irreligiosidad.*

reliquia vestigio, huella, traza, fragmento, resto, residuo.

rellenar colmar, atestar, henchir, atiborrar, saturar. —*Vaciar.*

relucir resplandecer, brillar, fulgurar, relumbrar, centellear. —*Oscurecerse.*

remachado clavado, hincado, fijo. —*Suelto.*

remanente sobrante, residuo, resto, rastrojo, sobras, sedimento.

remar bogar, impulsar, avanzar, paletear.

rematar acabar, terminar, finalizar, concluir, consumar. —*Empezar, comenzar.*

remedar imitar, parodiar, copiar, emular, fingir, burlarse.

remediar enmendar, subsanar, corregir, reparar, curar, salvar.

remembranza recuerdo, memoria, evocación, reminiscencia. —*Olvido.*

remendar zurcir, recoser, arreglar, reparar, componer. **2** Enmendar, remediar, corregir.

remesa envío, expedición, remisión, paquete, encargo.

remilgado presumido, afectado, melindroso, relamido, repulido. —*Negligente.*

remitir enviar, mandar, despachar, expedir, remesar. —*Recibir.*

remojar empapar, mojar, humedecer. —*Secar.*

remolcar arrastrar, tirar, atoar, halar. —*Empujar.*

remolino vértice, vorágine, torbellino, ciclón, huracán, tifón, tornado, rápido. —*Calma.*

remontar elevar, encumbrar, subir, ascender, exaltar, enaltecer. —*Bajar.*

remorder atormentar, inquietar, alterar.

remordimiento arrepentimiento, contrición, pesar, desazón, inquietud. —*Tranquilidad.*

remoto lejano, distante, retirado, apartado, ignoto. —*Cercano, próximo.*

remover revolver, agitar, menear, trastornar, hurgar.

remozar renovar, rejuvenecer, robustecer, fortalecer. —*Envejecer.*

remuneración gratificación, premio, recompensa, retribución, prima, honorarios, sueldo.

renacimiento reaparición, renovación, regeneración, florecimiento, resurrección, reanudación. —*Decadencia.*

rencilla conflicto, pelea, querella, disputa, riña, discordia. —*Paz, amistad.*

rencor resentimiento, odio, encono, aversión, saña, aborrecimiento. —*Amor.*

rendija hendidura, raja, grieta, ranura, abertura.

rendir(se) producir, rentar, lucrar, beneficiar, aprovechar. **2** Capitular, entregarse, someterse, quebrantarse. —*Resistir.* **3** Cansarse, fatigarse, agotarse, desfallecer. —*Descansar.*

renegar renunciar, abandonar, traicionar, desertar. —*Permanecer fiel.* **2** Protestar, refunfuñar, maldecir, injuriar.

renombre fama, honra, reputación, estima, gloria, prestigio, celebridad. —*Descrédito.*

renovar reanudar, restablecer, rejuvenecer, remozar, innovar, restaurar.

renta rendimiento, utilidad, provecho, beneficio, producto, ganancia, fruto, lucro. —*Pérdida.*

renuente reacio, indócil, desobediente. —*Dócil.*

renunciar dimitir, abdicar, retirarse, desertar, abandonar. —*Persistir.*

reñido encarnizado, duro, sangriento, disputado, rabioso, feroz. —*Apacible, sosegado.*

reñir pelear, luchar, disputar, pugnar, altercar, contender. —*Estar en paz.* **2** Amonestar, reprender, sofrenar, sermonear, regañar. —*Elogiar.*

reo culpable, convicto, incriminado, condenado, acusado. —*Inocente.*

reparar arreglar, componer, restaurar, rehacer, remediar, reconstruir, subsanar. —*Estropear.* **2** Observar, advertir, notar, percatarse. —*Pasar por alto.* **3** Indemnizar, desagraviar, resarcir, compensar. —*Agraviar.*

reparo objeción, observación, crítica, advertencia, amonestación, censura. —*Elogio.*

repartir distribuir, impartir, dividir, asignar, entregar.

reparto distribución, división, adjudicación, ración, entrega.

repasar revisar, estudiar, examinar, reconocer.

repelente repugnante, desagradable, molesto, aborrecible, repulsivo. —*Atractivo.*

repeler repudiar, rechazar, despreciar, desdeñar. —*Atraer.*

repente (de) de pronto, súbitamente, de improviso, inesperadamente, de sopetón.

repentino súbito, imprevisto, insospechado, inesperado, momentáneo. —*Deliberado.*

repercusión reflejo, efecto, resultado, consecuencia, alcance, trascendencia. —*Intrascendencia.*

repertorio compilación, recopilación, colección, lista, inventario.

repetir reiterar, insistir, iterar, recalcar, redecir, duplicar, reproducir, machacar.

repicar sonar, tañer.

repisa estante, anaquel, alacena, estantería.

replegarse retirarse, retroceder, recogerse, alejarse. —*Avanzar.*

repleto atestado, atiborrado, colmado, relleno, rebosante, pletórico. —*Vacío.*

replicar contestar, responder, argumentar, contraponer, objetar, contradecir, alegar. —*Aprobar.*

reponer reintegrar, reemplazar, restituir, restablecer, reinstalar, substituir. —*Deponer.*

reportaje crónica, escrito, información, reporte, reseña, relato, noticia.

reportar informar, notificar, denunciar. **2** Reprimir, refrenar, contener, sosegar, apaciguar. —*Incitar.* **3** Producir, lograr, conseguir, obtener, alcanzar. —*Perder.*

reportero periodista, gacetillero, informador, cronista.

reposado tranquilo, sosegado, pacífico, apacible, sereno. —*Intranquilo.*

reposar descansar, echarse, acostarse, tumbarse, dormir.

reprender regañar, amonestar, sermonear, criticar, desaprobar. —*Elogiar.*

represalia venganza, desquite, castigo, revancha, desagravio. —*Perdón.*

representación imagen, idea, figura, símbolo, atributo. 2 Función, drama, sesión, comedia, espectáculo. 3 Suplantación, sustitución, relevo; embajada.

representar reproducir, encarnar, figurar, simbolizar, personificar. 2 Reemplazar, sustituir, suplantar, relevar, suceder. 3 Interpretar, actuar, declamar, recitar.

reprimenda represión, admonición, amonestación, recriminación, sermón. —*Elogio, alabanza.*

reprimir contener, dominar, refrenar, apaciguar, aplacar. —*Soltar.*

reprobar censurar, criticar, reprochar, recriminar, desaprobar —*Aprobar, admitir.*

reproche regaño, admonición, reconvención, censura, vituperio. —*Aprobación, elogio.*

reproducir(se) imitar, copiar, duplicar, calcar. 2 Propagarse, multiplicarse, proliferar, engendrar.

repudiar rechazar, negar, despreciar, aborrecer, excluir. —*Acoger, admitir.*

repuesto recambio, accesorio, provisión. 2 Restablecido, restituido, recuperado, aliviado.

repugnante repelente, repulsivo, asqueroso, nauseabundo, desagradable. —*Agradable.*

repulsivo V. **repugnante.**

reputación fama, prestigio, renombre, celebridad, crédito, nombradía. —*Descrédito.*

requerir necesitar, precisar, faltar, carecer. 2 Notificar, advertir, avisar, intimar.

requisar decomisar, incautar, confiscar, apropiarse.

requisito condición, formalidad, circunstancia, indispensabilidad, obligación.

res bestia, rumiante, vacuno, bovino.

resabio vicio, maña, mala costumbre. —*Cualidad.*

resaltar destacar, sobresalir, señalar, distinguir.

resarcir reparar, desagraviar, compensar, enmendar, subsanar, indemnizar. —*Perjudicar.*

resbalar deslizarse, escurrirse, patinar.

rescatar libertar, recuperar, recobrar, redimir, salvar. —*Perder.*

resentimiento rencor, animosidad, tirria, odio, animadversión, disgusto, enojo. —*Perdón.*

reseña resumen, narración, descripción.

reserva depósito, acopio, ahorro, repuesto. 2 Discreción, cautela, prudencia, circunspección. —*Imprudencia.*

reservado discreto, circunspecto, callado, cauteloso, comedido, prudente, moderado. —*Indiscreto.*

reservar ahorrar, economizar, recoger, guardar, almacenar.

resfriado resfrío, constipado, catarro.

resguardar amparar, proteger, abrigar, auxiliar, guarnecer, defender. —*Exponer.*

residencia casa, morada, hogar, domicilio, vivienda, estancia.

residuo remanente, vestigio, sobrante.

resignación conformismo, mansedumbre, paciencia, sumisión, docilidad. —*Incoformismo.*

resignarse conformarse, doblegarse, someterse, condescender, avenirse. —*Rebelarse.*

resistente fuerte, vigoroso, tenaz, duro, robusto, firme. —*Vulnerable, débil.*

resistir aguantar, soportar, tolerar, sufrir. —*Ceder.* 2 Oponerse, rechazar, enfrentarse, encararse, desafiar, luchar. —*Desistir.*

resolución decisión, determinación, fallo, dictamen, decreto, sentencia. 2 Osadía, atrevimiento, audacia, ánimo, valor, brío, intrepidez. —*Cobardía.*

resolver solucionar, solventar, remediar, arreglar, determinar.

resollar jadear, resoplar, respirar, bufar, roncar, gruñir.

resonar retumbar, repercutir, atronar, ensordecer.

resoplido ronquido, resoplo, jadeo.

resorte muelle, espiral, ballesta.

respaldar proteger, apoyar, soportar, sostener. —*Abandonar.*

respetable venerable, honorable, serio, digno, íntegro, importante. —*Despreciable.*

respetar admirar, venerar, honrar, adorar, reverenciar, enaltecer. —*Deshonrar.*

respetuoso cortés, reverente, atento, educado, cumplido, complaciente. —*Descortés.*

respirar inspirar, aspirar, exhalar, resollar, resoplar. —*Asfixiarse.*

respiro reposo, descanso, aliento, sosiego, alivio. —*Ajetreo.*

resplandecer relucir, refulgir, brillar, fulgurar, centellear, relumbrar, relampaguear. —*Oscurecerse.*

resplandor fulgor, brillo, centelleo, luminosidad, claridad. —*Oscuridad.*

responder replicar, contestar, contraponer, objetar, alegar.

responsabilidad obligación, deber, compromiso. 2 Juicio, madurez, sensatez. —*Irresponsabilidad.*

responsable comprometido, consciente, sensato, maduro, juicioso. —*Irresponsable.* 2 Culpable, causante. —*Inocente.*

respuesta réplica, contestación. —*Pregunta.*

resquebrajarse agrietarse, cuartearse, rajarse, fragmentarse.

resquemor picazón, escozor, quemazón.

resquicio grieta, ranura, abertura, hendedura, intersticio. —*Soldadura.*

restablecer(se) reponer, restituir, reintegrar, restaurar, regenerar, reparar. —*Destruir.* 2 Curarse, sanar, recuperarse, fortalecerse, aliviarse. —*Empeorar.*

restallar chasquear, crepitar, crujir, restañar.

restar sustraer, deducir, descontar, quitar, rebajar. —*Sumar, añadir.*

restaurar renovar, recuperar, recobrar, restablecer, reponer, reconstruir. —*Destruír.*

restituir reintegrar, devolver, responder, retornar, reembolsar. —*Apropiarse.*

resto(s) residuo, sobrante, vestigio, remanente. **2** Despojos, sobras. **3** Cuerpo, cadáver, despojos.

restregar frotar, rozar, limar, lijar, raspar.

restringir circunscribir, cercar, limitar, delimitar, prohibir. —*Permitir.*

resucitar revivir, resurgir, vivificar, reanimarse, regenerar. —*Morir.*

resuelto decidido, determinado, denodado, atrevido, valiente, intrépido. —*Irresoluto.*

resuello respiración, jadeo, resoplido, hálito.

resultado consecuencia, efecto, producto, fruto, derivación, desenlace. —*Causa.*

resultar producir, repercutir, trascender, derivar, deducirse.

resumen compendio, sumario, sinopsis, síntesis, abreviación, condensación.

resurgir renacer, resucitar, reaparecer, restablecer. —*Morir.*

retal recorte, desperdicio, sobras.

retar provocar, desafiar, encararse, luchar.

retardar retrasar, demorar, posponer, diferir, dilatar, aplazar. —*Apresurar.*

retener detener, reservar, suspender, estancar, guardar. —*Soltar.*

retirada huida, desbandada, retroceso. —*Avance.*

retirado lejano, distante, apartado, alejado. —*Cercano.*

retirar(se) alejar, apartar, desviar, aislar. —*Acercar, aproximar.* **2** Jubilarse, licenciarse. —*Ejercer.* **3** Retraerse, aislarse, encerrarse, desaparecer.

retiro aislamiento, apartamiento, retraimiento, clausura, recogimiento. **2** Jubilación, pensión, licencia.

reto desafío, amenaza, provocación, lance.

retocar perfeccionar, arreglar, componer, pulir, acabar.

retoño vástago, tallo, brote, botón. **2** Hijo, descendiente.

retorcer entorchar, enroscar, encorvar, arquear. —*Alisar.*

retorno vuelta, regreso, retroacción, reversión, devolución. —*Ida.*

retozar juguetear, jugar, travesear, corretear, brincar, saltar.

retractarse arrepentirse, desdecirse, rectificar, denegar, volver atrás. —*Ratificar, confirmar.*

retraído tímido, reservado, esquivo, huraño, hosco. —*Sociable.*

retraso demora, retardo, atraso, delación, aplazamiento, postergación. —*Adelanto.*

retrato imagen, fotografía, reproducción, representación.

retrete excusado, servicio, baño, lavabo.

retribuir recompensar, pagar, remunerar, premiar, corresponder, compensar.

riada

retroceder retirarse, volverse, dar marcha atrás, recular, desandar. —*Avanzar.*

retroceso regresión, reculada, marcha atrás, regreso, contramarcha.

retrógrado atrasado, reaccionario, retardatario. —*Progresista.*

retumbar resonar, tronar, estallar, ensordecer.

reunión agrupación, unión, aglomeración, acumulación. **2** Asamblea, junta, sociedad, compañía. **3** Fiesta, festejo, celebración, velada.

reunir congregar, agrupar, convocar, recoger, amontonar, aglomerar, compilar, unir. —*Desunir, separar.*

revalidar confirmar, ratificar, convalidar.

revancha venganza, desquite, represalia, desagravio.

revelar manifestar, declarar, descubrir, publicar, difundir. —*Ocultar.*

reventar(se) estallar, explotar, volar, deshacerse, desintegrarse. **2** Fatigarse, extenuarse, agobiarse, cansarse. —*Descansar.*

reverencia inclinación, venia, saludo. **2** Veneración, respeto, acatamiento, sumisión. —*Irreverencia.*

revés espalda, reverso, dorso, cruz. —*Cara, anverso.* **2** Percance, infortunio, contratiempo, desastre, desgracia. —*Éxito.* **3** Golpe, bofetada, guantazo.

revestir recubrir, tapizar, forrar, vestir, cubrir. —*Descubrir.*

revisar examinar, estudiar, inspeccionar, repasar, comprobar. —*Pasar por alto.*

revista inspección, revisión, verificación, examen. **2** Semanario, periódico, publicación.

revivir resucitar, reanimar, renacer, resurgir. —*Morir.* **2** Evocar, recordar, rememorar. —*Olvidar.*

revocar anular, cancelar, abolir, desautorizar, invalidar. —*Aprobar.*

revolcarse restregarse, refregarse, retorcerse.

revoltijo mezcolanza, confusión, enredo, embrollo, amasijo, argamasa. —*Orden.*

revoltoso inquieto, travieso, enredador, perturbador, vivaracho. —*Sosegado.* **2** Sedicioso, insurrecto, revolucionario, turbulento.

revolución sublevación, insurrección, agitación, revuelta, motín, levantamiento. —*Paz, tranquilidad.*

revolver agitar, remover, menear, mover, desordenar.

revuelo agitación, turbación, alboroto, conmoción, perturbación, convulsión. —*Calma.*

revuelto inquieto, agitado, alborotado, revoltoso, travieso. —*Tranquilo, sosegado.*

rey monarca, soberano, majestad, príncipe.

rezagarse retrasarse, demorarse, tardar. —*Adelantarse.*

rezar orar, implorar, invocar, pedir.

rezongar murmurar, refunfuñar, mascullar, gruñir, protestar, regañar.

rezumar filtrarse, escurrirse, sudar, gotear, recalar.

riada crecida, inundación, desbordamiento, aluvión.

ribera costa, margen, borde, orilla, playa, desbordamiento.

ribete cinta, borde, orla, filete, fleco, cenefa, franja.

rico acaudalado, adinerado, potentado, millonario, opulento. —*Pobre.* 2 Abundante, exuberante, próspero; agradable, exquisito. —*Soso, desabrido.*

ridículo risible, divertido, burlesco, grotesco, extravagante, caricaturesco. —*Serio.*

riendas bridas, correas, cabestro, freno. 2 Gobierno, dirección, mando.

riesgo peligro, azar, trance, apuro, aventura. —*Seguridad.*

rifa sorteo, lotería, juego.

rifle arcabuz, carabina, escopeta, fusil.

rígido tieso, duro, tenso, endurecido, erecto, tirante. —*Dúctil.*

rigurosidad severidad, rigidez, inflexibilidad, dureza, austeridad. —*Benevolencia.*

rima consonancia, asonancia, versificación, poesía, estrofa, canto. 2 Montón, pila, acopio, rimero.

rimbombante retumbante, resonante, altisonante, estrepitoso, estruendoso. —*Silencioso.* 2 Ostentoso, pomposo, llamativo. —*Discreto.*

rincón esquina, ángulo, recodo, recoveco, escondrijo, guarida.

ring(ing.) cuadrilátero, ruedo.

riña pelea, contienda, disputa, pugna, batalla, altercado, gresca, encuentro. —*Concordia, paz.*

río torrente, arroyo, afluente, corriente.

riqueza opulencia, bienestar, hacienda, fortuna, capital, caudal, patrimonio. —*Pobreza.* 2 Abundancia, propiedad, exuberancia, fertilidad, profusión. —*Escasez.*

risa carcajada, risotada, sonrisa, hilaridad.

risco roca, peñasco, acantilado, peña, talud, despeñadero.

risotada V. **carcajada.**

ristra fila, hilera, línea, cadena, serie.

risueño hilarante, alegre, divertido, contento, placentero. —*Triste.*

ritmo cadencia, compás, regularidad, movimiento.

rito ceremonia, culto, ritual, celebración.

rival adversario, competidor, antagonista, enemigo, oponente. —*Aliado.*

rizado ensortijado, crespo, ondulado, rizoso, ondeado. —*Liso, lacio.*

rizo bucle, sortija, onda, tirabuzón.

robar hurtar, sustraer, timar, quitar, despojar, saquear, desvalijar, usurpar. —*Devolver.*

robustecer fortalecer, vigorizar, fortificar, reforzar, tonificar. —*Debilitar.*

robusto fornido, corpulento, musculoso, vigoroso, forzudo, fuerte. —*Débil.*

roca peña, risco, peñasco. 2 Piedra, granito.

roce(s) fricción, restregón, rozamiento, frotamiento, estregón. 2 Altercados, disgustos, desavenencias.

rociar regar, asperjar, irrigar, diseminar.

rocío escarcha, sereno, helada.

rocoso pedregoso, peñascoso, riscoso, escarpado.

rodaja tajada, rebanada, loncha, rueda.

rodar girar, voltear, remolinear, circular, rondar. **2** Deslizarse, caer, resbalar.

rodear cercar, envolver, acordonar, encerrar, sitiar.

rodeo desvío, viraje, vuelta, recoveco. **2** Evasiva, vaguedad, digresión, perífrasis, circunloquio.

roer corroer, carcomer, mordisquear, desgastar. **2** Atormentar, perturbar, afligir, angustiar. —*Tranquilizar.*

rogar suplicar, implorar, pedir, solicitar, rezar, orar.

rojo encarnado, colorado, carmesí, bermejo, purpúreo, rubí, grana, carmín.

rollizo gordo, grueso, robusto, corpulento, regordete, carnoso. —*Flaco.*

rollo cilindro, eje, rodillo.

romántico sentimental, delicado, sensible, pasional, sensiblero, tierno. —*Materialista.*

romería peregrinación, romeraje, peregrinaje. **2** Multitud, muchedumbre, gentío, horda.

romo chato, achaflanado, mocho. —*Agudo.*

rompecabezas acertijo, enigma, problema, pasatiempo.

rompeolas dique, escollera, malecón, muelle.

romper quebrar, despedazar, astillar, destrozar, destruir, trizar, hacer añicos, hacer trizas. —*Componer.*

rompiente arrecife, bajío, banco, escollera.

roncar rugir, gruñir, bramar.

ronco bronco, afónico, áspero, bajo, profundo, grave, cavernoso. —*Agudo.*

ronda patrulla, vigilancia, guardia.

ronquera aspereza, carraspera, flema.

roña mugre, suciedad, porquería, inmundicia, asquerosidad. —*Pulcritud.*

ropa indumentaria, vestido, ropaje, prenda, atuendo, atavío.

rostro cara, faz, semblante, visaje, efigie.

roto partido, quebrado, destrozado, averiado. **2** Andrajoso, haraposo, pingajoso, miserable.

rótulo inscripción, anuncio, cartel, letrero, etiqueta, marca, título, encabezamieno.

rotundo terminante, conclusivo, concluyente, definitivo, claro, preciso.

rotura ruptura, rasgadura, fractura, abertura, cisura.

rozagante vistoso, llamativo, brillante.

rozar raspar, rascar, restregar, desgastar, hacer cosquillas.

rubor sonrojo, bochorno, encendimiento, sofoco. **2** Vergüenza, timidez, empacho, candor.

rudo brusco, tosco, grosero, descortés, duro. —*Cortés, atento.*

rueda círculo, disco, circunferencia, corona.

ruego súplica, petición, instancia, solicitud, pedido. —*Exigencia.* **2** Oración, plegaria, rezo.

rufián canalla, bribón, miserable, ruin.

rugir bramar, mugir, gruñir, bufar.

rugosidad arruga, pliegue, estría.

rugoso arrugado, desigual, ondulado, desnivelado, escabroso. —*Liso.*

ruido sonido, zumbido, fragor, rumor, estruendo, alboroto, bullicio. —*Silencio.*

ruin despreciable, miserable, vil, bajo, villano. —*Digno.* **2** Mezquino, avaro, tacaño. —*Generoso.*

ruina bancarrota, quiebra, fracaso, hundimiento, decadencia, fin, desolación, devastación.

rulo rizo, bucle, onda.

rumbo orientación, dirección, sentido, camino, ruta. **2** Ostentación, pompa, boato, liberalidad, derroche.

rumiar mascar, tascar. **2** Estudiar, examinar, reflexionar, urdir.

rumor murmullo, susurro, murmuración, ruido, infundio.

ruptura rompimiento, desavenencia, enemistad, disgusto. —*Reconciliación.* **2** Rotura, rompimiento, fractura, abertura, quiebra, desgarrón.

rural campesino, aldeano, campestre, rústico. —*Urbano.*

rústico grosero, patán, descortés, tosco, rudo, ordinario. —*Refinado.* **2** Aldeano, pueblerino, campesino, campestre. —*Urbano.*

ruta itinerario, dirección, trayecto, rumbo, senda, camino.

rutilante brillante, fulgurante, resplandeciente, flameante, chispeante, centelleante. —*Apagado.*

rutina costumbre, hábito, uso, frecuencia, tradición, usanza.

S

sabana planicie, llanura, estepa, llano.

saber conocer, entender, penetrar, dominar, advertir, estar al corriente, estar al tanto. —*Ignorar, desconocer.* **2** Sabiduría, conocimiento, cultura, ilustración. —*Ignorancia.*

sabiduría saber, sapiencia, erudición, ilustración, conocimiento, cultura. —*Ignorancia.* **2** Juicio, sensatez, prudencia, cordura, tino. —*Imprudencia.*

sabio erudito, docto, ilustrado, culto, documentado, perito, versado. —*Ignorante, inculto.*

sábila zabila, áloe.

sable V. **espada.**

sabor gusto, sapidez, regusto.

saborear gustar, probar, catar, paladear, libar.

sabotaje daño, deterioro, estrago, avería, oposición, represalia, violencia.

sabroso delicioso, gustoso, agradable, exquisito, rico, apetitoso, suculento. —*Insípido, repugnante.*

sabueso perro, can, dogo. **2** Detective, espía, investigador, policía.

sacar extraer, quitar, separar, apartar, vaciar, desenterrar. —*Introducir.* **2** Mostrar, enseñar, exponer, manifestar, revelar. —*Esconder.*

sacerdote cura, capellán, padre, párroco, religioso, clérigo, eclesiástico.

saciarse llenarse, hartarse, atiborrarse, empacharse, atracarse. —*Pasar hambre.*

saco talego, bolsa, bolso, costal. **2** Chaqueta, sobretodo, abrigo, gabán.

sacrificio ofrenda, inmolación, holocausto, hecatombe, muerte. **2** Renunciamiento, abnegación, privación, padecimiento. —*Beneficio, ganancia.*

sacrilegio profanación, violación, blasfemia, irreverencia, impiedad. —*Veneración, adoración.*

sacudir agitar, mover, menear, estremecer, convulsionar.

saeta flecha, dardo, sagita. **2** Manecilla, aguja, minutero, segundero.

safari expedición, caravana, excursión de caza.

sagaz astuto, perspicaz, avisado, agudo, sutil, inteligente. —*Torpe, obtuso.*

sagrado sacro, santificado, consagrado, bendito. —*Profano.*

sahumar incensar, aromatizar, perfumar.

sala aula, salón, aposento, recinto, habitación, pieza, estancia.

salame embutido, salchichón.

salar sazonar, curar, conservar.

salario sueldo, mensualidad, honorarios, estipendio, pago, jornal, remuneración.

saldo liquidación, remate. **2** Remanente, resto, retazo.

salida puerta, boca, abertura, paso, comunicación, desembocadura, evacuación. —*Oclusión, cerramiento.* 2 Marcha, partida. —*Llegada.*

saliente borde, reborde, remate, pestaña. —*Entrante.*

salir partir, marcharse, alejarse, irse, ausentarse. —*Entrar, quedarse.* 2 Brotar, nacer, surgir, manifestarse, aparecer. —*Ocultarse.*

salón V. **sala.**

salpicar rociar, asperjar, esparcir, chapotear, mojar.

salsa aderezo, condimento, aliño, caldo, sustancia.

saltar(se) brincar, cabriolar, rebotar, retozar, juguetear. 2 Lanzarse, arrojarse, tirarse. 3 Explotar, volar, estallar, reventar. 4 Omitir, olvidar, pasar por alto.

salto brinco, rebote, cabriola, gambeta, pirueta. 2 Omisión, olvido, descuido.

salud sanidad, lozanía.

saludable sano, lozano, fuerte, vigoroso. —*Insano.* 2 Higiénico, beneficioso, sano, provechoso. —*Perjudicial.*

saludo reverencia, inclinación, salutación, cortesía, ademán.

salvaje bárbaro, brutal, bestial, atroz, cruel, feroz, indomable. —*Dócil.* 2 Inculto, áspero, montaraz, grosero. —*Culto, cultivado.*

salvar liberar, socorrer, asistir, auxiliar, rescatar, proteger. —*Abandonar.* 2 Atravesar, franquear, pasar, vadear.

salvedad excusa, excepción, limitación.

salvoconducto pasaporte, permiso, licencia, pase.

sanar curar, reponerse, mejorar, restablecerse, recobrarse. —*Enfermar.*

sanatorio hospital, clínica, lazareto, nosocomio, balneario.

sanción pena, castigo, punición, condena. 2 Aprobación, autorización, permiso, decreto. —*Denegación, prohibición.*

sandalia chancleta, zapatilla, alpargata, pantufla.

sandez necedad, mentecatería, disparate, majadería. —*Sensatez.*

sandwich (ing.) emparedado, bocadillo, canapé.

sanear higienizar, purificar, depurar, limpiar. 2 Reparar, corregir, arreglar, remediar, componer. —*Estropear.*

sangre familia, linaje, estirpe, casta, raza.

sangriento cruento, brutal, sanguinario, inhumano, bárbaro, bestial, cruel. —*Pacífico.*

sano saludable, bueno, salubre, higiénico, benéfico. 2 Lozano, robusto, saludable, vigoroso, fuerte, íntegro. —*Enfermo.*

santo sagrado, bendito, puro, virtuoso, bienaventurado, ejemplar, glorificado. —*Endemoniado, diabólico.* 2 Onomástico, celebración, festividad, aniversario.

santurrón hipócrita, mojigato, beato, santón, gazmoño. —*Piadoso.*

saña rencor, ira, cólera, furia, irritación, encono, ojeriza, antipatía. —*Afecto.*

saquear saltear, desvalijar, pillar, asaltar, depredar, robar.

sarcástico irónico, mordaz, venenoso, virulento, cínico, cáustico, agresivo.

sarcófago féretro, ataúd, cajón, sepulcro, sepultura, tumba.

sarpullido erupción, irritación, urticaria, inflamación, eritema.

sarta retahíla, rosario, hilera, cadena, ristra, sucesión.

sastre costurero, modista.

Satanás Lucifer, Belcebú, Mefistófeles, Luzbel, demonio, diablo.

sátira crítica, indirecta, ironía, sarcasmo, mordacidad, chanza, invectiva. —*Elogio, loa.*

satisfacción agrado, contento, gusto, placer, tranquilidad, alegría. —*Disgusto.*

satisfecho dichoso, feliz, radiante, contento, campante, complacido. —*Insatisfecho.*

saturar impregnar, llenar, empapar, rebosar.

sazón madurez, punto, desarrollo. —*Inmadurez.* 2 Oportunidad, ocasión, coyuntura, circunstancia.

sazonar adobar, aderezar, aliñar, condimentar, salpimentar.

scout (ing.) explorador.

sebo grasa, gordo, tocino.

secar(se) deshidratar, evaporar, desecar, escurrir, enjugar. —*Mojar.* 2 Marchitarse, resecarse, ajarse, agostarse, apergaminarse. —*Lozanear.*

sección grupo, división, departamento, sector. 2 División, fracción, porción, corte, tajo, ruptura. —*Unión.*

secesión separación, división, disgregación, segregación. —*Unión.*

secreto escondido, oculto, misterioso, clandestino, reservado, furtivo. —*Manifiesto, divulgado.*

2 Enigma, misterio, incógnita, interrogante.

secta grupo, clan, doctrina, pandilla, doctrina.

sectario intransigente, fanático, adepto, secuaz, cofrade.

sector división, parte, porción, lote, grupo.

secuaz partidario, seguidor, adepto, partidista.

secuela consecuencia, resultado, efecto, derivación, deducción. —*Causa.*

secuencia sucesión, serie, ciclo, progresión, concatenación, continuación.

secuestrar raptar, retener, encerrar, detener. —*Liberar.*

secundar auxiliar, favorecer, colaborar, respaldar, asistir.—*Oponerse.*

secundario accesorio, auxiliar, complementario, circunstancial, subordinado. —*Primordial.*

sed avidez, ansia, deseo, apetito, apremio, afán, necesidad.

sedante calmante, tranquilizante, sedativo, paliativo. —*Estimulante.*

sedar sosegar, apaciguar, calmar. —*Excitar.*

sede base, centro, central, sitial, asiento.

sedentario estacionario, inmóvil, aposentado, fijo, inactivo, estático. —*Nómada, errante.*

sedición sublevación, levantamiento, insurrección, rebelión, alzamiento. —*Calma, paz.*

sediento deseoso, ansioso, anheloso, ávido, vehemente.

sedimento poso, residuo, depósito.

seducir fascinar, atraer, encantar, cautivar. —*Repeler.*

segar cortar, guadañar, cercenar, tronchar.

segmento fragmento, porción, división, trozo, parte, porción. —*Totalidad, unidad.*

segregar separar, apartar, dividir, discriminar. —*Unir.* **2** Secretar, rezumar, excretar.

seguido continuo, frecuente, sucesivo, consecutivo. —*Ininterrumpido.*

seguir perseguir, rastrear, acosar, ir detrás. **2** Continuar, proseguir, reanudar, insistir. —*Interrumpir.* **3** Acompañar, escoltar.

según de acuerdo con, conforme a, con arreglo a.

seguro protegido, resguardado, defendido, invulnerable, inexpugnable. —*Peligroso.* **2** Cierto, indudable, evidente, innegable, positivo. —*Inseguro.*

seleccionar elegir, escoger, preferir, distinguir, clasificar.

sellar timbrar, estampillar, estampar, grabar. **2** Cerrar, cubrir, tapar, lacrar. —*Abrir.*

selva jungla, bosque, manigua, espesura, monte. —*Desierto.*

semblante faz, cara, rostro, fisonomía, imagen, parecer.

semblanza relato, bosquejo, biografía.

sembrado cultivo, plantío, campo, huerto.

sembrar esparcir, diseminar, desparramar, dispersar. —*Reunir.* **2** Sementar, resembrar. **3** Divulgar, propagar, publicar. —*Callar.*

semejante análogo, parecido, similar, afín, equivalente. —*Diferente.*

semilla simiente, grano, germen, polen. **2** Origen, causa, fundamento. —*Consecuencia.*

sencillo simple, natural, llano, franco, cándido, ingenuo, evidente, claro, fácil. —*Presuntuoso, complicado.*

senda sendero, camino, vereda, trocha, atajo.

senil viejo, anciano, longevo, caduco. —*Joven.*

seno hueco, concavidad, cavidad, depresión. **2** Pecho, teta, ubre, busto.

sensación impresión, sentimiento, emoción, percepción.

sensato prudente, discreto, moderado, cauteloso, circunspecto, reflexivo. —*Imprudente.*

sensible impresionable, susceptible, sentimental, delicado, tierno, emotivo. —*Insensible.* **2** Manifiesto, perceptible, aparente, apreciable. —*Imperceptible.*

sensual voluptuoso, lúbrico, libidinoso, lujurioso, lascivo, erótico.

sentarse posarse, asentarse, acomodarse, repantigarse, arrellanarse, tomar asiento. —*Levantarse, incorporarse.*

sentencia fallo, veredicto, juicio, dictamen, resolución, decisión. **2** Sanción, castigo, condena. —*Indulto.* **3** Proverbio, máxima, refrán, aforismo, dicho, adagio, apotegma.

sentido discernimiento, entendimiento, juicio, razón, comprensión. **2** Significado, significación, acepción, alcance. **3** Emotivo, cariñoso, expresivo, afectivo. **4** Dirección, orientación, rumbo.

sentimental conmovedor, tierno, emocionante, sensitivo, sensible, romántico. —*Insensible.*

sentimiento impresión, emoción. **2** Aflicción, pena, tristeza, dolor, lástima.

sentir experimentar, percibir, advertir, notar, percatarse. **2** Lamentar, dolerse, conmoverse, afectarse, deplorar, condolerse. —*Alegrarse.* **3** Juicio, parecer, opinión, creencia.

seña signo, gesto, ademán, expresión, manifestación.

señal marca, huella, vestigio, cicatriz. **2** Síntoma, seña, indicio, impresión. **3** Indicación, hito, baliza, mojón, aviso; distintivo.

señalar indicar, mostrar, especificar, determinar, advertir. **2** Marcar, rayar, trazar, imprimir, abalizar, amojonar.

señor caballero, noble, aristócrata, patricio. **2** Dueño, patrono, jefe, propietario.

señora dama, matrona, dueña. **2** Esposa, mujer, cónyuge, consorte.

señorial aristocrático, elegante, linajudo, distinguido, noble, majestuoso. —*Vulgar.*

señorita muchacha, chica, joven, moza, doncella.

señuelo carnada, cebo. **2** Trampa, emboscada, engaño, lazo.

separar apartar, disgregar, alejar, desunir, divorciar. —*Unir, juntar.*

sepelio entierro, inhumación.

sepultar enterrar, inhumar, soterrar. —*Desenterrar.* **2** Esconder,

ocultar, encubrir, sumergir. —*Descubrir.*

sepultura fosa, tumba, huesa, hoya, sepulcro, cripta, mausoleo.

sequedad aridez, sequía, agostamiento, sed, deshidratación. —*Humedad.*

séquito cortejo, compañía, comparsa, acompañamiento, escolta, comitiva.

ser existir, estar, vivir, hallarse. **2** Criatura, ente, individuo, sujeto. **3** Acontecer, suceder, pasar, acaecer.

serenar calmar, sosegar, tranquilizar, aquietar, consolar, apaciguar, moderar. —*Inquietar.*

sereno tranquilo, templado, suave, sosegado, manso, imperturbable. —*Nervioso.* **2** Despejado, claro, limpio. —*Nublado.*

serie sucesión, progresión, encadenamiento, fila, colección.

serio solemne, grave, majestuoso, circunspecto, respetable, digno, formal, prudente, mesurado. —*Informal, imprudente.*

sermón prédica, discurso, plática, homilía, charla, oración. **2** Regaño, amonestación, represión. —*Elogio.*

serpiente sierpe, culebra, ofidio.

serrar aserrar, cortar.

servicial atento, complaciente, solícito, servil, obsequioso, cortés, amable. —*Desatento, descortés.*

servicio asistencia, ayuda, favor, auxilio. —*Desamparo.* **2** Servidumbre, criados, séquito. **3** Retrete, excusado, lavabo.

servidor criado, sirviente, mozo, lacayo, dependiente. —*Patrón.*

servil bajo, vil, rastrero, humillante, vergonzoso, abyecto. —*Altanero.*

servir auxiliar, asistir, ayudar, prestar servicio, emplearse, trabajar. **2** Valer, aprovechar, ser útil, interesar. **3** Repartir, dar, distribuir, partir, dosificar.

sesgado oblicuo, inclinado, torcido, desviado.

sesión reunión, asamblea, conferencia, comité, junta.

seso juicio, madurez, cordura, prudencia, sensatez, reflexión, cerebro, sustancia gris. —*Insensatez.*

seta hongo, champiñón.

seto valla, cercado, empalizada, estacada, barrera.

seudónimo alias, apodo, sobrenombre, mote.

severo rígido, inflexible, exigente, riguroso, inexorable, implacable, estricto. —*Benévolo, tolerante.*

sevicia crueldad, inclemencia, impiedad, encarnizamiento. —*Bondad, piedad.*

sexo género, sexualidad. **2** Erotismo, voluptuosidad, sexualidad, instinto. **3** Fornicación, coito, cópula, apareamiento, ayuntamiento.

sexy (ing.) atractiva, sensual, seductora.

shock (ing.) choque, golpe, conmoción, impresión.

show (ing.) espectáculo, función, exhibición.

sibarita refinado, epicúreo, sensual. —*Frugal.*

sideral astronómico, espacial, cósmico, estelar, astral.

siembra sementera, cultivo, sembrado, labranza.

siempre eternamente, perpetuamente, perennemente, continuamente, invariablemente. —*Nunca.*

siervo servidor, sirviente, esclavo, vasallo, villano. —*Dueño, amo, señor.*

siesta descanso, reposo, sopor, letargo, sueño, pausa.

sigilo disimulo, secreto, reserva, cautela, silencio, discreción. —*Ruido.*

sigla abreviatura, símbolo, equivalencia.

siglo edad, época, período, era, centuria.

significado sentido, acepción, alcance, significación, importancia, valor, extensión, fuerza.

significar simbolizar, representar, indicar, denotar, encarnar. **2** Notificar, comunicar, expresar, manifestar, enunciar. —*Omitir.*

signo señal, gesto, huella, indicio, marca, traza, vestigio, pista, abreviatura, emblema.

siguiente subsecuente, subsiguiente, sucesivo, posterior, ulterior. —*Anterior.*

silbar chiflar, pitar, rechiflar. **2** Alborotar, protestar, abuchear, reprobar. —*Aplaudir.*

silencio reserva, sigilo, secreto, disimulo, discreción, ocultación, prudencia. **2** Mutismo, mudez, enmudecimiento. **3** Calma, paz, tregua, pausa, quietud. —*Ruido.*

silla asiento, sillón, butaca, taburete, escaño, banco.

silueta contorno, perfil, trazo, borde, forma.

sima fosa, abismo, hondonada, cuenca, barranco, depresión, pozo.

símbolo signo, emblema, representación, figura, apariencia, imagen, alegoría. —*Realidad.*

simetría armonía, proporción, conformidad, concordancia, ritmo. —*Asimetría.*

similar análogo, parecido, semejante, equivalente, comparable, conforme. —*Disímil.*

simio mono, mico, antropoide, primate.

simpatía atractivo, gracia, encanto, amabilidad, cordialidad. —*Antipatía.* 2 Inclinación, afición, propensión, tendencia, vocación, cariño, apego. —*Antipatía, repulsión.*

simple sencillo, elemental, incomplejo, natural, llano, fácil. —*Complejo.* 2 Tonto, bobo, necio, estúpido. —*Listo.*

simplificar abreviar, resumir, compendiar, reducir, facilitar. —*Complicar.*

simposio conferencia, reunión, asamblea, junta.

simulacro ensayo, maniobra, práctica, ejercicio táctico.

simular fingir, aparentar, imitar, representar, suponer.

simultáneo sincrónico, coincidente, coexistente, coetáneo. —*Anacrónico.*

sincero franco, honesto, veraz, natural, justo, cándido, genuino. —*Falso, hipócrita.*

síncope ataque, patatús, desfallecimiento, vértigo, mareo.

sindicato gremio, hermandad, asociación, grupo, liga, federación.

singular extraordinario, particular, extravagante, raro, excéntrico. —*Normal, común.*

siniestro catástrofe, desastre, accidente, desgracia, hecatombe, ruina. 2 Funesto, trágico, avieso, lúgubre, alarmante.

sinnúmero infinidad, sinfín, cúmulo, abundancia, montón.

sino hado, destino, estrella, providencia, fortuna, suerte.

sinónimo equivalente, semejante, consonante, igual, parecido, paralelo. —*Antónimo, contrario.*

sinopsis síntesis, compendio, resumen.

sinsabor disgusto, pesar, pena, desazón, dolor, amargura. —*Alegría.*

síntesis compendio, resumen, abreviación, sinopsis, recopilación, extracto.

síntoma señal, indicio, manifestación, signo, evidencia.

sinuoso ondulado, serpenteado, ondulante, tortuoso. —*Recto, derecho.*

sinvergüenza desvergonzado, desfachatado, bribón, pícaro, pillo, granuja. —*Honrado, decente.*

sirena ninfa, sílfide, ondina, nereida, náyade. 2 Silbato, pito, alarma.

sirviente criado, mozo, doméstico, servidor. —*Patrón.*

sisar V. **robar.**

sistema método, procedimiento, plan, norma, regla.

sistemático regular, metódico, invariable, constante. —*Anárquico, desordenado, confuso.*

sitiar asediar, cercar, bloquear, rodear, circundar, acorralar. —*Liberar.*

sitio lugar, puesto, localidad, territorio, espacio. **2** Asedio, cerco, bloqueo.

situar disponer, colocar, acomodar, instalar, plantar. —*Sacar, trasladar.*

sobar manosear, tentar, tocar, acariciar, restregar.

soberanía poderío, dominio, supremacía, autoridad, preponderancia. —*Inferioridad.*

soberano rey, monarca, emperador, señor, majestad. —*Vasallo.* **2** Elevado, excelente, insuperable, grande, supremo, mayúsculo.

soberbio arrogante, orgulloso, altanero, altivo, engreído. —*Modesto, humilde.* **2** Suntuoso, magnífico, espléndido, regio, admirable, estupendo. —*humilde.*

sobornar corromper, comprar, seducir.

sobra(s) exceso, demasía, abundancia, exageración, profusión. —*Falta, carencia.* **2** Residuos, desechos, desperdicios, sobrantes, despojos, restos.

sobrar restar, quedar. **2** Abundar, exceder, desbordar, rebosar. —*Faltar.*

sobrecargar recargar, aumentar, gravar, abrumar, rebosar. —*Aligerar.*

sobrecogedor conmovedor, estremecedor, impresionante, espantoso, pasmoso. —*Indiferente.*

sobreexcitación agitación, excitación, inquietud, conmoción. —*Calma.*

sobrehumano agotador, agobiante. **2** Sobrenatural, celestial, ultraterreno.

sobrellevar aguantar, sufrir, tolerar, resignarse.

sobrenatural inmaterial, metafísico, celestial, divino, ultraterreno, mágico. —*Natural, material.*

sobrenombre mote, apodo, apellido, alias, seudónimo, apelativo.

sobrepasar rebosar, exceder, aventajar, superar.

sobreponerse dominarse, contenerse, refrenarse, recobrarse, superar.

sobresaliente superior, aventajado, excelente, destacado, notorio. —*Corriente, vulgar.*

sobresalir despuntar, destacar, resaltar, descollar, distinguirse. —*Pasar desapercibido.*

sobresaltado inquieto, asustado, intranquilo, temeroso, turbado. —*Tranquilo.*

sobretodo abrigo, gabán, gabardina.

sobrevivir subsistir, continuar, perpetuarse, perdurar, mantenerse. —*Morir.*

sobrio templado, mesurado, prudente, moderado. —*Desenfrenado.*

socarrón disimulado, solapado, taimado, astuto.

socavón bache, hoyo, agujero, hueco, zanja.

sociable comunicativo, tratable, abierto, accesible. —*Insociable, huraño.*

sociedad agrupación, asociación, colectividad, entidad, corporación, compañía, empresa.

socio asociado, participante, afiliado.

socorrer auxiliar, ayudar, asistir,

amparar, proteger, favorecer. —
Abandonar, desamparar.

soez grosero, vil, bajo, indecente, ordinario, rudo, zafio. —
Cortés.

sofá diván, canapé, sillón, asiento, otomana.

sofisticado refinado, elegante, excéntrico, mundano.

sofocante asfixiante, tórrido, caliente, bochornoso, caluroso, ardiente, abrumador. —*Fresco, refrescante.*

sofocar ahogar, asfixiar. 2 Reprimir, dominar, contener, oprimir, apagar, extinguir. —*Encender.*

soga cuerda, maroma, amarra, cable, lía.

sojuzgar dominar, subyugar, someter, avasallar, esclavizar. —
Liberar.

solapado hipócrita, falso, disimulado, pérfido, astuto, traidor. —
Sincero.

solar parcela, terreno, tierra. 2 Linaje, casta, descendencia, familia, casa.

solaz esparcimiento, diversión, distracción, expansión, descanso, entretenimiento, placer. —
Aburrimiento.

soldado recluta, militar.

soldar pegar, unir, adherir, ligar, amalgamar. —*Separar.*

soledad aislamiento, separación, desamparo, orfandad. —*Compañía.* 2 Pena, tristeza, congoja, melancolía. —*Alegría.*

solemne majestuoso, imponente, impresionante, grandioso.

solicitar pedir, demandar, requerir, aspirar. —*Entregar.*

solícito cuidadoso, diligente, amable, atento, considerado. —*Descuidado.*

solidaridad fidelidad, devoción, apoyo, ayuda, fraternidad. —
Insolidaridad.

sólido firme, duro, resistente, consistente, macizo, denso, fuerte.
—*Endeble.*

solitario deshabitado, desierto, abandonado, aislado, vacío, despoblado.

sollozar llorar, gemir, gimotear, lamentarse, quejarse. —*Reírse.*

solo único, singular, impar, dispar.
—*Común.* 2 Solitario, aislado, desierto.

soltar liberar, libertar, dispensar, excarcelar. —*Encarcelar.* 2 Desprender, desligar, desasir, desunir, desamarrar. —*Atar, fijar.*

soltera casadera, solterona, célibe, doncella. —*Casada.*

soltero célibe, solterón. —*Casado.*

soltura agilidad, desenvoltura, desembarazo, presteza. —*Torpeza.*

solución resolución, arreglo, remedio. —*Problema.*

solucionar resolver, remediar, arreglar, solventar.

solventar solucionar, resolver, arreglar.

sombra oscuridad, penumbra, tinieblas, negrura, opacidad, lobreguez. —*Claridad.* 2 Silueta, contorno, perfil, figura, proyección.

sombrero gorro, bonete, capelo, hongo, caperuza.

sombrío oscuro, lóbrego, tenebroso, lúgubre, nebuloso, opaco, encapotado. —*Claro.* 2 Taciturno, triste, melancólico, apenado. —*Alegre.*

somero superficial, insubstancial, sucinto, liviano. —*Prolijo.*

someter dominar, subordinar, subyugar, esclavizar, humillar. —*Liberar.*

somnífero soporífero, letárgico, narcótico. —*Estimulante.*

somnolencia sopor, pesadez, aletargamiento, amodorramiento, pereza. —*Vigilia.*

sonar resonar, retumbar, atronar, chirriar, chasquear, crujir.

sondear inquirir, averiguar, explorar, buscar, escrutar.

sonido ruido, bullicio, resonancia, eco, crujido, estruendo, sonoridad. —*Silencio.*

sonoro resonante, ruidoso, vibrante, atronador. —*Silencioso.*

sonrisa gesto, mueca, expresión, mohín.

sonrojarse ruborizarse, avergonzarse, abochornarse, enrojecer, turbarse.

sonsacar averiguar, inquirir, sondear, indagar, descubrir.

sonso necio, bobo, lelo.

soñar imaginar, fantasear, idear, vislumbrar, divagar.

soñoliento adormilado, amodorrado, entumecido, pesado, perezoso. —*Despierto.*

sopa caldo, consomé, papilla, puré.

sopetón empujón, golpe, empellón.

soplar exhalar, espirar, insuflar, bufar. —*Aspirar.* **2** Inflar, hinchar. —*Deshinchar.*

soplón delator, confidente, acusón, denunciante.

soponcio síncope, patatús, vahído, desmayo.

sopor letargo, modorra, pesadez, somnolencia, sueño. —*Vigilia.*

soporífero somnífero, narcótico, sedante, hipnótico, calmante, tranquilizante. —*Excitante.*

soportar sobrellevar, sostener, sufrir, tolerar, aguantar.

soporte apoyo, sostén, sustento, fundamento, recostadero, base.

sorber chupar, absorber, aspirar, tragar.

sórdido avaro, tacaño, avariento, mezquino. —*Generoso.* **2** Sucio, impuro, indecente, ruin. —*Noble.*

sordo amortiguado, lejano, ahogado, grave, insonoro. —*Sonoro.* **2** Indiferente, insensible, cruel, inexorable. —*Piadoso.*

sorna lentitud, calma, pausa, pachorra, roncería. —*Diligencia.* **2** Disimulo, bellaquería, socarronería; ironía.

sorprendente asombroso, insólito, extraordinario, desusado, anormal, inverosímil, maravilloso, prodigioso, pasmoso. —*Corriente, normal.*

sorprender admirar, asombrar, sobrecoger, conmover, maravillar, extrañar. **2** Descubrir, pillar, atrapar, coger.

sorpresa pasmo, maravilla, asombro, admiración. —*Indiferencia.*

sorteo rifa, juego, lotería, tómbola.

sortija anillo, alianza, argolla, aro, sello.

sortilegio encantamiento, brujería, hechizo, magia, nigromancia. —*Exorcismo.*

sosegado sereno, tranquilo, reposado, pacífico, quieto. —*Intranquilo.*

sosiego calma, quietud, placidez, serenidad, tranquilidad, reposo, silencio. —*Intranquilidad.*

soso insípido, desabrido, insulso, insustancial, simple. —*Sabroso.*

sospecha recelo, desconfianza, duda, malicia, temor, conjetura, presunción, indicio. —*Confianza.*

sospechoso misterioso, oscuro, dudoso, anormal.

sostén sustento, apoyo, estribo, soporte, cimiento. **2** Ayuda, amparo, auxilio, socorro. —*Desamparo.* **2** Ajustador, corpiño.

sótano subterráneo, túnel, cueva, bodega, bóveda. —*Buhardilla.*

spray (ing.) atomizador, pulverizador.

staff (ing.) gabinete, equipo, conjunto.

stock (ing.) reservas, depósito.

suave terso, liso, pulido, sedoso. —*Áspero.* **2** Dócil, manso, sosegado, tranquilo. —*Intranquilo.*

substancia ser, esencia, principio, naturaleza. **2** Caldo, jugo, meollo, concentrado.

substancial esencial, importante, trascendente. —*Insignificante.*

subalterno dependiente, subordinado, auxiliar, inferior, empleado. —*Superior.*

subasta martillo, remate, licitación, almoneda.

subconsciente instintivo, inconsciente, mecánico, automático, involuntario. —*Consciente.*

súbdito dependiente, vasallo, ciudadano, natural, habitante.

subida cuesta, pendiente, rampa, repecho, desnivel. —*Bajada.* **2** Ascenso, aumento, alza. —*Descenso.*

subir ascender, escalar, trepar, remontar, encaramarse. —*Bajar.* **2** Aumentar, encarecer, incrementar. —*Rebajar.*

súbito repentino, improviso, inesperado, impensado, rápido, brusco, veloz. —*Lento.*

sublevación insurrección, rebelión, sedición, levantamiento, alzamiento, revolución. —*Orden.*

sublime bellísimo, elevado, extraordinario, sobrehumano, superior, celestial. —*Vulgar.*

subordinado inferior, dependiente, subalterno, sumiso. —*Superior.*

subordinar someter, sujetar, supeditar. **2** Ordenar, clasificar, organizar, relacionar.

subrayar acentuar, recalcar, resaltar, señalar, hacer hincapié, insistir. **2** Rayar, señalar, marcar, trazar.

subrepticio oculto, furtivo, ilícito, ilegal, ilegítimo. —*Lícito.*

subsanar corregir, enmendar, reparar, remediar, mejorar, solucionar. —*Dañar, perjudicar.*

subsistir perdurar, conservarse, mantenerse, preservarse, resistir, aguantar. —*Desaparecer.*

substituir relevar, reemplazar, cambiar.

subterfugio pretexto, excusa, escapatoria, evasiva, disculpa.

subterráneo sótano, caverna, cueva, bodega, bóveda.

suburbio barrio, arrabal, afueras, contornos, alrededores.

subvención asistencia, ayuda, auxilio, apoyo, subsidio, socorro.

subversión sedición, insurrección, revolución, desorden, conmoción. —*Orden*.

subyugar dominar, someter, esclavizar, avasallar. —*Liberar*.

succionar chupar, mamar, sorber.

suceder ocurrir, acontecer, pasar, acaecer. **2** Substituir, reemplazar, relevar.

sucesión serie, orden, curso, proceso, cadena. —*Final*.

sucesivo continuo, ininterrumpido, subsiguiente, gradual, progresivo. —*Interrumpido*.

suceso hecho, acontecimiento, acaecimiento, incidente, anécdota, episodio, caso.

sucinto resumido, breve, conciso, somero, corto. —*Extenso*.

sucio mugriento, impuro, puerco, cochino, poluto, inmundo. —*Limpio, puro*.

suculento substancioso, nutritivo, alimenticio, exquisito, sabroso.

sucumbir caer, rendirse, someterse. —*Rebelarse*. **2** Morir, perecer, fallecer, fenecer, expirar. —*Vivir*.

sucursal rama, agencia, filial, dependencia, anexo.

sudario mortaja, sábana, envoltorio.

sudor transpiración, trasudor. **2** Trabajo, fatiga, afán.

sueldo salario, honorarios, mensualidad, estipendio, remuneración, jornal.

suelo terreno, superficie, tierra, piso, pavimento.

suelto disgregado, separado, aislado, disperso. —*Junto, compac-*

to. **2** Ligero, presto, veloz, ágil. —*Lento*. **3** Cambio, monedas. —*Billete*.

sueño letargo, modorra, somnolencia, sopor, descanso. —*Vigilia*. **2** Ensueño, fantasía, ilusión, pesadilla.

suerte fortuna, ventura, hado, estrella, destino, providencia. **2** Especie, género, forma, condición, estilo.

suficiente bastante, harto, justo, preciso. —*Insuficiente*. **2** Apto, capaz, idóneo, competente, hábil.

sufragar auxiliar, amparar, favorecer, ayudar. —*Desamparar*. **2** Pagar, costear, desembolsar, subvenir, contribuir.

sufragio voto, votación, elecciones, comicios. **2** Ayuda, protección, auxilio, socorro.

sufrimiento padecimiento, dolor, angustia, tormento, martirio, tortura, aflicción. —*Alegría*.

sufrir padecer, penar, soportar, tolerar, resistir. —*Rebelarse*.

sugerir proponer, insinuar, aconsejar.

sugestionar hechizar, fascinar, hipnotizar, magnetizar.

suicidarse matarse, eliminarse, quitarse la vida.

sujeción dependencia, subordinación, obediencia, esclavitud, constreñimiento. —*Independencia, libertad*.

sujetar agarrar, aferrar, contener, asir. —*Soltar*.

sujeto individuo, personaje, persona, fulano. **2** Tema, asunto, materia, objeto, argumento. **3** Sumiso, subyugado, subordinado.

sulfurar irritar, excitar, enojar, encolerizar, enfurecer, indignar, exasperar. —*Tranquilizar.*

suma adición, aumento, incremento, total. —*Resta.* **2** Colección, conjunto, totalidad. —*Unidad.*

sumario resumen, compendio, sinopsis, recopilación, suma. **2** Antecedentes, expedientes, pruebas, datos. **3** Conciso, breve, lacónico, resumido, compendiado, abreviado.

sumergir hundir, zambullir, inmergir, sumir, meter, introducir. —*Sacar.*

suministrar proveer, abastecer, aprovisionar, surtir, proporcionar. —*Desproveer.*

sumiso dócil, obediente, humilde, subyugado, resignado, manso, manejable. —*Rebelde.*

suntuoso lujoso, regio, magnífico, espléndido, fastuoso, opulento, solemne. —*Pobre.*

supeditar dominar, doblegar, humillar, oprimir, subyugar. —*Liberar, emancipar.*

superar rebasar, exceder, aventajar, ganar, adelantar, mejorar.

superchería engaño, mentira, impostura, invención, fábula, artificio, falsedad. —*Verdad.*

superdotado genial, talentoso.

superficial frívolo, insubstancial, vano, hueco. —*Fundamental.*

superficie área, extensión, cara, plano, contorno.

superfluo innecesario, inútil, recargado, excesivo, sobrante. —*Esencial.*

superior sobresaliente, excelente, prominente, preponderante,

supremo. —*Inferior.* **2** Jefe, director, prior, maestro. —*Subalterno.*

superstición fetichismo, paganismo, fanatismo, credulidad.

supervisar vigilar, inspeccionar, controlar, observar.

suplantar sustituir, relevar, reemplazar.

suplementario accesorio, complementario, subsidiario, adicional. —*Principal, fundamental.*

suplicar pedir, rogar, implorar, solicitar, exhortar. —*Exigir, denegar.*

suplicio tormento, tortura, martirio, sufrimiento, padecimiento, castigo, pena.

suplir suplantar, reemplazar, substituir, representar.

suponer pensar, creer, estimar, presumir, figurarse, imaginar, intuir.

supremacía superioridad, preeminencia, preponderacia, dominio, poder. —*Inferioridad.*

supremo soberano, superior, sumo, culminante, descollante. —*Ínfimo, inferior.*

suprimir abolir, anular, eliminar, quitar, destruir, liquidar, callar.

supuesto suposición, hipótesis, presunción, creencia. **2** Imaginario, hipotético, figurado, aparente, infundado. —*Real.*

supurar segregar, manar, correr, infectarse.

sur sud, antártico, meridional. —*Norte.*

surcar hender, cortar, enfilar. **2** Arar, labrar.

surco cauce, ranura, hendedura, carril, corte.

surgir brotar, manar, salir, aparecer, asomar, manifestarse, presentarse. —*Desaparecer*.

surtido variado, mezclado, diverso, múltiple. —*Igual*. **2** Colección, conjunto, juego, muestrario, repertorio.

surtir suministrar, proveer, aprovisionar, abastecer, equipar, dotar, armar. —*Desabastecer*.

susceptible irritable, irascible, delicado, melindroso, quisquilloso.

suspender interrumpir, detener, limitar, frenar, obstaculizar. —*Reanudar*. **2** Colgar, pender, guindar, enganchar. —*Descolgar*. **3** Castigar, privar, penar, sancionar. —*Perdonar*.

suspicaz desconfiado, malicioso, temeroso. —*Confiado*.

suspirar (por) ansiar, desear, anhelar, apetecer, amar, ambi-

cionar. —*Renunciar*.

sustento alimento, subsidio, mantenimiento, manutención, sostén, comida.

susto sobresalto, zozobra, alarma, sorpresa, sobrecogimiento, estremecimiento.

sustraer robar, hurtar, despojar, timar, escamotear. —*Devolver*. **2** Restar, disminuir, descontar. —*Sumar*.

susurrar murmurar, musitar, cuchichear, balbucear, mascullar, farfullar.

sutil fino, suave, ténue, etéreo, delgado, vaporoso, gaseoso. —*Basto*. **2** Gracioso, agudo, perspicaz, ingenioso, astuto. —*Tonto, obtuso*.

sutileza agudeza, ingeniosidad, perspicacia, salida, ocurrencia.

sutura costura, cosido, juntura.

T

taberna cantina, bar, tasca, fonda.

tabique muro, pared, tapia, división, separación.

tabla lámina, plancha, madera. 2 Lista, índice, catálogo, relación.

tablado plataforma, entarimado, estrado, grada, escenario.

tableta pastilla, comprimido, píldora, gragea.

tabú prohibición, veto, censura, impedimento.

taburete banquillo, escabel, escaño, asiento, banqueta.

tacaño avaro, mezquino, cicatero, ruin, sórdido, amarrete.

tacha falta, imperfección, defecto, mancha, sombra, lunar. —*Perfección, cualidad.*

tachar suprimir, borrar, eliminar, rayar, corregir. 2 Culpar, acusar, censurar, recriminar, reprochar.

tacho cubo, vasija, recipiente.

tácito implícito, sobreentendido, expreso, supuesto, manifiesto.

taciturno sombrío, melancólico, apesadumbrado, silencioso, retraído, callado. —*Alegre.*

taco tapón, tarugo, cuña. 2 Embrollo, lío, enredo. 3 Maldición, reniego, juramento, palabrota.

táctica método, procedimiento, estrategia, sistema, plan.

tacto palpamiento, percepción. 2 Discreción, delicadeza, diplomacia, mesura, tino. —*Rudeza.*

taimado astuto, ladino, disimulado, hipócrita, marrullero. —*Bobo, ingenuo.*

taita papá, padre, progenitor.

tajada rebanada, loncha, trozo, fragmento.

tajante incisivo, cortante, rudo, concreto, firme, seco. —*Amable.*

tajar cortar, dividir, abrir, partir, seccionar, rajar. —*Unir.*

tajo corte, incisión, sección, cuchillada, navajazo.

taladrar agujerear, perforar, punzar, horadar.

taladro barrena, broca, perforador, punzón, berbiquí.

talante ánimo, disposición, humor, cariz, aspecto.

talar podar, cortar, segar, cercenar.

talego talega, bolsa, saco, morral, mochila, zurrón.

talismán amuleto, fetiche, ídolo, reliquia, figura.

talla escultura, estatua, relieve. 2 Estatura, altura, medida.

tallar esculpir, cincelar, grabar, labrar, modelar, trabajar.

talle cintura, cinto. 2 Apariencia, disposición, figura, aspecto, proporción.

taller estudio, fábrica, manufactura, oficina, laboratorio.

tallo vástago, retoño, esqueje, brote, maslo.

talud rampa, cuesta, repecho, declive, subida, bajada.

tamaño magnitud, dimensión, grandor, medida, volumen, grosor.

tambalearse oscilar, vacilar,

bambolearse, menearse, inclinarse, fluctuar.

también igualmente, asimismo, de igual modo, además.

tambor bombo, pandero, timbal

tamiz cedazo, cernedor, colador, criba, zaranda.

tanda grupo, conjunto, banda, serie, partida. **2** Turno, vuelta, vez, ciclo, período.

tangente tocante, adyacente, contiguo, lindante, vecino, próximo.

tangible palpable, perceptible, sensible, asequible, manifiesto, real. —*Imperceptible.*

tanque depósito, aljibe, cuba. **2** Carro de asalto, carro de combate.

tantear explorar, sondear, probar, examinar, averiguar, ensayar.

tanto puntuación, punto, baza, gol.

tañer tocar, pulsar, rasguear, puntear. **2** Repicar, doblar, sonar.

tapa cubierta, tapadera, tapón, cierre.

tapar cubrir, cerrar, obturar, taponar, atascar, atorar. —*Destapar.* **2** Ocultar, encubrir, esconder, disimular. —*Publicar.*

tapia muro, pared, muralla, parapeto.

tapiz colgadura, paño, alfombra, cortina.

tapizar recubrir, forrar, acolchar, revestir, enfundar.

tapón corcho, tarugo, cierre, tapa, obturador.

taponar obstruir, atascar, ocluir, interrumpir, cerrar, sellar. —*Destapar.*

tapujo engaño, pretexto, disimulo, marrullería.

taquilla ventanilla, casilla, cabina.

tara estigma, defecto, tacha, falla, mácula. —*Virtud.*

tarambana aturdido, imprudente, irreflexivo, ligero, alocado. —*Sensato.*

tararear canturrear, entonar, salmodiar.

tardar demorar, retrasarse, rezagarse, alargar. —*Abreviar.*

tarde víspera, crepúsculo, atardecer. **2** Retrasado, demorado, retardado. —*Temprano.*

tardo lento, calmoso, pausado, perezoso, pesado. —*Rápido.*

tarea labor, trabajo, faena, quehacer, ocupación, misión, obra. —*Ocio, inactividad.*

tarifa tasa, arancel, coste, precio.

tarima estrado, entablado, entarimado, escenario, plataforma.

tarjeta cédula, ficha, etiqueta, papeleta.

tarro bote, lata, pote, envase.

tarta pastel, torta, budín, bizcocho.

tartamudear balbucear, farfullar, mascullar, chapurrear, tartalear.

tartamudo tartajoso, balbuciente, farfalloso.

tarugo taco, cuña, tapón.

tasa tarifa, arancel, canon, impuesto.

tasar evaluar, valorar, estimar, apreciar. **2** Regular, ordenar.

tasca taberna, bodega, cantina, bar, fonda.

taza pocillo, jícara, recipiente, bol.

tea antorcha, hacha, cirio.

teatral dramático, melodramático, cómico, escénico, fingido. —*Real.*

teatro coliseo, sala de espectáculos.

techo tejado, techumbre, cubierta, bóveda, revestimiento. **2** Casa, habitación, vivienda, morada.

técnica método, procedimiento, reglas, sistema, normas. **2** Habilidad, pericia, industria, sagacidad.

técnico perito, erudito, entendido, experto, especialista.

tedio aburrimiento, fastidio, hastío, monotonía, enfado, molestia. —*Diversión.*

tejado techo, cubierta, marquesina, azotea.

tejer trenzar, urdir, entrelazar, mezclar, cruzar.

tejido tela, lienzo, paño, género, trapo.

tela tejido, lienzo, paño, género, trapo, tegumento.

telefonear comunicar, llamar, hablar.

telegrama despacho, mensaje, cable, comunicado.

telón cortina, bastidor, decorado.

tema asunto, materia, argumento, motivo, razón.

temblar estremecerse, vibrar, tiritar, castañetear, temblequear, sacudirse. **2** Temer, asustarse, espantarse. —*Serenarse.*

temer asustarse, atemorizarse, sobrecogerse, espantarse, recelar, dudar, sospechar. —*Envalentonarse, confiar.*

temerario osado, atrevido, audaz, imprudente, arriesgado, aventurero. —*Cobarde, temeroso.*

temeroso miedoso, asustadizo, cobarde, medroso, pusilánime. —*Temerario, valiente.*

temible terrorífico, horrendo, espeluznante, espantoso, horripilante. —*Bueno, inofensivo.*

temor miedo, terror, pavor, espanto, pánico, horror. —*Valentía.* **2** Desconfianza, recelo, sospecha, duda. —*Confianza.*

temperamento carácter, conducta, naturaleza, constitución, manera de ser.

temperar calmar, apaciguar, sosegar, templar. —*Excitar.*

temperatura calor, temple.

tempestad tormenta, borrasca, temporal, aguacero, diluvio, tromba, turbión, huracán. —*Calma.*

tempestuoso borrascoso, tormentoso, agitado, inclemente, violento. —*Calmado.*

templado cálido, tibio, tenue, moderado.

templanza temperancia, moderación, prudencia, sobriedad, mesura. —*Intemperancia.*

templar atirantar, tensar, tirar. —*Aflojar.* **2** Calentar, entibiar, caldear, temperar. —*Enfriar.* **3** Suavizar, moderar, atenuar, sosegar, aplacar. —*Excitar.*

temple temperamento, disposición, ánimo, carácter, humor.

templo iglesia, capilla, santuario, oratorio, parroquia, basílica.

temporada época, período, era, fase, lapso.

temporal provisional, transitorio, breve, pasajero, efímero. —*Eterno.* **2** Tormenta, diluvio, borrasca, turbión.

temprano a primera hora, de antemano, por anticipado. —*Tarde.* **2** Prematuro, adelantado, anticipado, precoz. —*Retrasado, tardío.*

tenaz constante, obstinado, perseverante, pertinaz, terco, testarudo, porfiado. —*Inconstante.*

tendencia propensión, inclinación, disposición, vocación, simpatía, afecto, afición.

tendencioso partidario, simpatizante, aficionado, fanático. —*Neutral.*

tender (se) extender, estirar, expandir, desplegar, desdoblar. —*Recoger.* **2** Propender, inclinarse, simpatizar. **3** Acostarse, echarse, tumbarse, yacer, descansar.

tendero comerciante, vendedor, abacero.

tenebroso lóbrego, obscuro, opaco, lúgubre, sombrío. —*Claro.*

tener poseer, haber, disfrutar, gozar. —*Carecer.* **2** Sujetar, sostener, retener, asir, aferrar. —*Soltar.*

tensión tirantez, rigidez, presión, tiesura. —*Relajamiento.*

tentación atracción, seducción, fascinación, estímulo.

tentar instigar, inducir, estimular, excitar, provocar, soliviantar. **2** Tocar, palpar, tantear.

tentativa intento, prueba, ensayo, experimento. —*Fracaso.*

tentempié aperitivo, refrigerio, piscolabis, bocadillo.

tenue ligero, sutil, leve, débil, delicado, etéreo. —*Recio.*

teñir pigmentar, entintar, colorear, pintar.

teoría hipótesis, suposición, conjetura. —*Realidad.*

terapéutica tratamiento, medicina.

terciar mediar, intervenir, interponerse.

terco testarudo, obstinado, tozudo, tenaz, pertinaz, porfiado, persistente. —*Disuasivo.*

tergiversar falsear, enredar, deformar, confundir.

terminante categórico, definitivo, tajante, concluyente, indiscutible. —*Dudoso.*

terminar concluir, acabar, finalizar, rematar, finiquitar. —*Comenzar.*

término final, fin, terminación, conclusión, remate. —*Comienzo.* **2** Palabra, expresión, voz, vocablo, locución.

ternero becerro, jato, recental, vaquilla, novilla.

ternura dulzura, sensibilidad, delicadeza, bondad, cariño, afecto. —*Rudeza, odio.*

terrateniente latifundista, hacendado.

terraza azotea, galería, mirador, balcón.

terremoto sismo, temblor, seísmo, sacudimiento, cataclismo.

terreno campo, tierra, suelo, superficie. **2** Terrenal, terrestre, terráqueo. —*Celestial.*

terrible horrible, espantoso, horroroso, terrorífico, pavoroso. —*Placentero, agradable.*

territorio región, comarca, circunscripción, distrito, departamento, jurisdicción, país, nación, lugar, paraje.

terror horror, espanto, pavor, pánico, temor, angustia. —*Agrado, serenidad.*

terso suave, liso, pulido, bruñido, uniforme. —*Áspero.*

tertulia reunión, grupo, casino, club. **2** Conversación, charla, plática, coloquio.

tesis argumento, proposición, razonamiento, disertación, exposición.

tesón empeño, tenacidad, cons-

tancia, firmeza, perseverancia. —
Inconstancia.

tesoro   caudal, fondos, riqueza, dinero, hacienda.

test (ing.)   prueba, examen, sondeo.

testamento   última voluntad. 2 Legado, sucesión, herencia.

testarudo   V. terco.

testificar   declarar, manifestar, demostrar, probar, atestiguar, atestar.

testigo   declarante.

testimonio   prueba, demostración, comprobación, evidencia, justificación.

teta   seno, pezón, mama, ubre.

tétrico   lúgubre, funesto, fúnebre, tenebroso, lóbrego, macabro, triste, sombrío. —*Alegre.*

texto   pasaje, escrito, cuerpo, contenido. 2 Manual, compendio, obra.

textual   literal, exacto, fiel, idéntico, al pie de la letra.

tez   cutis, faz, rostro.

tibio   cálido, templado. —*Helado, ardiente.*

tic   contracción, gesto, espasmo.

tiempo   período, lapso, intervalo, duración, transcurso, temporada, ciclo, fase, etapa, época. 2 Temperatura, estado atmosférico.

tienda   comercio, negocio, establecimiento, bazar, abacería, puesto, local. 2 Toldo, palio, entoldado.

tierno   suave, delicado, blando, flexible, flojo. —*Duro.* 2 Amable, afectuoso, cariñoso, afectivo. —*Hosco.* 3 Nuevo, reciente, verde, fresco. —*Maduro, pasado.*

tierra   planeta, mundo, globo,

orbe. 2 Suelo, piso, terreno, superficie. 3 Territorio, país, comarca, pueblo, nación.

tieso   rígido, duro, firme, tenso, enhiesto, erecto. —*Flojo, blando.*

tifón   huracán, tormenta, torbellino, ráfaga, temporal.

tildar   tachar, censurar, desacreditar, denigrar, desaprobar, criticar. —*Elogiar.*

tilde   acento, vírgula, señal.

timar   robar, estafar, embaucar, engañar, despojar, chantajear.

timbre   sello, estampilla, marca, señal. 2 Llamador, gong, batintín.

tímido   vergonzoso, corto, apocado, temeroso, indeciso, cobarde, pacato.

timón   dirección, mando, gobierno, autoridad.

tina   cuba, tinaja, barreño, cubeta, vasija, artesa.

tinglado   cobertizo, techado, almacén. 2 Enredo, embrollo, jaleo, artificio.

tinieblas   obscuridad, sombra, opacidad, negrura, noche. —*Luz, claridad.*

tino   puntería, pulso, acierto, seguridad, destreza. 2 Juicio, cordura, sensatez, mesura. —*Insensatez.*

tinte   tintura, colorante, teñidura, almagradura.

típico   característico, representativo, inconfundible, simbólico, tradicional.

tipo   prototipo, arquetipo, modelo, original, ejemplo, muestra. 2 Individuo, fulano, sujeto.

tira   franja, banda, lista, cinta.

tiranía   absolutismo, despotismo,

dictadura, autocracia, dominación. —*Democracia.*

tirante tenso, estirado, tieso. —*Flojo.*

tirar lanzar, arrojar, botar, despedir, proyectar. —*Recoger.* **2** Disparar, descargar, fulminar, hacer fuego. **3** Derrotar, destruir, derribar, abatir. **4** Malgastar, prodigar, derrochar, despilfarrar. —*Ahorrar.*

tiritar temblar, castañetear, estremecerse.

tiro detonación, disparo, estallido, explosión, balazo.

tirón empujón, empellón, sacudida, zarandeo.

titán gigante, coloso, superhombre, héroe.

títere marioneta, muñeco, pelele, polichinela, fantoche.

titilar centellear, refulgir, fulgurar, resplandecer.

titubear vacilar, dudar, fluctuar, trastabillar, oscilar. —*Decidir, resolver.*

título encabezamiento, rótulo, letrero, rubro, inscripción, nombre, denominación. **2** Diploma, licencia, honor, reconocimiento, nombramiento.

tiznar ensuciar, manchar, deslustrar, ennegrecer. —*Limpiar.*

toca gorro, gorra, casquete.

tocadiscos gramófono, fonógrafo.

tocar palpar, tentar, manosear, sobar, acariciar. **2** Concernir, corresponder, pertenecer, atañer. **3** Tañer, rasguear, interpretar, ejecutar. **4** Repicar, sonar, doblar.

todo total, entero, completo, íntegro. —*Nada.*

todopoderoso V. **omnipotente.**

toilette (fr.) tocado, adorno, atavío, peinado. **2** Tocador, cómoda. **3** Lavabo, retrete, cuarto de aseo.

toldo tienda, pabellón, entoldado, palio, dosel.

tolerante indulgente, condescendiente, paciente, resignado, comprensivo. —*Intransigente.*

tolerar soportar, aguantar, resistir, admitir, consentir, aceptar, sobrellevar. —*Rechazar.*

toma ocupación, conquista, asalto, incautación, ataque.

tomar beber, ingerir, libar, probar, consumir, tragar, comer. **2** Asir, coger, agarrar, aferrar. —*Desasir, soltar.* **3** Ocupar, conquistar, asaltar, apoderarse, adueñarse, arrebatar.

tómbola rifa, sorteo, lotería.

tomo volumen, ejemplar, libro.

tonada canción, aire, melodía, cántico.

tonel barril, cuba, barrica.

tónico vigorizante, reconstituyente, reforzante, estimulante.

tonificar vigorizar, fortalecer, robustecer, entonar, estimular. —*Debilitar.*

tono inflexión, matiz, tonalidad, entonación.

tontería bobada, simpleza, necedad, mentecatería, estupidez. —*Agudeza.*

tonto bobo, simple, necio, mentecato, estúpido, majadero, torpe, imbécil, idiota. —*Listo.*

topar tropezar, chocar, encontrarse, dar.

tópico lugar común, trivialidad, expresión manida. —*Genialidad.* **2** Tema, asunto, materia.

toque fricción, roce, contacto. **2** Llamada, advertencia, señal, aviso.

tórax pecho, busto, tronco, torso.

torbellino remolino, ciclón, rápido, manga. —*Calma.*

torcer retorcer, enroscar, ondular, encorvar, arquear, pandear, curvar. **2** Desviarse, girar, virar, cambiar.

toreo lidia, corrida, becerrada.

torero diestro, matador, lidiador.

tormenta tempestad, temporal, borrasca, galerna, ciclón, huracán. —*Bonanza, calma.*

tormento suplicio, martirio, tortura, padecimiento, sufrimiento. —*Placer.*

tormentoso borrascoso, tempestuoso, huracanado, inclemente. —*En calma.*

tornar retornar, volver, regresar. —*Partir, marcharse.*

tornear redondear, labrar.

torneo combate, competencia, justa, desafío, liza.

toro astado, cornúpeta.

torpe inepto, inhábil, tosco, inútil, incompetente, rudo, nulo, desmañado. —*Hábil.*

torre atalaya, torreón, campanario.

torrente arroyo, cañada, cascada, quebrada, rápidos.

tórrido cálido, ardiente, caluroso, caliente, quemante, sofocante, abrasador.

torso tronco, pecho, busto, tórax.

torta pastel, bizcocho, tarta. **2** Bofetada, tortazo, cachete, sopapo.

tortuoso torcido, sinuoso, laberíntico, ondulante, serpenteante. —*Recto.* **2** Solapado, disimula-

do, taimado, astuto. —*Franco, sincero.*

tortura tormento, martirio, suplicio, padecimiento, sufrimiento. —*Placer.*

torvo amenazador, fiero, airado, terrible. —*Benevolente.*

tosco rudo, grosero, basto, rústico, patán, vulgar, ordinario, palurdo, chabacano. —*Refinado, educado.*

tostado bronceado, moreno, curtido, atezado. —*Blanco.*

tostar asar, dorar, quemar, carbonizar, chamuscar. **2** Asolear, broncear, curtir, atezar.

total suma, conjunto, integridad, totalidad, resumen. —*Porción, parte.* **2** Universal, general, integral, entero, completo. —*Parcial.*

tour (fr.) vuelta, excursión, viaje, gira.

tóxico venenoso, ponzoñoso, nocivo, dañino, perjudicial. —*Desintoxicante.* **2** Veneno, ponzoña, toxina. —*Antitóxico.*

tozudo testarudo, terco, obstinado, porfiado, tenaz. —*Razonable.*

traba impedimento, obstáculo, inconveniente, dificultad. —*Facilidad.*

trabajador diligente, estudioso, aplicado, dinámico, activo. —*Holgazán.* **2** Obrero, asalariado, operario, jornalero, peón.

trabajar laborar, producir, fabricar, hacer, ocuparse, sudar, pelear, ganarse la vida. —*Holgazanear.*

trabajo faena, labor, tarea, ocupación, actividad, función, obra.

2 Esfuerzo, laboriosidad, molestia, tormento, lucha.

trabajoso difícil, laborioso, penoso, agotador, costoso. —*Fácil, sencillo.*

trabar impedir, obstaculizar, frenar, inmovilizar. —*Facilitar.*

tradición costumbre, uso, hábito, práctica. **2** Leyenda, crónica, mito, gesta.

tradicional legendario, inveterado, ancestral, proverbial, acostumbrado. —*Reciente, nuevo.*

traducir trasladar, interpretar, verter. **2** Explicar, aclarar, esclarecer.

traer llevar, acarrear, trasladar, conducir.

traficar comerciar, negociar, mercadear, tratar.

tráfico comercio, negociación, trato. **2** Tránsito, circulación, transporte.

tragaluz claraboya, lucerna, ventana, lumbrera.

tragar ingerir, deglutir, comer, engullir, devorar.

tragedia infortunio, desdicha, desgracia, calamidad, desastre, cataclismo. —*Fortuna.*

trago sorbo, bocanada, tragantada, bocado.

tragón glotón, comilón, voraz, insaciable. —*Inapetente.*

traicionar engañar, estafar, ser desleal. **2** Desertar, abandonar, renegar. **3** Entregar, denunciar, delatar, acusar.

traidor desleal, infiel, desertor, delator, renegado. —*Fiel, leal.*

traje vestido, atavío, ropaje, vestimenta, ropa, atuendo.

trajín ajetreo, actividad, movimiento, afán, ocupación. —*Descanso.*

trama argumento, asunto, tema, materia, sumario. **2** Maquinación, intriga, conspiración, confabulación.

tramar conspirar, confabularse, planear, maquinar, idear.

trámite gestión, diligencia, despacho, procedimiento.

tramo trozo, trecho, ramal.

tramoya enredo, engaño, farsa, ficción. **2** Ingenio, artificio, artilugio.

trampa artificio, ardid, engaño, celada, confabulación, estratagema, emboscada.

tramposo embustero, estafador, embaucador, timador, farsante.

tranca palo, estaca, garrote, bastón, cayado.

trance apuro, aprieto, dificultad, suceso, problema. —*Facilidad.*

tranquilizar aquietar, sosegar, pacificar, serenar, calmar, aplacar, apaciguar. —*Agitar, intranquilizar.*

tranquilo pacífico, calmado, sereno, reposado, quieto, plácido, despreocupado. —*Intranquilo.*

transacción trato, negocio, convenio, arreglo, pacto.

transar ceder, transigir, acceder, acordar.

transatlántico ultramarino, transoceánico.

transbordar transferir, trasladar, pasar.

transcribir copiar, duplicar, reproducir, trasladar.

transcurrir pasar, suceder, producirse, acontecer.

transcurso sucesión, lapso, intervalo, curso, decurso.

transeúnte peatón, caminante, paseante, viandante.

transferir trasladar, traspasar, pasar, transmitir.

transformar variar, cambiar, modificar, alterar, convertir, reformar, metamorfosear.

transgredir infringir, quebrantar, violar, desobedecer, vulnerar. — *Obedecer, acatar.*

transición cambio, mutación, mudanza, metamorfosis.

transigir consentir, convenir, condescender, tolerar, ceder. — *Negar.*

transitar caminar, andar, circular, recorrer, deambular, pasar, viajar.

tránsito tráfico, circulación. 2 Paso, comunicación, recorrido, trayecto.

transitorio efímero, momentáneo, breve, corto, provisional, accidental.

transmitir comunicar, transferir, trasladar, enviar, decir. 2 Difundir, emitir, propagar. 3 Contagiar, contaminar, infectar, pegar.

transparente claro, cristalino, diáfano, translúcido, nítido, límpido, limpio. —*Opaco.*

transpirar sudar, rezumar, brotar, segregar.

transportar trasladar, acarrear, conducir, cargar, desplazar, llevar, transferir.

transversal atravesado, sesgado, cruzado, oblicuo, desviado. — *Paralelo, derecho.*

trapear fregar, lavar, limpiar.

trapiche molino, ingenio.

trapisonda embrollo, lío, enredo, intriga.

trapo paño, tela, género, retal, recorte, harapo, andrajo, pingajo, jirón.

traquetear retumbar, resonar, percutir. 2 Sacudir, mover, agitar, estremecer.

trascendental importante, fundamental, principal, relevante, básico, esencial.

trascender divulgarse, difundirse, propagarse, extenderse.

trasero culo, nalgas, posaderas, asentaderas. 2 Posterior, postrero, ulterior. —*Delantero.*

trasgo fantasma, duende, espíritu, aparición.

trasladar V. **transportar.**

trasnochado gastado, desmejorado, pasado, ajado.

trasnochador noctámbulo, nocturno, parrandero.

traspapelar extraviar, perder, confundir, mezclar. —*Encontrar.*

traspasar pasar, franquear, cruzar, atravesar, trasponer, salvar. 2 Transgredir, infringir, exceder, quebrantar. —*Acatar, cumplir.*

traspié tropezón, resbalón, equivocación, error.

trasplantar replantar, mudar, trasladar.

trastabillar tropezar, tambalear, vacilar, titubear. 2 Tartamudear, tartalear.

trastada jugarreta, canallada, bribonada, tunantada, mala pasada.

traste trasero, asentaderas, posaderas, nalgas.

trasto armatoste, cachivache, cacharro.

trastocar trastornar, revolver, desordenar, desarreglar. —*Ordenar.*

trastornar revolver, desordenar, turbar, enredar, embarullar, mezclar, desarreglar. —*Ordenar.* 2 Inquietar, angustiar, perturbar, apenar. —*Tranquilizar.*

trasuntar copiar, transcribir, imitar, calcar.

trata tráfico, comercio.

tratable cortés, amable, atento, educado, afectuoso. —*Intratable.*

tratado pacto, trato, convenio, compromiso, contrato. —*Desacuerdo.* 2 Obra, libro, escrito, manual.

tratamiento trato. 2 Título, dignidad. 3 Medicación, cura, procedimiento.

tratar relacionarse, intimar, conocerse, frecuentar. 2 Negociar, comerciar, convenir, acordar. 3 Discurrir, discutir, disputar, debatir.

trato relación, intimidad, compañerismo. 2 Tratado, pacto, convenio, acuerdo.

traumatismo golpe, contusión, lesión, herida, magulladura.

travesaño barrote, barra, viga, listón, tablón.

travesía trayecto, viaje, recorrido, itinerario. 2 Calle, calleja, pasadizo, camino.

travesura picardía, diablura, chiquillada, jugada, trastada.

travieso revoltoso, bullicioso, inquieto, pillo, pícaro. —*Sosegado, juicioso.*

trayecto trecho, recorrido, itinerario, viaje, carrera.

traza apariencia, aspecto, aire, figura, cara, viso.

trazar diseñar, dibujar, delinear, esbozar.

trazo línea, raya, rasgo, marca.

trebejos trastos, enseres, instrumentos, herramientas, utensilios.

trecho tramo, trayecto, recorrido, travesía, transcurso.

tregua pausa, cese, interrupción, descanso, armisticio, espera. —*Acción, lucha.*

tremendo tremebundo, temible, espantoso. 2 Enorme, gigantesco, colosal, fenomenal. —*Pequeño.*

tremolar ondear, mecer, enarbolar, flamear.

tremolina confusión, alboroto, escándalo, algarabía, tumulto.

trémulo tembloroso, trepidante, vibratorio, temeroso. —*Sereno.*

tren ferrocarril, línea, convoy. 2 Pompa, ostentación, boato. —*Sencillez.*

trenza guedeja, coleta, entretejedura.

trenzar entretejer, urdir, tejer, tramar, entrelazar.

trepar subir, escalar, ascender, encaramarse, elevarse, encumbrase. —*Bajar.*

trepidar vibrar, temblar, tremolar, estremecerse, palpitar.

treta trampa, ardid, estratagema, artimaña, truco, fraude.

tribu clan, familia, pueblo, casta, grupo.

tribulación amargura, desasosiego, sufrimiento, congoja, tristeza. —*Alegría, dicha.*

tribuna plataforma, estrado, tarima, grada, podio.

tribunal juzgado, corte, audiencia, palacio de justicia.

tributo impuesto, gravamen, diezmo, contribución, obligación.

trifulca confusión, enredo, lucha, pelea, riña. —*Paz.*

trillar separar, rastrillar, palear.

trinar cantar, gorjear, piar. **2** Rabiar, irritarse, airarse, impacientarse. —*Calmarse.*

trincar atar, ligar, sujetar, enlazar. —*Desatar.*

trinchera parapeto, zanja, foso, resguardo, defensa. **2** Impermeable, gabardina, chubasquero.

tripa panza, vientre, barriga, estómago, abdomen.

tripulación marinería, tripulantes, marineros, dotación, equipo.

triquiñuela treta, trampa, ardid, astucia, evasiva.

triscar jugar, juguetear, retozar. **2** Mezclar, enredar, confundir, embrollar. —*Ordenar.*

triste afligido, apesadumbrado, acongojado, abatido, amargado, desconsolado, dolido. —*Alegre, contento.*

triturar moler, desmenuzar, machacar, pulverizar, majar, comprimir.

triunfar ganar, superar, vencer, batir, derrotar. —*Perder.*

triunfo victoria, conquista, éxito, corona, palma, laurel. —*Derrota.*

trivial común, sabido, conocido, manido, ordinario. —*Extraordinario, raro.*

triza migaja, partícula, ápice, trozo.

trocar cambiar, permutar, alternar, canjear.

trofeo galardón, premio, triunfo, laurel, corona, recompensa.

trola embuste, mentira, engaño, cuento, falsedad, embrollo. —*Verdad.*

tromba tifón, ciclón, huracán, torbellino, remolino.

trompada puñetazo, bofetón, torta, mojicón. —*Caricia.*

trompeta clarín, corneta, cuerno.

trompo peón, perinola, peonza.

tronar retumbar, resonar, atronar, detonar.

tronco torso, tórax, pecho, busto. **2** Tallo, troncho, leño.

tronchar doblar, torcer, partir, quebrar, truncar, triscar. —*Enderezar.*

trono solio, poltrona, sitial.

tropa hueste, legión, falange, grupo, ejército, milicia.

tropel agitación, movimiento, desorden, alboroto, tumulto.

tropelía atropello, injusticia, abuso, arbitrariedad. —*Calma.*

tropezar chocar, dar de bruces, tambalearse, trompicar, topar, encontrar.

tropical cálido, caluroso, caliente, tórrido, ardiente, bochornoso. —*Helado, frío.*

tropiezo desliz, falta, error, culpa, pecado.

trotamundos viajero, excursionista, peregrino, caminante, vago, errante, vagabundo.

trotar correr, galopar, andar.

trovador bardo, poeta, juglar, rapsoda.

trozo pedazo, fragmento, astilla, partícula, porción, rebanada, sección, pizca. —*Totalidad.*

truco treta, ardid, artimaña, engaño, trampa, señuelo.

truculento cruel, atroz, feroz, espantoso, siniestro, macabro.

trueno estallido, fragor, estampido, detonación.

trueque cambio, permuta, negocio, cambalache.

truhán pícaro, pillo, estafador, bribón, canalla, tramposo. —*Honrado.*

truncar cortar, mutilar, amputar, cercenar, segar.

tubo caño, conducto, cañería, cilindro.

tuétano médula, meollo, caña.

tufo vaho, emanación, exhalación, mal olor, hedor, fetidez. —*Aroma.*

tugurio cuchitril, cuartucho, antro.

tullido lisiado, mutilado, paralítico, impedido, contrahecho.

tumba sepultura, sepulcro, fosa, hoya, huesa, mausoleo.

tumbar(se) derribar, abatir, volcar, tirar, echar. —*Levantar, alzar.* **2** Echarse, tenderse, acostarse. —*Levantarse.*

tumor quiste, carnosidad, bulto, dureza, hinchazón, lobanillo.

tumulto alboroto, confusión, turba, revuelta, desorden, estrépito, escándalo, trifulca. —*Orden, paz.*

tunda zurra, paliza, vapuleo, castigo.

túnel galería, conducto, corredor, pasaje, pasillo, subterráneo.

túnica manto, toga, hábito, sotana. **2** Tetilla, película, pellejo, piel.

tupé Flequillo, mechón, copete.

2 Atrevimiento, desfachatez, desvergüenza, descaro. —*Respeto, cortesía.*

tupido denso, espeso, compacto, apretado. —*Claro.*

turba tropel, multitud, muchedumbre, tumulto, horda.

turbar aturdir, confundir, atolondrar, azorar, desorientar. —*Calmar.*

turbio borroso, opaco, velado, nebuloso, vago, sucio, oscuro. —*Claro, transparente.* **2** Dudoso, confuso, embrollado, enredado, sospechoso. —*Claro.*

turbulento escandaloso, tumultuoso, sedicioso, rebelde, belicoso. —*Pacífico.* **2** Confuso, desordenado; turbio.

turgente elevado, prominente, abultado, abombado, hinchado.

turista visitante, excrusionista, viajero, paseante.

turnarse alternar, cambiar, relevar, sustituir, reemplazar.

turno vuelta, vez, tanda, ciclo, período.

turulato estupefacto, atónito, pasmado, alelado, sobrecogido. —*Atento, despierto.*

tusar trasquilar, rapar, rasurar.

tutela defensa, protección, amparo, dirección, guía. —*Desamparo.*

tutor defensor, guardián, protector, amparador, guía, supervisor.

U

ubérrimo fecundo, fértil, productivo, abundante. —*Estéril.*

ubicar(se) situar, colocar, poner, disponer. **2** Hallarse, encontrarse, estar.

ubre teta, mama, pecho, seno, busto.

ufano engreído, envanecido, hinchado, presuntuoso, arrogante, jactancioso. —*Modesto.*

úlcera llaga, herida, lesión, afta.

ulterior posterior, consecutivo, subsiguiente, siguiente. —*Anterior, primero.*

ultimar finalizar, concluir, rematar, finiquitar, dar fin. —*Comenzar.*

último postrero, posterior, ulterior, final, extremo. —*Primero.* **2** Remoto, lejano, escondido. —*Próximo, cercano.*

ultrajar ofender, insultar, agraviar, injuriar, difamar, deshonrar. —*Honrar, respetar.*

umbral principio, comienzo, origen, inicio, entrada. —*Fin, término.* **2** Paso, acceso.

umbroso sombrío, oscuro, tenebroso, sombreado, oscuro, opaco. —*Claro.*

unánime conforme, acorde, concorde, coincidente.

unción ungimiento. **2** Devoción, fervor, recogimiento, veneración. —*Impiedad.*

uncir atar, sujetar, amarrar, unir, juntar.

ungir untar, embadurnar, frotar. **2** Dignificar, sacramentar, consagrar.

ungüento bálsamo, unción, untura, pomada.

único solo, solitario, uno, aislado. —*Acompañado.* **2** Singular, extraordinario, inmejorable, particular, original. —*Corriente.*

unidad unión, concordancia, avenencia, afinidad, acuerdo, identidad. **2** Singularidad, unicidad, esencia, ser, sujeto, individuo.

unificar uniformar, igualar, generalizar. **2** Agrupar, fusionar, reunir, juntar.

uniformar igualar, unificar, equiparar, nivelar, generalizar. —*Diversificar.*

uniformidad exactitud, igualdad, semejanza, isocronismo, identidad. —*Diversidad.*

unión enlace, nexo, lazo, vínculo, conexión, conjunción, encadenamiento. —*Desunión.* **2** Concordia, acuerdo, identidad, amistad, maridaje. —*Separación, discordia.* **3** Matrimonio, casamiento, boda, nupcias, esponsales. —*Divorcio.*

unir(se) juntar, agrupar, reunir, asociar, fusionar, vincular. —*Desunir, separar.* **2** Confederarse, asociarse, aliarse, pactar. —*Desligarse.* **3** Casarse, desposarse. —*Divorciarse.*

universal mundial, internacional, cosmopolita, total. —*Local.*

universo orbe, cosmos, mundo, globo, infinito.

untar ungir, engrasar, cubrir, bañar. **2** Sobornar, corromper, comprar.

uña pezuña, garra, casco.

urbanidad educación, cultura, modales, cortesía, finura. —*Grosería.*

urbanización núcleo residencial, distrito, barrio.

urbano ciudadano, civil, metropolitano, urbanístico. —*Rural.* **2** Cortés, educado, fino, amable. —*Descortés.*

urbe metrópoli, ciudad, capital, población.

urdir tramar, tejer, maquinar, conspirar, confabularse.

urgente apremiante, inaplazable, perentorio, inminente, necesario. —*Aplazable, prorrogable.*

urna arca, caja, receptáculo.

usar utilizar, emplear, manejar, servirse, disfrutar. **2** Acostumbrar, estilar, soler.

uso empleo, utilización, provecho, servicio, destinación, aplicación. **2** Costumbre, hábito, rutina, usanza, manera, modo.

usual común, frecuente, habitual, corriente, acostumbrado. —*Inusual, inhabitual.*

usufructo provecho, utilidad, fruto, disfrute, producto.

usurero prestamista, prendero, explotador.

usurpar apropiarse, apoderarse, arrebatar, incautar, despojar, quitar. —*Restituir.*

utensilio herramienta, instrumento, útil, trebejo, trasto, artefacto.

útil ventajoso, provechoso, beneficioso, lucrativo, fructuoso, rentable, favorable.

utilizar usar, emplear, aprovechar, valerse, disfrutar.

utopía quimera, fantasía, mito, ilusión, fábula, sueño. —*Realidad.*

V

vaca res, ternera, becerra, vaquilla. —*Toro*.

vacación reposo, descanso, holganza, asueto, ocio, recreo. — *Trabajo*.

vacante desocupado, libre, disponible, inocupado. —*Ocupado*.

vaciar desocupar, verter, arrojar, sacar, descargar. —*Llenar*.

vacilar titubear, dudar, hesitar, desconfiar. —*Decidir*. **2** Tambolearse, mecerse, bambolearse, bascular. —*Inmovilizarse*.

vacío hueco, desocupado, libre, despejado, deshinchado. —*Lleno, ocupado*. **2** Vano, presuntuoso, presumido, fatuo. —*Humilde, modesto*. **3** Carencia, falta, ausencia, oquedad.

vacuna inmunidad, inoculación, inmunización.

vacuno bovino, toro, bóvido.

vadear cruzar, pasar, franquear, rebasar.

vagabundo errante, trotamundos, nómada, callejero. —*Sedentario*.

vagar errar, caminar, deambular, andar, merodear, holgazanear. — *Detenerse*.

vago impreciso, indeterminado, indefinido, ambiguo. —*Preciso, definido*. **2** Vagabundo, holgazán, gandul, perezoso, ocioso. — *Trabajador*.

vagón coche, carruaje, furgón, vehículo, vagoneta.

vahído desmayo, vértigo, síncope, colapso, ataque.

vaho exhalación, hálito, emanación, vapor, niebla.

vaina funda, envoltura, estuche, forro.

vaivén bamboleo, oscilación, balanceo, mecimiento. —*Inmovilidad*.

vale bono, talón, recibo, nota, pase.

valentía coraje, intrepidez, valor, arrojo, audacia, heroísmo. —*Cobardía*.

valentón bravucón, matón, fanfarrón, jactancioso, arrogante. — *Tímido*.

valer(se) costar, montar, totalizar, sumar, ascender. **2** Servirse, utilizar, recurrir, echar mano.

válido valedero, legal, legítimo, permitido.

valiente valeroso, aguerrido, intrépido, temerario, osado, corajudo, audaz.

valija maleta, equipaje, maletín.

valioso importante, inestimable, inapreciable, precioso, apreciado, insustituible. —*Insignificante*.

valla cerca, empalizada, barrera, tapia, estacada.

valle hondonada, hoya, quebrada, cañada.

valor coraje, valentía, intrepidez, audacia, heroísmo, arrojo. —*Cobardía*. **2** Importancia, trascendencia, significación; beneficio, provecho. **3** Precio, costo, importe, monto, cuantía.

valorar evaluar, apreciar, estimar, cuantificar.

vanagloriarse presumir, engreírse, pavonearse, jactarse, preciarse, blasonar. —*Humillarse.*

vandalismo pillaje, depredación, destrucción, barbarie, crueldad, atrocidad, violencia. —*Civilización.*

vanguardia frente, delantera, avanzada. —*Retaguardia.*

vanidad pompa, fausto, ostentación, orgullo, engreimiento, jactancia, soberbia. —*Modestia.*

vapor vaho, gas, fluido. **2** Hálito, aliento.

vaporoso sutil, etéreo, ligero, ténue, flotante. —*Pesado.*

vara bastón, palo, garrote, cayado, báculo.

variable inconstante, indeciso, mudable, cambiable, tornadizo, versátil. —*Constante.*

variado diverso, heterogéneo, vario, policromo. —*Monótono.*

variar cambiar, mudar, transformar, modificar, alterar, reformar, voltear. —*Conservar.*

varón hombre, macho, caballero, señor. —*Hembra, mujer.*

varonil masculino, viril, hombruno, fuerte. —*Femenino.*

vasallo súbdito, servidor, esclavo, plebeyo, feudatario. —*Señor, amo.*

vasija recipiente, jarra, cuenco, cacharro, bombona.

vaso copa, jarro, cáliz, copón.

vástago hijo, descendiente, heredero, retoño, sucesor. —*Ascendiente.* **2** Brote, retoño, cogollo, rebrote.

vasto inmenso, extenso, espacioso, dilatado, grande, ancho. —*Estrecho, pequeño.*

vaticinar anunciar, presagiar, pronosticar, predecir, adivinar, profetizar.

vecindario vecindad, vecinos, barrio.

vecino habitante, inquilino, morador, residente, domiciliado. **2** Contiguo, adyacente, lindante, próximo, cercano. —*Lejano.*

vedar prohibir, impedir, vetar, privar.

vehemente fogoso, ardoroso, impetuoso, ardiente, apasionado, efusivo. —*Apático, indiferente.*

vehículo carruaje, automóvil, carromato, coche, camión.

vejación agravio, ofensa, humillación, insulto, injuria. —*Alabanza.*

vejar ofender, perseguir, maltratar, injuriar, agraviar. —*Alabar.*

vejez ancianidad, senectud, madurez, vetustez. —*Juventud.*

vela cirio, candela, hachón. **2** Toldo, lona, velamen. **3** Vigilia.

velada fiesta, reunión, festejo, celebración.

velar cuidar, vigilar, acompañar, proteger. **2** Ocultar, encubrir, tapar, disimular, esconder. —*Destapar, descubrir.*

veleidoso inconstante, mudable, variable, tornadizo. —*Constante.*

vello pelusa, vellosidad, pelo, cerdas.

velloso velludo, peludo, lanoso, hirsuto. —*Lampiño.*

velo gasa, céfiro, manto, mantilla.

velocidad rapidez, prontitud, ligereza, alacridad, brevedad, agilidad, subitaneidad, impetuosidad. —*Lentitud, calma.*

veloz rápido, ligero, apresurado, ágil, repentino, súbito, vertiginoso. —*Lento, tardo.*

venado ciervo, gamo, antílope, gacela, corzo.

vencer triunfar, ganar, derrotar, arrollar, aplastar, batir. —*Perder.*

venda banda, tira, faja, apósito.

vendar cubrir, fajar.

vendaval ventarrón, manga, huracán, tifón, tromba.

vendedor negociante, comerciante, mercader, tendero, traficante. —*Comprador.*

vender ceder, adjudicar, traspasar, expender, despachar, liquidar, saldar, realizar. —*Comprar.*

veneno ponzoña, tóxico, tósigo, toxina. —*Antitóxico.*

venerable honorable, respetable, virtuoso, solemne, majestuoso, augusto. —*Despreciable.*

venerar honrar, respetar, reverenciar, admirar, idolatrar. —*Despreciar.*

venganza represalia, desquite, revancha, resarcimiento, castigo, ajuste. —*Perdón, reconciliación.*

vengativo rencoroso, sañudo, vindicativo, vengador. —*Indulgente.*

venia reverencia, inclinación, saludo, cortesía. 2 Autorización, permiso, consentimiento, licencia. —*Prohibición.*

venial leve, ligero, pequeño, intrascendente, perdonable. —*Grave, imperdonable, mortal.*

venir llegar, retornar, regresar, volver, arribar. —*Ir.*

venta transacción, traspaso, suministro, despacho, liquidación. —*Compra.* 2 Fonda, parador, mesón, albergue, hostería.

ventaja superioridad, preeminencia, delantera. 2 Cualidad, virtud, atributo, beneficio. —*Desventaja.*

ventajoso útil, provechoso, fructuoso, beneficioso, favorable. —*Perjudicial.*

ventana abertura, tragaluz, claraboya, hueco.

ventilar airear, orear, refrescar, renovar. 2 Aclarar, discutir, examinar.

ventisca borrasca, brisa, aire, ráfaga, corriente, vendaval.

venturoso afortunado, dichoso, próspero, feliz, placentero. —*Desdichado.*

ver divisar, avistar, apreciar, mirar, observar, percibir, reparar, distinguir. —*Cegarse.* 2 Considerar, observar, estudiar.

veraneo vacaciones, asueto, recreo, descanso, reposo.

veracidad verdad, franqueza, autenticidad, sinceridad. —*Engaño, mentira.*

verano estío.

verbo palabra, lengua, lenguaje.

verdad evidencia, certeza, certidumbre, prueba, autenticidad. —*Mentira.*

verdadero real, cierto, auténtico, genuino, fidedigno, legítimo, indudable. —*Falso.*

verde lozano, fresco, tierno. —*Seco.* 2 Cetrino, aceitunado.

verdugo ajusticiador.

verdura hortaliza, legumbre, planta.

vereda senda, camino, trocha, sendero.

veredicto juicio, fallo, sentencia, decisión, resolución.

vergüenza turbación, bochorno, rubor, encogimiento, timidez, retraimiento. —*Desvergüenza.* **2** Deshonra, humillación, deshonor, oprobio, escándalo. —*Honra.*

verificar comprobar, demostrar, evidenciar, probar, constatar, revisar, cotejar.

verja reja, enrejado, cerca, alambrada, cancela.

vernáculo nativo, patrio, doméstico, indígena, propio.

verosímil posible, plausible, admisible, aceptable, sostenible, probable. —*Inverosímil, increíble.*

versado conocedor, entendido, competente, diestro, derecho, experto, documentado. —*Inexperto.*

versátil voluble, mudable, tornadizo, incierto, caprichoso, inconstante. —*Constante, fiel.*

versión interpretación, aclaración, explicación, traducción.

verso estrofa, poema, poesía, balada, copla. —*Prosa.*

verter derramar, volcar, evacuar, vaciar. —*Llenar.* **2** Traducir, interpretar.

vertical perpendicular, erecto, enhiesto, eréctil, erguido. —*Horizontal.*

vértice ángulo, ápice, cúspide, punta.

vertiente pendiente, ladera, declive, falda, talud.

vertiginoso raudo, acelerado, rápido, precipitado, veloz. —*Lento, tardo.*

vértigo mareo, desmayo, desvanecimiento, vahído. —*Recuperación.*

vestíbulo recibidor, zaguán, portal, porche, entrada, atrio.

vestigio huella, traza, marca, rastro, indicio.

vestir ataviar, trajear, engalanar, adornar. **2** Cubrir, envolver, tapar, disimular. **3** Llevar, ponerse, lucir, usar.

veta lista, faja, estría, franja, vena.

vetar V. **vedar.**

veterano experimentado, experto, ducho, avezado, competente, preparado. —*Novato.*

veto impedimento, censura, prohibición, denegación. —*Aprobación.*

vetusto antiguo, añejo, viejo, anciano, añoso, senil, decadente. —*Nuevo, reciente.*

vez turno, mano, ciclo, tanda.

vía ruta, camino, senda, vereda, carretera, arteria.

viajar andar, desplazarse, peregrinar, deambular, pasear, errar.

viaje trayecto, camino, jornada, excursión, marcha, travesía, desplazamiento.

viajero excursionista, pasajero, turista, caminante, transeúnte. —*Sedentario.*

vianda comida, alimento, sustento.

víbora culebra, serpiente, ofidio.

vibrar trepidar, temblar, oscilar, agitarse, menearse, tremolar.

viceversa al revés, al contrario, a la inversa.

vicio defecto, falta, tacha, imperfección, daño, deformidad. —*Virtud.*

vicioso corrompido, depravado, pervertido, deshonesto, desenfrenado. —*Virtuoso.*

víctima mártir, sacrificado, perjudicado, herido, lesionado.

victoria triunfo, trofeo, laurel, honor, premio.

victorioso triunfador, vencedor, ganador, laureado, campeón. —*Derrotado.*

vida existencia, duración, tránsito, supervivencia. —*Muerte.* **2** Biografía, memorias, historia, hechos.

vidente adivino, mago, profeta, iluminado, augur, médium.

vidriera ventanal, escaparate.

vidrio cristal, espejo.

vidrioso frágil, quebradizo. —*Duro.*

viejo anciano, senil, longevo, decrépito, achacoso.—*Joven.* **2** Antiguo, arcaico, vetusto, primitivo. —*Actual, reciente, nuevo.*

viento corriente, racha, soplo, brisa, aire, ráfaga.

vientre abdomen, barriga, panza, tripa, intestinos.

viga poste, durmiente, madero, listón.

vigía centinela, vigilante, cuidador, guardián.

vigilancia cuidado, atención, custodia, vela.

vigor vitalidad, energía, fuerza, ánimo, aliento, dinamismo, eficacia. —*Debilidad, impotencia.*

vil malo, ruin, bajo, despreciable, infame, traidor, desleal. —*Bueno, noble.*

vilipendio desprecio, denigración, deshonra, calumnia, injuria. —*Elogio, alabanza.*

villa casa, chalé, hotel. **2** Población, aldea, pueblo, ciudad, urbe, capital.

villano ruin, indigno, bajo, despreciable, abyecto, vil. —*Bueno, noble.* **2** Plebeyo, siervo, vasallo. —*Noble.*

vincular relacionar, sujetar, atar, supeditar. —*Desvincular.*

vínculo nexo, lazo, unión, ligadura, fusión, parentesco. —*Separación.*

vindicar vengar, escarmentar, desagraviar, desquitarse. **2** Reivindicar, redimir, restablecer.

violar infringir, quebrantar, transgredir, vulnerar, atropellar, desobedecer. —*Acatar, obedecer.* **2** Deshonrar, abusar, forzar, desvirgar.

violencia brutalidad, rudeza, salvajismo, virulencia, brusquedad, vehemencia. —*Dulzura, mansedumbre.*

violento vehemente, rudo, agresivo, brusco, duro, fanático. —*Sereno, suave.*

viraje curva, tumbo, giro.

virginidad castidad, inocencia, pureza, candidez.

viril varonil, masculino, macho, vigoroso, fuerte. —*Delicado, femenino.*

virtud integridad, dignidad, honestidad, castidad, caridad, bondad, modestia, probidad. —*Bajeza, vicio.* **2** Poder, facultad, potestad, aptitud.

virtuoso honrado, honesto, casto, íntegro, probo, templado.

viruela vejiga, ampolla, pústula, grano.

visar refrendar, firmar, examinar, autorizar, rubricar.

visaje gesto, mueca, guiño, seña, ademán.

viscoso pegajoso, adhesivo, adherente, gelatinoso, grasiento.

visible perceptible, manifiesto, palpable, notorio, claro, indudable, evidente. —*Invisible.*

visión imagen, percepción, vista, visualidad. 2 Alucinación, sueño, aparición, fantasía. —*Realidad.*

visionario iluso, alucinado, soñador, idealista, quimérico.

visita entrevista, encuentro, audiencia, saludo. 2 Inspección, revista, examen. 3 Visitante, convidado, invitado, agasajado.

vislumbrar ver, divisar, atisbar, entrever.

viso reflejo, destello, vislumbre, fulgor, resplandor. 2 Apariencia, aspecto, traza, cariz.

vista visión, visualidad, imagen, percepción. 2 Panorama, horizonte, paisaje, perspectiva, espectáculo.

vistazo ojeada, mirada, atisbo.

vital trascendental, esencial, capital, importante, indispensable. —*Insignificante.* 2 Vivaz, activo, vigoroso. —*Decaído.*

vitalidad vigor, fuerza, vivacidad, potencia, dinamismo, energía, pujanza. —*Decaimiento.*

vitorear aclamar, aplaudir, glorificar.

vítreo transparente, diáfano, translúcido, cristalino. —*Opaco.*

vitrina aparador, cristalera, armario, escaparate.

vituperar censurar, reprobar, condenar, recriminar, criticar, difamar, insultar. —*Elogiar.*

vivacidad viveza, eficacia, energía, dinamismo, agudeza. —*Indolencia.*

vivaracho vivo, avispado, listo, travieso, alegre, divertido. —*Torpe.*

víveres provisiones, alimentos, comestibles, suministros.

viveza vivacidad, agudeza desenvoltura. 2 Perspicacia, sagacidad, penetración, agudeza, listeza. —*Torpeza.*

vívido real, auténtico, realista, verídico, genuino.

vividor parásito, zángano, aprovechado, pedigüeño.

vivienda habitación, morada, residencia, domicilio.

vivificante reconfortante, excitante, tónico, estimulante. —*Calmante, deprimente.*

vivir existir, ser, subsistir, prevalecer. —*Morir.* 2 Habitar, morar, residir.

vivo viviente, existente, prevaleciente. —*Muerto.* 2 Ingenioso, vivaracho, avispado, vivaz, agudo. —*Torpe.*

vocablo palabra, término, voz, dicción, expresión, locución.

vocabulario léxico, terminología, glosario, repertorio.

vocación inclinación, propensión, tendencia, aptitud, don, facilidad. —*Aversión.*

vocear gritar, vociferar, chillar, aullar, bramar, rugir. —*Callar.*

vocerío gritería, clamor, alboroto, algarabía, escándalo.

vociferar V. **vocear.**

vocinglero alborotador, ruidoso, gruñón, gritón, estruendoso.

volante impreso, aviso, panfleto, hoja, octavilla. **2** Libre, errante, suelto, independiente, ambulante.

volar levantar el vuelo, remontarse, elevarse, planear. —*Aterrizar*. **2** Apresurarse, correr, acelerar. —*Retrasarse*. **3** Explotar, estallar, reventar.

volátil ligero, sutil, vaporoso, etéreo, aéreo. —*Sólido*. **2** Inconstante, mudable, tornadizo.

volcánico apasionado, ardiente, fogoso, frenético, arrebatado. —*Sereno*.

volcar inclinar, invertir, tumbar, volver, verter. —*Enderezar*.

voltear volver, invertir, trocar, trastocar. **2** Girar, mudar, cambiar.

voltereta pirueta, volantín, cabriola, acrobacia, vuelta.

voluble versátil, variable, vacilante, veleidoso, antojadizo, inconstante, caprichoso, tornadizo. —*Fiel, constante*.

volumen masa, cuerpo, dimensión, magnitud mole. **2** Tomo, libro, cuerpo.

voluminoso abultado, corpulento, grueso, grande, amplio, vasto, abombado. —*Pequeño*.

voluntad arbitrio, ánimo, deseo, anhelo. —*Apatía*. **2** Firmeza, tenacidad, tesón, constancia, energía. **3** Mandato, orden, precepto, decreto, disposición.

voluntario libre, espontáneo, intencional, deliberado. —*Involuntario*.

voluntarioso testarudo, obstinado, persistente, infatigable, caprichoso. —*Inconstante*.

voluptuoso sensual, lujurioso, libidinoso, carnal, lascivo. —*Casto*.

volver regresar, retornar, llegar. —*Ir*.

vomitar arrojar, devolver, expulsar, regurgitar.

vómito náusea, arcada, basca.

vorágine remolino, torbellino, tromba, ciclón.

voraz ávido, hambriento, insaciable, comilón, tragón. —*Inapetente*.

votación sufragio, elección, plebiscito, referéndum.

votar elegir, nombrar, designar.

voto boleto, papeleta, sufragio. **2** Promesa, ofrecimiento, ofrenda. **3** Parecer, voz, dictamen, opinión.

voz palabra, dicción, expresión, locución, vocablo. **2** Grito, alarido, chillido, exclamación, sonido.

vuelco tumbo, giro, voltereta. —*Enderezamiento*. **2** Cambio, transformación, alteración. —*Persistencia*.

vuelo revuelo, revoloteo, planeo. —*Aterrizaje*.

vuelta giro, rotación, vuelco, circunvalación.

vulgar ordinario, chabacano, ramplón, rústico, basto, trillado, grosero. —*Selecto, raro*.

vulgarizar popularizar, familiarizar, generalizar.

vulgo plebe, pueblo, masa, turba, horda. —*Elite*.

vulnerable frágil, inseguro, indefenso, inerme, débil, indeciso. —*Fuerte*.

vulnerar herir, lastimar, lesionar, perjudicar, dañar. —*Favorecer*.

W

walkie-talkie (ing.) radioteléfono.
water-closet (ing.) excusado, retrete, servicios, letrina, baño.

week-end (ing.) fin de semana.
whisky (ing.) güisqui.
wólfram (ing.) volframio.

X

xenofobia racismo.
xerocopia fotocopia.

xilófono marimba.
xilografía grabado en madera.

Y

yacer tenderse, echarse, acostarse, reposar, dormir, descansar.

yacimiento mina, cantera, veta, explotación.

yantar manjar, vianda, alimento.

yanqui norteamericano, estadounidense, gringo.

yate crucero, velero, goleta.

yegua potranca, potra, jaca.

yelmo casco, almete.

yermo inhabitado, baldío, infecundo, estéril.

yerro error, equivocación, descuido, omisión, errata, torpeza. —*Acierto.*

yerto tieso, rígido, agarrotado, helado, inmóvil, quieto.

yeso cal, tiza, clarión.

yugo esclavitud, sumisión, servidumbre, opresión, tiranía. —*Libertad.*

yunta pareja, par, yugada.

yuxtaponer juntar, arrimar, adosar, acercar. —*Separar.*

Z

zafar librar, libertar, soltar, desembarazar.

zafarrancho riña, pelea, combate, trifulca, refriega.

zafio rústico, tosco, rudo, patán, cafre, ordinario. —*Refinado*.

zaga retaguardia, espalda, trasero, cola, revés. —*Delantera*.

zaherir vejar, molestar, mortificar, criticar, satirizar, ofender.

zaino hipócrita, falso, desleal, traidor. —*Leal*. 2 Castaño.

zalamero adulador, lisonjero, halagüeño.

zambo patizambo, torcido. 2 Mulato, mestizo.

zambullirse sumergirse, hundirse, zozobrar, chapuzar.

zampar comer, tragar, embuchar, devorar, engullir.

zanca pata, pierna, muslo.

zancada paso, tranco.

zancadilla traspié, tropiezo, obstáculo, treta, celada.

zángano holgazán, gandul, perezoso, vago. —*Diligente*.

zanja trinchera, cuneta, foso, surco.

zanjar solucionar, arreglar, resolver, allanar.

zapatilla babucha, pantufla, chinela, chancleta, alpargata.

zapato calzado, escarpín.

zarandear menear, agitar, sacudir, estremecer, zangolotear.

zarcillo arete, pendiente, aro, colgante.

zarpa garra, garfa, uñas.

zarrapastroso zaparrastroso, andrajoso, desaliñado, harapiento. —*Elegante*.

zarza espino, zarzamora.

zigzag serpenteo, culebreo, ondulación.

zócalo pedestal, peana, base, podio.

zoco mercado, feria, baratillo.

zona franja, territorio, parte, sección, región, área.

zonzo tonto, necio, bobo, mentecato.

zoncera tontería, simpleza.

zopenco bobo, tonto, bruto, zoquete. —*Listo*.

zoquete V. zopenco.

zozobra desasosiego, sobresalto, angustia, aflicción, ansiedad, incertidumbre. —*Intranquilidad*.

zozobrar naufragar, hundirse, sumergirse, irse a pique. —*Salir a flote*.

zumbar silbar, resonar, ronronear, matraquear.

zumo caldo, jugo, extracto, esencia, agua, licor, néctar.

zurcir coser, remendar, hilvanar, arreglar, componer. —*Descoser*.

zurra tunda, azotaina, paliza, julepe.

zurrar pegar, apalear, azotar, castigar, aporrear.

zurriago látigo, correa, azote, fusta, cinto.

zurrón mochila, talego, bolsa, saco, morral.

zutano fulano, mengano, perengano.